权威·前沿·原创

皮书系列为
“十二五”“十三五”国家重点图书出版规划项目

四川社会发展报告（2018）

ANNUAL REPORT ON SOCIAL DEVELOPMENT OF SICHUAN (2018)

城乡社区治理

Governance of Urban-rural Communities

主　编／黄　进
副主编／陈　序　王海蓉　徐　杰　黄熹微

图书在版编目（CIP）数据

四川社会发展报告. 2018：城乡社区治理 / 黄进主编. --北京：社会科学文献出版社，2018.7
（四川蓝皮书）
ISBN 978-7-5201-2825-4

Ⅰ.①四… Ⅱ.①黄… Ⅲ.①社会发展-研究报告-四川-2018 Ⅳ.①D677.1

中国版本图书馆 CIP 数据核字（2018）第 109766 号

四川蓝皮书
四川社会发展报告（2018）
——城乡社区治理

主　　编 / 黄　进
副 主 编 / 陈　序　王海蓉　徐　杰　黄熹微

出 版 人 / 谢寿光
项目统筹 / 郑庆寰
责任编辑 / 吴　敏　吴云苓

出　　版 / 社会科学文献出版社 · 皮书出版分社（010）59367127
地址：北京市北三环中路甲 29 号院华龙大厦　邮编：100029
网址：www.ssap.com.cn
发　　行 / 市场营销中心（010）59367081　59367018
印　　装 / 三河市龙林印务有限公司

规　　格 / 开　本：787mm × 1092mm　1/16
印　张：22　字　数：333 千字
版　　次 / 2018 年 7 月第 1 版　2018 年 7 月第 1 次印刷
书　　号 / ISBN 978-7-5201-2825-4
定　　价 / 99.00 元

皮书序列号 / PSN B-2008-127-3/9

主要编撰者简介

黄　进　四川省社会科学院社会学研究所所长、社会发展与公共政策研究中心主任、研究员，硕士研究生导师，四川省有突出贡献的优秀专家，四川省先进工作者（劳动模范），主要研究领域为社会治理和社会政策。兼任四川省社会学会秘书长、四川省科技青年联合会副主席、四川省政府推进职能转变协调小组专家。主持和主研国家社科基金课题8项，省部级课题16项，出版学术专著5部，在CSSCI来源期刊、核心期刊、重要报刊上发表论文50余篇，获得省委省政府领导批示的对策建议20余件，国家社科基金课题成果曾被全国哲学社会科学规划办公室《成果要报》采用。科研成果获得省部级社科优秀成果一等奖1项，二等奖4项，三等奖3项。

陈　序　法学硕士，四川省社会科学院社会学研究所科研人员，从事社会学研究。长期关注基层社区治理，主持四川省规划课题“四川彝区基层治理困境及破解路径研究”（SC17CO36），主研或参与国家社科基金课题5项和多项横向课题的研究。在《毛泽东思想研究》、《社科纵横》、《云南社会主义学报》和《理论前沿》等期刊发表学术论文10余篇。

王海蓉　硕士研究生，长期从事政治社会学研究。现任四川省社会科学院社会学研究所助理研究员。独立承担1项省情调研课题，参与1项国家社科基金课题，参与10多项地方横向课题的研究，曾发表专业学术论文20多篇。

徐　杰　社会学硕士，四川省社会科学院社会学研究所实习研究员，主要从事社会政策、社会治理等方面研究。公开发表论文10余篇，合作出版专著1部；参与各级政府委托课题8项，对策建议获省委主要领导肯定性批示1件。

黄熹微 硕士研究生，毕业于纽约大学（New York University）社会工作学院，现为四川省社会科学院社会学研究所实习研究员。主要从事社会工作方面研究，主要作品有《跨文化环境中的家庭社会工作个案管理》。

摘 要

《四川社会发展报告（2018）：城乡社区治理》是四川省社会科学院社会学研究所主持编撰的年度报告，四川省社会科学院、四川省民政厅、省委组织部相关领导对本书的调研、基础资料的收集和写作给予指导和帮助。

全书由2篇总报告和17篇分报告组成。全面、系统反映了四川省城乡社区治理体系建设现状和城乡社区治理水平、面临的挑战与对策建议。内容涉及社区党建、社区居委会、社会组织、居民参与、公共服务、社区文化、社区信息化建设、物业服务、社区流动人口管理、社区组织保障与政策支持、社区人居环境、社区工作者队伍、社区家庭教育、社区儿童服务和社区治理创新案例等有关社区治理的方方面面。

本书运用理论研究与实证研究相结合的方法，在相关理论探讨基础上，经过民政部门推荐和实地走访，在成都市、绵阳市、遂宁市、宜宾市、攀枝花市、阿坝藏族羌族自治州内选择典型的涉农社区、单位社区/小区、老旧院落、安置房小区和商品房小区进行广泛的问卷调查。总结四川省城乡社区治理工作取得的成效、经验与问题，展望、预测未来四川省城乡社区治理的发展方向和路径。

社区治理是一个不断创新和深入发展的过程，四川省城乡社区治理工作得到国家和社会的高度肯定，也存在地区发展不平衡、城乡差异大、社会保障不充分、社区工作人员队伍素质参差不齐等问题。四川省应进一步采取措施，完善资源配置，提高四川省城乡社区治理法制化、科学化、精细化、组织化和信息化水平，实现国家和社会良性互动。

关键词： 四川省　社区治理　城乡

目 录

Ⅰ 总报告

Ⅱ 体系篇

Ⅲ 能力篇

Ⅳ 保障篇

Ⅴ 专题篇

Ⅵ 案例篇

Ⅶ 附录

皮书数据库阅读**使用指南**

总 报 告

General Reports

B.1
2018年四川城乡社区治理发展报告

陈 序*

摘 要： 进入中国特色社会主义建设新时代以来，四川省城乡社区治理取得巨大进步，为加快建设美丽繁荣和谐新四川贡献力量。一是城乡社区治理体系不断完善，工作中坚持以党组织为领导核心，建设新型社区治理和服务体系，转变政府职能，发挥基层政府的主导作用；促进社区职能归位，发挥基层群众性自治组织基础作用，培育发展社会组织，发挥社会力量协同作用；二是城乡社区治理水平不断提高，居民参与社区治理能力、社区公共服务能力、文化引领能力、依法办事能力、矛盾化解能力和信息化应用能力不断提升。在实践中积累了丰富的社区治理经验。

* 陈序，四川省社会科学院社会学所助理研究员，主要研究方向为社会发展与社会治理。

关键词： 四川　城乡社区　治理体系　治理水平

社会学产生以来，一直重视社区的研究。德国社会学家滕尼斯在1887年出版的《共同体与社会：纯粹社会学的基本概念》一书中，将人们“一切亲密的、秘密的、单纯的共同生活”定义为社区[①]，社区是自然而然形成的。马克思、恩格斯虽然没有正式提出社区的概念，但是也在“共同体”（自由人的联合体）的层面表达了社区的意义，他们认为人类大致会经历自然共同体、虚假共同体、真实共同体三种共同体形式，真实共同体是可以“人为构建”的[②]，这与当前我们倡导的“努力把城乡社区建设成为和谐有序、绿色文明、创新包容、共建共享的幸福家园”[③]有异曲同工之妙。有学者认为社区具有“自然”力量，能够自动处理社区内部事务，甚至包括涉及社区的外部事务，因此主张社区从国家力量中“解放”出来，反对国家对社区的压制。从社区的演化趋势来看，这个观点基本是正确的，但社区是社会发展的一部分，社区是由人组成的，受国家体制、历史文化、社会变迁、人口素质、经济发展、法治传统等许多因素的限制，社区自动平衡、社区自我生长、社区自理、社区自立只是一种理想状态和人们的主观想象。在现代化竞争中，中国本身就落伍了，必须从各个方面加快现代化步伐，社区发展不能单靠自然演化，需要通过动员资源、组织力量、规范集体行动等，加快推进其现代化，在“自然演化”与“主动作为”之间寻求均衡，因此社区治理问题就摆在我们面前。从国家现代化历程看，城乡社区逐渐被纳入国家资本主义或者社会主义国家的治理体系，成为国家治理的基础，甚至是国家治理的一部分。在中共十八大以来的语境中，国家治理包括政党治理、市场治理、文化治理、社会治理、生态治理，社区治理成为社会治理的重要

---

① 〔德〕斐迪南·滕尼斯：《共同体与社会：纯粹社会学的基本概念》，北京大学出版社，2010。

② 池忠军：《马克思共同体理论及其当代性》，《学海》2009年第5期。

③ 《中共中央国务院关于加强和完善城乡社区治理的意见》，《人民日报》2017年6月13日。

组成部分。习近平指出，“社会治理的重心必须落到城乡社区，社区服务和管理能力强了，社会治理的基础就实了”①。不仅如此，社区治理也成为各类国家治理的基础，特别是成为政党治理、社会治理、文化治理的组成部分，因此本报告并不仅从社会治理的视角考察社区治理，而且将其置于国家现代化的层面，从马克思主义关于“国家—政党—市场—社会”等多重关系维度全面考察社区治理，从历史、现状、经验和问题等事实维度思考该建设一个什么样的社区，从社区的“自理”、“自立”与“加强”、“完善”之间创新社区治理的思路和途径，试图回答“谁的社区”“谁来治理”“怎么治理”等核心问题。

社区是在一定区域内，由有共同利益、共同文化，相互交往的一定人口组成的社会实体。城乡社区是整个社会的基本单元，是城乡人口汇集地，是现代社会关系的连接点，是社会利益的聚合处，是民众诉求的爆发点，是宏观政策与微观实践的接合部，是国家治理的基础，是社会治理的主要组成部分。社区治理是指党委政府、社区组织、社会组织、驻区单位和社区居民等主体基于公共利益、社区认同和市场机制等原则协调合作，对社区范围内公共事务进行治理，以满足社会需求、实现公共物品有效供给和社区秩序优化的机制与过程。社区治理就是社区治理体系和水平不断完善、提高的过程，是多元主体合作共治的过程，是国家治理体系和治理水平现代化的重要体现。

2017 年 4 月，中共中央、国务院联合印发《关于加强和完善城乡社区治理的意见》，标志着党和国家社区治理思想更加成熟、系统，集中体现了新时代党和国家社区治理新思想和新要求。根据文件精神，城乡社区治理体系的健全完善需要充分发挥基层党组织的领导核心作用、基层政府的主导作用、基层群众性自治组织的基础作用和社会力量的协同作用。提升城乡社区治理水平是要增强社区居民参与能力、社区服务供给能力②、

① 《习近平在参加上海代表团审议时强调推进中国上海自由贸易试验区建设加强和创新特大城市社会治理》，《人民日报》2014 年 3 月 6 日。

② 社区公共服务内容：劳动就业、社会保障、卫生计生、教育事业、社会服务、住房保障、文化体育、公共安全、公共法律服务、调解仲裁等。

社区文化引领能力、社区依法办事能力、矛盾预防化解能力和信息化应用能力，并补齐我国城乡社区治理在社区人居环境、综合服务设施、资源配置、社区减负增效、社区物业管理方面的短板。不断完善城乡社区治理领导体制和工作机制，加大资金投入，加强社区工作者队伍建设、完善政策标准体系和激励宣传机制，努力提高城乡社区治理体系的保障能力。

为全面、系统反映四川省城乡社区治理现状、面临的挑战和发展趋势，专门编制了此报告。本报告中的社区是指由聚居在一定地域范围内的人口所组成的社会生活共同体，是经民政部门审定命名的社区（即法定社区，而非自然社区）。根据《四川省城乡社区服务体系建设“十三五”规划》，截至2015年底，全省共有346个城市街道、2105个镇、2182个乡，7143个城市社区、5965个农村社区和45934个村。

一　中国城乡社区治理政策与实践历程

厘清四川省城乡社区治理政策与实践脉络，首先应该考察国家城乡社区治理政策与实践脉络，为认识目前四川省城乡社区发展水平与方向提供背景与依据。我国城乡社区治理兴起与发展主要依靠“自上而下”的国家行政力量推动，在政府主导下，国家城乡社区治理政策和省外社区治理经验为四川省城乡社区治理政策制定和实践提供了理论依据、环境保障和行动参考。

（一）1954～1990年：社区治理政策与实践的开端

这一时期是我国城市以街道、居委会为基础的社会管理体制的形成时期。新中国成立后，我国建立起以“单位制”为主、“街居制”为辅的城市管理体制。1978年后，单位制逐渐解体，街道办事处开始承担起城市基层管理的职责。上海市率先通过“两级政府、三级管理”的方式扩大街道管理职权，增加街道办事处的行政职能，并不断通过居委会落实街道办事处的社会管理职能，在全国产生很大影响。

1. 1954 ~1986年：单位制瓦解，街居制形成

新中国成立后，国民政府时期的保甲制被废除，我国城市街道中出现了街政府、街公所和派出所内设置的民政干事等性质不同、功能各异的基层行政管理机构。1949 年 10 月底，我国出现了历史上第一个名称为“居民委员会”（简称“居委会”）的自治组织，同时也出现了如“治保委员会”“里弄福利会”“治安组”等名称不同的群众性自治组织。1953 年，彭真同志向党中央和毛泽东同志提交《关于街道办事处组织、居民委员会组织和经费问题的报告》，论证了街道办事处和居民委员会存在的必要性和重要意义。1954 年，全国人民代表大会常务委员会通过《城市街道办事处组织条例》和《城市居民委员会组织条例》，明确街道办事处是政府派出机关，任务是完成政府交办事项，指导居委会工作、反映居民意见和要求。城市居民委员会为群众自治性组织，由居民选举产生。1956 年底，全国各地街道办事处、居委会组建完成，新中国城市中“街居制”社会管理框架形成。

另外，随着 1956 年城市中“一化三改造”的完成，绝大部分城市居民被纳入各种各样的单位中，单位制建立，由单位负责分配生产、生活资源和生产生活服务设施建设，提供社会福利和公共服务，组织居民文化生活，维护社区卫生，调节社会矛盾等所有事宜，直接管理职工生活，其余非单位人员一律由街道、居委会负责管理。通过“单位制”和“街居制”，国家将所有社会成员纳入统一管理轨道。这一时期，单位占据城市基层管理的主导地位，居委会仅起辅助作用，服务对象、服务内容、服务范围和服务能力非常有限。在随后的“大跃进”、“人民公社”和“文革”时期，居委会的功能遭到重创，严重错位。直到 1980 年，我国重新颁布《城市居民委员会组织条例》，1982 年以国家根本大法宪法的形式明确居委会的性质、作用和地位后，居委会的职能重新恢复。

改革开放后单位制解体，失去对居民的直接管理，国有企业成为自负盈亏的经济实体，职工失去了传统的单位制福利，体制外人员大量涌现，出现很多社会问题。在 1983 年召开的第八次全国民政工作会议上，民政部提出要采用国家力量与社会力量相结合方式提供社会福利的新思路。1984 年，

在全国城市福利事业单位改革整顿工作交流会上确定了要依靠“街道社会福利服务网络”，建立社会福利制度的工作方针。1985 年，民政部将上海市以街道为重点、居委会为依托的“四个层次一条龙”[①] 社会福利网络实践经验在全国推广。截至 1986 年末，全国城镇兴办社会福利院、敬老院、儿童福利院、精神病疗养院、荣军休养院以及各种社会福利设施 7800 多处，收养超过 18 万人，社会福利事业下沉，街道、居委会开始为政府承担重要的公共服务职能。

从 1954 年到改革开放前，我国农村社区治理工作基本停滞。1954 年宪法规定乡镇为农村基层政权，1958 年农村人民公社化运动开始，高度集中的人民公社组织长期控制农民日常生活。20 世纪 80 年代初，人民公社逐渐退出农民日常生活，农村地区才开始自发成立群众性自治组织负责社会治安、公共设施、社会福利、土地和水利管理等公共事务。1982 年新宪法确立村民委员会为农村基层群众性自治组织的地位后，1983 年中共中央和国务院发布《关于加强农村基层政权建设工作的通知》，农村基层社会管理翻开新的一页。

2. 1987～1989年：社区服务加入，街居制发展

1986 年，民政部在考察中国香港和其他国家（地区）福利工作后，意识到我国社会福利的服务范围应该从针对传统的老年人、儿童、残疾人的服务扩展到便民利民服务，以应对社会发生的种种变化，年末沙洲会议上，民政部第一次使用“社区服务”一词代替“街道社会福利网络”。同年，一些城市率先试点社区服务，北京市当年就建立起街道级社区服务中心 95 个，居委会便民服务网点 3 万多个。1987 年，全国首次召开城市社区服务工作座谈会，明确社区服务依托街道、居委会开展，内容包含社会福利服务与社区服务（家庭服务与便民服务），社区服务对象从特殊群体走向普通居民。

---

① “四个层次”是指市、区、街和居委会，“一条龙”是形容四个层次间的连贯关系。具体措施是每个街道要配置福利工厂（一厂），孤老服务站、精神病工疗站（两站），教老所、伤残儿童寄存所（两所），孤老保护组、精神病人看护组（两组）。全市成为一个社会化福利的大网络。

1989年，社区服务工作在全国推开。同年，《中华人民共和国城市居民委员会组织法》颁布，突出了居委会自我管理、自我服务、自我教育的性质，并新增维护居民合法利益、教育居民、维护公共财产、开展活动、办理公益事业、协助政府和街道做好公共卫生、计划生育、优抚救济、青少年教育等多项任务，办公经费、人员补贴、办公用房仍由政府解决。在城市社会管理、维护社会稳定、搞好社区服务、开展精神文明活动等方面都有居委会的参与。

这一时期，我国农村地区村民委员会工作开始正规化，为农村社区建设打下良好基础。1997年《中华人民共和国村民委员会组织法（试行）》通过，村民委员会法律地位得以确立。1998年，民政部在全国范围内组织村民选举工作，召开村民会议，行使自治权。

（二）1990~1999年：社区服务多元，街居制改革

从1993年起，中共中央、国务院及各部委先后下发《关于加快发展社区服务业的意见》《全国社区服务示范城区标准的通知》《关于加强街道党的建设工作的意见》《城市居民住宅安全防范设施建设管理规定》《城市住宅小区物业管理服务收费暂行办法》《加强城市精神文明建设，开展创建"青年文明社区"活动的意见》《关于卫生改革与发展的决定》《关于发展城市卫生服务若干意见》《关于加强城市社区体育工作的意见》《关于建立城镇职工医疗保险制度的决定》《关于实施"巾帼社区服务工程"推动社区建设和下岗女工再就业工作的意见》《关于加强社区残疾人工作的意见》《关于在城市深入开展创建文明社区工作的若干意见》等多项文件，1997年又启动了创建文明城市、文明村镇活动示范点工作，居委会成为各项社会管理服务工作落脚点，除完成自治职能外，还承担大量的行政事务，街道、社区工作任务多、工作量大。与街道、社区承担的任务量相比，街道办事处人力、财力、物力、职能和权限等十分有限，职能与权限严重失衡，许多工作无法落地。1995年，上海市率先按照"两级政府、三级管理"模式进行改革，依照"权随责走、事随费转"的原则，市、区两级政府权力下放，重心下移，扩大街道办事处对人、财、物的管理权限，有意识地开始划分政府

与街道、“条”与“块”的职能，街道对辖区内所有工作负责，按照政企、政社、政事分开的原则重组街道机构。“上海模式”有利于提高街道管理效率，及时化解社会矛盾，全国大多数城市借鉴上海做法对街道办事处进行了改革，但仍面临很多问题。

1991 年，时任民政部部长崔乃夫同志指出，社区服务已经不能包容社区发展中出现的新情况，搞好社区工作仅靠政府的力量不够，必须发动社会与社区作用，社区建设才能将基层政权建设工作落到实处①。1996 年，在八届人大四次会议期间，江泽民同志首次在公开场合提出要加强城市社区建设。1998 年，民政部组建基层政权和社区建设司，负责指导社区管理服务工作，城市社区建设被纳入国家行政职能范围，逐步将社区建设成效纳入各级党委政府部门工作目标考核。1999 年，民政部在全国 21 个城市、26 个城区试点社区建设工作。在国家力量推动下，我国街道、居委会工作转移到更为广泛、更高要求的社区建设上。

这一阶段，我国农村地区村民委员会继续发展，到 1997 年，全国 50% 左右的村建立了村民代表会议制度②，为农村大量社区工作的展开响起了前奏。

（三）2000～2012年：政府主导、多方参与

社区治理与社区建设是社会发展的一体两翼。从 2000 年开始，我国城乡社区建设思想日益成熟，飞速发展，取得明显成效。社区意识逐步树立，社区治理体系逐步形成，党对社区的领导有所加强，基层政府职能转变，服务功能增强，居（村）委会自治水平显著提升，各类社会组织、社区社会组织和社区居民积极参与社区治理，公共服务事项增多，社区服务内容和基础设施建设日益完善，社区文化活动和形式不断创新，得到广大人民群众的认可。2006 年，党的十六届六中全会后，社区建设工作从城市走向农村，

---

① 潘晓娟：《中国基层社会重构——社区治理研究》，中国法制出版社，2005。

② 资料来源：http：//3y. uu456. com/bp－8a10a50ff78a6529647d53f5－1. html。

农村社区建设成为新农村建设的工作重点，随着统筹城乡一体化发展工作的推进，结合农村工作实际，农村社区建设工作不断发展。

1. 社区治理政策全面支撑

2000 年，中共中央办公厅、国务院办公厅转发《民政部关于在全国推进社区建设的意见》，社区管理、社区服务和居民自治成为社区建设的三个维度，全国社区建设工作蓬勃开展。2001 年制定的《国民经济和社会发展第十个五年计划纲要》对我国社区建设的任务、职能进行了详细阐述，社区建设成为国家战略发展的一部分，同年 5 月，全国有 30 个省级行政区开始探索社区建设工作。2002 年，党的十六大报告强调要建设新型社区。2004 年，党的十六届四中全会做出《中共中央关于加强党的执政能力建设的决定》，提出要“加强社会建设和管理，推进社会管理体制创新”建立“党委领导、政府负责、社会协同、公众参与”的社会管理格局。2005 年，党的十六届五中全会上通过的《中华人民共和国经济和社会发展第十一个五年发展纲要》中，提出加强“和谐社区建设”的要求，社区建设的目的和内容得到丰富和发展。2006 年，党的十六届六中全会审议通过的《中共中央关于构建社会主义和谐社会若干重大问题的决定》中，首次提出要积极推进农村社区建设，把农村社区建设作为新农村建设的重要内容，社区建设从城市走向农村。2007 年，党的十七大报告提出要“把城乡社区建设成为管理有序、服务完善、文明祥和的社会生活共同体”的目标，加大农村社区建设力度，同步城乡社区建设标准，并首次在报告中提及社会组织。同年，民政部选择了第一批“全国农村社区建设实验县（市、区）”，把农村社区建设工作推向高潮。2008 年，党的十七大三中全会报告专门强调了农村社区建设，要求通过城市社区建设带动农村社区建设。2010 年，中共中央、国务院再次联合下发《关于加强和改进城市社区居民委员会建设工作的意见》，明确社区居民自治的组织者、推动者和实践者是居委会，针对城市社区工作中体系不全、工作关系不顺、工作人员素质不高、基础设施薄弱、工作经费落实难等具体问题做出了部署。2011 年，国务院办公厅印发了《社区服务体系建设规划（2011 ~2015 年）》，2012 年，党的十八大对社会管理体制创新和社会组织发展提出新要求，“法治保障”成为社会管理体制新要求，要“深入推进政社分开”“加大社会组织党建工作力度”“发挥基层各类组织协同作用”，同年，民政部制定了《社会工作专业人才队伍建设中长期规划（2011～2020年）》，为社区管理创新提供人才保障。在党和国家有力的政策支撑下，我国党委领导的政府、社会组织、驻区单位、社会组织、居民自治组织和社区居民多元参与的社区治理新格局逐步形成，社区治理水平不断提高。

2. 社区治理体系逐步形成

结合社区建设，全国掀起新一轮基层管理体制改革浪潮，不断创新社区治理体系，出现北京西城模式、天津模式、镇江模式、上海模式、青岛模式、南京钟鼓楼模式、沈阳模式、武汉江汉模式、济南历下模式、上海普通模式、杭州下城模式、宁波海曙模式、厦门开元模式、海口振动模式、石家庄模式、哈尔滨南岗模式、本溪溪湖模式、重庆模式、吉林四平模式、青岛浮山后模式、武汉百步亭模式，郑州金水模式①等具有地方特色的社区建设模式。按照“党委领导、政府负责、社会协同、公众参与”的新社会管理体制要求，各地围绕社区管理、社区服务和社区自治组织建设等内容进行大胆尝试，调整社区范围，确保社区管理和服务落实到位。加强街道党（工）委对社区党组织领导，加强社区党组织对社区各类组织和各项工作领导，充分发挥党员的先锋模范作用。加强社区群众自治组织建设，发展居民自治组织，设立社区议事会、社区居民大会等，保证社区居民选举权、决策权、管理和监督权的行使，实现居民自治。职能部门和街道办事处以转变政府职能，理顺体制机制，解决“条块分割”问题和指导社区建设为目标，明确政府、街道办事处基层管理职权和权限，管理重心下沉。调整街道办事处职能，突出街道服务职能，收缩街道对社区控制，赋予社区人事权、财务管理权和事权。部分地区试验点不再设置街道层级，受上级党委政府直接管辖，街道社区化，社会管理由政府授权人员/组织、居民代表/组织和物业公司等

---

① 罗晓蓉：《社区工作站：城市社区管理体制的新探索》，《江西行政学院学报》2009年第4期。

驻区单位代表负责，原街道办事处的服务职能由社区服务中心承接。

社区服务设施是社区服务时需要的场所、房屋和各类设备的总和。根据民政部门统计数据，2012 年全国新建社区服务设施 24.8 万平方米，全国城市社区综合服务设施覆盖率达到 65%①。社区服务站是在社区建设探索实践过程中出现的新现象，我国同时存在三种不同形式不同作用的社区服务站。第一种是职能部门下设社区工作站，如社区警务站、社区卫生站；第二种是街道派出机构，如深圳、南昌等城市整合各职能部门工作，把社区工作站作为街道办事处的派出机构直接进入社区工作，提供公共服务，成为与居委会并列的两个组织；第三种是居委会下设机构，把社区工作站作为社区居委会的执行机构，聘请专门工作干部负责原来由居委会负责的社区服务工作。

社会组织是激发社会活力，提供专业化社会服务，加强政府与居民联系，化解社会矛盾，反映居民诉求的重要载体，是社会进步的重要标志②，主要依托政府购买服务、社区服务机构和社区自治组织以项目制形式参与社区治理，承担因政府职能转变、居民自治组织职能归位而剥离出来的社会服务，有利于理顺社区治理体系。“5·12”汶川地震后，我国社会组织数量明显增加，2012 年前三季度，全国共登记社会团体 25.9 万个、基金会 2793 个、民办非企业单位 20.9 万个，分别同比增长 8.91%、18.50% 和 3.98%；新登记涉外社会组织 2 个③。

社区社会组织是伴随城市社区治理和社会组织发展出现的，系指由社区组织或个人在社区范围内单独或联合举办，在社区范围内开展活动、满足社

① 数据来源：2012 年中华人民共和国民政部工作报告。

② 我国在民政部门登记注册的社会组织共 3 种：社会团体、基金会、民办非企业单位。社会团体是由公民或企事业单位自愿组成、按章程开展活动的社会组织，包括行业性社团、学术性社团、专业性社团和联合性社团。基金会是利用捐赠财产从事公益事业的社会组织，包括公募基金会和非公募基金会。民办非企业单位是由企业事业单位、社会团体和其他社会力量以及公民个人利用非国有资产举办的、从事社会服务活动的社会组织，分为教育、卫生、科技、文化、劳动、民政、体育、中介服务和法律服务等十大类。

③ 数据来源：2012 年中华人民共和国民政部工作报告。

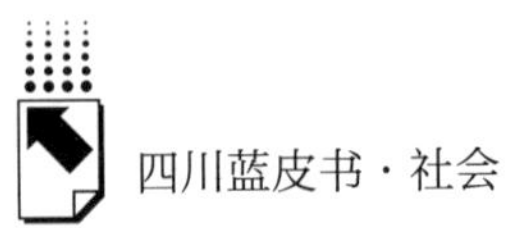

区居民不同需求的非营利性社会组织①，能够强化居民社区意识，促进社区民主自治，提高社区服务便捷性和准确性。2012 年，全国各地出现了培育、创建社会组织高潮。

3. 社区治理水平不断提高

社区居民参与能力、服务供给能力、文化引领能力、依法治理能力、矛盾化解能力和信息化服务能力是社区治理水平的重要组成部分。2000～2012 年，我国城市社区治理水平显著提升。

居民参与社区治理能力是社区治理水平的重要内容。我国居民主要通过（村）委会民主选举、居（村）民自治组织、居（村）民大会、社区社会组织、业主委员会、社区服务、社区活动、社区志愿服务和社会协商等方式参与社区治理。参与意愿、能力是影响居民参与社区治理水平的两大主观因素。全国各地采用多种方式提高居民参与社区治理的积极性和能力。2000 年，杭州市西湖区文新街道德加社区首创“社区道德法庭”形式吸引居民参与社区治理。2002 年，北京市首创“工友之家”，帮助流动人口融入社区。2006 年，北京市崇文区在学校试点垃圾分类工作，通过学校影响学生，通过学生影响家庭，通过家庭影响社区。2009 年，北京市东城区社区参与行动服务中心正式注册，提高社区居民参与能力。

社区服务是指基层政府、社区组织和社会组织为社区居民、驻区单位提供的公共服务、志愿服务和便民利民服务。与居民密切相关的社区公共服务有就业、社会保障、卫生、教育、文体、公共安全、公共法律服务等。这一时期全国各地以整合资源，提升公共服务效率为目标，积极创新社区服务方式。杭州市上城区首创社区大服务体系，搭建社区服务平台，在所有社区建成一门式办事大厅，以一站式服务的形式为社区居民提供各类公共服务。北京市人民政府办公厅印发了《关于落实促进物流业健康发展政策措施实施意见的通知》，要求新增 100 个社区配送站点服务居民生活，并同时开展农产品共同配送示范工程。上海市徐汇区湖南街道东湖居民区由热心老人、单

① 赵学吕：《中国社区民间组织法律治理机制探析》，《政法论丛》2006 年第 3 期。

位代表和居民志愿者共同组成“东湖居民区帮困扶老工作站”，开展养老互助活动，结对帮扶老人，形成了养老服务网络。

社区文化建设是提高居民生活水平，丰富居民业余生活，树立社区意识，形成社区认同，增强社区凝聚力的重要路径。修建文化活动场所，开设图书室，组成社区文化艺术表演队或兴趣爱好小组，结合地方实际和社区居民需求在节庆日进行文艺汇报演出、开展文化娱乐活动，宣传好人好事，举办和谐社区、文明家庭评比活动是全国各地此阶段开展社区文化工作的常用方法，深受广大人民群众喜爱。党的十六届四中全会后，文明社区建设依托文明城市创建工作在全国开展起来。2011 年中央文明办、民政部确定北京市东城区和平里社区等 108 个社区为全国创建文明社区示范点，推进城市物质文明和精神文明建设的协调发展。

开展社区普法教育、构建社区法制宣传教育平台。根据居民特点选择法律宣传内容、设定社区法制文化宣传月/法制日，印制法制宣传海报和文化册，举行法制宣传活动是社区法制建设的主要手段。2007 年，安徽省宣城市宣州区鳌峰街道办事处的宝成社区建立了普法宣传网络，并建立工作责任制，主要宣传宪法、刑法、劳动法等与居民生活密切相关的法律法规，并把普法活动推向学校。

推进和谐社区建设、化解社区矛盾纠纷是社区自治组织、社区社会组织和社区居民共同追求的目标与责任，历来是社区工作的重点。早在 2007 年，深圳市南山区桃园街道办事处就形成了针对社区矛盾调处“桃园模式”，在社区、企业、自然村和集贸市场成立了包含 350 多名调解员的 102 个人民调解组织，发现矛盾并及时反馈和化解，避免矛盾冲突升级。2009 年，上海市田子坊创意产业园区成立了“郭英俊人民调解工作室”，化解社区矛盾纠纷。随着社区多元化发展，参与社区矛盾纠纷化解的主体和方式日益增加，宁夏等城市就通过培育社区社会组织的方式反映居民需求，化解社会矛盾。

从这一时期开始，全国各地也在探索社区信息化水平提高路径，利用互联网为居民提供高效便捷的社区服务，依托“家庭上网工程”“社区信息化综合管理服务平台”“服务信息网”“热线电话”等形式提高信息采集、反馈效率，为社区居民提供社区服务信息，为社会流动人口管理、疾病防控等提供技术支撑。

在这个时期，社区治理也面临事多人少、经费不足、疲于应付等问题。根据吴群刚、孙志祥2011年在他们所调查的社区的统计结果，社区居委会承担着160多项工作，负责150多项台账记录，面对20多个部门，负责近40个工作项目的检查或考核，要出具与居民项目相关的20多项证明，共承担各类工作项目250余项，其中超过六成的任务是协助政府开展的工作。社区居委会台账材料多、调查报表多、会议活动多、组织牌子多、硬性指派任务多，已经成为普遍现象①，而居委会的日常实际工作集中在维稳、应付检查、评估和考核、填报材料上。社区减负成为社区治理的热点问题，亟待继续调整城乡社区治理体系。

（四）2013年至今：一核多元，共治共享下的社区治理政策与实践

社区治理体系和社区水平是国家治理体系和治理水平现代化的重要内容。为形成共治共享的社区治理新格局，促进我国社区治理规范化、科学化、精细化、组织化发展，现阶段我国以加强和完善城乡社区治理体系、提高社区治理水平为目标，加强党的核心领导，促进街道办事处和社区居委会职能归位，推动社区居委会减负增能，提高社会组织服务水平，鼓励驻区单位加入社区治理，更好地承接居委会和政府转化职能。

1. 社区治理政策调整

2013年，党的十八届三中全会首次提出“完善和发展中国特色社会主义制度，推进国家治理体系和治理能力现代化”“促进群众在城乡社区治理、基层公共事务和公益事业中依法自我管理、自我服务、自我教育、自我监督”“以网格化管理、社会化服务为方向，健全基层综合服务管理平台”，

① 吴群刚、孙志祥：《中国式社区治理——基层社会服务管理创新的探索与实践》，中国社会出版社，2011。

这是我国城乡基层社会管理体制和社区治理体系发展的重点和方向。

2013 年，国务院出台了《关于政府向社会力量购买服务的指导意见》，要求改变传统公共服务提供方式，同年，民政部、财政部印发《关于加快推进社区社会工作服务的意见》，分析了推进社区社会工作服务紧迫性。民政部还印发了《关于推进社区公共服务综合信息平台建设的指导意见》，要求促进社区治理信息化水平提升。

2014 年，中央组织部、中央党的群众路线教育实践活动领导小组下发《关于在第二批党的群众路线教育实践活动中进一步加强基层党组织建设的通知》，要求将社区党组织工作经费纳入地方财政预算，推动机关在职党员到社区报到为群众服务，领导落实“四议两公开”等民主管理制度，整治党组织工作停滞不前的社区，发挥党组织作用，推进社区减负工作。

2015 年，《民政部关于表彰全国先进社会组织的决定》发布，充分肯定了社会组织做出的贡献，要进一步激发社区组织活力。2016 年，中共中央下发《关于加强社会组织党的建设工作的意见（试行）》，强调社会组织是基层党组织建设重要领域，切实加强对基层党组织建设的领导。2016 年，中共中央、国务院印发《关于改革社会组织管理制度促进社会组织健康有序发展的意见》，支持引导社会组织发展，解决社会组织发展中存在的问题。2016 年，民政部提出《关于加强和改进社会组织薪酬管理的指导意见》，为社会组织人才队伍建设提供具体做法，统筹发挥社会组织的协同作用。2017 年，国务院公布《志愿服务条例》，鼓励、规范和发展志愿者服务，提高居民社区参与能力。

2015 年，民政部、中央组织部下发《关于进一步开展社区减负工作的通知》，要求依法确定社区工作事项、实行社区工作准入制度；规范社区考核；清理社区工作机构和牌子；精简社区会议和台账；严格社区印章管理使用；整合社区信息网络，加快公共信息服务平台建设；增强社区服务能力；切实加大组织领导和社区减负力度，充分发挥居（村）委会基础作用。

2016 年，中共中央办公厅、国务院办公厅印发《关于加强城乡社区协商的意见》，推进城乡社区协商制度化、规范化和程序化。2016 年，中央宣

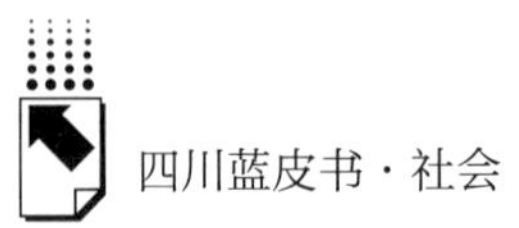

传部、中央文明办和民政部等8部委下发了《关于支持和发展志愿服务组织的意见》，明确提出到2020年基本建成布局合理、管理规范、服务完善、充满活力的志愿服务组织体系。

2017年党的十九大报告里指出，要打造共建共治共享的社会治理格局，加强社区治理体系建设。

2. 社区治理体系完善

理顺社区治理体系仍是社区治理重点。在坚持发挥党的核心领导作用下，部分地方继续探索基层社会管理体制改革，一些城市正在试点从以往的“两级政府、三级管理、四级网络”转变为“两级政府、一个平台”，变“区—街道—居委会”为“区—社区”，减少行政层级。一些城市将“两级政府、三级管理”发展成为“两级政府、三级管理、四级网络”，继续激发社会活力，社区治理多元化。随着党和国家对社会组织参与社区治理态度的明确和支持力度的加大，全国各地加快创新社会组织参与社区治理的方式。从2013年开始，政府向社会组织购买服务和“菜单式”社区志愿服务模式在全国广泛推广，推动志愿服务可持续发展，并对社区组织服务进行绩效评估，更好发挥社会力量协同作用。宁波市江东区依托社区社会组织和志愿者，在社区里成立邻里中心，引导居民以组织化的方式参与社区治理。业主委员会已经成为城市商品房小区居民自治新手段，通过业主选举的业主委员会代表业主监督物业公司工作，向物业公司反映问题，督促物业公司进行整改，在社区里有很强的凝聚力。

3. 社区治理能力增强

居民社区参与的路径增多，积极性提高，基层协商民主形式得到广泛推广，有利于形成居民社区参与的良好氛围。社区养老服务成为社区服务新重点，截至2014年，我国60岁以上老年人口达到2.1亿，占总人口的15.5%，其中近4000万人是失能、半失能老人①，我国已经进入老龄化社会。各地高度重视养老事业发展，居家养老仍然是我国主要的养老类型，全

① 资料来源：http：//news. sohu. com/20160122/n435468173. shtml。

国多个地方出台了社区居家养老服务实施办法，规范社区居家养老服务，加快老年人社会福利事业发展。社区文化引导能力提升，从组织开展文化活动到树立文化品牌、对文化发展战略思考，社区文化建设进入新形态。社区依法办事能力和化解矛盾纠纷能力稳步提升，社区治理信息化水平不断提高，各地方加强社区治理软件开发，部分地区已经实现了社区管理服务信息化，积极打造智慧小区。

二　四川省城乡社区治理发展情况

（一）社区治理体系发展情况

四川省城乡社区治理起步较晚，但是发展快。近年来，四川省社区治理工作取得巨大成就，已基本形成“党委领导、政府负责、社会协同、公众参与、法治保障”的基层社会治理体制，积累了丰富的社区治理经验。

1. 基层党组织领导核心作用发挥概况

四川省各地市州在已有社区治理体系基础上，积极开展党建工作，着力构建以社区党组织为核心的新型城镇社区治理和服务体系，形成街道社区党建、驻区单位党建、非公有制经济组织和社会组织党建不断融合的城市基层党建新格局。依托党建新格局，改变领导方式，切实解决以往党建工作中措施与功能、理念与实际效果脱节的问题，促进城市基层党建工作全面加强、不断进步，社区治理有序推进、健康发展。

（1）深化社区党组织责任与义务认识

社区党组织是社区各类组织和各类工作的领导核心。负责宣传执行党的路线方针政策和上级党组织的决策部署；讨论决定社区建设、管理中的重要问题；加强对社区居民委员会等自治组织的领导，支持和保障他们依法充分行使职权，及时帮助解决工作中存在的困难和问题；加强对社区社会组织的政治领导和思想引领，引导支持他们依法依章程开展工作；推行社区党组织班子成员与社区居民委员会等组织成员交叉任职；健全社区党组织领导社区

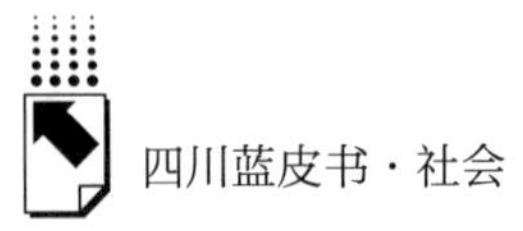

自治组织、社会组织等相关制度；完善社区党组织领导下的民主议事决策机制。

（2）实现社区区域党建网络覆盖

推进以“街道—社区—院落—楼道”为基础的城镇社区链条式党建工作，优化党组织设置，鼓励党员数量达到标准的社区升级为社区党委或党总支。重视辖区内新经济组织、新社会组织和商务楼宇的党组织孵化工作，符合条件的新建社区、园区及入住率达到50%以上的新建住宅区、生活区同步设置党组织，深化社区物业党建，关注流动党员动向，扩大党组织和党组织工作的覆盖范围。开展区域化党建平台建设工作，推动驻区单位、社区社会组织、社区社会工作者、社区志愿者、社区内“两代表一委员”等参与社区治理和服务。建立党建联席制度，深化“大党委制”和“兼职委员制”，把有影响力、支持社区工作的驻区单位、群团组织、社会组织的党组织成员推选到社区党组织，指导开展社区党建活动。

（3）整合、共享社区区域资源

整合区域范围内的组织、工作、人才等资源，提高街道、社区党组织统筹辖区资源的能力，建立区域资源共享机制，推进社区党建工作与其他工作融合。积极引导驻区单位逐步将文化、教育、体育等活动设施向社区居民开放，丰富组织生活方式方法，增加党组织生活的趣味性、体验性、分享性和服务性，在基层党组织覆盖网络内开设党课大讲堂，邀请街道办事处、社区、驻区单位、社会组织党员代表讲课，学习、解读党的方针政策，并延伸到社区、院落，吸引普通居民参与。针对流动人口较多的社区，制定专门的活动方案，增强社区流动党员归属感，加强党的思想引领和文化引领。

（4）加强社区服务型党组织建设

在基层党组织网络支持下，加强党建对社区居民的服务和引领。开展党员“双报到”活动，鼓励驻区单位党员和离退休党员积极参与社区治理和服务。发挥党员志愿者特长，组成党员志愿者队伍，分成教育、医疗、歌舞等不同小组，为辖区居民提供各类服务，促进党员服务常态化。根据党员意愿和辖区居民实际需要，成立党员志愿者队伍，设置志愿服务项目，按照

“居民点单”“社区下单”“党员接单”的方式，为社区居民提供服务，对表现优异的志愿者进行表彰，激发党员积极性。

2. 基层政府主导作用发挥情况

充分发挥基层政府主导作用关键是要在实际工作中明确各级政府、街道办事处和社区自治组织的职责边界，加强街道对社区工作指导，规范自治组织建设和工作，为社区提供政策、资金和人才支持，形成基层政府与自治组织的良性互动。

（1）推进政府职能转变

为深入贯彻落实党中央、国务院关于简政放权、政府职能转变的要求，2015 年，四川省专门成立了四川省政府推进职能转变协调小组（简称“协调小组”），督促各地、各部门落实改革措施。三年来，协调小组工作推进顺利，全省“放管服”改革 22 项重点工作推进顺利，部分地区政府部门权责清单已经梳理完成并在网上公布。省、市、县三级政府职能转变有助于街道（乡镇政府）厘清其在社区治理方面的权限与职责，有利于社区自治组织减负增能。2017 年，成都市温江区被民政部确定为首批全国街道服务管理创新实验区，按照“转职能、优机构，明职责、造流程，重协商、激活力”的工作思路，通过街道主要事项清单、街道向社会力量购买服务事项清单、基层群众自治组织依法自治事项清单、村（社区）工作负面事项清单和需加盖社区印章事项清单，梳理区级部门、街道和社区的权责边界，探索创新街道社会管理和公共服务新模式，为各地积极开展街道服务管理创新工作提供借鉴经验。

（2）制定落实社区减负增能措施

针对当前城乡社区行政化倾向严重问题，2015 年，四川省民政厅会同省委组织部及时制发了《四川省民政厅 四川省委组织部关于进一步开展社区减负工作的通知》对全省社区减负工作进行部署，明确提出“市县民政、组织部门，要在当地党委、政府统一领导下，切实担负牵头协调责任，主动会同有关部门协力开展社区减负工作，要在深入摸排基础上，制定工作计划和实施方案，强化工作指导，逐项开展实施”。成都市民政局、中共成都市委组织部印发《关于减轻城乡社区负担的十条措施》的通知，提出减轻城乡社区负担的具体措施：调整社区规模；深化新型社区基层治理机制；建立社区事项准入制度；规范社区活动用房及挂牌；提升社区信息化水平；清理、精简社区评比考核以及会议、台账；规范社区印章使用管理；完善评价制度等。目前，成都市社区原有537条服务事项已大幅缩减，只保留了依法协助政府完成的主要事项56个、依法自治事项12个、可购买服务事项44个，有效实现了减负增效①。四川省其他地市州也积极采取有效措施落实社区减负工作，2017年，宜宾市严格落实社区工作准入制度，取消村（社区）证明事项469项，仅保留证明事项22项，全力推进社区工作提速增效。

3. 自治组织基础作用发挥情况

自治组织基础作用的发挥体现在自治组织数量增加，能更好履行代表居民、服务居民的职能，接受人民群众的监督。

（1）稳步推进组建社区居委会工作

社区居委会数量增加是充分发挥自治组织基础作用的前提。统计数据显示，2015年，四川省共有社区居委会6949个；2016年，共有社区居委会7123个，增加了174个；2015年，四川省村委会共有46240个，2016年，村委会共有45945个，减少了295个（见表1）。表明四川省社区居委会组建工作持续进行，并在组建社区居委会的过程中调整社区居委会规模，有利于社区服务和管理落地。

表1　2015～2016年四川省社区居委会、村委会频数分布

单位：个，%

项目	2015年		2016年	
	频数	百分比	频数	百分比
社区居委会	6949	13.06	7123	13.42
村委会	46240	86.94	45945	86.58
合计	53189	100.00	53068	100.00

资料来源：根据《中国民政统计年鉴2017》整理。

① 资料来源：http://cdzzb.chengdu.gov.cn/Website/contents/3/31326.html。

（2）顺利完成村（居）委会选举

村（居）委会选举是要选举出能够代表村（社区）居民利益的党支部委员和村（居）民委员，是我国实现人民群众当家做主的重要民主举措，关系到自治组织作用的发挥。2016 年 11 月，四川省启动了第十届村（社区）“两委”换届选举工作，涉及全省 5 万多个行政村（社区）、18 万名村（社区）干部、181.1 万名农村党员[①]，截至 2017 年 3 月，四川省已基本完成本次换届选举工作。本次选举坚持公开、公平、公正原则，加强监督，采取村（社区）登记选民直接选举村（居）委会成员的方式，全省直接选举率不低于 85%，选举过程强化村（社区）党组织领导核心作用，提倡按照民主程序将村（社区）党组织负责人依法推选为村（居）民选举委员会主任[②]。

（3）村务监督委员会实现全覆盖

为健全完善村级民主自治和民主管理机制，防止腐败，2011 年，四川省村务公开协调小组提出了《关于建立村务监督委员会制度的意见》，要求各村在选举村委会成员的同时选举出村务监督委员会成员。目前，成都市高新区、南充市、甘孜州等地已经全面完成了村务监督委员会的建设工作。村务监督委员会是村民监督村务的主要形式，有利于增强群众参与监督的意识，充分发挥群众自治组织作用。2017 年，中共中央办公厅、国务院办公厅下发了《关于建立健全村务监督委员会的指导意见》，四川省将继续推进村务监督工作的开展。

4. 社会力量协同作用发挥概况

社会力量协同作用的发挥表现在社区、社会组织和社会工作者服务领域范围的扩大，服务能力的提升，服务机制的形成完善。

（1）服务领域范围更大

随着我国老龄化社会到来和精准扶贫工作开展，四川省社会组织、社区

① 资料来源：http：//www. sctv. com/news/yc/201611/t20161118_ 3143422. shtml。

② 资料来源：http：//www. sc. gov. cn/10462/12771/2016/12/15/10407608. shtml。

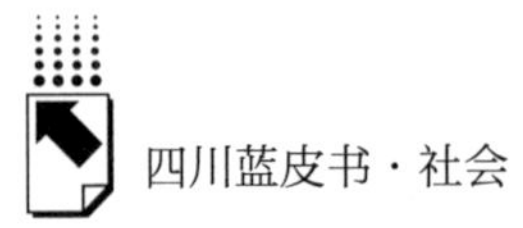

社会组织的服务领域扩展到社区养老、精准扶贫等更多民生领域。近年来，成都市民政局积极推进全市社会组织深入参与精准扶贫工作，截至 2017 年 6 月，已有 46 家社会组织完成了 46 个扶贫济困项目，惠及群众 70 万余人次[①]，帮助受助困难群众发展生产、增加收入、改善生计。根据对养老格局“9073”的预计，四川省将有 7% 的老年人通过社区组织提供的各种专业化服务实现社区照料养老，需要动员社会组织和志愿者队伍等社会力量，为居住在家的老年人提供社会化居家养老服务。

（2）承接政府服务更有力

2008 年汶川地震后，四川省社会组织数量明显增多，在四川省各级民政部门登记注册的社会组织（社会团体、基金会和民办非企事业单位）数量从 2009 年的 28469 个增加到 2016 年的 39448 个，增加了 10979 个，增长了 38.56%[②]，截至 2015 年 8 月，在成都市依法登记的社会组织达到 8540 个，备案的社区社会组织共 2200 多个[③]。四川省委、省政府充分吸取汶川地震和芦山地震经验，高度重视社会组织的发展和引导。近年来，四川省社会组织在承接政府职能转变后剥离出的社会服务方面做出了突出贡献，有力、有效承担了扶老、助残、妇女、儿童、青少年、社区服务、居民健康、公共文化、社区社会组织培育、群众体育和职工服务等方面的服务。

（3）“三社联动”更健全

“三社联动”工作机制是以政府购买服务为牵引，以社区为平台、社会组织为支撑、社会工作者为骨干，以社区居民为需求的联结机制。近年来，伴随政府职能转变、服务职能下沉和居委会职能归位，为社会组织广泛参与社区治理搭建起良好平台。各地按照省民政厅要求，通过搭建“社会化”服务平台，加大政府购买服务力度，组织开展公益创投、社工服务示范活动、引进品牌社会组织等方式，推进社区社会组织培育发展和加强社工人才

---

① 资料来源：http://sichuan.scol.com.cn/ggxw/201707/55945871.html。

② 资料来源：根据《中国民政统计年鉴 2017》整理。

③ 资料来源：http://www.scjjrb.com/html/xwpd/sh/57131.html。

队伍建设。2014 年 8 月，四川省成立了全国首个由党委、政府主导，专门为社会组织和社会工作培养人才的成都社会组织学院。2015 年，成都市武侯区因率先梳理出社区党组履职事项清单、社区居委会履职事项清单和社区居委会协助政府工作事项清单，取消对社区公益性服务类社会组织的前置审批，实施社区社会组织孵化工程和社工人才培育计划，获得民政部“2014 年度中国社区治理十大创新成果”奖，被确认为“全国社区治理和服务创新实验区”。为改变四川省志愿服务组织总体上数量不足、能力不强、发展环境有待优化的问题，四川省委宣传部、精神文明建设办公室评选了 2016 年“四川省十佳志愿服务项目”“四川省十佳志愿服务组织”“四川省十佳志愿服务社区”“四川省十大最美志愿者”等奖项。要求社区依托综合服务设施建立志愿服务站点，搭建志愿者、服务对象和服务项目对接平台，完善志愿服务记录和志愿服务台账。

5. 社区治理模式创新情况

成都市城乡社区治理是四川省社区治理“排头兵”，代表了四川省城乡社区治理发展水平。2000 年，全国推进社区建设工作铺开后，成都市城市社区建设工作加快发展步伐。按照《中共成都市委 成都市人民政府关于加强城市社区建设的意见》《成都市城市社区建设管理规定》等文件的统一部署，成都市在社区层面已经普遍建立起以社区党组织为核心，以社区公共服务站为平台，以居民会议（社区居民代表大会）、社区居委会、居民议事会、居民监事会为自治主体的多元治理格局。其中，社区公共服务站接受街道办事处领导，承接公共服务，实现职能下沉，根据地方实际情况实行“一居一站”或“一站多居”；居民会议（社区居民代表大会）为社区最高决策机构，委托居民议事会决定社区日常事务，社区居委会执行社区议事会决策，居民监事会监督社区议事会和居委会的工作。辖区单位通过参加居民会议或居民议事会参与社区事务决策过程。社区各类组织和各项工作接受党组织的领导，通过不断扩大党组织覆盖面积、加大党组织工作和活动力度，发挥党建引领作用。现四川省已普遍建立起以社区党组织为核心的“一委一居一站”社区管理体制。

2016 年，四川省共有社区居委会 7123 个，农村村委会 45945 个，村委会数量是社区居委会数量的 6.5 倍。其中，1000 户以下、1000～3000 户和 3000 户以上的社区居委会占比分别为 50.20%、31.71% 和 18.08%（见表 2），社区居委会规模分化大。参考其他省份社区居委会规模 3000 户设置的原则，四川省大型社区居委会较多。与社区居委会不同，小规模村委会居多，占比为 79.09%。社区空间分化，社区规模不统一，城乡社区发展不平衡，城市社区中商品房小区、老旧院落、棚户区、城中村交叉错落，给四川省社区治理带来很大困难。在已有社区治理机制下，各地正探索社区治理新模式。

表 2　2016 年四川省社区居委会、村委会居民户频数分布

单位：户，%

项目	社区居委会		村委会	
	频数	百分比	频数	百分比
1000 户以下	3576	50.20	36337	79.09
1000～3000 户	2259	31.71	7756	16.88
3000 户以上	1288	18.08	1852	4.03
合计	7123	100.00	45945	100.00

资料来源：根据《中国民政统计年鉴 2017》整理。

（1）创新老旧院落“微自治”治理模式

老旧院落一般分布在中心城区，多数为 20 世纪单位修建的职工宿舍和早期征地拆迁集中安置的农转非居民小区，新增居民多、异质性强、流动性大，公共设施严重不足。大都存在居民社区意识淡，自我管理、服务能力弱，治安、环境差，治安公共设施老旧、配套严重不足，无物业，对政府、单位依赖强等问题。为解决上述问题，成都市高新区在已有社区治理机制下，率先把社区分解为更小的治理单元——院落，分别成立院落党组织、院落议事会和院落居民自治委员会，利用老旧院落居民熟悉度高、公共利益一致性强、人员更易集中的特点，以楼栋为单位成立党小组，以院落为单位成为党支部，让党组织一扎到底；以户为单位，每个楼栋至少推选1名楼栋长组成院落议事会，调动居民参与积极性；由院落自治委员会负责院落的服务与管理，使老旧院落发生“脱胎换骨”的变化。现在这一治理模式已在省内推广开来。

2014年，民政部确认成都市成华区为“全国社区治理和服务创新实验区”，开始探索构建“院落+社团”微自治体系。三年时间内，成华区首先在社区层面，探索了社区“116+N”微自治模式，在社区层面以党组织为核心、社区居委会为平台，成立社区公共事业发展委员会、社区法制建设委员会、社区公共环境委员会、社区矛盾纠纷调处委员会、社区科教文体委员会和社区社会福利委员会等6个委员会并延伸到多个院落自治小组、社会组织、社区专员、社工。同时拓展社区服务阵地，形成了“区级市民中心—街道便民服务中心—社区综合管理服务站—院落连心驿站”，进一步解决老旧社区配套差、无物业的问题。根据院落、小区的不同情况，探索出三种微自治模式；一种是在企业，直管院落，采取“自治组织+物业自管+社区服务”模式；一种是在商品小区，采取“社区+业委会+多方协商+共治共管”模式；还有一种是在老旧社区院落，推行“党建+民主协商+完善设施+物业自管”的邻里互助治理模式。解决居民“最后一公里”的自治事务处理问题。

（2）创新新型农村社区治理模式

新型农村社区是指四川省在统筹城乡发展过程中，由于土地整理、村庄合并、自然灾害、旧村完善和服务共享等原因，形成的以农民集中居住为特征、社会服务和管理功能较为完善的农村社区。与传统农村相比，新型农村社区人口居住集中、规模大，居民多来自不同村庄，从事不同类型职业，对教育、医疗和社会保障等公共服务需求增加，出现农民专业合作组织、新型农村集体经济组织形式，居民融合难度大，只有创新社区治理机制才能实现农村社区的长治久安。借鉴城市社区治理经验，新型农村社区现在已建立起“党支部领导，村民会议或村民议事会决策，村（居）委会执行，各类经济组织参与”的新型农村社区治理模式，党支部或联合党支部接受乡镇党组织领导，党员受原有村委会党支部和新村党支部的双重领导，在村民议事会的基础上设立跨村联合议事会机制，帮助解决涉及多个村村民利益的难点、重点问题，实践民主决策、民主管理。

（二）社区治理能力发展情况

社区治理能力发展指社区居民参与能力、社区公共服务能力、社区文化引领能力、社区依法办事能力、社区矛盾化解能力和社区信息化应用能力的不断增强、提升、突破和强化。

1. 居民参与能力不断增强

居民参与能力增强表现在居民参与主体范围扩大、参与方式多元、制度化、常态化。2016 年，四川省委、省政府联合下发《关于进一步加强城乡社区协商工作的通知》，要求进一步完善基层群众自治制度，稳步开展基层协商，推进城乡社区协商制度化、规范化和程序化。

（1）协商民主新机制确立

社会主义协商民主是我国特有的民主形式和独有优势。省内各地方结合自身实际，建立了更加完善的协商民主新机制，促进协商民主常态化，提高居民协商意识与积极性。2015 年，成都市温江区创建的“343”社区协商共建机制，为居民搭建平台，帮助居民建构协商网络，接受群众测评，荣获民政部“2015 年度中国社区治理十大创新成果”奖。宜宾市翠屏区专门成立了由区委书记任组长的“构建村（社区）协商民主制度工作领导小组”，落实社区协商民主工作。

（2）协商民主新主体形成

越来越多的少数民族人口进入城市，形成了大散居、小聚居的居住格局。2015 年，成都市率先开展各民族相互嵌入式示范社区创建活动，通过宣传引导、民生建设、社区自治和群众活动等方式，充分调动社区少数民族群众积极性，发展少数民族群众参与社会协商，参与社区治理。2015 年，南充市顺庆区采取了将政协工作联络组设在社区、在街道设置政协工作联络委的措施，鼓励居民参与社区协商。

2. 社区公共服务能力不断提升

城乡社区公共服务能力的提升，既是保障民生、提升城乡社区治理的需要，又是统筹城乡发展、创建新型城镇化道路的需要。社区公共服务能力的提高表现在公共服务范围的全面均等、服务空间的增加和服务效率的提高。“十二五”以来，四川省社区服务基础设施建设全面提速，农村社区基础设施建设稳定提升。

（1）提高社区公共服务均等化水平

2003 年，成都市率先在全国实践城乡统筹发展，陆续推进了农民向城镇集中的“三个集中”，城乡基础设施、公共服务一体化的“六个一体化”和农村基层民主政治建设的“四大基础工程”等措施，以改善民生为重点，统筹城乡养老保险、深化公共医疗体制、劳动就业体系和户籍制度改革，着力增加农村地区公共服务供给，为城乡社区公共服务均等化提供了前提条件。近年来，成都市以农村社区公共服务站规范建设为重点，不断提高社区公共服务站服务水平和服务能力，以完善村委会、建立议事会和监事会为支撑，促进社会组织和志愿服务流向农村，到“十三五”期末，每个农村社区至少拥有 5 个社区社会组织，保障农村社区共享城乡社区治理发展成果。省内各地以成都市为标杆，不断提高城乡社区公共服务均等化水平。2016 年，在全省范围内广泛推行了“1 + 6”村级公共服务设施建设，即每个村都有村“两委”+便民服务中心、农民培训中心、文化体育中心、卫生计生中心、综治调解中心、农家购物中心，促进了农村社区服务体系的进一步完善。

（2）增加社区公共服务基础设施

社区公共服务空间是完善社区公共服务的物质基础。根据《四川省城乡社区服务体系建设“十三五”规划》，“十二五”期间四川省社区服务设施总面积达到 245.2 平方米。到 2020 年，四川省城市社区综合服务设施覆盖率达到 100%，每百户居民拥有的社区服务设施面积不低于 30 平方米，农村社区综合服务设施覆盖率达到 50%。[①]

---

① 资料来源：《四川省城乡社区服务体系建设“十三五”规划》。

数据显示，2015～2016 年，社区服务中心、社区服务站和社区服务机构数量均有所增加，社区服务机构增长 10.87%，社区服务站、社区与社区居委会增加数量基本一致，为社区居民享受公共服务提供了物质基础。社区养老服务机构增长最快，增加 1404 个，增长 61.80%，社区日间照料中心床位数也从 52200 张增加到 62713 张，增加 10513 张，增长率达到 20.14%（见表 3），社区养老服务正在成为社区服务新热点。目前，成都市财政对新建公益性养老机构每张床位补贴 1.2 万元，新建非公益性机构每张床位补 1 万元，吸引更多社会资源进入社会养老服务领域。

表 3　2015～2016 年四川省社区公共服务设施

社区公共服务设施	2015 年	2016 年	增长量	增长率(%)
社区服务中心个数	1633	1707	74	4.53
社区服务站个数	8790	8939	149	1.70
社区服务机构个数	18762	20802	2040	10.87
社区养老服务机构个数	2272	3676	1404	61.80
社区日间照料中心床位数①	52200	62713	10513	20.14

资料来源：根据《中国民政统计年鉴 2017》整理。

（3）提高社区综合服务效率

依托社区公共服务综合信息平台建设，整合资源，社区综合服务能力得到提高。成都市民通过社区综合服务信息平台可以直接办理与组织、民政、人社、房管、卫计和残联等部门相关的超过 150 项的居民服务事项。过去需要跑多个部门办理、在多个窗口排队办理居家养老、大病救助、医保办理、计划生育、优待抚恤和死亡证明等事务的现象大量减少。社区公共事务受理服务中心通过前台“统一受理”、后台“分类处置”、管理“全程监控”的窗口运作模式，实现了基础数据“一次采集、多方共享”，有效扩大服务范围、提高服务效率，减少行政成本。2014 年，攀枝花市投入 1000 万余元建设社区公共服

① 社区日间照料中心床位数是指社区服务机构中的日间照料中心。

务综合信息平台，覆盖全市所有社区、乡镇[①]，遂宁、乐山、德阳、绵阳、广元、广安、资阳等地也在开展社区公共服务综合信息平台建设试点工作。

（4）鼓励社区公共服务进入社区

为满足居民日益多样的社区公共服务需求，四川省正在积极探索社会主体多元参与的社区公共服务机制。鼓励邮政、金融、电信、燃气、自来水、电力、产品质量监督等公用事业服务进入城乡社区；引进有实力的企业运用连锁经营的方式到城乡社区设立超市、便利店、标准化菜店等零售网点，开展环卫、绿化管护工作，多方式提供看护护理、家政服务、美容美发、洗染、家电维修、餐饮、物流配送和再生资源回收等生活服务，积极构筑15分钟基本公共服务圈。

3. 社区文化引领能力不断突破

城乡社区治理关键在体制，核心是人。近10年来，四川省以“还权”“赋能”“归位”为目标，依托“社区—社会组织—社会工作者”三社联动，在加强和完善城乡社区治理体系中取得明显成效。近年来，开始通过更丰富的社区活动、弘扬传统文化和社区营造等方法，增强居民主体性与主动性成为四川省城乡社区治理新重点。

（1）社区活动更丰富

为培育社区公共精神，丰富社区居民业余生活，四川省各地市州开展了丰富多彩的社区活动。活动类型从传统的兴趣小组、文明家庭选举、弘扬好人好事、安心捐赠、志愿服务增加到社区义诊、社区义卖、亲子活动、旅游观光社区行、邻里守望、社区故事、低碳生活、环境整治、绿化家园等，活动方式也从以前的社区居委会主导、社区志愿者组织发展到依靠专业社会组织、采取项目制的方式系统、科学开展，吸引更多居民参与。

（2）传统文化更繁荣

近年来，习近平总书记在不同场合强调要“弘扬优秀的传统文化”，并《在庆祝中国共产党成立95周年大会上的讲话》中对“文化自信”特别加

① 资料来源：http：//epaper. scdaily. cn/shtml/scrb/20141016/81139. shtml。

以阐释，传统文化复兴已经上升为国家文化战略。四川省以社区为平台，以文化建设为载体，通过诵经典、传美德、写对联等方式，建设学习型社区，宣传中华传统美德，让传统文化融入百姓日常生活，提高国家认同、民族自豪感和居民素质。

（3）社区环境更温暖

社区营造是指社区居民以集体行动的方式来面对和处理社区内生活问题，整合社区资源，创造共同生活福祉，逐渐形成紧密社会联系的过程，建设真正能够打动居民的生命共同体，从自娱自乐到关心公共服务，从被动接受到主动参与，从“有活动”走向“有温度”，推动社区可持续发展。2015年，四川省浦江县明月村开始以建设“美丽乡村生命共同体”为目标的“明月村社区营造实践”培育计划，通过整合文创项目、公益组织、农户等多方资源，传承当地文化与工艺。两年时间里，明月村发生巨大变化，成为新乡村建设的“新样板”。2016 年，成都市民政局首次提供 820 万元资助资金，在全市范围内推行“社区营造”，在 100 个社区内全面开启“温暖社区”营造行动①，2017 年城乡社区可持续营造行动新增项目 68 个②。

4. 社区依法办事能力不断强化

强化社区依法办事能力是要做到社区治理有法可依；加强法律宣传，提高居民法律意识；开展法律服务，促进法律服务体系覆盖城乡居民公共生活。

（1）“中江经验”得到推广

2013 年，四川省德阳市中江县抓住村（居）委会换届选举的契机，通过制定完善村规民约有效解决了征地拆迁补偿、环境卫生、社会治安、农村水利等村民关心的村级公共事务，将依法治村落到实处。省民政厅总结提炼了中江县的主要做法，形成了“三上、三下，六步工作法”的“中江经验”。时任省委书记王东明对中江县以村规民约为抓手、推进依法治省在基

① 资料来源：http：//www. sc. gov. cn/10462/10464/10465/10595/2016/9/26/10397150. shtml。

② 资料来源：http：//www. sohu. com/a/160587448_ 748285。

层得到落实的做法给予了充分肯定，并要求在全省总结推广。[①]

（2）“六个一”工程不断推进

2015 年，四川省依法治省领导小组办公室、省委宣传部、省司法厅和省民政厅联合下发《关于深入推进“法律进乡村、进社区”的实施意见》和《深入推进“法律进乡村、进社区”工作方案》，要求在省内开展乡村、社区普法“六个一”工程，要在每个乡镇（街道）设立一个法治辅导站、一个法律援助工作站、一支专兼职相结合的法治宣传队伍、一个法治宣传栏或一个法律图书室（角）、培养一名“法律明白人”、每户发放一张便民法律服务联系卡，为强化社区依法办事能力提供物质基础、人员保障，将法律进社区工作落到实处。

5. 社区矛盾化解能力不断提升

社区矛盾化解能力提升表现在社区可以引导居民合法表达利益诉求，疏导居民情绪，为弱势群体提供心理健康服务，化解社区矛盾纠纷和加强治安防控，集中体现了居委会的自治水平。2015 年，四川省委、省政府办公厅出台《关于创新社会治理方式推进网格化服务管理工作的意见》，要求各地健全县（市、区）、乡镇（街道）、村（社区）、网格四级服务管理体系和运行机制。网格化服务管理是按照科学原则将社区划分为若干网格，把社区工作分解到网格中，在每个网格中设置网格管理员、网格信息员、网格调解员、网格安全员等，及时发现、处理和上报网格中的社情民意和重大事项，并进行跟踪回访，协助社区开展民生事项服务、矛盾纠纷化解、流动人口服务管理、法制宣传等工作。组织志愿者、专业社工为老年人、留守儿童、妇女、社区服刑人员、精神病障碍患者进行心理疏导，协助居委会、议事会开展协商，反映居民意见诉求，帮助居民解决纠纷，实现社区纠纷就地化解。2017 年，四川省在全省范围开展了基层“扫黄打非”网格化管理示范网格建设工作，加强网格治安防控功能，推进平安社区建设。

---

① 资料来源：http://sc.cnr.cn/sc/2014sc/201408/t20140810_516181364.shtml。

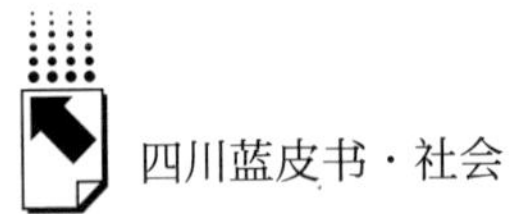

6. 社区信息化应用能力不断增强

增强社区信息化应用能力的重点是加强社区信息化基础设施建设，加深互联网和社区治理融合程度，方便居民通过 APP、移动客户端等计算机手段参与社区公共事务。2015 年，四川省首次在成都市区、攀枝花、泸州、德阳、广安、达州、阿坝州等城市共 10 个社区中试点建设智慧社区。智慧社区以社区综合信息服务平台为支撑，是一种新的社区服务管理模式，通过便民服务等方式，实现社区管理现代化和公共服务智能化。同年，四川省在全省 19 个县（市、区）的农村地区试点开展“雪亮工程”。雪亮工程是以县、乡镇、村三级监控平台为主体的农村公共安全视频监控体系，利用农村现有电视网络，将公共安全视频监控信息接入农户家庭数字电视终端，通过实时监控、一键报警、分级处置、综合应用，实现农村地区社会治安防控。2016 年，四川省完成了 4800 个村（社区）的“雪亮工程”建设并投入使用①。“十三五”期间，城市“智慧社区”建设和农村“雪亮工程”仍然是四川省社区信息化能力建设的重点。

（三）社区治理保障发展概况

强化社区治理保障是为社区治理体系和治理能力的发展，提供完善的领导体制和工作机制、充分的资金保障、高素质的社区工作者队伍和科学的政策标准体系与宣传激励手段。

1. 体制机制保障发展情况

社区领导体制和工作机制的发展依靠各级党委和政府的重视和工作机制的形成、理顺。

（1）工作机制有保障

为确保社区各项工作的顺利完成，提高社区工作动力，目前省内多个地方对社区工作采取目标考核方式进行。部分地方出台了社区目标管理考核办法、实施意见、考核方案等文件，规范社区目标考核。社区目标管理考核范

① 资料来源：http：//sichuan. scol. com. cn/dwzw/201607/54696934. html。

围一般包括职能部门交办事项，居委会自治事项，重点工作事项和特色、亮点工作。在各级党委领导下，职能部门和考核小组根据社区平时和年终工作完成情况进行考核打分。考核结果与社区荣誉、社区工作人员工资绩效挂钩，加强社区对考核工作的重视。

（2）领导体制有方向

为适应新时期社会主要矛盾的改变，满足人民对美好生活的追求，探索特大城市治理能力、治理体系现代化，避免“城市病”的集中爆发，2017年成都市率先成立中共成都市委城乡社区发展治理委员会（简称“社治委”），集中推进城乡社区发展治理改革工作，负责编制成都市城乡社区的发展规划，牵头建立资源统筹协调机制，推进街道的体制改革，以及强化考核督导等工作，解决社区发展治理缺乏顶层设计、统筹协调的问题。目前，成都市各区（市）县已经设立了相应的机构，具体承担区（市）县城乡社区发展治理的工作职责，落实社区治理工作。

2. 资金投入增长情况

城乡社区治理经费增加依靠国家和地方财政资金的投入和社会资金的流入。

（1）加大财政资金投入力度

城乡社区治理涉及居民生活的方方面面。目前，国家和地方财政预决算报告中尚未有专门针对城乡社区治理的内容，对城乡社区治理各项投入分散在一般公共预算、省人大预算决议落实情况、重点支出等部分，如与城乡社区治理关系密切的民生投入。2015 年，四川省民生支出占省级一般公共预算支出的比重为 62.6%①，2016 年，四川省民生支出达到 5207.7 亿元，占一般公共预算支出的比重为 65%，上升了 2.4%，其中全省十项民生工程和二十件民生大事项投入 1501.8 亿元②。另有与城乡社区治理密切相关的基础设施建设项目，例如，63 个幸福美丽新村示范县建设，1.9 万户分散农户

① 资料来源：http：//www.sc.gov.cn/10462/10778/10876/2015/1/29/10325421.shtml。

② 《2016 年四川省十项民生工程和二十件民生大事具体内容与财政投入具体信息》，http：//www.sc.gov.cn/10462/10464/10797/2017/2/4/10413050.shtml。

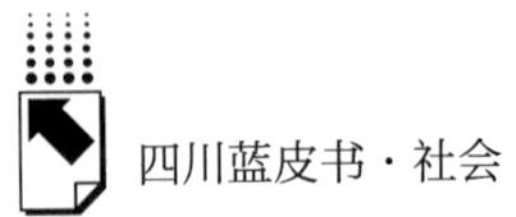

避险安置，27 万套城镇危旧房棚户区改造，农村危房改造以及彝家新寨、藏区新居、摩梭家园、巴山新居和乌蒙新村建设，等等。2017 年四川省财政预算中，继续坚持民生优先原则，不断加大民生支出力度①。另外，从 2007 年开始，四川省省级财政每年划拨专项资金用于补助社区建设，以带动各地社区建设财政投入。目前，省级社区建设补助资金（含社区综合服务设施建设、社区信息化建设、社工队伍建设等补助资金）每年已达到 3000 余万元，多数地方财政都预算了社区服务群众专项经费②。

（2）探索社会资本引入路径

党的十八届三中全会决定，企业投资项目，除关系国家安全和生态安全，涉及全国重大生产力布局、战略性资源开发和重大公共利益等项目外，一律由企业依法依规自主决策，政府不再审批。2014 年四川省政府出台了《关于深化投融资体制改革的指导意见》，要求强化企业投资主体地位，激发民间投资活力，拓展政府融资渠道等。目前，政府与社会资本建立全程合作关系提供公共产品或服务的新投资模式已经在四川省多个领域得到运用，省内各地正积极探索将社会资本引入社区治理领域新机制、新方法。2015 年德阳市引入社会资本参与社区卫生服务中心建设，促进社会办医发展，完善德阳市医疗服务体系建设③。成都市温江区采用 PPP 模式，利用特许经营权、合理定价和财政补贴等方式，就“智慧社区”项目与相关企业展开长期和深入的合作，使市场化公司面向社区提供服务④。

3. 社区工作者队伍建设情况

近年来，四川省在规范社会工作者队伍管理发展、拓展社工来源渠道、畅通发展空间、加强职业教育、提高薪酬待遇和建立奖励机制等方面均有较大发展。从 2009 年开始，已先后三次上调全省社区干部待遇，普遍落实了

---

① 资料来源：《关于四川省 2016 年财政预算执行情况和 2017 年财政预算草案的报告》。

② 资料来源：四川省民政厅。

③ 资料来源：http：//www. sc. gov. cn/10462/10464/10465/10595/2015/7/20/10344697. shtml。

④ 资料来源：http：//sichuan. scol. com. cn/amsc/201501/9972786. html。

社区干部参加养老保险政策，社区书记、主任、专职工作者报酬分别达到2900元、2700元和2500元及以上，提高了社区干部工作积极性，稳定了社区干部队伍。各地还进一步制定措施，举办专业社工师培训，加快社区人才队伍专业化、职业化发展，明确规定获得专业社工资格的社区工作者在报酬上分别增加100~800元，鼓励优秀社会工作人才留在社区和鼓励社区工作者立足岗位成才。2016年，四川农业大学社会工作系“雅安市灾后儿童全人健康教育”项目，荣获第四届林护杰出社会工作实习项目奖，表明四川省社会工作专业的学生培养和实践教学水平处于了全国一流水平，为四川省乃至我国城乡社区治理不断输送新鲜血液。

（1）村（居）委会成员年轻化趋势显著

由表4可以看出，2016年四川省村（居）委会成员数量达到212443人，其中35岁及以下成员有45268人，占比21.31%；36~45岁成员88945人，占比41.87%；46~55岁成员59135人，占比27.84%；56岁及以上成员19095人，占比8.99%。总体来看，四川省村（居）委会成员中，46岁以下成员共134213人，占比63.18%，占工作成员的大多数，彻底改变以往村（居）委会成员年龄偏大、精力有限、思想滞后、工作方式落伍的局面，为四川省社区治理发展提供了成员保障。具体来看，村委会46岁及以上工作人员数量比居委会多6.68%，有待进一步优化。

表4　2016年四川省村（居）委会成员年龄分布

单位：人，%

年龄	城市		农村	
	频数	百分比	频数	百分比
35岁及以下	8602	26.91	36666	20.32
36~45岁	13403	41.94	75542	41.86
46~55岁	7839	24.53	51296	28.42
56岁及以上	2117	6.62	16978	9.41
合计	31961	100.00	180482	100.00

资料来源：根据《中国民政统计年鉴2017》整理。

（2）村（居）委会成员专业化程度增加

总的来看，四川省村（居）委会中取得社会工作职业资格的人员数量增长速度明显加快，说明村（居）委会对工作专业化水平重视程度也在日益提高，有利于更好地发挥村（居）委会作用。2015～2016 年，四川省村（居）委会中取得社会工作职业资格的人数从 633 人增加到 889 人，增加了 256 人，增长了 40.44%，增幅明显。其中，助理社会工作师从 492 人增加到 696 人，增加 204 人，增长了 41.46%；社会工作师从 141 人增加到 193 人，增加 52 人，增长了 36.88%，略低于助理社会工作师的增长水平。具体来看，2015～2016 年，四川省居委会中取得职业资格的人数从 544 人增加到 708 人，增加 164 人，增长 30.15%；村委会中取得职业资格人数从 89 人增加到 181 人，增加 92 人，增长了 103.37%，村委会取得职业资格的人员增长速度远超居委会，但村委会中取得职业资格人员总量小、底子薄，仍须继续加强。

表 5　2015 年、2016 年四川省村（居）委会成员职业资格分布

单位：人

职业资格	城市		农村	
	2015 年	2016 年	2015 年	2016 年
助理社会工作师	423	550	69	146
社会工作师	121	158	20	35
合计	544	708	89	181

资料来源：根据《中国民政统计年鉴 2017》整理。

（3）社区专职工作者招聘增多

为使村（居）委会职能归位，缓解社区工作人手不足问题，四川省部分地市州已经出台《社区专职工作者管理办法》，按岗位需要，通过考试公开向社会招聘社区专职工作者。比如，2017 年宜宾市选聘城镇社区专职工作人员 137 名，眉山市仁寿县文林镇委员会招考社区工作人员 16 人，绵阳市涪城区工区街道招聘社区专职工作人员 8 名，成都市青羊区西御河街道办事处招聘社区专职工作人员 7 名，等等。四川省还正在探索从高校毕业生中直接选任社区专职工作者的方法，扩大社会工作者招聘范围，提高社会工作素质。同时，四川省将建立起社区专职工作者待遇正常增长机制和职业水平评价机制，保证社区干部基本报酬不低于上年度当地社会平均工资水平。

4. 政策标准制定和激励宣传情况

四川省历来高度重视城乡社区治理工作，在深入贯彻落实党中央和国务院精神和文件过程中，结合省内实际，出台配套政策，制定社区治理通用标准体系，表扬先进社区建设集体和个人，总结社区治理经验模式，树立典型，推广经验，营造全社会关心、支持和参与社区治理的良好氛围。

（1）不断出台相关配套政策

为完善社区治理体系，四川省先后出台了《四川省村民委员会选举条例》（2003 年制定，2015 年修订）、《四川省村务公开条例》、《关于加强社会工作专业人才队伍建设的实施意见》（川组发〔2012〕6 号）、《关于加强城乡社区建设和创新管理服务的意见》（川委办〔2013〕22 号）、《关于全面深化改革加强基层群众自治和创新社区治理的通知》（川委发〔2014〕4 号）、《关于推进政府向社会力量购买服务工作的意见》（川办发〔2014〕67 号）、《关于开展农村社区建设试点工作的实施意见》（川委办〔2016〕17 号）、《四川省 2015 年“互联网 +”重点工作方案的通知》（四川省人民政府办公厅 2015 年 6 月）、《关于完善以城镇社区党组织为核心的新型社区治理和服务体系的意见》（四川省人民政府办公厅 2016 年 10 月）和《四川省人民政府办公厅关于推广成都市清理村（社区）证明经验做法的通知》（川办函〔2017〕117 号）等重要文件。各地市州也陆续出台了《资阳市村务公开和民主管理暂行办法》（资阳市政府第 11 号令）、《关于进一步加强城市社区工作用房和居民公益性服务设施建设管理工作的通知》（绵委办〔2011〕45 号）、《关于加强和创新社区建设管理的意见（试行）》（巴委发〔2012〕15 号）、《关于推进政府向社会力量购买服务的实施意见》（资府办〔2015〕14 号）和《关于开展农村社区建设试点工作的实施方案》（泸委办发〔2016〕23 号）等配套政策，为四川省城乡社区治理的发展提供了重要的制度保障，有利于形成合力，共同推进四川省城乡社区治理体系的创新完

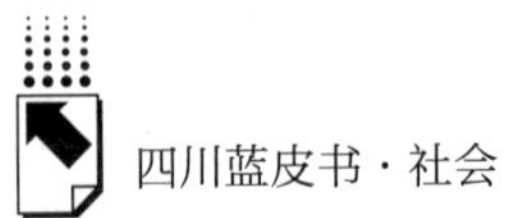

善和社区治理水平的提高。据初步统计，2015 年全省就有 100 多个县（市、区）开展了政府购买服务项目，涉及资金近 80 亿元[①]。

（2）不断制定社区治理标准体系

2016 年是国家“十三五”开局之年，四川省相继出台了《四川省民政事业发展“十三五”规划》《四川省“十三五”文化发展规划》《四川省体育事业发展“十三五”规划》《四川省社会工作专业人才队伍建设“十三五”规划》《四川省“十三五”老龄事业发展和养老体系建设规划》和《四川省城乡社区服务体系建设“十三五”规划》等，总结了“十二五”期间四川省在城乡社区服务、社会组织和基础设施、文化、体育、信息化建设方面取得的成就，并制定“十三五”期间需要达到的目标。

三　四川省城乡社区治理创新经验

从四川省城乡社区治理实践中，可以总结出“四个结合”的治理经验。

（一）坚持城镇与乡村相结合

四川省在城乡社区治理工作中，始终注重城镇与乡村相结合，以城带乡、以城援乡，努力补齐农村社区治理短板，探索农村新型社区治理机制。比如，2007 年成都成为我国统筹城乡综合配套改革试验区后，不断加大财政对农村公共服务的投入，在市、县两级政府财政预算中安排专项资金给村级组织，把村级公共服务资金的一部分用于村（居）民议事会，保障村、社区议事会运转。目前成都市范围内所有村和涉农社区已经建立起由农民直选成立议事会，党组织领导、议事会决策、村委会执行、其他经济社会组织广泛参与的新型村（社区）治理模式，成为全省城乡社区治理典型，推动其他市州社区治理工作的开展。

① 资料来源：http：//www. ccgp. gov. cn/dfcg/dfdt/201512/t20151229_ 6400839. htm。

（二）坚持领导与引导相结合

四川省在城乡社区治理工作中，始终坚持党的领导，充分发挥基层党组织的领导核心作用。无论是社区议事会还是社区日常的工作，都是在社区党组织的领导下建立和开展的。近年来，四川省基层党组织注重整合资源、强化工作队伍、创新工作机制、健全工作载体、转变工作作风，着力建设社区服务型党组织，形成坚强的领导核心。以人民需求为中心，把服务群众同教育引导群众结合起来，打造以社区党员为骨干、居民为主体的社区志愿者队伍，引导居民广泛参与法律咨询、医疗义诊、书法培训等志愿服务活动，促进居民交往，提升社区凝聚力。发挥党员志愿者先锋模范作用，引导居民主动化解矛盾，促进文明和谐社区建设。

（三）坚持内生和外援相结合

2008 年，汶川地震给四川省带来巨大损失的同时，外援省份参与汶川地震灾后重建也带来社区治理新理念。四川省积极学习借鉴其他地区的先进社区治理经验，出台了一系列促进社区组织发展的政策和配套措施。例如，成都大力引进专业社会组织，培育、孵化本土社会组织和社区社会组织，推出直接登记和备案管理双轨制，创设社会组织专项资金，加大政府购买服务力度，加强社会工作专业人才队伍建设，对社会组织进行年检、评级，规范社会组织运行，为社会组织发展提供人才保障，提升社会组织参与社区治理的能力，都是借鉴先进经验、积极主动创新的产物。

（四）坚持文化与实践相结合

四川省在城乡社区治理工作中，始终注意以“人”为核心。通过丰富多彩的社区活动和专业的社会工作项目，以培育和践行社会主义核心价值观为根本，依托传统文化和社区公共事务找寻居民共同历史记忆、文化内涵和利益联结，增强居民间交往，营造温暖社区，使居民更加热爱自己所在的社区，培育居民社区意识、社区认同和归属感，发展社区文化。2017 年，四

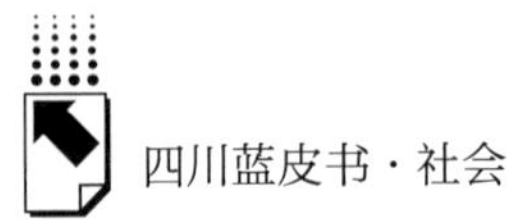

川省内普遍开展了睦邻友好、邻里互助和共筑共荣行动，打破居民间不相往来的局面，构建邻里间和谐氛围，共建美好生活家园。

参考文献

〔德〕斐迪南·滕尼斯：《共同体与社会：纯粹社会学的基本概念》，北京大学出版社，2010。

池忠军：《马克思共同体理论及其当代性》，《学海》2009 年第 5 期。

《中共中央国务院关于加强和完善城乡社区治理的意见》，《人民日报》2017 年 6 月 13 日。

《习近平在参加上海代表团审议时强调推进中国上海自由贸易试验区建设加强和创新特大城市社会治理》，《人民日报》2014 年 3 月 6 日。

潘晓娟：《中国基层社会重构——社区治理研究》，中国法制出版社，2005。

罗晓蓉：《社区工作站：城市社区管理体制的新探索》，《江西行政学院学报》2009 年第 4 期。

赵学吕：《中国社区民间组织法律治理机制探析》，《政法论丛》2006 年第 3 期。

吴群刚、孙志祥：《中国式社区治理——基层社会服务观念创新的探索与实践》，中国社会出版社，2011。

B.2
2018年四川城乡社区治理展望报告

黄　进*

摘　要： 四川省城乡社区治理在取得巨大成绩的同时也面临严峻挑战，如地区分布不均，相关主体发展不平衡，治理水平地区间、城乡间差异大，社区组织保障能力有待提升等。未来，四川省将采取措施，继续加强和完善城乡社区治理体系，重点提高偏远地区社区治理能力，缩小地区差异，以应对新时代社会主义主要矛盾的变化。

关键词： 社区治理　挑战　对策

2017 年 9～11 月，课题组在四川省内的成都市、绵阳市、遂宁市、宜宾市、攀枝花市和阿坝州等 6 个市（州）开展了广泛而深入的调查。通过实地走访和当地民政部门推荐，在每个调研市（州）中选择典型的农村社区、商品房小区、单位小区和老旧院落各 1 个，共 5 个（成都市因人口规模大，新增 2 个商品房小区），进行问卷调查，完成相应数量的社区居民卷、社区工作人员卷和社区卷，全面了解社区建设基本情况和社区工作重点，社区居民的社区认同水平、社区参与情况和对社区公共服务等各类工作的评价，社区工作队伍建设过程中遇到的问题及挑战等重要内容。课题组最终回收有效社区居民卷、社区工作人员卷和社区卷各 873 份、141 份和27 份。

---

* 黄进，四川省社会科学院社会学研究所所长、社会发展与公共政策研究中心主任、研究员，硕士研究生导师，主要研究领域为社会治理和社会政策。

一　城乡社区治理问题与挑战

（一）居民社区认同感地区分布不均

1. 社区认同感高与地区差异并存

习近平总书记强调“加强和创新社会治理，关键在体制创新，核心是人”。居民社区认同感集中体现居民社区意识，是社区治理工作的试金石。根据学界测量社区认同的常用指标和研究需要，课题组最终选择通过以下4个维度17指标（见表1）测量居民的社区认同感。每个测量指标下有“完全不同意”“不太同意”“一般”“比较同意”“完全同意”5个答案选项，其中“完全不同意”赋1分，“不太同意”赋2分，“一般”赋3分，“比较同意”赋4分，“完全同意”赋5分[①]，17个测量指标得分在17～85分，得分越高，居民的社区认同感越强。

表1　居民社区认同测量

测量维度	具体问题
社区交往	1. 我喜欢与社区里的人交谈
	2. 我喜欢与社区里的人一起活动
	3. 我花费很多时间和精力在社区公共生活中
对待社区居民态度	4. 我很在意社区居民对我的看法
	5. 社区里大多数人是可以信任
	6. 大多数社区居民都具备参与公共事务的能力
	7. 大多数社区居民都不太关心公共事务
	8. 总的来说,社区居民素质很高
	9. 我会为社区及其成员遭遇到不幸感到悲伤

① 第7个和第16个测量指标进行了技术处理。

续表

测量维度	具体问题
社区评价	10. 社区里有很好的组织者和领导者 11. 社区环境(包括卫生、配套基础设施、物业服务等)很好 12. 社区开展了丰富多彩的活动 13. 社区让我拥有安全感 14. 社区能够满足我的需要
社区居住意愿	15. 我想一直住在这个社区 16. 社区今后的发展与我无关 17. 社区已经成为全体居民的幸福家园

经过一致性检验得到α系数为0.92，说明17个测量指标有很强的一致性，测量指标可靠性高。居民社区认同感得分在23～85分，峰度为3.66，偏度为-0.92，接近正态分布，平均得分为68.62分（标准差11.20）（见表2），说明居民社区认同感普遍较高。

表2　居民社区认同感得分

	平均分	标准差	最大值	最小值	峰度	偏度
社区认同感	68.62	11.20	85	23	3.66	-0.92
	Alpha = 0.92					

在被调查的6个市（州）中，居民社区认同感平均分从高到低依次为宜宾市（73.49分）、绵阳市（70.99分）、遂宁市（69.50分）、攀枝花市（66.57分）、成都市（65.83分）和阿坝州（63.94分），宜宾市与阿坝州居民社区认同感平均分相差9.55分（见表3），不同城市间居民社区认同感差异显著。城市间居民社区认同感得分高低排列顺序表明，居民社区认同感的强弱与各城市经济发展水平、城市社区治理体系完善程度与治理水平高低的相关性可能不高，推测居民社区认同感可能更容易受居民个体因素和所在社区具体工作开展情况影响。

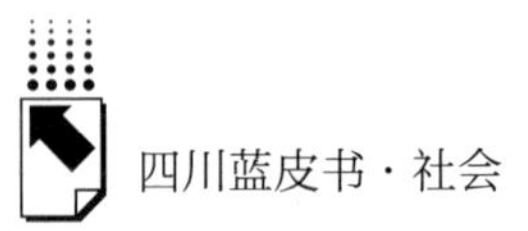

表3 不同被调查城市居民社区认同感得分

调查城市	平均分	标准差	频数
宜宾市	73.49	8.75	124
绵阳市	70.99	11.23	125
遂宁市	69.50	8.75	98
攀枝花市	66.57	10.46	126
成都市	65.83	12.37	144
阿坝州	63.94	11.50	70
合计	68.62	11.20	687

2.影响居民社区认同感因素分析

对影响居民社区认同感因素的分析，可以为四川省继续开展社区治理工作提供方向和依据，十分重要。结合上述数据特征，我们猜想居民社区认同感可能更容易受居民个体因素和所在社区具体工作开展情况影响。假设居民社区参与、居民协商能力、居民对社区党组织作用发挥评价和自治组织（如居委会）工作情况和评价是影响居民社区认同感的主要因素，居民社区参与度越高，居民协商能力越强，社区党组织和自治组织工作开展越好、居民对其评价越高，居民的社区认同感越强。居民社区认同感的高低通过社区认同感得分判断，为因变量。居民参与村（居）委会的讨论或发表看法的频率、平均参加居委会活动次数；居民在某项自己参与协商但结果与自身想法有差距的政策执行时的态度；居民对党员发挥先锋模范作用效果评价、是否寻求过社区党支部（小组）成员帮助；居民对村（居）委会调解纠纷能力评价，社区是否开展法制宣传教育活动为自变量。居民一般特征性变量为控制变量，包括宗教信仰、政治面貌、教育程度、在社区平均居住的时间和房屋性质（见表4）。

表4 控制变量与自变量基本情况描述

	变量	频数	百分比(%)
控制变量	宗教信仰(无宗教信仰=0)	139	18.04
	政治面貌(非党员=0)	192	23.53
	教育程度(大学以上=0)	50	5.92
	在社区平均居住的时间(年)	18.62(17.88)	—
	房屋性质(非单位宿舍=0)	73	8.60

续表

居民社区参与	居民参与村(居)委会的讨论或发表看法的频率	从未	210	26.15
		偶尔	172	21.42
		有时	181	22.54
		经常	240	29.89
	居民平均参加居委会活动次数		4.74(6.53)	—
居民协商能力	居民在某项自己参与协商但结果与自身想法有差距的政策执行时的态度	大力支持	325	42.43
		比较支持	236	30.81
		不支持也不反对	157	20.50
		比较反对	32	4.18
		坚决反对	16	2.09
居民对社区党组织作用发挥评价	居民对党员发挥先锋模范作用效果评价	很好	371	43.09
		较好	215	24.97
		一般	165	19.16
		较差	12	1.39
		很差	10	1.16
		不知道	88	10.22
	居民是否寻求过社区党支部(小组)成员帮助(未寻求过=0)		608	71.87
自治组织(如居委会)工作情况和评价	居民对村(居)委会调解纠纷能力评价(能力弱=0)		588	68.45
	社区是否开展法制宣传教育活动(未开展=0)		716	85.65

注：表中括号中数值为标准差。

表5结果显示，在模型1中纳入了居民个体的一般性特征但未纳入居民社区参与、居民协商能力、居民对社区党组织作用发挥评价、自治组织（如居民会）工作情况和评价变量时，居民的宗教信仰、政治面貌、教育程度、在社区平均居住的时间和房屋性质对社区认同感有影响（prob > F = 0000），但影响力很小（R^2 =0.09）。模型2是在模型1的基础上纳入居民社区参与，证明了居民社区参与对社区认同影响显著（prob > F =0000），且影响力有较大提高（R^2 =0.15），具体来看，相较从未参与村（居）委会的讨论或发表过看法的居民，越是经常参与村（居）委会讨论或发表看法的居民社区认同感越高，而居民平均参加居委会活动次数每增加一次，社区认同感就会提高0.26分。模型3是在模型1的基础上引入居民协商能力，考察居民协商能力对社区认同感的影响，结果证明居民在某项自己参与协商但

结果与自身想法有差距的政策执行时支持程度越高，社区认同感越强，具体来看，相对于大力支持某项自己参与协商但结果与自身想法有差距的政策执行的居民社区认同感而言，持比较支持、不支持也不反对和比较反对态度的居民社区认同感得分更低。模型4证明了居民对党员发挥先锋模范作用效果评价越高或寻求过社区党支部（小组）成员帮助的居民社区认同感更高（prob > F = 0000），相对认为社区党组织作用发挥很好的居民而言，对社区党组织作用评价越低，社区认同感得分越低，居民对党组织作用发挥评价对社区认同感的影响远远大于居民社区参与、居民协商能力对社区认同感的影响力（R^2 = 0.34）。模型5证实了自治组织（如居委会）工作情况和评价对社区认同感有显著正向影响（prob > F = 0000），相对认为村（居）委会调解纠纷能力弱的居民而言，认为村（居）委会调解纠纷能力强的居民，社区认同感高，相对社区未开展过法制宣传教育活动而言，居委会开展过的社区居民认同感更高，且居民对自治组织（如居委会）工作情况和评价对社区认同感的影响要大于居民社区参与、居民协商能力对社区认同感的影响，但略低于对社区党组织作用发挥评价的影响。

表5　居民社区认同感影响因素的多元线性回归模型

变量		模型1	模型2	模型3	模型4	模型5
居民个体的一般性特征	宗教信仰[a]	-2.44*	-2.43	-2.37	-0.19	-0.63
	政治面貌[b]	3.37**	1.50	2.86*	0.82	1.25
	教育程度[c]	6.57***	-3.76*	-4.78**	-4.44*	-4.22
	在社区平均居住的时间	0.07**	0.04	-0.04	0.02	0.05
	房屋性质[d]	-4.82*	-3.11	-3.09	-1.71	-2.12
居民社区参与	居民参与村(居)委会的讨论或发表过看法[e]					
	偶尔		4.37**			
	有时		5.27***			
	经常		8.03***			
	居民平均参加居委会活动次数		0.26**			

续表

变量		模型 1	模型 2	模型 3	模型 4	模型 5
居民协商能力	居民在某项自己参与协商但结果与自身想法有差距的政策执行时的态度[f]					
	比较支持			-4.00***		
	不支持也不反对			-9.81***		
	比较反对			-9.22***		
	坚决反对			-4.52		
居民对党组织作用发挥评价	居民对党员发挥先锋模范作用效果评价[g]					
	较好				-5.87***	
	一般				-11.43***	
	较差				-20.34***	
	很差				-18.28***	
	不知道				-12.80***	
	是否寻求过社区党支部(小组)成员帮助				-1.44**	
自治组织(如居委会)工作情况和评价	居民对村(居)委会调解纠纷能力评价[h]					10.93***
	社区是否开展法制宣传教育活动[i]					5.37***
	常量	67.64***	62.00***	72.14***	76.79***	55.20***
	F 值	7.89***	10.26***	11.87***	26.46***	36.79***
	调整后 R^2	0.09	0.15	0.16	0.34	0.32
	N	559	456	518	545	536

注：1. 参照组：a 为无宗教信仰，b 为非党员，c 为大学以下学历，d 为非单位宿舍，e 为未未参与村（居）委会的讨论或发表过看法，f 为大力支持，g 为很好，h 居委会调解纠纷能力弱，i 为社区未开展法制宣传活动。

2. “**”表示 P≤0.05，“***”表示 P≤0.01，“****”表示 P≤0.001。

总的来说，居民社区参与、居民协商能力、居民对社区党组织作用发挥评价、自治组织（如居委会）工作开展情况和评价对社区认同感均有显著影响，其中后两者影响力要大于前两者。

（二）社区治理相关主体发展不平衡

1. 地区间各类主体差别较大

加强和完善城乡社区治理体系要充分发挥基层党组织领导核心作用。在

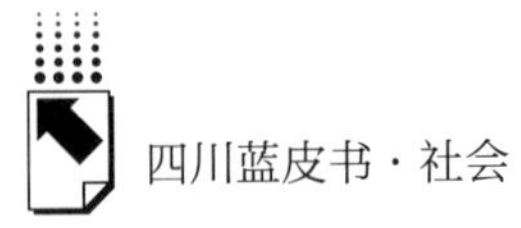

本次调查的全省27个社区中，有8个农村社区（涉农社区）、19个城市社区，社区党支部成员数量为3～27人，平均每个社区党支部成员有6人（标准差5.49），不同社区党员数量差别较大，基层党组织建设发展不同步。部分社区反映党支部建设困难有四方面的原因：第一，通过社区申请加入中国共产党的人员数量有限，限于居民自身素质和积极性，党员动员发展难；第二，社区中的流动党员（外来务工经商的党员、迁居党员、下岗职工中的党员等）不能及时转移党组织关系，没有亮出党员身份，管理难度大；第三，驻区单位在社区的党建工作责任不明确，社区共驻共建工作机制正在探索；第四，社区中商务楼宇、各类商圈市场和网络媒体中的党建覆盖工作仍待加强推进，社区党支部自身建设较为薄弱，发展党员困难较大，影响基层党组织领导核心作用的发挥。

加强和完善城乡社区治理体系要有效发挥基层政府的主导作用，厘清与基层群众性自治组织的权责边界，明确社区居委会应该承担的工作事项，基层政府需居委会协助完成的非居委会工作事项，应通过购买服务的方式进行。政府购买服务成为转变政府职能，促进社区居委会职能归位的重要手段。在本次调查社区中，有15个社区（超过50%）尚未以政府购买服务方式开展工作，反映了省内部分地方的社区治理理念滞后和对社区治理投入的不足。

加强和完善城乡社区治理体系还要注重发挥基层群众自治组织的基础作用。本次调查的社区居委会人员数量为3～11人，平均每个社区的居委会人员数量为6.74人（标准差2.19）。社区规模较大，平均每个社区的常住人口为7498人，居委会人员人均服务对象近1124人，甚至有社区常住人口多达5万人，但居委会工作人员仅9人。按《中华人民共和国城市居民委员会组织法》规定，居委会由主任、副主任和委员共5～9人组成，根据社区规模等具体情况，可适当增加居委会人员数量。结合调查社区常住人口规模，四川省部分社区居委会人手严重不足，影响社区居委会服务质量和工作落地，居委会管辖范围和社区规模分布不均，有待进一步调整。

加强和完善城乡社区治理体系要统筹发挥社会力量的协同作用，培育孵化社会组织，积极引导社会组织、驻区单位和其他社会主体参与社区治理。在本次调查的社区中，平均每个社区拥有的社会组织数量为3.32个，其中专业社会组织平均拥有量为0.92个，孵化的社区社会组织平均数量为1.6个（见表6）。但部分社区还没有社会组织参与社区工作，与四川省《城乡社区服务体系建设“十三五”规划》的目标（到2020年每个城市社区、农村社区分别拥有10个、5个以上的社区社会组织）差距显著。在调查的社区中，社区内驻区单位数量为0～26个，平均每个社区内驻区单位数量为9.55个。在辖区范围内有驻区单位的社区中，与社区签订共驻共建协议的驻区单位数量平均占比为47.71%，个别社区内签订协议驻区单位占比仅为6.25%（见表6），驻区单位参与社区治理数量明显不足，社会协同力量发挥不充分。总体来看，四川省基层社区治理工作发展极不平衡，总体发展水平不高，制约了四川省城乡社区治理水平的提高。

表6　社区内社会组织和驻区单位数量

单位：个，%

项目	平均值	标准差	最大值	最小值	个案数
社区内社会组织数量	3.32	3.67	14	0	25
专业社会组织	0.92	1.08	3	0	25
孵化的社区社会组织	1.60	3.12	13	0	25
社区内驻区单位数量①	9.55	8.73	26	0	20
与社区签订共驻共建协议的驻区单位占比	47.71	31.42	1	6.25	12

2.城乡间各类主体发展不平衡

农村（涉农）社区党支部成员数量远少于城市社区，影响党员示范作用的发挥。在本次调查的社区中，涉农社区党支部的平均成员数量为4.63人，城市社区党支部的平均成员数量为7.28人，城市社区内的党支部成员数量普遍多于涉农社区（见表7）。数据分析显示，涉农社区不仅党员数量偏少，且年龄偏大，失地农民外出打工者居多，相较城市社区，党员流动性更强。

① 指政府与企事业单位。

表7　城乡社区党支部成员数量对比

单位：人

社区性质	均值	标准差	频数
涉农社区	4.63	1.69	8
城市社区	7.28	6.39	18
合计	6.46	5.48	26

农村（涉农）社区居委会中本社区居民占比高于城市社区，更容易凝聚民心。提高本社区居民在居委会中的占比是国家加强和完善社区治理的要求，也是调动居民参与社区治理积极性的重要保障。调查数据显示，涉农社区、城市社区中本社区居民在居委会中的占比平均分别为68.57%、56.25%，涉农社区高出城市社区12.32个百分点（见表8），能更好地代表社区居民履行自治权利、管理社区。但是总的来说，无论是涉农社区还是城市社区，本社区居民在居委会中的比例都有待提高。

表8　城乡社区本社区居民在居委会中的占比

单位：个

社区性质	均值	标准差	频数
涉农社区	68.57	41.80	7
城市社区	56.25	40.46	16
合计	60.00	40.33	23

农村（涉农）社区内社会组织数量极少，社会组织发展培育不足。本次调查的农村（涉农）社区中，平均每个涉农（农村）社区内的社会组织数量不足1个（见表9），没有自主培育、孵化的社区社会组织，涉农社区社会组织发展滞后于城市社区。实践证明，社会组织尤其是社区社会组织，在促进居民融合、反映居民意愿、服务社区居民、社区协同管理和调处社会矛盾方面发挥着重要作用，社会组织缺少不利于社区治理体系完善和治理水平的提高。

表 9　城乡社区社会组织数量对比

单位：个

社区性质	均值	标准差	频数
涉农社区	0.50	1.22	6
城市社区	4.21	3.75	19
合计	3.32	3.67	25

（三）城乡社区治理水平亟待全面提升

1. 普通居民社区参与积极性高、实践少

居民社区参与情况是衡量社区治理水平的重要维度，我们的调查数据显示，居民参与社区工作的积极性高，但普通居民实际参与社区工作较少，社区参与仍然以居委会工作人员和小组长、楼栋长等居民代表为主，反映了四川省居民参与社区工作的方式、路径、平台和参与结果与居民参与意愿间存在脱节。根据课题组对社区工作人员的调查，多数工作人员（78.99%）认为社区居民参与社区事务的积极性很高或者比较高，分别有 81.16%、52.9%和 34.78%的社区工作人员认为居民小组长等居民代表、社区志愿者和老年人是参与社区工作最积极的前三类群体。但是社区青少年、特殊群体和其他普通居民参与社区工作的积极性很低，尤其是青少年和其他普通居民（见表 10）。

表 10　参与社区工作最积极的群体分布

单位：%

项目	居民小组长等居民代表	志愿者	特殊群体	老年人	青少年	其他普通居民
是	81.16	52.90	29.71	34.78	14.49	0.72
否	18.84	47.10	70.29	65.22	85.51	99.28
合计	100.00	100.00	100.00	100.00	100.00	100.00

2. 社区公共服务存在明显短板

社区公共服务是政府履行公共服务职能的重要方面，在公共服务体系建

设中处于基础地位。数据显示，目前四川省社区提供的公共服务种类繁多，居民满意度存在明显差异。在本次调查的就业服务、社保服务、医疗服务、计生服务、老年服务、儿童服务、妇女服务、帮教等其他特殊人群服务、残疾人服务、困难家庭服务、家政生活服务、殡仪服务、文化体育活动服务、社区教育服务、法律宣传援助服务、社区环境治理、社区安全服务和农业生产服务等18项社区提供的公共服务中，居民认为做得最好的5项分别是社保服务（43.53%）、老年服务（37.12%）、医疗服务（35.91%）、就业服务（31.44%）和社区环境治理（27.69%）。居民认为社区公共服务相对不足的5项分别是农业生产服务（6.77%）、殡仪服务（7.26%）、家政生活服务（9.07%）、帮教等其他特殊人群服务（14.03%）和法律宣传援助服务（15.11%）。

3. 法制宣传建设有待完善

加强法制宣传是增强社区依法办事能力的重要内容。本次调查的社区都开展了丰富的法制宣传活动，在社区里设置了法制宣传栏。有65.90%的居民经常阅读法制宣传栏的内容，有27.71%的居民很少甚至从未阅读过法制宣传栏内容，甚至有6.39%的居民不知道社区有法制宣传栏（见表11）。数据表明，虽然四川省社区高度重视法制宣传工作，增加了法制宣传的硬件设施，但对法制宣传栏的宣传力度不够，仍有部分居民法制意识不强，法制宣传栏的内容和形式也没有最广泛地吸引居民关注。

表11　居民阅读法制宣传栏内容频率分布

阅读法制宣传栏内容频率	频数	百分比(%)
经常	547	65.90
很少	190	22.89
从未阅读	40	4.82
不知道有宣传栏	53	6.39
合计	830	100.00

4. 社区矛盾预防化解能力仍有上升空间

社区矛盾预防化解能力是社区主要职能，也是影响居民社区认同感的重

皮书系列

2018年

智 库 成 果 出 版 与 传 播 平 台

社会科学文献出版社
SOCIAL SCIENCES ACADEMIC PRESS (CHINA)

社长致辞

蓦然回首，皮书的专业化历程已经走过了二十年。20年来从一个出版社的学术产品名称到媒体热词再到智库成果研创及传播平台，皮书以专业化为主线，进行了系列化、市场化、品牌化、数字化、国际化、平台化的运作，实现了跨越式的发展。特别是在党的十八大以后，以习近平总书记为核心的党中央高度重视新型智库建设，皮书也迎来了长足的发展，总品种达到600余种，经过专业评审机制、淘汰机制遴选，目前，每年稳定出版近400个品种。“皮书”已经成为中国新型智库建设的抓手，成为国际国内社会各界快速、便捷地了解真实中国的最佳窗口。

20年孜孜以求，“皮书”始终将自己的研究视野与经济社会发展中的前沿热点问题紧密相连。600个研究领域，3万多位分布于800余个研究机构的专家学者参与了研创写作。皮书数据库中共收录了15万篇专业报告，50余万张数据图表，合计30亿字，每年报告下载量近80万次。皮书为中国学术与社会发展实践的结合提供了一个激荡智力、传播思想的入口，皮书作者们用学术的话语、客观翔实的数据谱写出了中国故事壮丽的篇章。

20年跬步千里，“皮书”始终将自己的发展与时代赋予的使命与责任紧紧相连。每年百余场新闻发布会，10万余次中外媒体报道，中、英、俄、日、韩等12个语种共同出版。皮书所具有的凝聚力正在形成一种无形的力量，吸引着社会各界关注中国的发展，参与中国的发展，它是我们向世界传递中国声音、总结中国经验、争取中国国际话语权最主要的平台。

皮书这一系列成就的取得，得益于中国改革开放的伟大时代，离不开来自中国社会科学院、新闻出版广电总局、全国哲学社会科学规划办公室等主管部门的大力支持和帮助，也离不开皮书研创者和出版者的共同努力。他们与皮书的故事创造了皮书的历史，他们对皮书的拳拳之心将继续谱写皮书的未来！

现在，“皮书”品牌已经进入了快速成长的青壮年时期。全方位进行规范化管理，树立中国的学术出版标准；不断提升皮书的内容质量和影响力，搭建起中国智库产品和智库建设的交流服务平台和国际传播平台；发布各类皮书指数，并使之成为中国指数，让中国智库的声音响彻世界舞台，为人类的发展做出中国的贡献——这是皮书未来发展的图景。作为“皮书”这个概念的提出者，“皮书”从一般图书到系列图书和品牌图书，最终成为智库研究和社会科学应用对策研究的知识服务和成果推广平台这整个过程的操盘者，我相信，这也是每一位皮书人执着追求的目标。

“当代中国正经历着我国历史上最为广泛而深刻的社会变革，也正在进行着人类历史上最为宏大而独特的实践创新。这种前无古人的伟大实践，必将给理论创造、学术繁荣提供强大动力和广阔空间。”

在这个需要思想而且一定能够产生思想的时代，皮书的研创出版一定能创造出新的更大的辉煌！

社会科学文献出版社社长

中国社会学会秘书长

2017年11月

社会科学文献出版社简介

社会科学文献出版社（以下简称“社科文献出版社”）成立于1985年，是直属于中国社会科学院的人文社会科学学术出版机构。成立至今，社科文献出版社始终依托中国社会科学院和国内外人文社会科学界丰厚的学术出版和专家学者资源，坚持“创社科经典，出传世文献”的出版理念、“权威、前沿、原创”的产品定位以及学术成果和智库成果出版的专业化、数字化、国际化、市场化的经营道路。

社科文献出版社是中国新闻出版业转型与文化体制改革的先行者。积极探索文化体制改革的先进方向和现代企业经营决策机制，社科文献出版社先后荣获“全国文化体制改革工作先进单位”、中国出版政府奖・先进出版单位奖，中国社会科学院先进集体、全国科普工作先进集体等荣誉称号。多人次荣获“第十届韬奋出版奖”“全国新闻出版行业领军人才”“数字出版先进人物”“北京市新闻出版广电行业领军人才”等称号。

社科文献出版社是中国人文社会科学学术出版的大社名社，也是以皮书为代表的智库成果出版的专业强社。年出版图书2000余种，其中皮书400余种，出版新书字数5.5亿字，承印与发行中国社科院院属期刊72种，先后创立了皮书系列、列国志、中国史话、社科文献学术译库、社科文献学术文库、甲骨文书系等一大批既有学术影响又有市场价值的品牌，确立了在社会学、近代史、苏东问题研究等专业学科及领域出版的领先地位。图书多次荣获中国出版政府奖、“三个一百”原创图书出版工程、“五个‘一’工程奖”、“大众喜爱的50种图书”等奖项，在中央国家机关“强素质・做表率”读书活动中，入选图书品种数位居各大出版社之首。

社科文献出版社是中国学术出版规范与标准的倡议者与制定者，代表全国50多家出版社发起实施学术著作出版规范的倡议，承担学术著作规范国家标准的起草工作，率先编撰完成《皮书手册》对皮书品牌进行规范化管理，并在此基础上推出中国版芝加哥手册——《社科文献出版社学术出版手册》。

社科文献出版社是中国数字出版的引领者，拥有皮书数据库、列国志数据库、“一带一路”数据库、减贫数据库、集刊数据库等4大产品线11个数据库产品，机构用户达1300余家，海外用户百余家，荣获“数字出版转型示范单位”“新闻出版标准化先进单位”“专业数字内容资源知识服务模式试点企业标准化示范单位”等称号。

社科文献出版社是中国学术出版走出去的践行者。社科文献出版社海外图书出版与学术合作业务遍及全球40余个国家和地区，并于2016年成立俄罗斯分社，累计输出图书500余种，涉及近20个语种，累计获得国家社科基金中华学术外译项目资助76种、“丝路书香工程”项目资助60种、中国图书对外推广计划项目资助71种以及经典中国国际出版工程资助28种，被五部委联合认定为“2015-2016年度国家文化出口重点企业”。

如今，社科文献出版社完全靠自身积累拥有固定资产3.6亿元，年收入3亿元，设置了七大出版分社、六大专业部门，成立了皮书研究院和博士后科研工作站，培养了一支近400人的高素质与高效率的编辑、出版、营销和国际推广队伍，为未来成为学术出版的大社、名社、强社，成为文化体制改革与文化企业转型发展的排头兵奠定了坚实的基础。

宏观经济类

经济蓝皮书

2018年中国经济形势分析与预测

李平 / 主编　2017年12月出版　定价：89.00元

◆　本书为总理基金项目，由著名经济学家李扬领衔，联合中国社会科学院等数十家科研机构、国家部委和高等院校的专家共同撰写，系统分析了2017年的中国经济形势并预测2018年中国经济运行情况。

城市蓝皮书

中国城市发展报告 No.11

潘家华　单菁菁 / 主编　2018年9月出版　估价：99.00元

◆　本书是由中国社会科学院城市发展与环境研究中心编著的，多角度、全方位地立体展示了中国城市的发展状况，并对中国城市的未来发展提出了许多建议。该书有强烈的时代感，对中国城市发展实践有重要的参考价值。

人口与劳动绿皮书

中国人口与劳动问题报告 No.19

张车伟 / 主编　2018年10月出版　估价：99.00元

◆　本书为中国社会科学院人口与劳动经济研究所主编的年度报告，对当前中国人口与劳动形势做了比较全面和系统的深入讨论，为研究中国人口与劳动问题提供了一个专业性的视角。

中国省域竞争力蓝皮书
中国省域经济综合竞争力发展报告（2017 ~ 2018）

李建平　李闽榕　高燕京 / 主编　2018 年 5 月出版　估价：198.00 元

◆　本书融多学科的理论为一体，深入追踪研究了省域经济发展与中国国家竞争力的内在关系，为提升中国省域经济综合竞争力提供有价值的决策依据。

金融蓝皮书
中国金融发展报告（2018）

王国刚 / 主编　2018 年 6 月出版　估价：99.00 元

◆　本书由中国社会科学院金融研究所组织编写，概括和分析了 2017 年中国金融发展和运行中的各方面情况，研讨和评论了 2017 年发生的主要金融事件，有利于读者了解掌握 2017 年中国的金融状况，把握 2018 年中国金融的走势。

区域经济类

京津冀蓝皮书
京津冀发展报告（2018）

祝合良　叶堂林　张贵祥 / 等著　2018 年 6 月出版　估价：99.00 元

◆　本书遵循问题导向与目标导向相结合、统计数据分析与大数据分析相结合、纵向分析和长期监测与结构分析和综合监测相结合等原则，对京津冀协同发展新形势与新进展进行测度与评价。

社会政法类

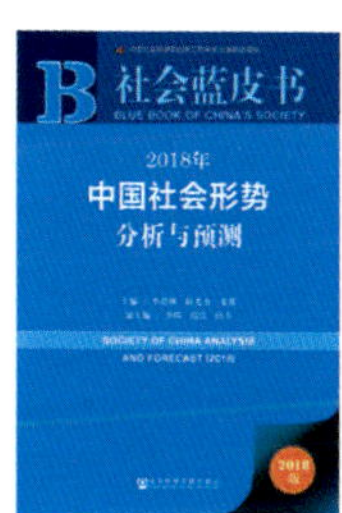

社会蓝皮书

2018 年中国社会形势分析与预测

李培林　陈光金　张翼 / 主编　2017 年 12 月出版　定价：89.00 元

◆　本书由中国社会科学院社会学研究所组织研究机构专家、高校学者和政府研究人员撰写，聚焦当下社会热点，对 2017 年中国社会发展的各个方面内容进行了权威解读，同时对 2018 年社会形势发展趋势进行了预测。

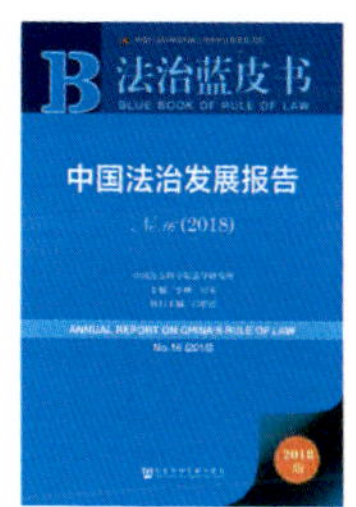

法治蓝皮书

中国法治发展报告 No.16（2018）

李林　田禾 / 主编　2018 年 3 月出版　定价：128.00 元

◆　本年度法治蓝皮书回顾总结了 2017 年度中国法治发展取得的成就和存在的不足，对中国政府、司法、检务透明度进行了跟踪调研，并对 2018 年中国法治发展形势进行了预测和展望。

教育蓝皮书

中国教育发展报告（2018）

杨东平 / 主编　2018 年 3 月出版　定价：89.00 元

◆　本书重点关注了 2017 年教育领域的热点，资料翔实，分析有据，既有专题研究，又有实践案例，从多角度对 2017 年教育改革和实践进行了分析和研究。

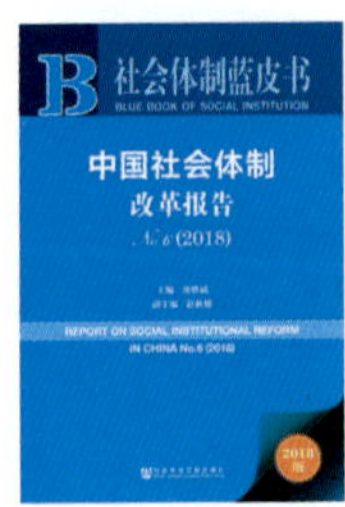

社会体制蓝皮书

中国社会体制改革报告 No.6（2018）

龚维斌 / 主编　2018 年 3 月出版　定价：98.00 元

◆　本书由国家行政学院社会治理研究中心和北京师范大学中国社会管理研究院共同组织编写，主要对 2017 年社会体制改革情况进行回顾和总结，对 2018 年的改革走向进行分析，提出相关政策建议。

社会心态蓝皮书

中国社会心态研究报告（2018）

王俊秀　杨宜音 / 主编　2018 年 12 月出版　估价：99.00 元

◆　本书是中国社会科学院社会学研究所社会心理研究中心“社会心态蓝皮书课题组”的年度研究成果，运用社会心理学、社会学、经济学、传播学等多种学科的方法进行了调查和研究，对于目前中国社会心态状况有较广泛和深入的揭示。

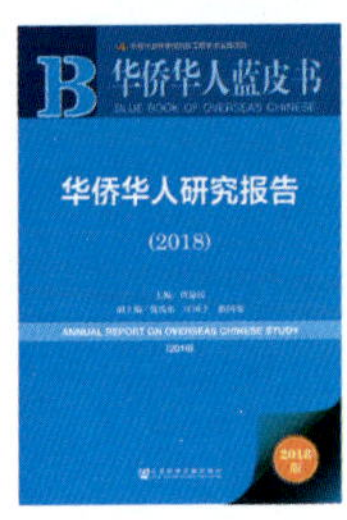

华侨华人蓝皮书

华侨华人研究报告（2018）

贾益民 / 主编　2017 年 12 月出版　估价：139.00 元

◆　本书关注华侨华人生产与生活的方方面面。华侨华人是中国建设 21 世纪海上丝绸之路的重要中介者、推动者和参与者。本书旨在全面调研华侨华人，提供最新涉侨动态、理论研究成果和政策建议。

民族发展蓝皮书

中国民族发展报告（2018）

王延中 / 主编　2018 年 10 月出版　估价：188.00 元

◆　本书从民族学人类学视角，研究近年来少数民族和民族地区的发展情况，展示民族地区经济、政治、文化、社会和生态文明“五位一体”建设取得的辉煌成就和面临的困难挑战，为深刻理解中央民族工作会议精神、加快民族地区全面建成小康社会进程提供了实证材料。

产业经济类

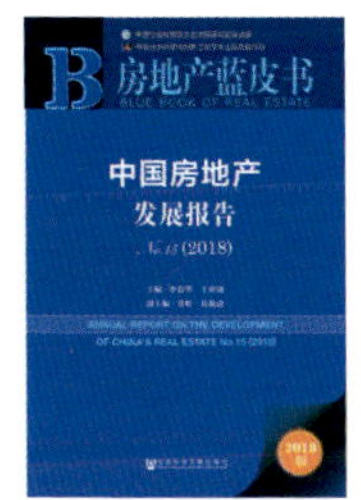

房地产蓝皮书

中国房地产发展报告 No.15（2018）

李春华 王业强 / 主编 2018年5月出版 估价：99.00元

◆ 2018年《房地产蓝皮书》持续追踪中国房地产市场最新动态，深度剖析市场热点，展望2018年发展趋势，积极谋划应对策略。对2017年房地产市场的发展态势进行全面、综合的分析。

新能源汽车蓝皮书

中国新能源汽车产业发展报告（2018）

中国汽车技术研究中心 日产（中国）投资有限公司
东风汽车有限公司 / 编著 2018年8月出版 估价：99.00元

◆ 本书对中国2017年新能源汽车产业发展进行了全面系统的分析，并介绍了国外的发展经验。有助于相关机构、行业和社会公众等了解中国新能源汽车产业发展的最新动态，为政府部门出台新能源汽车产业相关政策法规、企业制定相关战略规划，提供必要的借鉴和参考。

行业及其他类

旅游绿皮书

2017～2018年中国旅游发展分析与预测

中国社会科学院旅游研究中心 / 编 2018年1月出版 定价：99.00元

◆ 本书从政策、产业、市场、社会等多个角度勾画出2017年中国旅游发展全貌，剖析了其中的热点和核心问题，并就未来发展作出预测。

民营医院蓝皮书

中国民营医院发展报告（2018）

薛晓林 / 主编　2018 年 11 月出版　估价：99.00 元

◆　本书在梳理国家对社会办医的各种利好政策的前提下，对我国民营医疗发展现状、我国民营医院竞争力进行了分析，并结合我国医疗体制改革对民营医院的发展趋势、发展策略、战略规划等方面进行了预估。

会展蓝皮书

中外会展业动态评估研究报告（2018）

张敏 / 主编　2018 年 12 月出版　估价：99.00 元

◆　本书回顾了 2017 年的会展业发展动态，结合“供给侧改革”、“互联网 +”、“绿色经济”的新形势分析了我国展会的行业现状，并介绍了国外的发展经验，有助于行业和社会了解最新的展会业动态。

中国上市公司蓝皮书

中国上市公司发展报告（2018）

张平　王宏淼 / 主编　2018 年 9 月出版　估价：99.00 元

◆　本书由中国社会科学院上市公司研究中心组织编写的，着力于全面、真实、客观反映当前中国上市公司财务状况和价值评估的综合性年度报告。本书详尽分析了 2017 年中国上市公司情况，特别是现实中暴露出的制度性、基础性问题，并对资本市场改革进行了探讨。

工业和信息化蓝皮书

人工智能发展报告（2017 ~ 2018）

尹丽波 / 主编　2018 年 6 月出版　估价：99.00 元

◆　本书国家工业信息安全发展研究中心在对 2017 年全球人工智能技术和产业进行全面跟踪研究基础上形成的研究报告。该报告内容翔实、视角独特，具有较强的产业发展前瞻性和预测性，可为相关主管部门、行业协会、企业等全面了解人工智能发展形势以及进行科学决策提供参考。

国际问题与全球治理类

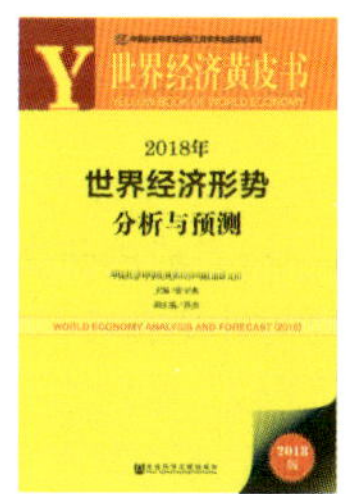

世界经济黄皮书

2018 年世界经济形势分析与预测

张宇燕 / 主编　2018 年 1 月出版　定价：99.00 元

◆　本书由中国社会科学院世界经济与政治研究所的研究团队撰写，分总论、国别与地区、专题、热点、世界经济统计与预测等五个部分，对 2018 年世界经济形势进行了分析。

国际城市蓝皮书

国际城市发展报告（2018）

屠启宇 / 主编　2018 年 2 月出版　定价：89.00 元

◆　本书作者以上海社会科学院从事国际城市研究的学者团队为核心，汇集同济大学、华东师范大学、复旦大学、上海交通大学、南京大学、浙江大学相关城市研究专业学者。立足动态跟踪介绍国际城市发展时间中，最新出现的重大战略、重大理念、重大项目、重大报告和最佳案例。

非洲黄皮书

非洲发展报告 No.20（2017 ~ 2018）

张宏明 / 主编　2018 年 7 月出版　估价：99.00 元

◆　本书是由中国社会科学院西亚非洲研究所组织编撰的非洲形势年度报告，比较全面、系统地分析了 2017 年非洲政治形势和热点问题，探讨了非洲经济形势和市场走向，剖析了大国对非洲关系的新动向；此外，还介绍了国内非洲研究的新成果。

国别类

美国蓝皮书

美国研究报告（2018）

郑秉文　黄平 / 主编　2018 年 5 月出版　估价：99.00 元

◆　本书是由中国社会科学院美国研究所主持完成的研究成果，它回顾了美国 2017 年的经济、政治形势与外交战略，对美国内政外交发生的重大事件及重要政策进行了较为全面的回顾和梳理。

德国蓝皮书

德国发展报告（2018）

郑春荣 / 主编　2018 年 6 月出版　估价：99.00 元

◆　本报告由同济大学德国研究所组织编撰，由该领域的专家学者对德国的政治、经济、社会文化、外交等方面的形势发展情况，进行全面的阐述与分析。

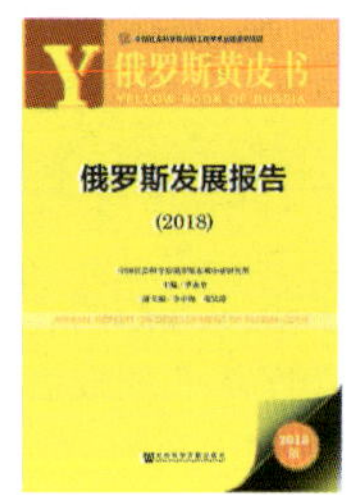

俄罗斯黄皮书

俄罗斯发展报告（2018）

李永全 / 编著　2018 年 6 月出版　估价：99.00 元

◆　本书系统介绍了 2017 年俄罗斯经济政治情况，并对 2016 年该地区发生的焦点、热点问题进行了分析与回顾；在此基础上，对该地区 2018 年的发展前景进行了预测。

文化传媒类

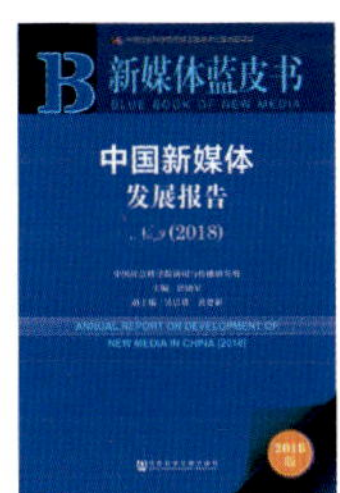

新媒体蓝皮书

中国新媒体发展报告 No.9（2018）

唐绪军 / 主编　2018 年 6 月出版　估价：99.00 元

◆　本书是由中国社会科学院新闻与传播研究所组织编写的关于新媒体发展的最新年度报告，旨在全面分析中国新媒体的发展现状，解读新媒体的发展趋势，探析新媒体的深刻影响。

移动互联网蓝皮书

中国移动互联网发展报告（2018）

余清楚 / 主编　2018 年 6 月出版　估价：99.00 元

◆　本书着眼于对 2017 年度中国移动互联网的发展情况做深入解析，对未来发展趋势进行预测，力求从不同视角、不同层面全面剖析中国移动互联网发展的现状、年度突破及热点趋势等。

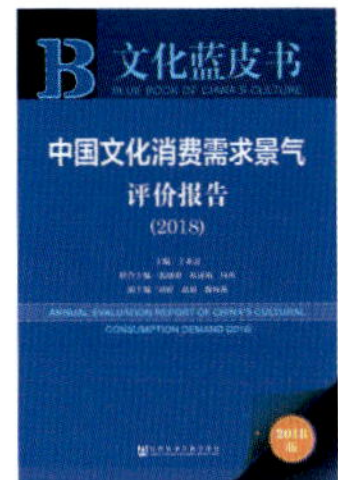

文化蓝皮书

中国文化消费需求景气评价报告（2018）

王亚南 / 主编　2018 年 3 月出版　定价：99.00 元

◆　本书首创全国文化发展量化检测评价体系，也是至今全国唯一的文化民生量化检测评价体系，对于检验全国及各地 " 以人民为中心 " 的文化发展具有首创意义。

地方发展类

北京蓝皮书

北京经济发展报告（2017 ~ 2018）

杨松 / 主编　2018 年 6 月出版　估价：99.00 元

◆　本书对 2017 年北京市经济发展的整体形势进行了系统性的分析与回顾，并对 2018 年经济形势走势进行了预测与研判，聚焦北京市经济社会发展中的全局性、战略性和关键领域的重点问题，运用定量和定性分析相结合的方法，对北京市经济社会发展的现状、问题、成因进行了深入分析，提出了可操作性的对策建议。

温州蓝皮书

2018 年温州经济社会形势分析与预测

蒋儒标　王春光　金浩 / 主编　2018 年 6 月出版　估价：99.00 元

◆　本书是中共温州市委党校和中国社会科学院社会学研究所合作推出的第十一本温州蓝皮书，由来自党校、政府部门、科研机构、高校的专家、学者共同撰写的 2017 年温州区域发展形势的最新研究成果。

黑龙江蓝皮书

黑龙江社会发展报告（2018）

王爱丽 / 主编　2018 年 1 月出版　定价：89.00 元

◆　本书以千份随机抽样问卷调查和专题研究为依据，运用社会学理论框架和分析方法，从专家和学者的独特视角，对 2017 年黑龙江省关系民生的问题进行广泛的调研与分析，并对 2017 年黑龙江省诸多社会热点和焦点问题进行了有益的探索。这些研究不仅可以为政府部门更加全面深入了解省情、科学制定决策提供智力支持，同时也可以为广大读者认识、了解、关注黑龙江社会发展提供理性思考。

宏观经济类

城市蓝皮书
中国城市发展报告（No.11）
著(编)者：潘家华 单菁菁
2018年9月出版 / 估价：99.00元
PSN B-2007-091-1/1

城乡一体化蓝皮书
中国城乡一体化发展报告（2018）
著(编)者：付崇兰
2018年9月出版 / 估价：99.00元
PSN B-2011-226-1/2

城镇化蓝皮书
中国新型城镇化健康发展报告（2018）
著(编)者：张占斌
2018年8月出版 / 估价：99.00元
PSN B-2014-396-1/1

创新蓝皮书
创新型国家建设报告（2018～2019）
著(编)者：詹正茂
2018年12月出版 / 估价：99.00元
PSN B-2009-140-1/1

低碳发展蓝皮书
中国低碳发展报告（2018）
著(编)者：张希良 齐晔
2018年6月出版 / 估价：99.00元
PSN B-2011-223-1/1

低碳经济蓝皮书
中国低碳经济发展报告（2018）
著(编)者：薛进军 赵忠秀
2018年11月出版 / 估价：99.00元
PSN B-2011-194-1/1

发展和改革蓝皮书
中国经济发展和体制改革报告No.9
著(编)者：邹东涛 王再文
2018年1月出版 / 估价：99.00元
PSN B-2008-122-1/1

国家创新蓝皮书
中国创新发展报告（2017）
著(编)者：陈劲 2018年5月出版 / 估价：99.00元
PSN B-2014-370-1/1

金融蓝皮书
中国金融发展报告（2018）
著(编)者：王国刚
2018年6月出版 / 估价：99.00元
PSN B-2004-031-1/7

经济蓝皮书
2018年中国经济形势分析与预测
著(编)者：李平 2017年12月出版 / 定价：89.00元
PSN B-1996-001-1/1

经济蓝皮书春季号
2018年中国经济前景分析
著(编)者：李扬 2018年5月出版 / 估价：99.00元
PSN B-1999-008-1/1

经济蓝皮书夏季号
中国经济增长报告（2017～2018）
著(编)者：李扬 2018年9月出版 / 估价：99.00元
PSN B-2010-176-1/1

农村绿皮书
中国农村经济形势分析与预测（2017～2018）
著(编)者：魏后凯 黄秉信
2018年4月出版 / 定价：99.00元
PSN G-1998-003-1/1

人口与劳动绿皮书
中国人口与劳动问题报告No.19
著(编)者：张车伟 2018年11月出版 / 估价：99.00元
PSN G-2000-012-1/1

新型城镇化蓝皮书
新型城镇化发展报告（2017）
著(编)者：李伟 宋敏
2018年3月出版 / 定价：98.00元
PSN B-2005-038-1/1

中国省域竞争力蓝皮书
中国省域经济综合竞争力发展报告（2016～2017）
著(编)者：李建平 李闽榕
2018年2月出版 / 定价：198.00元
PSN B-2007-088-1/1

中小城市绿皮书
中国中小城市发展报告（2018）
著(编)者：中国城市经济学会中小城市经济发展委员会
中国城镇化促进会中小城市发展委员会
《中国中小城市发展报告》编纂委员会
中小城市发展战略研究院
2018年11月出版 / 估价：128.00元
PSN G-2010-161-1/1

区域经济类

东北蓝皮书
中国东北地区发展报告（2018）
著(编)者：姜晓秋　2018年11月出版 / 估价：99.00元
PSN B-2006-067-1/1

金融蓝皮书
中国金融中心发展报告（2017～2018）
著(编)者：王力 黄育华　2018年11月出版 / 估价：99.00元
PSN B-2011-186-6/7

京津冀蓝皮书
京津冀发展报告（2018）
著(编)者：祝合良 叶堂林 张贵祥
2018年6月出版 / 估价：99.00元
PSN B-2012-262-1/1

西北蓝皮书
中国西北发展报告（2018）
著(编)者：王福生 马廷旭 董秋生
2018年1月出版 / 定价：99.00元
PSN B-2012-261-1/1

西部蓝皮书
中国西部发展报告（2018）
著(编)者：璋勇 任保平　2018年8月出版 / 估价：99.00元
PSN B-2005-039-1/1

长江经济带产业蓝皮书
长江经济带产业发展报告（2018）
著(编)者：吴传清　2018年11月出版 / 估价：128.00元
PSN B-2017-666-1/1

长江经济带蓝皮书
长江经济带发展报告（2017～2018）
著(编)者：王振　2018年11月出版 / 估价：99.00元
PSN B-2016-575-1/1

长江中游城市群蓝皮书
长江中游城市群新型城镇化与产业协同发展报告（2018）
著(编)者：杨刚强　2018年11月出版 / 估价：99.00元
PSN B-2016-578-1/1

长三角蓝皮书
2017年创新融合发展的长三角
著(编)者：刘飞跃　2018年5月出版 / 估价：99.00元
PSN B-2005-038-1/1

长株潭城市群蓝皮书
长株潭城市群发展报告（2017）
著(编)者：张萍 朱有志　2018年6月出版 / 估价：99.00元
PSN B-2008-109-1/1

特色小镇蓝皮书
特色小镇智慧运营报告（2018）：顶层设计与智慧架构标准
著(编)者：陈劲　2018年1月出版 / 定价：79.00元
PSN B-2018-692-1/1

中部竞争力蓝皮书
中国中部经济社会竞争力报告（2018）
著(编)者：教育部人文社会科学重点研究基地南昌大学中国中部经济社会发展研究中心
2018年12月出版 / 估价：99.00元
PSN B-2012-276-1/1

中部蓝皮书
中国中部地区发展报告（2018）
著(编)者：宋亚平　2018年12月出版 / 估价：99.00元
PSN B-2007-089-1/1

区域蓝皮书
中国区域经济发展报告（2017～2018）
著(编)者：赵弘　2018年5月出版 / 估价：99.00元
PSN B-2004-034-1/1

中三角蓝皮书
长江中游城市群发展报告（2018）
著(编)者：秦尊文　2018年9月出版 / 估价：99.00元
PSN B-2014-417-1/1

中原蓝皮书
中原经济区发展报告（2018）
著(编)者：李英杰　2018年6月出版 / 估价：99.00元
PSN B-2011-192-1/1

珠三角流通蓝皮书
珠三角商圈发展研究报告（2018）
著(编)者：王先庆 林至颖　2018年7月出版 / 估价：99.00元
PSN B-2012-292-1/1

社会政法类

北京蓝皮书
中国社区发展报告（2017～2018）
著(编)者：于燕燕　2018年9月出版 / 估价：99.00元
PSN B-2007-083-5/8

殡葬绿皮书
中国殡葬事业发展报告（2017～2018）
著(编)者：李伯森　2018年6月出版 / 估价：158.00元
PSN G-2010-180-1/1

城市管理蓝皮书
中国城市管理报告（2017-2018）
著(编)者：刘林 刘承水　2018年5月出版 / 估价：158.00元
PSN B-2013-336-1/1

城市生活质量蓝皮书
中国城市生活质量报告（2017）
著(编)者：张连城 张平 杨春学 郎丽华
2017年12月出版 / 定价：89.00元
PSN B-2013-326-1/1

城市政府能力蓝皮书
中国城市政府公共服务能力评估报告（2018）
著(编)者：何艳玲　2018年5月出版 / 估价：99.00元
PSN B-2013-338-1/1

创业蓝皮书
中国创业发展研究报告（2017～2018）
著(编)者：黄群慧 赵卫星 钟宏武
2018年11月出版 / 估价：99.00元
PSN B-2016-577-1/1

慈善蓝皮书
中国慈善发展报告（2018）
著(编)者：杨团　2018年6月出版 / 估价：99.00元
PSN B-2009-142-1/1

党建蓝皮书
党的建设研究报告No.2（2018）
著(编)者：崔建民 陈东平　2018年6月出版 / 估价：99.00元
PSN B-2016-523-1/1

地方法治蓝皮书
中国地方法治发展报告No.3（2018）
著(编)者：李林 田禾　2018年6月出版 / 估价：118.00元
PSN B-2015-442-1/1

电子政务蓝皮书
中国电子政务发展报告（2018）
著(编)者：李季　2018年8月出版 / 估价：99.00元
PSN B-2003-022-1/1

儿童蓝皮书
中国儿童参与状况报告（2017）
著(编)者：苑立新　2017年12月出版 / 定价：89.00元
PSN B-2017-682-1/1

法治蓝皮书
中国法治发展报告No.16（2018）
著(编)者：李林 田禾　2018年3月出版 / 定价：128.00元
PSN B-2004-027-1/3

法治蓝皮书
中国法院信息化发展报告 No.2（2018）
著(编)者：李林 田禾　2018年2月出版 / 定价：118.00元
PSN B-2017-604-3/3

法治政府蓝皮书
中国法治政府发展报告（2017）
著(编)者：中国政法大学法治政府研究院
2018年3月出版 / 定价：158.00元
PSN B-2015-502-1/2

法治政府蓝皮书
中国法治政府评估报告（2018）
著(编)者：中国政法大学法治政府研究院
2018年9月出版 / 估价：168.00元
PSN B-2016-576-2/2

反腐倡廉蓝皮书
中国反腐倡廉建设报告 No.8
著(编)者：张英伟　2018年12月出版 / 估价：99.00元
PSN B-2012-259-1/1

扶贫蓝皮书
中国扶贫开发报告（2018）
著(编)者：李培林 魏后凯　2018年12月出版 / 估价：128.00元
PSN B-2016-599-1/1

妇女发展蓝皮书
中国妇女发展报告 No.6
著(编)者：王金玲　2018年9月出版 / 估价：158.00元
PSN B-2006-069-1/1

妇女教育蓝皮书
中国妇女教育发展报告 No.3
著(编)者：张李玺　2018年10月出版 / 估价：99.00元
PSN B-2008-121-1/1

妇女绿皮书
2018年：中国性别平等与妇女发展报告
著(编)者：谭琳　2018年12月出版 / 估价：99.00元
PSN G-2006-073-1/1

公共安全蓝皮书
中国城市公共安全发展报告（2017～2018）
著(编)者：黄育华 杨文明 赵建辉
2018年6月出版 / 估价：99.00元
PSN B-2017-628-1/1

公共服务蓝皮书
中国城市基本公共服务力评价（2018）
著(编)者：钟君 刘志昌 吴正杲
2018年12月出版 / 估价：99.00元
PSN B-2011-214-1/1

公民科学素质蓝皮书
中国公民科学素质报告（2017～2018）
著(编)者：李群 陈雄 马宗文
2017年12月出版 / 定价：89.00元
PSN B-2014-379-1/1

公益蓝皮书
中国公益慈善发展报告（2016）
著(编)者：朱健刚 胡小军　2018年6月出版 / 估价：99.00元
PSN B-2012-283-1/1

国际人才蓝皮书
中国国际移民报告（2018）
著(编)者：王辉耀　2018年6月出版 / 估价：99.00元
PSN B-2012-304-3/4

国际人才蓝皮书
中国留学发展报告（2018）No.7
著(编)者：王辉耀 苗绿　2018年12月出版 / 估价：99.00元
PSN B-2012-244-2/4

海洋社会蓝皮书
中国海洋社会发展报告（2017）
著(编)者：崔凤 宋宁而　2018年3月出版 / 定价：99.00元
PSN B-2015-478-1/1

行政改革蓝皮书
中国行政体制改革报告No.7（2018）
著(编)者：魏礼群　2018年6月出版 / 估价：99.00元
PSN B-2011-231-1/1

华侨华人蓝皮书
华侨华人研究报告（2017）
著(编)者：张禹东 庄国土　2017年12月出版 / 定价：148.00元
PSN B-2011-204-1/1

互联网与国家治理蓝皮书
互联网与国家治理发展报告（2017）
著(编)者：张志安　2018年1月出版 / 定价：98.00元
PSN B-2017-671-1/1

环境管理蓝皮书
中国环境管理发展报告（2017）
著(编)者：李金惠　2017年12月出版 / 定价：98.00元
PSN B-2017-678-1/1

环境竞争力绿皮书
中国省域环境竞争力发展报告（2018）
著(编)者：李建平 李闽榕 王金南
2018年11月出版 / 估价：198.00元
PSN G-2010-165-1/1

环境绿皮书
中国环境发展报告（2017～2018）
著(编)者：李波　2018年6月出版 / 估价：99.00元
PSN G-2006-048-1/1

家庭蓝皮书
中国"创建幸福家庭活动"评估报告（2018）
著(编)者：国务院发展研究中心"创建幸福家庭活动评估"课题组
2018年12月出版 / 估价：99.00元
PSN B-2015-508-1/1

健康城市蓝皮书
中国健康城市建设研究报告（2018）
著(编)者：王鸿春 盛继洪　2018年12月出版 / 估价：99.00元
PSN B-2016-564-2/2

健康中国蓝皮书
社区首诊与健康中国分析报告（2018）
著(编)者：高和荣 杨叔禹 姜杰
2018年6月出版 / 估价：99.00元
PSN B-2017-611-1/1

教师蓝皮书
中国中小学教师发展报告（2017）
著(编)者：曾晓东 鱼霞
2018年6月出版 / 估价：99.00元
PSN B-2012-289-1/1

教育扶贫蓝皮书
中国教育扶贫报告（2018）
著(编)者：司树杰 王文静 李兴洲
2018年12月出版 / 估价：99.00元
PSN B-2016-590-1/1

教育蓝皮书
中国教育发展报告（2018）
著(编)者：杨东平　2018年3月出版 / 定价：89.00元
PSN B-2006-047-1/1

金融法治建设蓝皮书
中国金融法治建设年度报告（2015～2016）
著(编)者：朱小黄　2018年6月出版 / 估价：99.00元
PSN B-2017-633-1/1

京津冀教育蓝皮书
京津冀教育发展研究报告（2017～2018）
著(编)者：方中雄　2018年6月出版 / 估价：99.00元
PSN B-2017-608-1/1

就业蓝皮书
2018年中国本科生就业报告
著(编)者：麦可思研究院　2018年6月出版 / 估价：99.00元
PSN B-2009-146-1/2

就业蓝皮书
2018年中国高职高专生就业报告
著(编)者：麦可思研究院　2018年6月出版 / 估价：99.00元
PSN B-2015-472-2/2

科学教育蓝皮书
中国科学教育发展报告（2018）
著(编)者：王康友　2018年10月出版 / 估价：99.00元
PSN B-2015-487-1/1

劳动保障蓝皮书
中国劳动保障发展报告（2018）
著(编)者：刘燕斌　2018年9月出版 / 估价：158.00元
PSN B-2014-415-1/1

老龄蓝皮书
中国老年宜居环境发展报告（2017）
著(编)者：党俊武 周燕珉　2018年6月出版 / 估价：99.00元
PSN B-2013-320-1/1

连片特困区蓝皮书
中国连片特困区发展报告（2017～2018）
著(编)者：游俊 冷志明 丁建军
2018年6月出版 / 估价：99.00元
PSN B-2013-321-1/1

流动儿童蓝皮书
中国流动儿童教育发展报告（2017）
著(编)者：杨东平　2018年6月出版 / 估价：99.00元
PSN B-2017-600-1/1

民调蓝皮书
中国民生调查报告（2018）
著(编)者：谢耘耕　2018年12月出版 / 估价：99.00元
PSN B-2014-398-1/1

民族发展蓝皮书
中国民族发展报告（2018）
著(编)者：王延中　2018年10月出版 / 估价：188.00元
PSN B-2006-070-1/1

女性生活蓝皮书
中国女性生活状况报告No.12（2018）
著(编)者：高博燕　2018年7月出版 / 估价：99.00元
PSN B-2006-071-1/1

汽车社会蓝皮书
中国汽车社会发展报告（2017～2018）
著(编)者：王俊秀　2018年6月出版 / 估价：99.00元
PSN B-2011-224-1/1

青年蓝皮书
中国青年发展报告（2018）No.3
著(编)者：廉思　2018年6月出版 / 估价：99.00元
PSN B-2013-333-1/1

青少年蓝皮书
中国未成年人互联网运用报告（2017～2018）
著(编)者：季为民 李文革 沈杰
2018年11月出版 / 估价：99.00元
PSN B-2010-156-1/1

人权蓝皮书
中国人权事业发展报告No.8（2018）
著(编)者：李君如　2018年9月出版 / 估价：99.00元
PSN B-2011-215-1/1

社会保障绿皮书
中国社会保障发展报告No.9（2018）
著(编)者：王延中　2018年6月出版 / 估价：99.00元
PSN G-2001-014-1/1

社会风险评估蓝皮书
风险评估与危机预警报告（2017～2018）
著(编)者：唐钧　2018年8月出版 / 估价：99.00元
PSN B-2012-293-1/1

社会工作蓝皮书
中国社会工作发展报告（2016~2017）
著(编)者：民政部社会工作研究中心
2018年8月出版 / 估价：99.00元
PSN B-2009-141-1/1

社会管理蓝皮书
中国社会管理创新报告No.6
著(编)者：连玉明　2018年11月出版 / 估价：99.00元
PSN B-2012-300-1/1

社会蓝皮书
2018年中国社会形势分析与预测
著(编)者：李培林 陈光金 张翼
2017年12月出版 / 定价：89.00元
PSN B-1998-002-1/1

社会体制蓝皮书
中国社会体制改革报告No.6（2018）
著(编)者：龚维斌　2018年3月出版 / 定价：98.00元
PSN B-2013-330-1/1

社会心态蓝皮书
中国社会心态研究报告（2018）
著(编)者：王俊秀　2018年12月出版 / 估价：99.00元
PSN B-2011-199-1/1

社会组织蓝皮书
中国社会组织报告（2017-2018）
著(编)者：黄晓勇　2018年6月出版 / 估价：99.00元
PSN B-2008-118-1/2

社会组织蓝皮书
中国社会组织评估发展报告（2018）
著(编)者：徐家良　2018年12月出版 / 估价：99.00元
PSN B-2013-366-2/2

生态城市绿皮书
中国生态城市建设发展报告（2018）
著(编)者：刘举科 孙伟平 胡文臻
2018年9月出版 / 估价：158.00元
PSN G-2012-269-1/1

生态文明绿皮书
中国省域生态文明建设评价报告（ECI 2018）
著(编)者：严耕　2018年12月出版 / 估价：99.00元
PSN G-2010-170-1/1

退休生活蓝皮书
中国城市居民退休生活质量指数报告（2017）
著(编)者：杨一帆　2018年6月出版 / 估价：99.00元
PSN B-2017-618-1/1

危机管理蓝皮书
中国危机管理报告（2018）
著(编)者：文学国 范正青
2018年8月出版 / 估价：99.00元
PSN B-2010-171-1/1

学会蓝皮书
2018年中国学会发展报告
著(编)者：麦可思研究院　2018年12月出版 / 估价：99.00元
PSN B-2016-597-1/1

医改蓝皮书
中国医药卫生体制改革报告（2017～2018）
著(编)者：文学国 房志武
2018年11月出版 / 估价：99.00元
PSN B-2014-432-1/1

应急管理蓝皮书
中国应急管理报告（2018）
著(编)者：宋英华　2018年9月出版 / 估价：99.00元
PSN B-2016-562-1/1

政府绩效评估蓝皮书
中国地方政府绩效评估报告 No.2
著(编)者：贠杰　2018年12月出版 / 估价：99.00元
PSN B-2017-672-1/1

政治参与蓝皮书
中国政治参与报告（2018）
著(编)者：房宁　2018年8月出版 / 估价：128.00元
PSN B-2011-200-1/1

政治文化蓝皮书
中国政治文化报告（2018）
著(编)者：邢元敏 魏大鹏 龚克
2018年8月出版 / 估价：128.00元
PSN B-2017-615-1/1

中国传统村落蓝皮书
中国传统村落保护现状报告（2018）
著(编)者：胡彬彬 李向军 王晓波
2018年12月出版 / 估价：99.00元
PSN B-2017-663-1/1

中国农村妇女发展蓝皮书
农村流动女性城市生活发展报告（2018）
著(编)者：谢丽华　2018年12月出版 / 估价：99.00元
PSN B-2014-434-1/1

宗教蓝皮书
中国宗教报告（2017）
著(编)者：邱永辉　2018年8月出版 / 估价：99.00元
PSN B-2008-117-1/1

产业经济类

保健蓝皮书
中国保健服务产业发展报告 No.2
著(编)者：中国保健协会　中共中央党校
2018年7月出版 / 估价：198.00元
PSN B-2012-272-3/3

保健蓝皮书
中国保健食品产业发展报告 No.2
著(编)者：中国保健协会
中国社会科学院食品药品产业发展与监管研究中心
2018年8月出版 / 估价：198.00元
PSN B-2012-271-2/3

保健蓝皮书
中国保健用品产业发展报告 No.2
著(编)者：中国保健协会
国务院国有资产监督管理委员会研究中心
2018年6月出版 / 估价：198.00元
PSN B-2012-270-1/3

保险蓝皮书
中国保险业竞争力报告（2018）
著(编)者：保监会　2018年12月出版 / 估价：99.00元
PSN B-2013-311-1/1

冰雪蓝皮书
中国冰上运动产业发展报告（2018）
著(编)者：孙承华 杨占武 刘戈 张鸿俊
2018年9月出版 / 估价：99.00元
PSN B-2017-648-3/3

冰雪蓝皮书
中国滑雪产业发展报告（2018）
著(编)者：孙承华 伍斌 魏庆华 张鸿俊
2018年9月出版 / 估价：99.00元
PSN B-2016-559-1/3

餐饮产业蓝皮书
中国餐饮产业发展报告（2018）
著(编)者：邢颖
2018年6月出版 / 估价：99.00元
PSN B-2009-151-1/1

茶业蓝皮书
中国茶产业发展报告（2018）
著(编)者：杨江帆 李闽榕
2018年10月出版 / 估价：99.00元
PSN B-2010-164-1/1

产业安全蓝皮书
中国文化产业安全报告（2018）
著(编)者：北京印刷学院文化产业安全研究院
2018年12月出版 / 估价：99.00元
PSN B-2014-378-12/14

产业安全蓝皮书
中国新媒体产业安全报告（2016～2017）
著(编)者：肖丽　2018年6月出版 / 估价：99.00元
PSN B-2015-500-14/14

产业安全蓝皮书
中国出版传媒产业安全报告（2017～2018）
著(编)者：北京印刷学院文化产业安全研究院
2018年6月出版 / 估价：99.00元
PSN B-2014-384-13/14

产业蓝皮书
中国产业竞争力报告（2018）No.8
著(编)者：张其仔　2018年12月出版 / 估价：168.00元
PSN B-2010-175-1/1

动力电池蓝皮书
中国新能源汽车动力电池产业发展报告（2018）
著(编)者：中国汽车技术研究中心
2018年8月出版 / 估价：99.00元
PSN B-2017-639-1/1

杜仲产业绿皮书
中国杜仲橡胶资源与产业发展报告（2017～2018）
著(编)者：杜红岩 胡文臻 俞锐
2018年6月出版 / 估价：99.00元
PSN G-2013-350-1/1

房地产蓝皮书
中国房地产发展报告No.15（2018）
著(编)者：李春华 王业强
2018年5月出版 / 估价：99.00元
PSN B-2004-028-1/1

服务外包蓝皮书
中国服务外包产业发展报告（2017～2018）
著(编)者：王晓红 刘德军
2018年6月出版 / 估价：99.00元
PSN B-2013-331-2/2

服务外包蓝皮书
中国服务外包竞争力报告（2017～2018）
著(编)者：刘春生 王力 黄育华
2018年12月出版 / 估价：99.00元
PSN B-2011-216-1/2

工业和信息化蓝皮书
世界信息技术产业发展报告（2017～2018）
著(编)者：尹丽波　2018年6月出版 / 估价：99.00元
PSN B-2015-449-2/6

工业和信息化蓝皮书
战略性新兴产业发展报告（2017～2018）
著(编)者：尹丽波　2018年6月出版 / 估价：99.00元
PSN B-2015-450-3/6

海洋经济蓝皮书
中国海洋经济发展报告（2015～2018）
著(编)者：殷克东 高金田 方胜民
2018年3月出版 / 定价：128.00元
PSN B-2018-697-1/1

康养蓝皮书
中国康养产业发展报告（2017）
著(编)者：何莽　2017年12月出版 / 定价：88.00元
PSN B-2017-685-1/1

客车蓝皮书
中国客车产业发展报告（2017～2018）
著(编)者：姚蔚　2018年10月出版 / 估价：99.00元
PSN B-2013-361-1/1

流通蓝皮书
中国商业发展报告（2018～2019）
著(编)者：王雪峰 林诗慧
2018年7月出版 / 估价：99.00元
PSN B-2009-152-1/2

能源蓝皮书
中国能源发展报告（2018）
著(编)者：崔民选 王军生 陈义和
2018年12月出版 / 估价：99.00元
PSN B-2006-049-1/1

农产品流通蓝皮书
中国农产品流通产业发展报告（2017）
著(编)者：贾敬敦 张东科 张玉玺 张鹏毅 周伟
2018年6月出版 / 估价：99.00元
PSN B-2012-288-1/1

汽车工业蓝皮书
中国汽车工业发展年度报告（2018）
著(编)者：中国汽车工业协会
中国汽车技术研究中心
丰田汽车公司
2018年5月出版 / 估价：168.00元
PSN B-2015-463-1/2

汽车工业蓝皮书
中国汽车零部件产业发展报告（2017～2018）
著(编)者：中国汽车工业协会
中国汽车工程研究院深圳市沃特玛电池有限公司
2018年9月出版 / 估价：99.00元
PSN B-2016-515-2/2

汽车蓝皮书
中国汽车产业发展报告（2018）
著(编)者：中国汽车工程学会
大众汽车集团（中国）
2018年11月出版 / 估价：99.00元
PSN B-2008-124-1/1

世界茶业蓝皮书
世界茶业发展报告（2018）
著(编)者：李闽榕 冯廷佺
2018年5月出版 / 估价：168.00元
PSN B-2017-619-1/1

世界能源蓝皮书
世界能源发展报告（2018）
著(编)者：黄晓勇　2018年6月出版 / 估价：168.00元
PSN B-2013-349-1/1

石油蓝皮书
中国石油产业发展报告（2018）
著(编)者：中国石油化工集团公司经济技术研究院
中国国际石油化工联合有限责任公司
中国社会科学院数量经济与技术经济研究所
2018年2月出版 / 定价：98.00元
PSN B-2018-690-1/1

体育蓝皮书
国家体育产业基地发展报告（2016～2017）
著(编)者：李颖川　2018年6月出版 / 估价：168.00元
PSN B-2017-609-5/5

体育蓝皮书
中国体育产业发展报告（2018）
著(编)者：阮伟 钟秉枢
2018年12月出版 / 估价：99.00元
PSN B-2010-179-1/5

文化金融蓝皮书
中国文化金融发展报告（2018）
著(编)者：杨涛 金巍
2018年6月出版 / 估价：99.00元
PSN B-2017-610-1/1

新能源汽车蓝皮书
中国新能源汽车产业发展报告（2018）
著(编)者：中国汽车技术研究中心
日产（中国）投资有限公司
东风汽车有限公司
2018年8月出版 / 估价：99.00元
PSN B-2013-347-1/1

薏仁米产业蓝皮书
中国薏仁米产业发展报告No.2（2018）
著(编)者：李发耀 石明　秦礼康
2018年8月出版 / 估价：99.00元
PSN B-2017-645-1/1

邮轮绿皮书
中国邮轮产业发展报告（2018）
著(编)者：汪泓　2018年10月出版 / 估价：99.00元
PSN G-2014-419-1/1

智能养老蓝皮书
中国智能养老产业发展报告（2018）
著(编)者：朱勇　2018年10月出版 / 估价：99.00元
PSN B-2015-488-1/1

中国节能汽车蓝皮书
中国节能汽车发展报告（2017～2018）
著(编)者：中国汽车工程研究院股份有限公司
2018年9月出版 / 估价：99.00元
PSN B-2016-565-1/1

中国陶瓷产业蓝皮书
中国陶瓷产业发展报告（2018）
著(编)者：左和平 黄速建
2018年10月出版 / 估价：99.00元
PSN B-2016-573-1/1

装备制造业蓝皮书
中国装备制造业发展报告（2018）
著(编)者：徐东华
2018年12月出版 / 估价：118.00元
PSN B-2015-505-1/1

行业及其他类

“三农”互联网金融蓝皮书
中国“三农”互联网金融发展报告（2018）
著(编)者：李勇坚 王弢
2018年8月出版 / 估价：99.00元
PSN B-2016-560-1/1

SUV蓝皮书
中国SUV市场发展报告（2017～2018）
著(编)者：靳军 2018年9月出版 / 估价：99.00元
PSN B-2016-571-1/1

冰雪蓝皮书
中国冬季奥运会发展报告（2018）
著(编)者：孙承华 伍斌 魏庆华 张鸿俊
2018年9月出版 / 估价：99.00元
PSN B-2017-647-2/3

彩票蓝皮书
中国彩票发展报告（2018）
著(编)者：益彩基金 2018年6月出版 / 估价：99.00元
PSN B-2015-462-1/1

测绘地理信息蓝皮书
测绘地理信息供给侧结构性改革研究报告（2018）
著(编)者：库热西・买合苏提
2018年12月出版 / 估价：168.00元
PSN B-2009-145-1/1

产权市场蓝皮书
中国产权市场发展报告（2017）
著(编)者：曹和平
2018年5月出版 / 估价：99.00元
PSN B-2009-147-1/1

城投蓝皮书
中国城投行业发展报告（2018）
著(编)者：华景斌
2018年11月出版 / 估价：300.00元
PSN B-2016-514-1/1

城市轨道交通蓝皮书
中国城市轨道交通运营发展报告（2017～2018）
著(编)者：崔学忠 贾文峥
2018年3月出版 / 定价：89.00元
PSN B-2018-694-1/1

大数据蓝皮书
中国大数据发展报告（No.2）
著(编)者：连玉明 2018年5月出版 / 估价：99.00元
PSN B-2017-620-1/1

大数据应用蓝皮书
中国大数据应用发展报告No.2（2018）
著(编)者：陈军君 2018年8月出版 / 估价：99.00元
PSN B-2017-644-1/1

对外投资与风险蓝皮书
中国对外直接投资与国家风险报告（2018）
著(编)者：中债资信评估有限责任公司
中国社会科学院世界经济与政治研究所
2018年6月出版 / 估价：189.00元
PSN B-2017-606-1/1

工业和信息化蓝皮书
人工智能发展报告（2017～2018）
著(编)者：尹丽波 2018年6月出版 / 估价：99.00元
PSN B-2015-448-1/6

工业和信息化蓝皮书
世界智慧城市发展报告（2017～2018）
著(编)者：尹丽波 2018年6月出版 / 估价：99.00元
PSN B-2017-624-6/6

工业和信息化蓝皮书
世界网络安全发展报告（2017～2018）
著(编)者：尹丽波 2018年6月出版 / 估价：99.00元
PSN B-2015-452-5/6

工业和信息化蓝皮书
世界信息化发展报告（2017～2018）
著(编)者：尹丽波 2018年6月出版 / 估价：99.00元
PSN B-2015-451-4/6

工业设计蓝皮书
中国工业设计发展报告（2018）
著(编)者：王晓红 于炜 张立群 2018年9月出版 / 估价：168.00元
PSN B-2014-420-1/1

公共关系蓝皮书
中国公共关系发展报告（2017）
著(编)者：柳斌杰 2018年1月出版 / 定价：89.00元
PSN B-2016-579-1/1

公共关系蓝皮书
中国公共关系发展报告（2018）
著(编)者：柳斌杰　2018年11月出版 / 估价：99.00元
PSN B-2016-579-1/1

管理蓝皮书
中国管理发展报告（2018）
著(编)者：张晓东　2018年10月出版 / 估价：99.00元
PSN B-2014-416-1/1

轨道交通蓝皮书
中国轨道交通行业发展报告（2017）
著(编)者：仲建华 李闽榕
2017年12月出版 / 定价：98.00元
PSN B-2017-674-1/1

海关发展蓝皮书
中国海关发展前沿报告（2018）
著(编)者：干春晖　2018年6月出版 / 估价：99.00元
PSN B-2017-616-1/1

互联网医疗蓝皮书
中国互联网健康医疗发展报告（2018）
著(编)者：芮晓武　2018年6月出版 / 估价：99.00元
PSN B-2016-567-1/1

黄金市场蓝皮书
中国商业银行黄金业务发展报告（2017～2018）
著(编)者：平安银行　2018年6月出版 / 估价：99.00元
PSN B-2016-524-1/1

会展蓝皮书
中外会展业动态评估研究报告（2018）
著(编)者：张敏 任中峰 聂鑫焱 牛盼强
2018年12月出版 / 估价：99.00元
PSN B-2013-327-1/1

基金会蓝皮书
中国基金会发展报告（2017~2018）
著(编)者：中国基金会发展报告课题组
2018年6月出版 / 估价：99.00元
PSN B-2013-368-1/1

基金会绿皮书
中国基金会发展独立研究报告（2018）
著(编)者：基金会中心网　中央民族大学基金会研究中心
2018年6月出版 / 估价：99.00元
PSN G-2011-213-1/1

基金会透明度蓝皮书
中国基金会透明度发展研究报告（2018）
著(编)者：基金会中心网
清华大学廉政与治理研究中心
2018年9月出版 / 估价：99.00元
PSN B-2013-339-1/1

建筑装饰蓝皮书
中国建筑装饰行业发展报告（2018）
著(编)者：葛道顺 刘晓一
2018年10月出版 / 估价：198.00元
PSN B-2016-553-1/1

金融监管蓝皮书
中国金融监管报告（2018）
著(编)者：胡滨　2018年3月出版 / 定价：98.00元
PSN B-2012-281-1/1

金融蓝皮书
中国互联网金融行业分析与评估（2018～2019）
著(编)者：黄国平 伍旭川　2018年12月出版 / 估价：99.00元
PSN B-2016-585-7/7

金融科技蓝皮书
中国金融科技发展报告（2018）
著(编)者：李扬 孙国峰　2018年10月出版 / 估价：99.00元
PSN B-2014-374-1/1

金融信息服务蓝皮书
中国金融信息服务发展报告（2018）
著(编)者：李平　2018年5月出版 / 估价：99.00元
PSN B-2017-621-1/1

金蜜蜂企业社会责任蓝皮书
金蜜蜂中国企业社会责任报告研究（2017）
著(编)者：殷格非 于志宏 管竹笋
2018年1月出版 / 定价：99.00元
PSN B-2018-693-1/1

京津冀金融蓝皮书
京津冀金融发展报告（2018）
著(编)者：王爱俭 王璟怡　2018年10月出版 / 估价：99.00元
PSN B-2016-527-1/1

科普蓝皮书
国家科普能力发展报告（2018）
著(编)者：王康友　2018年5月出版 / 估价：138.00元
PSN B-2017-632-4/4

科普蓝皮书
中国基层科普发展报告（2017～2018）
著(编)者：赵立新 陈玲　2018年9月出版 / 估价：99.00元
PSN B-2016-568-3/4

科普蓝皮书
中国科普基础设施发展报告（2017～2018）
著(编)者：任福君　2018年6月出版 / 估价：99.00元
PSN B-2010-174-1/3

科普蓝皮书
中国科普人才发展报告（2017～2018）
著(编)者：郑念 任嵘嵘　2018年7月出版 / 估价：99.00元
PSN B-2016-512-2/4

科普能力蓝皮书
中国科普能力评价报告（2018～2019）
著(编)者：李富强 李群　2018年8月出版 / 估价：99.00元
PSN B-2016-555-1/1

临空经济蓝皮书
中国临空经济发展报告（2018）
著(编)者：连玉明　2018年9月出版 / 估价：99.00元
PSN B-2014-421-1/1

旅游安全蓝皮书
中国旅游安全报告（2018）
著(编)者：郑向敏 谢朝武　2018年5月出版 / 估价：158.00元
PSN B-2012-280-1/1

旅游绿皮书
2017～2018年中国旅游发展分析与预测
著(编)者：宋瑞　2018年1月出版 / 定价：99.00元
PSN G-2002-018-1/1

煤炭蓝皮书
中国煤炭工业发展报告（2018）
著(编)者：岳福斌　2018年12月出版 / 估价：99.00元
PSN B-2008-123-1/1

民营企业社会责任蓝皮书
中国民营企业社会责任报告（2018）
著(编)者：中华全国工商业联合会
2018年12月出版 / 估价：99.00元
PSN B-2015-510-1/1

民营医院蓝皮书
中国民营医院发展报告（2017）
著(编)者：薛晓林　2017年12月出版 / 定价：89.00元
PSN B-2012-299-1/1

闽商蓝皮书
闽商发展报告（2018）
著(编)者：李闽榕 王日根 林琛
2018年12月出版 / 估价：99.00元
PSN B-2012-298-1/1

农业应对气候变化蓝皮书
中国农业气象灾害及其灾损评估报告（No.3）
著(编)者：矫梅燕　2018年6月出版 / 估价：118.00元
PSN B-2014-413-1/1

品牌蓝皮书
中国品牌战略发展报告（2018）
著(编)者：汪同三　2018年10月出版 / 估价：99.00元
PSN B-2016-580-1/1

企业扶贫蓝皮书
中国企业扶贫研究报告（2018）
著(编)者：钟宏武　2018年12月出版 / 估价：99.00元
PSN B-2016-593-1/1

企业公益蓝皮书
中国企业公益研究报告（2018）
著(编)者：钟宏武 汪杰 黄晓娟
2018年12月出版 / 估价：99.00元
PSN B-2015-501-1/1

企业国际化蓝皮书
中国企业全球化报告（2018）
著(编)者：王辉耀 苗绿　2018年11月出版 / 估价：99.00元
PSN B-2014-427-1/1

企业蓝皮书
中国企业绿色发展报告No.2（2018）
著(编)者：李红玉 朱光辉
2018年8月出版 / 估价：99.00元
PSN B-2015-481-2/2

企业社会责任蓝皮书
中资企业海外社会责任研究报告（2017～2018）
著(编)者：钟宏武 叶柳红 张蒽
2018年6月出版 / 估价：99.00元
PSN B-2017-603-2/2

企业社会责任蓝皮书
中国企业社会责任研究报告（2018）
著(编)者：黄群慧 钟宏武 张蒽 汪杰
2018年11月出版 / 估价：99.00元
PSN B-2009-149-1/2

汽车安全蓝皮书
中国汽车安全发展报告（2018）
著(编)者：中国汽车技术研究中心
2018年8月出版 / 估价：99.00元
PSN B-2014-385-1/1

汽车电子商务蓝皮书
中国汽车电子商务发展报告（2018）
著(编)者：中华全国工商业联合会汽车经销商商会
北方工业大学
北京易观智库网络科技有限公司
2018年10月出版 / 估价：158.00元
PSN B-2015-485-1/1

汽车知识产权蓝皮书
中国汽车产业知识产权发展报告（2018）
著(编)者：中国汽车工程研究院股份有限公司
中国汽车工程学会
重庆长安汽车股份有限公司
2018年12月出版 / 估价：99.00元
PSN B-2016-594-1/1

青少年体育蓝皮书
中国青少年体育发展报告（2017）
著(编)者：刘扶民 杨桦　2018年6月出版 / 估价：99.00元
PSN B-2015-482-1/1

区块链蓝皮书
中国区块链发展报告（2018）
著(编)者：李伟　2018年9月出版 / 估价：99.00元
PSN B-2017-649-1/1

群众体育蓝皮书
中国群众体育发展报告（2017）
著(编)者：刘国永 戴健　2018年5月出版 / 估价：99.00元
PSN B-2014-411-1/3

群众体育蓝皮书
中国社会体育指导员发展报告（2018）
著(编)者：刘国永 王欢　2018年6月出版 / 估价：99.00元
PSN B-2016-520-3/3

人力资源蓝皮书
中国人力资源发展报告（2018）
著(编)者：余兴安　2018年11月出版 / 估价：99.00元
PSN B-2012-287-1/1

融资租赁蓝皮书
中国融资租赁业发展报告（2017～2018）
著(编)者：李光荣 王力　2018年8月出版 / 估价：99.00元
PSN B-2015-443-1/1

商会蓝皮书
中国商会发展报告No.5（2017）
著(编)者：王钦敏　2018年7月出版 / 估价：99.00元
PSN B-2008-125-1/1

商务中心区蓝皮书
中国商务中心区发展报告No.4（2017～2018）
著(编)者：李国红 单菁菁　2018年9月出版 / 估价：99.00元
PSN B-2015-444-1/1

设计产业蓝皮书
中国创新设计发展报告（2018）
著(编)者：王晓红 张立群 于炜
2018年11月出版 / 估价：99.00元
PSN B-2016-581-2/2

社会责任管理蓝皮书
中国上市公司社会责任能力成熟度报告No.4（2018）
著(编)者：肖红军 王晓光 李伟阳
2018年12月出版 / 估价：99.00元
PSN B-2015-507-2/2

社会责任管理蓝皮书
中国企业公众透明度报告No.4（2017～2018）
著(编)者：黄速建 熊梦 王晓光 肖红军
2018年6月出版 / 估价：99.00元
PSN B-2015-440-1/2

食品药品蓝皮书
食品药品安全与监管政策研究报告（2016～2017）
著(编)者：唐民皓　2018年6月出版 / 估价：99.00元
PSN B-2009-129-1/1

输血服务蓝皮书
中国输血行业发展报告（2018）
著(编)者：孙俊　2018年12月出版 / 估价：99.00元
PSN B-2016-582-1/1

水利风景区蓝皮书
中国水利风景区发展报告（2018）
著(编)者：董建文 兰思仁
2018年10月出版 / 估价：99.00元
PSN B-2015-480-1/1

数字经济蓝皮书
全球数字经济竞争力发展报告（2017）
著(编)者：王振　2017年12月出版 / 定价：79.00元
PSN B-2017-673-1/1

私募市场蓝皮书
中国私募股权市场发展报告（2017～2018）
著(编)者：曹和平　2018年12月出版 / 估价：99.00元
PSN B-2010-162-1/1

碳排放权交易蓝皮书
中国碳排放权交易报告（2018）
著(编)者：孙永平　2018年11月出版 / 估价：99.00元
PSN B-2017-652-1/1

碳市场蓝皮书
中国碳市场报告（2018）
著(编)者：定金彪　2018年11月出版 / 估价：99.00元
PSN B-2014-430-1/1

体育蓝皮书
中国公共体育服务发展报告（2018）
著(编)者：戴健　2018年12月出版 / 估价：99.00元
PSN B-2013-367-2/5

土地市场蓝皮书
中国农村土地市场发展报告（2017～2018）
著(编)者：李光荣　2018年6月出版 / 估价：99.00元
PSN B-2016-526-1/1

土地整治蓝皮书
中国土地整治发展研究报告（No.5）
著(编)者：国土资源部土地整治中心
2018年7月出版 / 估价：99.00元
PSN B-2014-401-1/1

土地政策蓝皮书
中国土地政策研究报告（2018）
著(编)者：高延利 张建平 吴次芳
2018年1月出版 / 定价：98.00元
PSN B-2015-506-1/1

网络空间安全蓝皮书
中国网络空间安全发展报告（2018）
著(编)者：惠志斌 覃庆玲
2018年11月出版 / 估价：99.00元
PSN B-2015-466-1/1

文化志愿服务蓝皮书
中国文化志愿服务发展报告（2018）
著(编)者：张永新 良警宇　2018年11月出版 / 估价：128.00元
PSN B-2016-596-1/1

西部金融蓝皮书
中国西部金融发展报告（2017～2018）
著(编)者：李忠民　2018年8月出版 / 估价：99.00元
PSN B-2010-160-1/1

协会商会蓝皮书
中国行业协会商会发展报告（2017）
著(编)者：景朝阳 李勇　2018年6月出版 / 估价：99.00元
PSN B-2015-461-1/1

新三板蓝皮书
中国新三板市场发展报告（2018）
著(编)者：王力　2018年8月出版 / 估价：99.00元
PSN B-2016-533-1/1

信托市场蓝皮书
中国信托业市场报告（2017～2018）
著(编)者：用益金融信托研究院
2018年6月出版 / 估价：198.00元
PSN B-2014-371-1/1

信息化蓝皮书
中国信息化形势分析与预测（2017～2018）
著(编)者：周宏仁　2018年8月出版 / 估价：99.00元
PSN B-2010-168-1/1

信用蓝皮书
中国信用发展报告（2017～2018）
著(编)者：章政 田侃　2018年6月出版 / 估价：99.00元
PSN B-2013-328-1/1

休闲绿皮书
2017～2018年中国休闲发展报告
著(编)者：宋瑞 2018年7月出版 / 估价：99.00元
PSN G-2010-158-1/1

休闲体育蓝皮书
中国休闲体育发展报告（2017～2018）
著(编)者：李相如 钟秉枢
2018年10月出版 / 估价：99.00元
PSN B-2016-516-1/1

养老金融蓝皮书
中国养老金融发展报告（2018）
著(编)者：董克用 姚余栋
2018年9月出版 / 估价：99.00元
PSN B-2016-583-1/1

遥感监测绿皮书
中国可持续发展遥感监测报告（2017）
著(编)者：顾行发 汪克强 潘教峰 李闽榕 徐东华 王琦安
2018年6月出版 / 估价：298.00元
PSN B-2017-629-1/1

药品流通蓝皮书
中国药品流通行业发展报告（2018）
著(编)者：佘鲁林 温再兴
2018年7月出版 / 估价：198.00元
PSN B-2014-429-1/1

医疗器械蓝皮书
中国医疗器械行业发展报告（2018）
著(编)者：王宝亭 耿鸿武
2018年10月出版 / 估价：99.00元
PSN B-2017-661-1/1

医院蓝皮书
中国医院竞争力报告（2017~2018）
著(编)者：庄一强 2018年3月出版 / 定价：108.00元
PSN B-2016-528-1/1

瑜伽蓝皮书
中国瑜伽业发展报告（2017~2018）
著(编)者：张永建 徐华锋 朱泰余
2018年6月出版 / 估价：198.00元
PSN B-2017-625-1/1

债券市场蓝皮书
中国债券市场发展报告（2017～2018）
著(编)者：杨农 2018年10月出版 / 估价：99.00元
PSN B-2016-572-1/1

志愿服务蓝皮书
中国志愿服务发展报告（2018）
著(编)者：中国志愿服务联合会
2018年11月出版 / 估价：99.00元
PSN B-2017-664-1/1

中国上市公司蓝皮书
中国上市公司发展报告（2018）
著(编)者：张鹏 张平 黄胤英
2018年9月出版 / 估价：99.00元
PSN B-2014-414-1/1

中国新三板蓝皮书
中国新三板创新与发展报告（2018）
著(编)者：刘平安 闻召林
2018年8月出版 / 估价：158.00元
PSN B-2017-638-1/1

中国汽车品牌蓝皮书
中国乘用车品牌发展报告（2017）
著(编)者：《中国汽车报》社有限公司
博世（中国）投资有限公司
中国汽车技术研究中心数据资源中心
2018年1月出版 / 定价：89.00元
PSN B-2017-679-1/1

中医文化蓝皮书
北京中医药文化传播发展报告（2018）
著(编)者：毛嘉陵 2018年6月出版 / 估价：99.00元
PSN B-2015-468-1/2

中医文化蓝皮书
中国中医药文化传播发展报告（2018）
著(编)者：毛嘉陵 2018年7月出版 / 估价：99.00元
PSN B-2016-584-2/2

中医药蓝皮书
北京中医药知识产权发展报告No.2
著(编)者：汪洪 屠志涛 2018年6月出版 / 估价：168.00元
PSN B-2017-602-1/1

资本市场蓝皮书
中国场外交易市场发展报告（2016～2017）
著(编)者：高峦 2018年6月出版 / 估价：99.00元
PSN B-2009-153-1/1

资产管理蓝皮书
中国资产管理行业发展报告（2018）
著(编)者：郑智 2018年7月出版 / 估价：99.00元
PSN B-2014-407-2/2

资产证券化蓝皮书
中国资产证券化发展报告（2018）
著(编)者：沈炳熙 曹彤 李哲平
2018年4月出版 / 定价：98.00元
PSN B-2017-660-1/1

自贸区蓝皮书
中国自贸区发展报告（2018）
著(编)者：王力 黄育华
2018年6月出版 / 估价：99.00元
PSN B-2016-558-1/1

国际问题与全球治理类

“一带一路”跨境通道蓝皮书
“一带一路”跨境通道建设研究报（2017～2018）
著(编)者：余鑫 张秋生　2018年1月出版 / 定价：89.00元
PSN B-2016-557-1/1

“一带一路”蓝皮书
“一带一路”建设发展报告（2018）
著(编)者：李永全　2018年3月出版 / 定价：98.00元
PSN B-2016-552-1/1

“一带一路”投资安全蓝皮书
中国“一带一路”投资与安全研究报告（2018）
著(编)者：邹统钎 梁昊光　2018年4月出版 / 定价：98.00元
PSN B-2017-612-1/1

“一带一路”文化交流蓝皮书
中阿文化交流发展报告（2017）
著(编)者：王辉　2017年12月出版 / 定价：89.00元
PSN B-2017-655-1/1

G20国家创新竞争力黄皮书
二十国集团（G20）国家创新竞争力发展报告（2017～2018）
著(编)者：李建平 李闽榕 赵新力 周天勇
2018年7月出版 / 估价：168.00元
PSN Y-2011-229-1/1

阿拉伯黄皮书
阿拉伯发展报告（2016～2017）
著(编)者：罗林　2018年6月出版 / 估价：99.00元
PSN Y-2014-381-1/1

北部湾蓝皮书
泛北部湾合作发展报告（2017～2018）
著(编)者：吕余生　2018年12月出版 / 估价：99.00元
PSN B-2008-114-1/1

北极蓝皮书
北极地区发展报告（2017）
著(编)者：刘惠荣　2018年7月出版 / 估价：99.00元
PSN B-2017-634-1/1

大洋洲蓝皮书
大洋洲发展报告（2017～2018）
著(编)者：喻常森　2018年10月出版 / 估价：99.00元
PSN B-2013-341-1/1

东北亚区域合作蓝皮书
2017年“一带一路”倡议与东北亚区域合作
著(编)者：刘亚政 金美花
2018年5月出版 / 估价：99.00元
PSN B-2017-631-1/1

东盟黄皮书
东盟发展报告（2017）
著(编)者：杨静林 庄国土　2018年6月出版 / 估价：99.00元
PSN Y-2012-303-1/1

东南亚蓝皮书
东南亚地区发展报告（2017～2018）
著(编)者：王勤　2018年12月出版 / 估价：99.00元
PSN B-2012-240-1/1

非洲黄皮书
非洲发展报告No.20（2017～2018）
著(编)者：张宏明　2018年7月出版 / 估价：99.00元
PSN Y-2012-239-1/1

非传统安全蓝皮书
中国非传统安全研究报告（2017～2018）
著(编)者：潇枫 罗中枢　2018年8月出版 / 估价：99.00元
PSN B-2012-273-1/1

国际安全蓝皮书
中国国际安全研究报告（2018）
著(编)者：刘慧　2018年7月出版 / 估价：99.00元
PSN B-2016-521-1/1

国际城市蓝皮书
国际城市发展报告（2018）
著(编)者：屠启宇　2018年2月出版 / 定价：89.00元
PSN B-2012-260-1/1

国际形势黄皮书
全球政治与安全报告（2018）
著(编)者：张宇燕　2018年1月出版 / 定价：99.00元
PSN Y-2001-016-1/1

公共外交蓝皮书
中国公共外交发展报告（2018）
著(编)者：赵启正 雷蔚真　2018年6月出版 / 估价：99.00元
PSN B-2015-457-1/1

海丝蓝皮书
21世纪海上丝绸之路研究报告（2017）
著(编)者：华侨大学海上丝绸之路研究院
2017年12月出版 / 定价：89.00元
PSN B-2017-684-1/1

金砖国家黄皮书
金砖国家综合创新竞争力发展报告（2018）
著(编)者：赵新力 李闽榕 黄茂兴
2018年8月出版 / 估价：128.00元
PSN Y-2017-643-1/1

拉美黄皮书
拉丁美洲和加勒比发展报告（2017～2018）
著(编)者：袁东振　2018年6月出版 / 估价：99.00元
PSN Y-1999-007-1/1

澜湄合作蓝皮书
澜沧江-湄公河合作发展报告（2018）
著(编)者：刘稚　2018年9月出版 / 估价：99.00元
PSN B-2011-196-1/1

欧洲蓝皮书
欧洲发展报告（2017～2018）
著(编)者：黄平 周弘 程卫东
2018年6月出版 / 估价：99.00元
PSN B-1999-009-1/1

葡语国家蓝皮书
葡语国家发展报告（2016～2017）
著(编)者：王成安 张敏 刘金兰
2018年6月出版 / 估价：99.00元
PSN B-2015-503-1/2

葡语国家蓝皮书
中国与葡语国家关系发展报告·巴西（2016）
著(编)者：张曙光
2018年8月出版 / 估价：99.00元
PSN B-2016-563-2/2

气候变化绿皮书
应对气候变化报告（2018）
著(编)者：王伟光 郑国光
2018年11月出版 / 估价：99.00元
PSN G-2009-144-1/1

全球环境竞争力绿皮书
全球环境竞争力报告（2018）
著(编)者：李建平 李闽榕 王金南
2018年12月出版 / 估价：198.00元
PSN G-2013-363-1/1

全球信息社会蓝皮书
全球信息社会发展报告（2018）
著(编)者：丁波涛 唐涛 2018年10月出版 / 估价：99.00元
PSN B-2017-665-1/1

日本经济蓝皮书
日本经济与中日经贸关系研究报告（2018）
著(编)者：张季风 2018年6月出版 / 估价：99.00元
PSN B-2008-102-1/1

上海合作组织黄皮书
上海合作组织发展报告（2018）
著(编)者：李进峰 2018年6月出版 / 估价：99.00元
PSN Y-2009-130-1/1

世界创新竞争力黄皮书
世界创新竞争力发展报告（2017）
著(编)者：李建平 李闽榕 赵新力
2018年6月出版 / 估价：168.00元
PSN Y-2013-318-1/1

世界经济黄皮书
2018年世界经济形势分析与预测
著(编)者：张宇燕 2018年1月出版 / 定价：99.00元
PSN Y-1999-006-1/1

世界能源互联互通蓝皮书
世界能源清洁发展与互联互通评估报告（2017）：欧洲篇
著(编)者：国网能源研究院
2018年1月出版 / 定价：128.00元
PSN B-2018-695-1/1

丝绸之路蓝皮书
丝绸之路经济带发展报告（2018）
著(编)者：任宗哲 白宽犁 谷孟宾
2018年1月出版 / 定价：89.00元
PSN B-2014-410-1/1

新兴经济体蓝皮书
金砖国家发展报告（2018）
著(编)者：林跃勤 周文
2018年8月出版 / 估价：99.00元
PSN B-2011-195-1/1

亚太蓝皮书
亚太地区发展报告（2018）
著(编)者：李向阳 2018年5月出版 / 估价：99.00元
PSN B-2001-015-1/1

印度洋地区蓝皮书
印度洋地区发展报告（2018）
著(编)者：汪戎 2018年6月出版 / 估价：99.00元
PSN B-2013-334-1/1

印度尼西亚经济蓝皮书
印度尼西亚经济发展报告（2017）：增长与机会
著(编)者：左志刚 2017年11月出版 / 定价：89.00元
PSN B-2017-675-1/1

渝新欧蓝皮书
渝新欧沿线国家发展报告（2018）
著(编)者：杨柏 黄森
2018年6月出版 / 估价：99.00元
PSN B-2017-626-1/1

中阿蓝皮书
中国-阿拉伯国家经贸发展报告（2018）
著(编)者：张廉 段庆林 王林聪 杨巧红
2018年12月出版 / 估价：99.00元
PSN B-2016-598-1/1

中东黄皮书
中东发展报告No.20（2017～2018）
著(编)者：杨光 2018年10月出版 / 估价：99.00元
PSN Y-1998-004-1/1

中亚黄皮书
中亚国家发展报告（2018）
著(编)者：孙力
2018年3月出版 / 定价：98.00元
PSN Y-2012-238-1/1

国别类

澳大利亚蓝皮书
澳大利亚发展报告（2017-2018）
著(编)者：孙有中 韩锋　2018年12月出版 / 估价：99.00元
PSN B-2016-587-1/1

巴西黄皮书
巴西发展报告（2017）
著(编)者：刘国枝　2018年5月出版 / 估价：99.00元
PSN Y-2017-614-1/1

德国蓝皮书
德国发展报告（2018）
著(编)者：郑春荣　2018年6月出版 / 估价：99.00元
PSN B-2012-278-1/1

俄罗斯黄皮书
俄罗斯发展报告（2018）
著(编)者：李永全　2018年6月出版 / 估价：99.00元
PSN Y-2006-061-1/1

韩国蓝皮书
韩国发展报告（2017）
著(编)者：牛林杰 刘宝全　2018年6月出版 / 估价：99.00元
PSN B-2010-155-1/1

加拿大蓝皮书
加拿大发展报告（2018）
著(编)者：唐小松　2018年9月出版 / 估价：99.00元
PSN B-2014-389-1/1

美国蓝皮书
美国研究报告（2018）
著(编)者：郑秉文 黄平　2018年5月出版 / 估价：99.00元
PSN B-2011-210-1/1

缅甸蓝皮书
缅甸国情报告（2017）
著(编)者：祝湘辉
2017年11月出版 / 定价：98.00元
PSN B-2013-343-1/1

日本蓝皮书
日本研究报告（2018）
著(编)者：杨伯江　2018年4月出版 / 定价：99.00元
PSN B-2002-020-1/1

土耳其蓝皮书
土耳其发展报告（2018）
著(编)者：郭长刚 刘义　2018年9月出版 / 估价：99.00元
PSN B-2014-412-1/1

伊朗蓝皮书
伊朗发展报告（2017～2018）
著(编)者：冀开运　2018年10月 / 估价：99.00元
PSN B-2016-574-1/1

以色列蓝皮书
以色列发展报告（2018）
著(编)者：张倩红　2018年8月出版 / 估价：99.00元
PSN B-2015-483-1/1

印度蓝皮书
印度国情报告（2017）
著(编)者：吕昭义　2018年6月出版 / 估价：99.00元
PSN B-2012-241-1/1

英国蓝皮书
英国发展报告（2017～2018）
著(编)者：王展鹏　2018年12月出版 / 估价：99.00元
PSN B-2015-486-1/1

越南蓝皮书
越南国情报告（2018）
著(编)者：谢林城　2018年11月出版 / 估价：99.00元
PSN B-2006-056-1/1

泰国蓝皮书
泰国研究报告（2018）
著(编)者：庄国土 张禹东 刘文正
2018年10月出版 / 估价：99.00元
PSN B-2016-556-1/1

文化传媒类

“三农”舆情蓝皮书
中国“三农”网络舆情报告（2017～2018）
著(编)者：农业部信息中心
2018年6月出版 / 估价：99.00元
PSN B-2017-640-1/1

传媒竞争力蓝皮书
中国传媒国际竞争力研究报告（2018）
著(编)者：李本乾 刘强 王大可
2018年8月出版 / 估价：99.00元
PSN B-2013-356-1/1

传媒蓝皮书
中国传媒产业发展报告（2018）
著(编)者：崔保国
2018年5月出版 / 估价：99.00元
PSN B-2005-035-1/1

传媒投资蓝皮书
中国传媒投资发展报告（2018）
著(编)者：张向东 谭云明
2018年6月出版 / 估价：148.00元
PSN B-2015-474-1/1

非物质文化遗产蓝皮书
中国非物质文化遗产发展报告（2018）
著(编)者：陈平 2018年6月出版 / 估价：128.00元
PSN B-2015-469-1/2

非物质文化遗产蓝皮书
中国非物质文化遗产保护发展报告（2018）
著(编)者：宋俊华 2018年10月出版 / 估价：128.00元
PSN B-2016-586-2/2

广电蓝皮书
中国广播电影电视发展报告（2018）
著(编)者：国家新闻出版广电总局发展研究中心
2018年7月出版 / 估价：99.00元
PSN B-2006-072-1/1

广告主蓝皮书
中国广告主营销传播趋势报告No.9
著(编)者：黄升民 杜国清 邵华冬 等
2018年10月出版 / 估价：158.00元
PSN B-2005-041-1/1

国际传播蓝皮书
中国国际传播发展报告（2018）
著(编)者：胡正荣 李继东 姬德强
2018年12月出版 / 估价：99.00元
PSN B-2014-408-1/1

国家形象蓝皮书
中国国家形象传播报告（2017）
著(编)者：张昆 2018年6月出版 / 估价：128.00元
PSN B-2017-605-1/1

互联网治理蓝皮书
中国网络社会治理研究报告（2018）
著(编)者：罗昕 支庭荣
2018年9月出版 / 估价：118.00元
PSN B-2017-653-1/1

纪录片蓝皮书
中国纪录片发展报告（2018）
著(编)者：何苏六 2018年10月出版 / 估价：99.00元
PSN B-2011-222-1/1

科学传播蓝皮书
中国科学传播报告（2016~2017）
著(编)者：詹正茂 2018年6月出版 / 估价：99.00元
PSN B-2008-120-1/1

两岸创意经济蓝皮书
两岸创意经济研究报告（2018）
著(编)者：罗昌智 董泽平
2018年10月出版 / 估价：99.00元
PSN B-2014-437-1/1

媒介与女性蓝皮书
中国媒介与女性发展报告（2017~2018）
著(编)者：刘利群 2018年5月出版 / 估价：99.00元
PSN B-2013-345-1/1

媒体融合蓝皮书
中国媒体融合发展报告（2017~2018）
著(编)者：梅宁华 支庭荣
2017年12月出版 / 定价：98.00元
PSN B-2015-479-1/1

全球传媒蓝皮书
全球传媒发展报告（2017~2018）
著(编)者：胡正荣 李继东 2018年6月出版 / 估价：99.00元
PSN B-2012-237-1/1

少数民族非遗蓝皮书
中国少数民族非物质文化遗产发展报告（2018）
著(编)者：肖远平（彝） 柴立（满）
2018年10月出版 / 估价：118.00元
PSN B-2015-467-1/1

视听新媒体蓝皮书
中国视听新媒体发展报告（2018）
著(编)者：国家新闻出版广电总局发展研究中心
2018年7月出版 / 估价：118.00元
PSN B-2011-184-1/1

数字娱乐产业蓝皮书
中国动画产业发展报告（2018）
著(编)者：孙立军 孙平 牛兴侦
2018年10月出版 / 估价：99.00元
PSN B-2011-198-1/2

数字娱乐产业蓝皮书
中国游戏产业发展报告（2018）
著(编)者：孙立军 刘跃军 2018年10月出版 / 估价：99.00元
PSN B-2017-662-2/2

网络视听蓝皮书
中国互联网视听行业发展报告（2018）
著(编)者：陈鹏 2018年2月出版 / 定价：148.00元
PSN B-2018-688-1/1

文化创新蓝皮书
中国文化创新报告（2017·No.8）
著(编)者：傅才武 2018年6月出版 / 估价：99.00元
PSN B-2009-143-1/1

文化建设蓝皮书
中国文化发展报告（2018）
著(编)者：江畅 孙伟平 戴茂堂
2018年5月出版 / 估价：99.00元
PSN B-2014-392-1/1

文化科技蓝皮书
文化科技创新发展报告（2018）
著(编)者：于平 李凤亮 2018年10月出版 / 估价：99.00元
PSN B-2013-342-1/1

文化蓝皮书
中国公共文化服务发展报告（2017~2018）
著(编)者：刘新成 张永新 张旭
2018年12月出版 / 估价：99.00元
PSN B-2007-093-2/10

文化蓝皮书
中国少数民族文化发展报告（2017~2018）
著(编)者：武翠英 张晓明 任乌晶
2018年9月出版 / 估价：99.00元
PSN B-2013-369-9/10

文化蓝皮书
中国文化产业供需协调检测报告（2018）
著(编)者：王亚南 2018年3月出版 / 定价：99.00元
PSN B-2013-323-8/10

文化蓝皮书
中国文化消费需求景气评价报告（2018）
著(编)者：王亚南　2018年3月出版 / 定价：99.00元
PSN B-2011-236-4/10

文化蓝皮书
中国公共文化投入增长测评报告（2018）
著(编)者：王亚南　2018年3月出版 / 定价：99.00元
PSN B-2014-435-10/10

文化品牌蓝皮书
中国文化品牌发展报告（2018）
著(编)者：欧阳友权　2018年5月出版 / 估价：99.00元
PSN B-2012-277-1/1

文化遗产蓝皮书
中国文化遗产事业发展报告（2017~2018）
著(编)者：苏杨 张颖岚 卓杰 白海峰 陈晨 陈叙图
2018年8月出版 / 估价：99.00元
PSN B-2008-119-1/1

文学蓝皮书
中国文情报告（2017~2018）
著(编)者：白烨　2018年5月出版 / 估价：99.00元
PSN B-2011-221-1/1

新媒体蓝皮书
中国新媒体发展报告No.9（2018）
著(编)者：唐绪军　2018年7月出版 / 估价：99.00元
PSN B-2010-169-1/1

新媒体社会责任蓝皮书
中国新媒体社会责任研究报告（2018）
著(编)者：钟瑛　2018年12月出版 / 估价：99.00元
PSN B-2014-423-1/1

移动互联网蓝皮书
中国移动互联网发展报告（2018）
著(编)者：余清楚　2018年6月出版 / 估价：99.00元
PSN B-2012-282-1/1

影视蓝皮书
中国影视产业发展报告（2018）
著(编)者：司若 陈鹏 陈锐
2018年6月出版 / 估价：99.00元
PSN B-2016-529-1/1

舆情蓝皮书
中国社会舆情与危机管理报告（2018）
著(编)者：谢耘耕
2018年9月出版 / 估价：138.00元
PSN B-2011-235-1/1

中国大运河蓝皮书
中国大运河发展报告（2018）
著(编)者：吴欣　2018年2月出版 / 估价：128.00元
PSN B-2018-691-1/1

地方发展类-经济

澳门蓝皮书
澳门经济社会发展报告（2017~2018）
著(编)者：吴志良 郝雨凡
2018年7月出版 / 估价：99.00元
PSN B-2009-138-1/1

澳门绿皮书
澳门旅游休闲发展报告（2017~2018）
著(编)者：郝雨凡 林广志
2018年5月出版 / 估价：99.00元
PSN G-2017-617-1/1

北京蓝皮书
北京经济发展报告（2017~2018）
著(编)者：杨松　2018年6月出版 / 估价：99.00元
PSN B-2006-054-2/8

北京旅游绿皮书
北京旅游发展报告（2018）
著(编)者：北京旅游学会
2018年7月出版 / 估价：99.00元
PSN G-2012-301-1/1

北京体育蓝皮书
北京体育产业发展报告（2017~2018）
著(编)者：钟秉枢 陈杰 杨铁黎
2018年9月出版 / 估价：99.00元
PSN B-2015-475-1/1

滨海金融蓝皮书
滨海新区金融发展报告（2017）
著(编)者：王爱俭 李向前　2018年4月出版 / 估价：99.00元
PSN B-2014-424-1/1

城乡一体化蓝皮书
北京城乡一体化发展报告（2017~2018）
著(编)者：吴宝新 张宝秀 黄序
2018年5月出版 / 估价：99.00元
PSN B-2012-258-2/2

非公有制企业社会责任蓝皮书
北京非公有制企业社会责任报告（2018）
著(编)者：宋贵伦 冯培
2018年6月出版 / 估价：99.00元
PSN B-2017-613-1/1

福建旅游蓝皮书
福建省旅游产业发展现状研究（2017~2018）
著(编)者：陈敏华 黄远水　2018年12月出版 / 估价：128.00元
PSN B-2016-591-1/1

福建自贸区蓝皮书
中国（福建）自由贸易试验区发展报告（2017~2018）
著(编)者：黄茂兴　2018年6月出版 / 估价：118.00元
PSN B-2016-531-1/1

甘肃蓝皮书
甘肃经济发展分析与预测（2018）
著(编)者：安文华 罗哲　2018年1月出版 / 定价：99.00元
PSN B-2013-312-1/6

甘肃蓝皮书
甘肃商贸流通发展报告（2018）
著(编)者：张应华 王福生 王晓芳
2018年1月出版 / 定价：99.00元
PSN B-2016-522-6/6

甘肃蓝皮书
甘肃县域和农村发展报告（2018）
著(编)者：包东红 朱智文 王建兵
2018年1月出版 / 定价：99.00元
PSN B-2013-316-5/6

甘肃农业科技绿皮书
甘肃农业科技发展研究报告（2018）
著(编)者：魏胜文 乔德华 张东伟
2018年12月出版 / 估价：198.00元
PSN B-2016-592-1/1

甘肃气象保障蓝皮书
甘肃农业对气候变化的适应与风险评估报告（No.1）
著(编)者：鲍文中 周广胜
2017年12月出版 / 定价：108.00元
PSN B-2017-677-1/1

巩义蓝皮书
巩义经济社会发展报告（2018）
著(编)者：丁同民 朱军　2018年6月出版 / 估价：99.00元
PSN B-2016-532-1/1

广东外经贸蓝皮书
广东对外经济贸易发展研究报告（2017~2018）
著(编)者：陈万灵　2018年6月出版 / 估价：99.00元
PSN B-2012-286-1/1

广西北部湾经济区蓝皮书
广西北部湾经济区开放开发报告（2017~2018）
著(编)者：广西壮族自治区北部湾经济区和东盟开放合作办公室
广西社会科学院
广西北部湾发展研究院
2018年5月出版 / 估价：99.00元
PSN B-2010-181-1/1

广州蓝皮书
广州城市国际化发展报告（2018）
著(编)者：张跃国　2018年8月出版 / 估价：99.00元
PSN B-2012-246-11/14

广州蓝皮书
中国广州城市建设与管理发展报告（2018）
著(编)者：张其学 陈小钢 王宏伟　2018年8月出版 / 估价：99.00元
PSN B-2007-087-4/14

广州蓝皮书
广州创新型城市发展报告（2018）
著(编)者：尹涛　2018年6月出版 / 估价：99.00元
PSN B-2012-247-12/14

广州蓝皮书
广州经济发展报告（2018）
著(编)者：张跃国 尹涛　2018年7月出版 / 估价：99.00元
PSN B-2005-040-1/14

广州蓝皮书
2018年中国广州经济形势分析与预测
著(编)者：魏明海 谢博能 李华
2018年6月出版 / 估价：99.00元
PSN B-2011-185-9/14

广州蓝皮书
中国广州科技创新发展报告（2018）
著(编)者：于欣伟 陈爽 邓佑满　2018年8月出版 / 估价：99.00元
PSN B-2006-065-2/14

广州蓝皮书
广州农村发展报告（2018）
著(编)者：朱名宏　2018年7月出版 / 估价：99.00元
PSN B-2010-167-8/14

广州蓝皮书
广州汽车产业发展报告（2018）
著(编)者：杨再高 冯兴亚　2018年7月出版 / 估价：99.00元
PSN B-2006-066-3/14

广州蓝皮书
广州商贸业发展报告（2018）
著(编)者：张跃国 陈杰 荀振英
2018年7月出版 / 估价：99.00元
PSN B-2012-245-10/14

贵阳蓝皮书
贵阳城市创新发展报告No.3（白云篇）
著(编)者：连玉明　2018年5月出版 / 估价：99.00元
PSN B-2015-491-3/10

贵阳蓝皮书
贵阳城市创新发展报告No.3（观山湖篇）
著(编)者：连玉明　2018年5月出版 / 估价：99.00元
PSN B-2015-497-9/10

贵阳蓝皮书
贵阳城市创新发展报告No.3（花溪篇）
著(编)者：连玉明　2018年5月出版 / 估价：99.00元
PSN B-2015-490-2/10

贵阳蓝皮书
贵阳城市创新发展报告No.3（开阳篇）
著(编)者：连玉明　2018年5月出版 / 估价：99.00元
PSN B-2015-492-4/10

贵阳蓝皮书
贵阳城市创新发展报告No.3（南明篇）
著(编)者：连玉明　2018年5月出版 / 估价：99.00元
PSN B-2015-496-8/10

贵阳蓝皮书
贵阳城市创新发展报告No.3（清镇篇）
著(编)者：连玉明　2018年5月出版 / 估价：99.00元
PSN B-2015-489-1/10

贵阳蓝皮书
贵阳城市创新发展报告No.3（乌当篇）
著(编)者：连玉明　2018年5月出版 / 估价：99.00元
PSN B-2015-495-7/10

贵阳蓝皮书
贵阳城市创新发展报告No.3（息烽篇）
著(编)者：连玉明　2018年5月出版 / 估价：99.00元
PSN B-2015-493-5/10

贵阳蓝皮书
贵阳城市创新发展报告No.3（修文篇）
著(编)者：连玉明　2018年5月出版 / 估价：99.00元
PSN B-2015-494-6/10

贵阳蓝皮书
贵阳城市创新发展报告No.3（云岩篇）
著(编)者：连玉明　2018年5月出版 / 估价：99.00元
PSN B-2015-498-10/10

贵州房地产蓝皮书
贵州房地产发展报告No.5（2018）
著(编)者：武廷方　2018年7月出版 / 估价：99.00元
PSN B-2014-426-1/1

贵州蓝皮书
贵州册亨经济社会发展报告（2018）
著(编)者：黄德林　2018年6月出版 / 估价：99.00元
PSN B-2016-525-8/9

贵州蓝皮书
贵州地理标志产业发展报告（2018）
著(编)者：李发耀 黄其松　2018年8月出版 / 估价：99.00元
PSN B-2017-646-10/10

贵州蓝皮书
贵安新区发展报告（2017～2018）
著(编)者：马长青 吴大华　2018年6月出版 / 估价：99.00元
PSN B-2015-459-4/10

贵州蓝皮书
贵州国家级开放创新平台发展报告（2017～2018）
著(编)者：申晓庆 吴大华 季泓
2018年11月出版 / 估价：99.00元
PSN B-2016-518-7/10

贵州蓝皮书
贵州国有企业社会责任发展报告（2017～2018）
著(编)者：郭丽　2018年12月出版 / 估价：99.00元
PSN B-2015-511-6/10

贵州蓝皮书
贵州民航业发展报告（2017）
著(编)者：申振东 吴大华　2018年6月出版 / 估价：99.00元
PSN B-2015-471-5/10

贵州蓝皮书
贵州民营经济发展报告（2017）
著(编)者：杨静 吴大华　2018年6月出版 / 估价：99.00元
PSN B-2016-530-9/9

杭州都市圈蓝皮书
杭州都市圈发展报告（2018）
著(编)者：洪庆华 沈翔　2018年4月出版 / 定价：98.00元
PSN B-2012-302-1/1

河北经济蓝皮书
河北省经济发展报告（2018）
著(编)者：马树强 金浩 张贵　2018年6月出版 / 估价：99.00元
PSN B-2014-380-1/1

河北蓝皮书
河北经济社会发展报告（2018）
著(编)者：康振海　2018年1月出版 / 定价：99.00元
PSN B-2014-372-1/3

河北蓝皮书
京津冀协同发展报告（2018）
著(编)者：陈璐　2017年12月出版 / 定价：79.00元
PSN B-2017-601-2/3

河南经济蓝皮书
2018年河南经济形势分析与预测
著(编)者：王世炎　2018年3月出版 / 定价：89.00元
PSN B-2007-086-1/1

河南蓝皮书
河南城市发展报告（2018）
著(编)者：张占仓 王建国　2018年5月出版 / 估价：99.00元
PSN B-2009-131-3/9

河南蓝皮书
河南工业发展报告（2018）
著(编)者：张占仓　2018年5月出版 / 估价：99.00元
PSN B-2013-317-5/9

河南蓝皮书
河南金融发展报告（2018）
著(编)者：喻新安 谷建全
2018年6月出版 / 估价：99.00元
PSN B-2014-390-7/9

河南蓝皮书
河南经济发展报告（2018）
著(编)者：张占仓 完世伟
2018年6月出版 / 估价：99.00元
PSN B-2010-157-4/9

河南蓝皮书
河南能源发展报告（2018）
著(编)者：国网河南省电力公司经济技术研究院
河南省社会科学院
2018年6月出版 / 估价：99.00元
PSN B-2017-607-9/9

河南商务蓝皮书
河南商务发展报告（2018）
著(编)者：焦锦淼 穆荣国　2018年5月出版 / 估价：99.00元
PSN B-2014-399-1/1

河南双创蓝皮书
河南创新创业发展报告（2018）
著(编)者：喻新安 杨雪梅
2018年8月出版 / 估价：99.00元
PSN B-2017-641-1/1

黑龙江蓝皮书
黑龙江经济发展报告（2018）
著(编)者：朱宇　2018年1月出版 / 定价：89.00元
PSN B-2011-190-2/2

湖南城市蓝皮书
区域城市群整合
著(编)者：童中贤 韩未名 2018年12月出版 / 估价：99.00元
PSN B-2006-064-1/1

湖南蓝皮书
湖南城乡一体化发展报告（2018）
著(编)者：陈文胜 王文强 陆福兴
2018年8月出版 / 估价：99.00元
PSN B-2015-477-8/8

湖南蓝皮书
2018年湖南电子政务发展报告
著(编)者：梁志峰 2018年5月出版 / 估价：128.00元
PSN B-2014-394-6/8

湖南蓝皮书
2018年湖南经济发展报告
著(编)者：卞鹰 2018年5月出版 / 估价：128.00元
PSN B-2011-207-2/8

湖南蓝皮书
2016年湖南经济展望
著(编)者：梁志峰 2018年5月出版 / 估价：128.00元
PSN B-2011-206-1/8

湖南蓝皮书
2018年湖南县域经济社会发展报告
著(编)者：梁志峰 2018年5月出版 / 估价：128.00元
PSN B-2014-395-7/8

湖南县域绿皮书
湖南县域发展报告（No.5）
著(编)者：袁准 周小毛 黎仁寅
2018年6月出版 / 估价：99.00元
PSN G-2012-274-1/1

沪港蓝皮书
沪港发展报告（2018）
著(编)者：尤安山 2018年9月出版 / 估价：99.00元
PSN B-2013-362-1/1

吉林蓝皮书
2018年吉林经济社会形势分析与预测
著(编)者：邵汉明 2017年12月出版 / 定价：89.00元
PSN B-2013-319-1/1

吉林省城市竞争力蓝皮书
吉林省城市竞争力报告（2017~2018）
著(编)者：崔岳春 张磊
2018年3月出版 / 定价：89.00元
PSN B-2016-513-1/1

济源蓝皮书
济源经济社会发展报告（2018）
著(编)者：喻新安 2018年6月出版 / 估价：99.00元
PSN B-2014-387-1/1

江苏蓝皮书
2018年江苏经济发展分析与展望
著(编)者：王庆五 吴先满
2018年7月出版 / 估价：128.00元
PSN B-2017-635-1/3

江西蓝皮书
江西经济社会发展报告（2018）
著(编)者：陈石俊 龚建文 2018年10月出版 / 估价：128.00元
PSN B-2015-484-1/2

江西蓝皮书
江西设区市发展报告（2018）
著(编)者：姜玮 梁勇
2018年10月出版 / 估价：99.00元
PSN B-2016-517-2/2

经济特区蓝皮书
中国经济特区发展报告（2017）
著(编)者：陶一桃 2018年1月出版 / 估价：99.00元
PSN B-2009-139-1/1

辽宁蓝皮书
2018年辽宁经济社会形势分析与预测
著(编)者：梁启东 魏红江 2018年6月出版 / 估价：99.00元
PSN B-2006-053-1/1

民族经济蓝皮书
中国民族地区经济发展报告（2018）
著(编)者：李曦辉 2018年7月出版 / 估价：99.00元
PSN B-2017-630-1/1

南宁蓝皮书
南宁经济发展报告（2018）
著(编)者：胡建华 2018年9月出版 / 估价：99.00元
PSN B-2016-569-2/3

内蒙古蓝皮书
内蒙古精准扶贫研究报告（2018）
著(编)者：张志华 2018年1月出版 / 定价：89.00元
PSN B-2017-681-2/2

浦东新区蓝皮书
上海浦东经济发展报告（2018）
著(编)者：周小平 徐美芳
2018年1月出版 / 定价：89.00元
PSN B-2011-225-1/1

青海蓝皮书
2018年青海经济社会形势分析与预测
著(编)者：陈玮 2018年1月出版 / 定价：98.00元
PSN B-2012-275-1/2

青海科技绿皮书
青海科技发展报告（2017）
著(编)者：青海省科学技术信息研究所
2018年3月出版 / 定价：98.00元
PSN G-2018-701-1/1

山东蓝皮书
山东经济形势分析与预测（2018）
著(编)者：李广杰 2018年7月出版 / 估价：99.00元
PSN B-2014-404-1/5

山东蓝皮书
山东省普惠金融发展报告（2018）
著(编)者：齐鲁财富网
2018年9月出版 / 估价：99.00元
PSN B2017-676-5/5

山西蓝皮书
山西资源型经济转型发展报告（2018）
著(编)者：李志强　2018年7月出版 / 估价：99.00元
PSN B-2011-197-1/1

陕西蓝皮书
陕西经济发展报告（2018）
著(编)者：任宗哲 白宽犁 裴成荣
2018年1月出版 / 定价：89.00元
PSN B-2009-135-1/6

陕西蓝皮书
陕西精准脱贫研究报告（2018）
著(编)者：任宗哲 白宽犁 王建康
2018年4月出版 / 定价：89.00元
PSN B-2017-623-6/6

上海蓝皮书
上海经济发展报告（2018）
著(编)者：沈开艳　2018年2月出版 / 定价：89.00元
PSN B-2006-057-1/7

上海蓝皮书
上海资源环境发展报告（2018）
著(编)者：周冯琦 胡静　2018年2月出版 / 定价：89.00元
PSN B-2006-060-4/7

上海蓝皮书
上海奉贤经济发展分析与研判（2017~2018）
著(编)者：张兆安 朱平芳　2018年3月出版 / 定价：99.00元
PSN B-2018-698-8/8

上饶蓝皮书
上饶发展报告（2016~2017）
著(编)者：廖其志　2018年6月出版 / 估价：128.00元
PSN B-2014-377-1/1

深圳蓝皮书
深圳经济发展报告（2018）
著(编)者：张骁儒　2018年6月出版 / 估价：99.00元
PSN B-2008-112-3/7

四川蓝皮书
四川城镇化发展报告（2018）
著(编)者：侯水平 陈炜　2018年6月出版 / 估价：99.00元
PSN B-2015-456-7/7

四川蓝皮书
2018年四川经济形势分析与预测
著(编)者：杨钢　2018年1月出版 / 定价：158.00元
PSN B-2007-098-2/7

四川蓝皮书
四川企业社会责任研究报告（2017~2018）
著(编)者：侯水平 盛毅　2018年5月出版 / 估价：99.00元
PSN B-2014-386-4/7

四川蓝皮书
四川生态建设报告（2018）
著(编)者：李晟之　2018年5月出版 / 估价：99.00元
PSN B-2015-455-6/7

四川蓝皮书
四川特色小镇发展报告（2017）
著(编)者：吴志强　2017年11月出版 / 定价：89.00元
PSN B-2017-670-8/8

体育蓝皮书
上海体育产业发展报告（2017~2018）
著(编)者：张林 黄海燕
2018年10月出版 / 估价：99.00元
PSN B-2015-454-4/5

体育蓝皮书
长三角地区体育产业发展报（2017~2018）
著(编)者：张林　2018年6月出版 / 估价：99.00元
PSN B-2015-453-3/5

天津金融蓝皮书
天津金融发展报告（2018）
著(编)者：王爱俭 孔德昌
2018年5月出版 / 估价：99.00元
PSN B-2014-418-1/1

图们江区域合作蓝皮书
图们江区域合作发展报告（2018）
著(编)者：李铁　2018年6月出版 / 估价：99.00元
PSN B-2015-464-1/1

温州蓝皮书
2018年温州经济社会形势分析与预测
著(编)者：蒋儒标 王春光 金浩
2018年6月出版 / 估价：99.00元
PSN B-2008-105-1/1

西咸新区蓝皮书
西咸新区发展报告（2018）
著(编)者：李扬 王军
2018年6月出版 / 估价：99.00元
PSN B-2016-534-1/1

修武蓝皮书
修武经济社会发展报告（2018）
著(编)者：张占仓 袁凯声
2018年10月出版 / 估价：99.00元
PSN B-2017-651-1/1

偃师蓝皮书
偃师经济社会发展报告（2018）
著(编)者：张占仓 袁凯声 何武周
2018年7月出版 / 估价：99.00元
PSN B-2017-627-1/1

扬州蓝皮书
扬州经济社会发展报告（2018）
著(编)者：陈扬
2018年12月出版 / 估价：108.00元
PSN B-2011-191-1/1

长垣蓝皮书
长垣经济社会发展报告（2018）
著(编)者：张占仓 袁凯声 秦保建
2018年10月出版 / 估价：99.00元
PSN B-2017-654-1/1

遵义蓝皮书
遵义发展报告（2018）
著(编)者：邓彦 曾征 龚永育
2018年9月出版 / 估价：99.00元
PSN B-2014-433-1/1

地方发展类-社会

安徽蓝皮书
安徽社会发展报告（2018）
著(编)者：程桦　2018年6月出版 / 估价：99.00元
PSN B-2013-325-1/1

安徽社会建设蓝皮书
安徽社会建设分析报告（2017～2018）
著(编)者：黄家海 蔡宪
2018年11月出版 / 估价：99.00元
PSN B-2013-322-1/1

北京蓝皮书
北京公共服务发展报告（2017～2018）
著(编)者：施昌奎　2018年6月出版 / 估价：99.00元
PSN B-2008-103-7/8

北京蓝皮书
北京社会发展报告（2017～2018）
著(编)者：李伟东
2018年7月出版 / 估价：99.00元
PSN B-2006-055-3/8

北京蓝皮书
北京社会治理发展报告（2017～2018）
著(编)者：殷星辰　2018年7月出版 / 估价：99.00元
PSN B-2014-391-8/8

北京律师蓝皮书
北京律师发展报告 No.4（2018）
著(编)者：王隽　2018年12月出版 / 估价：99.00元
PSN B-2011-217-1/1

北京人才蓝皮书
北京人才发展报告（2018）
著(编)者：敏华　2018年12月出版 / 估价：128.00元
PSN B-2011-201-1/1

北京社会心态蓝皮书
北京社会心态分析报告（2017～2018）
北京市社会心理服务促进中心
2018年10月出版 / 估价：99.00元
PSN B-2014-422-1/1

北京社会组织管理蓝皮书
北京社会组织发展与管理（2018）
著(编)者：黄江松
2018年6月出版 / 估价：99.00元
PSN B-2015-446-1/1

北京养老产业蓝皮书
北京居家养老发展报告（2018）
著(编)者：陆杰华 周明明
2018年8月出版 / 估价：99.00元
PSN B-2015-465-1/1

法治蓝皮书
四川依法治省年度报告No.4（2018）
著(编)者：李林 杨天宗 田禾
2018年3月出版 / 定价：118.00元
PSN B-2015-447-2/3

福建妇女发展蓝皮书
福建省妇女发展报告（2018）
著(编)者：刘群英　2018年11月出版 / 估价：99.00元
PSN B-2011-220-1/1

甘肃蓝皮书
甘肃社会发展分析与预测（2018）
著(编)者：安文华 谢增虎 包晓霞
2018年1月出版 / 定价：99.00元
PSN B-2013-313-2/6

广东蓝皮书
广东全面深化改革研究报告（2018）
著(编)者：周林生 涂成林
2018年12月出版 / 估价：99.00元
PSN B-2015-504-3/3

广东蓝皮书
广东社会工作发展报告（2018）
著(编)者：罗观翠　2018年6月出版 / 估价：99.00元
PSN B-2014-402-2/3

广州蓝皮书
广州青年发展报告（2018）
著(编)者：徐柳 张强
2018年8月出版 / 估价：99.00元
PSN B-2013-352-13/14

广州蓝皮书
广州社会保障发展报告（2018）
著(编)者：张跃国　2018年8月出版 / 估价：99.00元
PSN B-2014-425-14/14

广州蓝皮书
2018年中国广州社会形势分析与预测
著(编)者：张强 郭志勇 何镜清
2018年6月出版 / 估价：99.00元
PSN B-2008-110-5/14

贵州蓝皮书
贵州法治发展报告（2018）
著(编)者：吴大华　2018年5月出版 / 估价：99.00元
PSN B-2012-254-2/10

贵州蓝皮书
贵州人才发展报告（2017）
著(编)者：于杰 吴大华
2018年9月出版 / 估价：99.00元
PSN B-2014-382-3/10

贵州蓝皮书
贵州社会发展报告（2018）
著(编)者：王兴骥　2018年6月出版 / 估价：99.00元
PSN B-2010-166-1/10

杭州蓝皮书
杭州妇女发展报告（2018）
著(编)者：魏颖
2018年10月出版 / 估价：99.00元
PSN B-2014-403-1/1

河北蓝皮书
河北法治发展报告（2018）
著(编)者：康振海　2018年6月出版 / 估价：99.00元
PSN B-2017-622-3/3

河北食品药品安全蓝皮书
河北食品药品安全研究报告（2018）
著(编)者：丁锦霞
2018年10月出版 / 估价：99.00元
PSN B-2015-473-1/1

河南蓝皮书
河南法治发展报告（2018）
著(编)者：张林海　2018年7月出版 / 估价：99.00元
PSN B-2014-376-6/9

河南蓝皮书
2018年河南社会形势分析与预测
著(编)者：牛苏林　2018年5月出版 / 估价：99.00元
PSN B-2005-043-1/9

河南民办教育蓝皮书
河南民办教育发展报告（2018）
著(编)者：胡大白　2018年9月出版 / 估价：99.00元
PSN B-2017-642-1/1

黑龙江蓝皮书
黑龙江社会发展报告（2018）
著(编)者：王爱丽　2018年1月出版 / 定价：89.00元
PSN B-2011-189-1/2

湖南蓝皮书
2018年湖南两型社会与生态文明建设报告
著(编)者：卞鹰　2018年5月出版 / 估价：128.00元
PSN B-2011-208-3/8

湖南蓝皮书
2018年湖南社会发展报告
著(编)者：卞鹰　2018年5月出版 / 估价：128.00元
PSN B-2014-393-5/8

健康城市蓝皮书
北京健康城市建设研究报告（2018）
著(编)者：王鸿春 盛继洪
2018年9月出版 / 估价：99.00元
PSN B-2015-460-1/2

江苏法治蓝皮书
江苏法治发展报告No.6（2017）
著(编)者：蔡道通 龚廷泰
2018年8月出版 / 估价：99.00元
PSN B-2012-290-1/1

江苏蓝皮书
2018年江苏社会发展分析与展望
著(编)者：王庆五 刘旺洪
2018年8月出版 / 估价：128.00元
PSN B-2017-636-2/3

民族教育蓝皮书
中国民族教育发展报告（2017·内蒙古卷）
著(编)者：陈中永
2017年12月出版 / 定价：198.00元
PSN B-2017-669-1/1

南宁蓝皮书
南宁法治发展报告（2018）
著(编)者：杨维超　2018年12月出版 / 估价：99.00元
PSN B-2015-509-1/3

南宁蓝皮书
南宁社会发展报告（2018）
著(编)者：胡建华　2018年10月出版 / 估价：99.00元
PSN B-2016-570-3/3

内蒙古蓝皮书
内蒙古反腐倡廉建设报告 No.2
著(编)者：张志华　2018年6月出版 / 估价：99.00元
PSN B-2013-365-1/1

青海蓝皮书
2018年青海人才发展报告
著(编)者：王宇燕　2018年9月出版 / 估价：99.00元
PSN B-2017-650-2/2

青海生态文明建设蓝皮书
青海生态文明建设报告（2018）
著(编)者：张西明 高华　2018年12月出版 / 估价：99.00元
PSN B-2016-595-1/1

人口与健康蓝皮书
深圳人口与健康发展报告（2018）
著(编)者：陆杰华 傅崇辉
2018年11月出版 / 估价：99.00元
PSN B-2011-228-1/1

山东蓝皮书
山东社会形势分析与预测（2018）
著(编)者：李善峰　2018年6月出版 / 估价：99.00元
PSN B-2014-405-2/5

陕西蓝皮书
陕西社会发展报告（2018）
著(编)者：任宗哲 白宽犁 牛昉
2018年1月出版 / 定价：89.00元
PSN B-2009-136-2/6

上海蓝皮书
上海法治发展报告（2018）
著(编)者：叶必丰　2018年9月出版 / 估价：99.00元
PSN B-2012-296-6/7

上海蓝皮书
上海社会发展报告（2018）
著(编)者：杨雄 周海旺
2018年2月出版 / 定价：89.00元
PSN B-2006-058-2/7

社会建设蓝皮书
2018年北京社会建设分析报告
著(编)者：宋贵伦 冯虹 2018年9月出版 / 估价：99.00元
PSN B-2010-173-1/1

深圳蓝皮书
深圳法治发展报告（2018）
著(编)者：张骁儒 2018年6月出版 / 估价：99.00元
PSN B-2015-470-6/7

深圳蓝皮书
深圳劳动关系发展报告（2018）
著(编)者：汤庭芬 2018年8月出版 / 估价：99.00元
PSN B-2007-097-2/7

深圳蓝皮书
深圳社会治理与发展报告（2018）
著(编)者：张骁儒 2018年6月出版 / 估价：99.00元
PSN B-2008-113-4/7

生态安全绿皮书
甘肃国家生态安全屏障建设发展报告（2018）
著(编)者：刘举科 喜文华
2018年10月出版 / 估价：99.00元
PSN G-2017-659-1/1

顺义社会建设蓝皮书
北京市顺义区社会建设发展报告（2018）
著(编)者：王学武 2018年9月出版 / 估价：99.00元
PSN B-2017-658-1/1

四川蓝皮书
四川法治发展报告（2018）
著(编)者：郑泰安 2018年6月出版 / 估价：99.00元
PSN B-2015-441-5/7

四川蓝皮书
四川社会发展报告（2018）
著(编)者：李羚 2018年6月出版 / 估价：99.00元
PSN B-2008-127-3/7

四川社会工作与管理蓝皮书
四川省社会工作人力资源发展报告（2017）
著(编)者：边慧敏 2017年12月出版 / 定价：89.00元
PSN B-2017-683-1/1

云南社会治理蓝皮书
云南社会治理年度报告（2017）
著(编)者：晏雄 韩全芳
2018年5月出版 / 估价：99.00元
PSN B-2017-667-1/1

地方发展类-文化

北京传媒蓝皮书
北京新闻出版广电发展报告（2017~2018）
著(编)者：王志 2018年11月出版 / 估价：99.00元
PSN B-2016-588-1/1

北京蓝皮书
北京文化发展报告（2017~2018）
著(编)者：李建盛 2018年5月出版 / 估价：99.00元
PSN B-2007-082-4/8

创意城市蓝皮书
北京文化创意产业发展报告（2018）
著(编)者：郭万超 张京成 2018年12月出版 / 估价：99.00元
PSN B-2012-263-1/7

创意城市蓝皮书
天津文化创意产业发展报告（2017~2018）
著(编)者：谢思全 2018年6月出版 / 估价：99.00元
PSN B-2016-536-7/7

创意城市蓝皮书
武汉文化创意产业发展报告（2018）
著(编)者：黄永林 陈汉桥 2018年12月出版 / 估价：99.00元
PSN B-2013-354-4/7

创意上海蓝皮书
上海文化创意产业发展报告（2017~2018）
著(编)者：王慧敏 王兴全 2018年8月出版 / 估价：99.00元
PSN B-2016-561-1/1

非物质文化遗产蓝皮书
广州市非物质文化遗产保护发展报告（2018）
著(编)者：宋俊华 2018年12月出版 / 估价：99.00元
PSN B-2016-589-1/1

甘肃蓝皮书
甘肃文化发展分析与预测（2018）
著(编)者：马廷旭 戚晓萍 2018年1月出版 / 定价：99.00元
PSN B-2013-314-3/6

甘肃蓝皮书
甘肃舆情分析与预测（2018）
著(编)者：王俊莲 张谦元 2018年1月出版 / 定价：99.00元
PSN B-2013-315-4/6

广州蓝皮书
中国广州文化发展报告（2018）
著(编)者：屈哨兵 陆志强 2018年6月出版 / 估价：99.00元
PSN B-2009-134-7/14

广州蓝皮书
广州文化创意产业发展报告（2018）
著(编)者：徐咏虹 2018年7月出版 / 估价：99.00元
PSN B-2008-111-6/14

海淀蓝皮书
海淀区文化和科技融合发展报告（2018）
著(编)者：陈名杰 孟景伟 2018年5月出版 / 估价：99.00元
PSN B-2013-329-1/1

河南蓝皮书
河南文化发展报告（2018）
著(编)者：卫绍生　2018年7月出版 / 估价：99.00元
PSN B-2008-106-2/9

湖北文化产业蓝皮书
湖北省文化产业发展报告（2018）
著(编)者：黄晓华　2018年9月出版 / 估价：99.00元
PSN B-2017-656-1/1

湖北文化蓝皮书
湖北文化发展报告（2017~2018）
著(编)者：湖北大学高等人文研究院
中华文化发展湖北省协同创新中心
2018年10月出版 / 估价：99.00元
PSN B-2016-566-1/1

江苏蓝皮书
2018年江苏文化发展分析与展望
著(编)者：王庆五 樊和平　2018年9月出版 / 估价：128.00元
PSN B-2017-637-3/3

江西文化蓝皮书
江西非物质文化遗产发展报告（2018）
著(编)者：张圣才 傅安平　2018年12月出版 / 估价：128.00元
PSN B-2015-499-1/1

洛阳蓝皮书
洛阳文化发展报告（2018）
著(编)者：刘福兴 陈启明　2018年7月出版 / 估价：99.00元
PSN B-2015-476-1/1

南京蓝皮书
南京文化发展报告（2018）
著(编)者：中共南京市委宣传部
2018年12月出版 / 估价：99.00元
PSN B-2014-439-1/1

宁波文化蓝皮书
宁波“一人一艺”全民艺术普及发展报告（2017）
著(编)者：张爱琴　2018年11月出版 / 估价：128.00元
PSN B-2017-668-1/1

山东蓝皮书
山东文化发展报告（2018）
著(编)者：涂可国　2018年5月出版 / 估价：99.00元
PSN B-2014-406-3/5

陕西蓝皮书
陕西文化发展报告（2018）
著(编)者：任宗哲 白宽犁 王长寿
2018年1月出版 / 定价：89.00元
PSN B-2009-137-3/6

上海蓝皮书
上海传媒发展报告（2018）
著(编)者：强荧 焦雨虹　2018年2月出版 / 定价：89.00元
PSN B-2012-295-5/7

上海蓝皮书
上海文学发展报告（2018）
著(编)者：陈圣来　2018年6月出版 / 估价：99.00元
PSN B-2012-297-7/7

上海蓝皮书
上海文化发展报告（2018）
著(编)者：荣跃明　2018年6月出版 / 估价：99.00元
PSN B-2006-059-3/7

深圳蓝皮书
深圳文化发展报告（2018）
著(编)者：张骁儒　2018年7月出版 / 估价：99.00元
PSN B-2016-554-7/7

四川蓝皮书
四川文化产业发展报告（2018）
著(编)者：向宝云 张立伟　2018年6月出版 / 估价：99.00元
PSN B-2006-074-1/7

郑州蓝皮书
2018年郑州文化发展报告
著(编)者：王哲　2018年9月出版 / 估价：99.00元
PSN B-2008-107-1/1

皮书起源

“皮书” 起源于十七、十八世纪的英国，主要指官方或社会组织正式发表的重要文件或报告，多以“白皮书”命名。在中国，“皮书”这一概念被社会广泛接受，并被成功运作、发展成为一种全新的出版形态，则源于中国社会科学院社会科学文献出版社。

皮书定义

皮书是对中国与世界发展状况和热点问题进行年度监测，以专业的角度、专家的视野和实证研究方法，针对某一领域或区域现状与发展态势展开分析和预测，具备原创性、实证性、专业性、连续性、前沿性、时效性等特点的公开出版物，由一系列权威研究报告组成。

皮书作者

皮书系列的作者以中国社会科学院、著名高校、地方社会科学院的研究人员为主，多为国内一流研究机构的权威专家学者，他们的看法和观点代表了学界对中国与世界的现实和未来最高水平的解读与分析。

皮书荣誉

皮书系列已成为社会科学文献出版社的著名图书品牌和中国社会科学院的知名学术品牌。2016 年，皮书系列正式列入 “十三五” 国家重点出版规划项目；2013~2018 年，重点皮书列入中国社会科学院承担的国家哲学社会科学创新工程项目；2018 年，59 种院外皮书使用“中国社会科学院创新工程学术出版项目”标识。

中国皮书网

（网址：www.pishu.cn）

发布皮书研创资讯，传播皮书精彩内容
引领皮书出版潮流，打造皮书服务平台

栏目设置

关于皮书：何谓皮书、皮书分类、皮书大事记、皮书荣誉、
皮书出版第一人、皮书编辑部

最新资讯：通知公告、新闻动态、媒体聚焦、网站专题、视频直播、下载专区

皮书研创：皮书规范、皮书选题、皮书出版、皮书研究、研创团队

皮书评奖评价：指标体系、皮书评价、皮书评奖

互动专区：皮书说、社科数托邦、皮书微博、留言板

所获荣誉

2008 年、2011 年，中国皮书网均在全国新闻出版业网站荣誉评选中获得“最具商业价值网站”称号；

2012 年，获得“出版业网站百强”称号。

网库合一

2014 年，中国皮书网与皮书数据库端口合一，实现资源共享。

更多信息请登录

皮书数据库
http：//www.pishu.com.cn

中国皮书网
http：//www.pishu.cn

皮书微博
http：//weibo.com/pishu

皮书微信“皮书说”

请到当当、亚马逊、京东或各地书店购买，也可办理邮购

咨询 / 邮购电话：010-59367028　59367070

邮　　箱：duzhe@ssap.cn

邮购地址：北京市西城区北三环中路甲29号院3号楼
华龙大厦13层读者服务中心

邮　　编：100029

银行户名：社会科学文献出版社

开户银行：中国工商银行北京北太平庄支行

账　　号：0200010019200365434

要因素，更是维护社会稳定的基础环节。数据显示，四川省社区矛盾预防化解能力仍有上升空间。根据课题组对社区居民的调查，有78.58%的居民在遇到社区纠纷时会直接向居委会求助，仅有极少数居民会选择其他方式，如向社会组织（3.84%）寻求帮助等，说明社区在预防化解矛盾中的重要作用。但在被调查的社区居民中，有21.54%的居民认为居委会化解矛盾纠纷的能力一般、较差或很差（见表12），说明四川省社区调解防范矛盾的能力还有较大的上升空间。

表12　居民对社区居委会化解矛盾纠纷能力评价分布

居委会化解矛盾能力	频数	百分比(%)
很强	335	39.00
比较强	276	32.13
一般	168	19.56
较差	9	1.05
很差	8	0.93
不知道	63	7.33
合计	859	100.00

5.社区信息化应用不充分

打造“互联网+社区治理”是城乡社区治理的新热点。在本次调查的社区居民中，仅有32.66%社区居民通过社区网站、QQ、微信、电子公告栏了解社区管理与服务相关情况，大多数居民主要依靠小区宣传栏（77.29%）和社区活动（62.13%）等传统方式了解社区各类信息，反映了社区并没有充分将互联网技术与社区服务密切结合，对互联网技术应用不充分，还应继续加强运用互联网技术引导居民密切日常交往。社区公共服务综合信息平台建设是四川省城乡社区基础设施建设重点工程。在本次调查的居民中，有47.62%的居民对社区综合信息平台的建设和使用是非常满意和比较满意的，也有部分（18.93%）居民对此并不满意（“不满意”与“非常不满意”），甚至有9.76%的居民不清楚此平台的建设和使用情况（见表13）。通过数据分析，我们发现对社区综合信息平台建设不满意的居民主要集中在农村（涉农）社区，四川省农村（涉农）社区信息化建设还应继续加强。

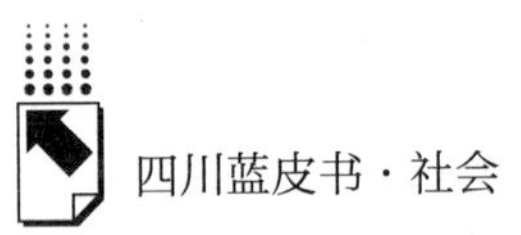

表 13　居民对社区公共服务综合信息平台的评价分布

单位：人

对社区公共服务综合信息平台评价	频数	百分比(%)
非常不满意	133	15.83
不满意	26	3.10
一般	100	11.90
比较满意	165	19.64
非常满意	235	27.98
不清楚	82	9.76
合计	840	100.00

6. 社区公共空间和娱乐设施缺口较大

改善社区人居环境，加强社区环境综合治理一直是社区治理工作的重难点。本次调查的社区居民主要面临的环境问题有文化娱乐休闲设施不足（47.29%）、公共空间不足（42.90%）、环境卫生差（29.72%）、公共设施破坏严重（22.84%）、出行不便（21.52%）和商业服务配套不足（19.33%）。在调查中我们发现，反映社区文化娱乐休闲设施、公共空间不足、公共设施破坏严重的主要为老旧院落居民，反映商业服务配套不足的主要为农村（涉农）社区居民，表明城市老旧院落和农村社区的社区公共空间和娱乐设施缺口较大。

（四）社区治理组织保障能力不足

1. 资金筹措渠道单一，经费保障不足

四川省社区工作经费主要依靠政府财政资金投入。在本次调查的社区中，除了少数社区有一定比例的自筹资金和集体资产收益（如房屋出租），绝大多数社区工作经费主要依靠政府拨款，城乡社区治理经费筹措渠道单一。近年来，四川省各级政府不断加大对城乡社区工作经费和基础设施建设的财政投入，重点支持做好城乡社区治理工作。2017 年，四川省各市（州）社区综合服务设施建设投入经费总额近 6.7 亿元，新建社区服务站 395 个[①]。

① 资料来源：四川省民政厅提供。

由于四川省地域辽阔、人口众多，地区发展不平衡，历史欠账较多，社区自主筹集资金能力较弱，对财政资金深度依赖，社区开展自治服务和活动的相关经费主要依靠各级部门、辖区内企业等的支持、赞助，与其他城市相比，社区治理经费保障仍显不足。

2. 社区工作者职业能力、前景有待提升

本次调查的社区工作人员平均年龄在 40 岁左右，拥有大学及以上学历的工作人员占 15.60%，仍有 12.60 的% 工作人员仅有初中及以下学历。在调查的工作人员中专业对口的工作人员仅占 4.40%，取得社会工作职业技术资格（助理社会工作师和社会工作师）的社区工作人员仅占 7.50%，省内社区工作者专业素质和业务水平有待提升。

在本次调查的社区居委会中，平均每个社区的专职工作人员为 5.08 人，兼职工作人员为 1.62 人（见表 14），除了极个别农村居委会没有专职工作人员外，绝大多数社区居委会工作人员以专职为主，不加班或很少加班的社区工作人员仅占 11.6%，天天加班的工作人员占 10.1%，超过 90% 的工作人员年收入不足 4 万元，有 76.08% 的工作人员认为福利待遇是最迫切需要解决的问题。概括来看，社区工作人员工作量大，但是收入不高。

表 14　社区居委会内专职、兼职人员数量

单位：人

项目	平均值	标准差	最大值	最小值	个案数
社区居委会内专职工人员	5.08	2.87	11	0	26
社区居委会内兼职工作人员	1.62	1.96	6	0	26

另外有部分工作人员（41.30%）认为社区工作者职业身份不明确，职业发展不容乐观。虽然政府早已出台了相关政策，要加强城乡社区人才队伍建设，选拔优秀的社区书记进入公务员和事业单位编制，但是由于种种原因，在实际工作中被提拔的社区工作人员数量有限。总的来说，社区工作者收入水平和社会身份双重受限，降低了优秀人才向社区工作岗位流动的可能性，导致社会工作人员素质提升缓慢，在工作中存在政策解读、执行不到位

的情况，最终影响了城乡社区治理水平的提升。

3. 社区行政化倾向仍浓，部门间统筹协调弱

加强和完善城乡社区治理是一个不断深入发展的过程。目前四川省多数地方城乡社区仍承担着许多行政管理职能，行政化色彩浓、行政负担重，很多工作都要接受不同职能部门的考核。职能部门条块分割、资源分散的突出问题集中体现在社区日常工作中，在社区加挂多个牌子，各种评比打分应接不暇，盖章证明事项繁多。近年来，四川省不断采取措施推行社区减负，减少社区行政事项，已初见成效，但在本次调查的社区工作人员中，仍有超过80%的人认为社区工作体系和工作制度还没有建立起来，超过60%的人认为社区应该继续开展社区减负工作，明确社区职能。有街道、社区工作者反映，随着城市治理水平的精细化，基层事务日益增多是趋势，职能部门对此态度不一，一些职能部门在推进社区减负，一些部门仍在给社区加码，相关部门之间的统筹协调仍需加强。

二　城乡社区治理展望与对策

（一）实施“互动”工程，完善治理体系

现有国家制度和政策已基本确定社区治理相关主体的角色、功能和行动框架。进一步加强和完善城乡社区治理体系关键是要实现基层党组织、基层政府、群众性自治组织和社会力量间的良性互动和关联。

首先，持续完善社区治理体制机制是实现社区治理各类主体良性互动的重要保障。要继续理顺基层党组织、基层政府、基层群众性自治和社会组织关系，充分发挥各类主体作用，让城乡社区治理体系更加成熟稳定。坚持党的领导，统筹政府部门工作，促进基层政府转变职能、社区居委会职能归位，保证社区“两委”把更多的时间和精力用于带领居民开展自治活动。建立完善社区事务准入制度，梳理社区事务准入清单，实现政府与社区自治的有效衔接。大力培育和发展城乡社区服务性、公益性、互助性社会组织，

支持社区社会组织承接社区公共服务和基层政府委托事项，发挥社区社会组织在创新基层社会治理中的积极作用。

其次，厘清社区治理内涵、外延是实现社区治理各类主体良性互动的重要基础。新时代我国社会的主要矛盾是人民日益增长的美好生活需要和不平衡不充分的发展之间的矛盾，社区治理的内容、方向和目标也要进行相应的调整。虽然党中央领导人在重要场合、重要文件、重要讲话中屡次对社区治理的要求、原则、总体目标、核心进行阐述和强调，但部分领导、干部和工作人员仍然对社区治理的重视程度，对社区治理边界、社区治理与社会治理的差别、治理与管理的区别认识得不充分、不到位，制约了社区治理工作的有效开展。

最后，提高各类主体参与社区治理的能力是实现社区治理各类主体良性互动的重要条件。近年来，四川省委、省政府把城乡社区建设工作作为社会治理和保障民生的重要抓手，以强化"顶层设计"为切入点，总揽全局、统筹安排，为城乡社区建设工作的推进提供了坚强的政策支撑和制度保障。但由于四川省地域辽阔，民族地区广布，地区发展程度差距大，各类主体参与社区治理能力差别大，尤其是社会力量参与社区治理的程度差别较大、发育程度不一，影响了主体间的互动。四川省应该采取措施，继续深入落实中共中央办公厅和国务院办公厅印发的《关于加强乡镇政府服务能力建设的意见》，凝合多方力量，促进农村社区各类主体有效发展。

（二）实施"五化"工程，提升治理能力

城乡社区治理"五化"工程，是指通过不断提高社区治理法治化、科学化、精细化、组织化、信息化，提升社区治理能力。

1. 加快社区治理法治化进程

虽然我国在1989年就颁布出台了《中华人民共和国城市居民委员会组织法》，但多年以来从未进行过修订。随着社区建设、社区治理的发展和功能调整，其已不能完全满足我国社区治理的迫切需要，存在法律制度脱节问题。目前我国尚未出台关于社区治理的法规，地方也没有社区治理的条例，

党组织、基层政府、社区居委会、驻区单位、企业和居民的权利与义务不明确，导致地方社区治理发展依赖地方经济、地方领导重视程度和社区工作人员个体能力，不同地区间、城乡间、同一社区内部不同小区间社区工作发展水平、工作力度、方式、内容和采取措施都存在较大差异，影响了社区的统筹发展。

2. 提高社区治理科学化水平

坚持城乡社区布点规划与城市总体发展规划相适应的原则，适度超前，与未来十年、五十年甚至更长时期人口发展规模接轨。坚持尊重社会治理管理规律、社区发展规律的原则，通过科学规划，划分社会管理范围，调整、确定社区规模，实现社区规模适度发展。坚持因地制宜、突出特色的原则，尊重社区长期以来形成的历史文化传统，优化资源配置，指明社区发展方向，保留稀缺资源，为社区长远发展留足空间。坚持社区规划布局与城市生态保护相适应的原则，维持原有社区生态系统平衡，综合利用已有的广场、图书馆、绿地、文化广场、体育场等公共服务设施，减少资源消耗和环境污染，实现社区与环境和谐发展。

3. 落实社区治理精细化

精细化概念最初来自企业，是指在目标的指引下，通过规则的系统化和具体化，运用程序化、标准化和数据化手段，使组织管理各单元更加精确、高效和人性。社区治理精细化是相对以往笼统、模糊的社区治理方式而言，要改变社区服务管理浮于表面、工作不到位、重视文字材料整理、忽视具体工作落地等，以应对城市规模不断扩大，超大城市增多的现象、趋势，把社区服务做精、做细。进一步提升社区治理精细化水平，要从以下三个方面入手：首先，服务对象精细化，细分服务人群，找准居民问题，瞄准居民需求，针对不同群体需求提供具体社区服务；其次，服务手段精细化，实现服务资源、力量下沉，细化社区服务，简化居民办事流程，减少办事手续；最后，充分考虑社区个体差异，群体共同需求并不能完全涵盖个体的特殊需要，要尽可能为个体居民解决实际困难，才能将社区工作落到实处。

4. 增加社区治理组织化程度

社区流动人口增多、人与人之间联系弱化，居民社区参与度低是建立社区生活共同体的主要瓶颈，也是四川省社区治理面临的主要问题。通过各种各样的形式，调动居民积极参与社区工作的热情和主动性，由参与活动走向关心公共事务，成都市已经进行了诸多有益的探索。通过将发现问题、服务群众触角延伸到居民楼栋、院落及单元，推进社区组织细胞化。各级地方政府应当积极引进省内外先进经验，结合地方实际，为居民参与社区治理提供平台和条件。

5. 继续加强社区信息化建设

依托“互联网 + 政务服务”重点工程，推动社区公共服务综合信息平台建设是近年来四川省社区基础设施建设的重点、亮点。根据课题组调研结果，目前四川省不同地区、不同社区信息化应用能力差异较大，使社区应用互联网技术服务居民、引导居民、维护社区安全的功能不能充分发挥。四川省各级财政应该加大对社区信息化基础设施建设投入，加大对社区工作人员培训力度，改变社区治理理念、方式，通过信息化提升社区治理的科学化、精细化和组织化水平。

（三）实施“资源配置”工程，提升保障能力

实施城乡社区治理“资源配置”工程，是要进一步把行政资源、资金资源、人力资源、公共服务资源向社区治理领域倾斜，探索街道（乡镇）治理资源统筹机制，推动人财物和权责利对称下沉到社区，经过资源优化和要素组合，为加强和完善社区治理提供资金、政策、人才和公共服务方面等方面的保障与支持。

1. 加大行政资源和财政资金投入

四川省一些地方政府对社区建设和治理的重视程度不够，总是以本地经济欠发达、财政收入不高等原因忽视对社区治理工作的投入，导致社区建设与社区治理工作发展滞后。省级部门应该加强地方政府工作人员学习与培训，加强对党中央社区治理思想的学习，强调社区治理的重要性，促进行政

资源向社区流动。加大各级财政对社区治理的投入，扩大社区资金来源渠道，引导社会资金流向社区，建立社区基金，充分利用社区资源解决社区问题，发挥社区优势，降低社区资金风险。

2. 加大社区人力资源开发和培育力度

继续提高城乡社区工作人员工资和社会保障水平，建立和完善选人用人、干部轮训、人员报酬待遇和办公经费正常增长的制度、机制，鼓励优秀社会工作人才留在社区，立足岗位成才。落实优秀社区工作人员选拔制度，把符合条件的社区党组织书记选拔到街道（乡镇）担任领导岗位，把通过招聘的社区专职工作人员纳入街道（乡镇）统筹管理，加快社区人才队伍职业化发展。加大对社区工作者的培训力度，针对社区治理不同层次不同岗位人员情况，分层分类搞好培训，加快推进社区人才队伍专业化。

3. 促进公共服务资源进一步向农村社区流动

农村社区治理是社区治理的重要组成部分。2016 年，四川省委办公厅、省政府办公厅下发《关于开展农村社区建设试点工作的实施意见》，按全省每年 1000 个村的规模开展农村社区建设试点工作。从全省范围看，农村社区在治理体系和治理水平上落后于城市社区，尤其在基础设施建设、社区公共服务、社会组织培育发展、社区信息化水平、社区治理文化和社区环境治理等方面。要支持好政策、好主意、好企业落户农村社区支持城市社会专业人才到农村组建专业服务团队、创办民办社会工作服务机构，促进农村社区发展。

（四）实施“评价”工程，建立治理反馈机制

建立社区治理多方评价机制。改变过去政府职能部门对社区工作和社区工作者单方面考核的方式，建立街道办事处和群众性自治组织双向评价机制，探索基层党组织、社区居委会、居民小组（楼栋）、社会组织、驻区单位和商家店铺等社区相关利益主体共同参与社区评价的办法，聘请第三方机构进行监督，确保评价的真实性、客观性、科学性和专业性。改变过去单纯以基层政府和职能部门交办事项为中心的考评内容，提升居民满意度和民主

测评等内容，寻找社区治理过程中的疏漏。将评价中暴露的问题，分类、逐级上报，寻找解决措施，为深入开展工作指明方向。让社区工作评价成为撬动国家、社会、社区、居民良性互动的重要一环。

（五）实施“自主”工程，提升社区认同

提高居民社区参与主观能动性。普通居民社区参与度不高，是省内外社区治理面临的共同困境。目前，四川省居民社区认同分布不均，社区参与仍以居委会工作人员、居民代表和老年人为主。实施社区治理“自主”工程，要重点提升社区青少年、中年人、社区特殊群体和其他社区普通居民的社区参与度，尤其是少数民族人口和流动人口。已经证明，居民对社区党组织和村居委会工作评价对社区认同有显著的正向影响。提高居民社区参与，要以社区党组织为核心，以社区居委会为抓手，改变单纯依靠社区活动的方法，引入专业社会组织，借鉴社区营造等科学方法，学习省内外先进经验，依托社区文化、社区环境治理、社区公共事务等居民关心的事务，培育孵化社区社会组织，重点支持偏远地区、少数民族地区社区发展。

体 系 篇

Community Governance System

B.3 城乡社区治理中基层党组织建设

昝宝毅*

摘　要： 党的十八以来，四川省积极探索、创新实践，构建了以党的领导为核心的新型基层社区治理体系：坚持党的领导，组织动员体系科学化、管理运行体系法制化、引领服务体系精细化和权责约束体系严格化四维一体。

关键词： 党组织　社会治理　社区治理　新型治理体系

一 引言

基层社区是人民群众生活和生产的共同体，是基层社会治理的基本单

* 昝宝毅，四川省社会科学院禹羌文化研究所副所长、助理研究员，主要研究领域为旅游社会学。

位；党的基层组织植根于基层社区，是党直接联系群众、动员组织群众、亲密团结群众的战斗堡垒，也是开展基层社区治理、夯实党的执政基础、创建美好社会生产生活共同体的领导和核心力量，对党的发展、基层社区治理和国家治理具有基础支撑意义。

2016 年底，四川省共有街道 338 个、城镇社区 7014 个，其中街道所辖社区 2494 个、乡镇所辖社区 4448 个、园区开发区所辖社区 72 个，共有社区直管党员 67.6 万名[①]。

针对四川省城乡基层社区数量多、类型多、发展基础和发展水平差异大等客观实际，党的十八大特别是十九大以来，四川省委省政府深入学习、领会党的治国理政精神，特别是习近平新时代中国特色社会主义思想，认真贯彻执行党中央治国理政新理念、新思想，实施新战略，自觉遵循城市和社会治理规律，主动适应四川省快速城镇化和社会转型发展的需要，坚持党的领导，围绕中心、服务大局，以人为本、服务为先，多方参与、共同治理，厉行法治、综合施策，创新探索、积极实践，基层社区党建和社区治理取得了新成效。

二　探索创建新型基层社区治理体系的实践

四川省委省政府认为，基层社区是人民群众生产生活的共同体，也是诸多社会矛盾和社会问题的集合体；治蜀兴川、各业全面健康发展，必须要抓基层、牢基础，有效治理基层社区；抓基层社区治理就是要坚持以党的领导为核心，引领社会治理，把党的政治优势、组织优势转化为社会治理优势，以服务群众为抓手，创建居民群众美好生活共同体，达成共识、凝聚民心，厚植党的执政思想基础、厚植党的组织基础、厚植党的群众基础，实现社会的长治久安。为此四川省委省政府鲜明地提出了党的建设、社会治理要“落实到基层、落实靠基层”的理念，深刻学习领会中央精神、切实贯彻执

① 资料来源：中共四川省委组织部、四川省民政厅。

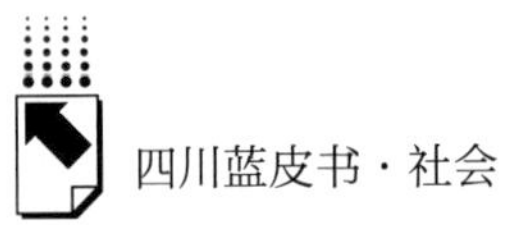

行中央指示，紧密结合四川实际，积极探索创建以党的领导为核心的新型基层社区治理体系。

新型基层社区治理体系的总体框架是坚持党的领导、组织动员科学化、管理运行法制化、引领服务精细化和权责约束严格化四维一体。即以党的领导为核心，以组织动员体系科学化、管理运行体系法制化、引领服务体系精准化、权责约束体系严格化为主要内容，着力把党的政治优势、组织优势转化为基层社区治理优势，引领促进基层社区治理的现代化。在四维合力新型基层社区治理体系中，主线是党的核心领导，基础是科学化的组织动员体系，关键是法制化的管理运行体系，重点是精准化的引领服务体系，保障是严格化的权责约束体系。

（一）坚持党的领导

中国特色社会主义社会建设，最重要的原则就是坚持党的领导。党的领导必须始终贯穿落实到一切社区工作领域；党组织权利的行使、政治方向的引领都必须要制度化。基层社区治理作为国家治理体系的基础组成部分，作为中国特色社会主义社会建设的基础，必须旗帜鲜明地坚持党的领导，以党的领导为核心。四川省委认真贯彻落实习近平总书记“要加强和改善党对城市工作的领导”的重要指示精神，坚持创建以城镇社区党组织为核心的新型社区治理和服务体系。

1. 基层党组织领导地位法定化

四川省委立足四川省社会建设实情，根据党章、党规和国家法律的规定，把党组织在基层社区治理中的领导核心和政治核心地位，以法定形式确立固定。例如，要求国有企业公司章程中，必须明确党组织的法定地位，必须明确党建工作；社会组织登记成立、等级评估、年审年检等环节，也必须要明确党建工作。

2. 党组织核心作用具体化

四川省委要求，各级各领域党组织要结合本行业、本领域的特点，以明确的方式，细化、具体化党组织领导核心作用的内容，制定可操作的规章和制度。例如，明确要求高校党委要全面抓好教学工作，要以抓党建为核心，把握正确的方向和大局，把高校建设成为坚持党的领导、传播科学文明的坚强阵地。

3. 党组织作用发挥途径制度化

四川省委明确要求，各级各领域党组织要结合本行业、本领域的特点，建立健全有效发挥党组织核心作用的议事制度、坚持科学决策，切实把发挥党组织的领导核心作用落地落实。比如，在国有企业，明确规定了企业董事会、经理层商议重大问题并做出决策时，党组织的研究讨论是必需的前置程序。

（二）组织动员体系科学化

四川省委认为，党的力量来源于组织，组织的力量来自以党的领导为核心的组织动员体系。组织动员体系建设要坚持一手抓党制度，推进党组织在各领域的全覆盖；一手抓党组织的领导核心作用发挥，以党的引领和党员的模范示范，宣传、动员、组织群众，形成基层社区治理的动力体系，齐心协力，共同参与基层社区治理。

1. 着力推进党组织和党的领导全覆盖

（1）成立社区工作领导小组。全省各级党委、政府都成立了社区治理工作领导小组，建立了社区建设推进机制，明确了相应的社区建设目标、任务、工作责任。四川省委、省政府先后出台了《四川省“十二五”社区服务体系建设规划》《关于加强城乡社区建设和创新社区管理服务的意见》《中共四川省委关于进一步加强农村基层党的建设加快完善农村依法治理体系的意见》《关于完善以城镇社区党组织为核心的新型社区治理和服务体系的意见》等政策文件；各地（市、州）结合本地实际，把社区建设和治理工作纳入了本地区经济社会发展计划，列为党政工作重要议事日程，科学制定社区建设规划，认真落实社区建设的机制、阵地、队伍、服务等方面的措施，积极推动社区建设、社区治理工作迈上新台阶。

（2）积极探索推进新兴领域党建覆盖。面对社会新领域、新行业不断涌现的发展态势，四川省委积极探索创新党建工作新方式。在新兴领域，如互联网行业、各类产业园区、专业市场商圈、城市商务楼宇等，广泛建立党组织，实现了党组织、活动、作用全覆盖。如成都市等经济社会发展较好的城市率先开展了相关党建工作；攀枝花市东区泰隆商务楼宇党委积极探索与社区携手开展党建联建，与物业联合开展贴心服务，让上班族有了归属感，近五年新发展党员 40 名。

（3）大力深化拓展区域化党建。针对社区和驻社区单位党建条块分割、各自为政的问题，四川省委坚持共驻共建、互联多赢原则，建立了党员“双报到”党建制度。在街道社区党组织统筹协调下，引导各领域党组织打破行政隶属壁垒，破除条块障碍，实现互动融合、共赢发展。坚持条块结合、多向发力，主动推进行业系统部门融入属地社区中心任务和党建工作，定期就党建工作及相关事宜进行沟通协商；同时四川省委还部署开展了“城乡党建结对共建”行动，引导城乡基层党组织精准结对，以资源整合共享等方式，大力开展组织联建，广泛开展活动联办，着力推动城乡各领域党组织融合共赢、共谋发展。

2. 着力发挥基层社区党组织坚强战斗堡垒作用

打铁必须自身硬。党的意志和要求要引领带动各类组织、凝聚民心，就要保障人财物、权责利向基层倾斜，使基层社区党组织有资源有能力为群众服务；更需要充分发挥基层社区党组织的战斗堡垒作用，以党组织的先进性，以党员干部的先锋模范作用，去传达党的意志和导向，以实实在在地服务去温暖、凝聚民心。要实现党重民心，民跟党走，就必须着力发挥基层社区党组织的战斗堡垒和示范引领作用。

（1）加强思想政治建设。为了牢固树立基层社区党组织负责人的政治、大局、核心和看齐思想及意识，四川省委坚持以强党性为准则，加大了专项培训力度。2017 年 4 月，四川省委组织部对 21 个市（州）新任街道、社区党组织书记共 300 余人进行了示范培训，以推动地（市、州）县广泛开展普遍培训。同时为了严肃党内政治生活，巩固和坚持已有成果，还大力推动“三会一课”等学习制度，使相关政治素养融入党组织和党员日常工作生活。

（2）强化干部队伍建设。坚持以政治标准为准绳，建立健全党组织班子运行定期分析制度，多种渠道选好党组织书记，注重培养选拔优秀年轻党员。换届后，全省社区党组织班子成员平均年龄较上届降低1.19岁，党组织书记平均年龄降低1.01岁、大专及以上学历占比达55.1%。拓宽干部来源渠道，加强后备干部队伍建设，实行跟踪培养、动态管理、统筹使用，源源不断为基层党组织补充骨干力量。2017年社区换届，全省共有351名商界优秀党员、人才成功当选社区党组织书记，储备社区后备干部人才达2.8万名①。

（3）强化工作作风建设。坚持管人管事与管思想管作风相结合，教育引导基层党员干部把群众的事情作为自己的牵挂，把服务群众作为自己的最大幸福，察真情、说实话，出真招、办实事，出真功、讲实效。全面执行党务、政务、居务事项公开制度，着力用好“微权力”、惩治“微腐败”，不断提升人民群众的满意度。实行社区事项准入制度，凡没有明确法定授权、没有落实费随事转的，原则上一律取消。如成都制定执行了社区减负十条措施，把原本537项社区事项削减为68项，298种证明仅保留15种，赢得了社会各方好评。

3. 大力提升党组织整合功能

（1）强化街道党组织统筹协调功能。调整转变基层社区职能，把抓基层社区党建、抓治理、抓服务作为基础社区工作的重心，把一些不适合基层社区承担的专业管理职能、一些经济职能，剥离出来，转移出去，让街道党组织始终聚焦主责主业。赋予街道重大决策和项目的建议权、社区事项统筹协调权、人事考核意见反馈权，为街道开展工作创造必要的条件。突出街道主要职能，在街道统筹设置了党建办、综治办、服务办，强化基层党建、基层治理、服务群众的机构和力量。目前，全省已有10个市（州）完成街道内设机构调整，有261个街道建立了区域化党建工作指导委员会。

① 资料来源：中共四川省委组织部。

（2）强化党组织对社区自治组织的示范带动。建立健全社区党组织与社区居委会等自治组织联席会议制度，加强对社区居委会、业委会等基层群众性自治组织的领导，推行社区党组织班子成员与居委会成员交叉任职，坚持以党内民主带动、促进社区民主建设，以社区党组织的规范运行带动、推进自治组织的规范运行。目前，全省社区“两委”成员交叉任职数达 11706 人、交叉任职比例达 23.6%，其中社区党组织书记和社区居委会主任“一肩挑”的有 493 人[①]。

（3）强化社区社会组织的政治引领。切实在社会组织中建立党的组织、开展党的工作、壮大党的队伍，要求把对社区社会组织负责人的管理纳入党管人才工作范畴；“两代表一委员”的选举中要注重吸纳优秀社区社会组织负责人；对于积极参与社区建设的社会组织，党建活动开展好的要优先列入承接社区服务指导目录，支持和确保社会组织在开展社区服务中，积极传导党的执政理念，增强公共服务的政治效果。目前，全省共有社区社会组织 3.5 万个，平均每个社区有 5 个，有 3423 名优秀社会组织负责人被推荐为各级“两代表一委员”，其中省党代表 6 名[②]。

（4）强化群团组织群团工作的领导。完善党建带群建制度机制，扎实推进社区群团组织建设，积极推动社区工、青、妇组织负责人按程序进入社区“两委”班子，整合工人文化宫、青少年活动阵地、妇女儿童活动中心等公益性群众活动阵地向社区延伸。目前，全省城镇社区已全部建立工、青、妇组织，社区“两委”班子成员中 35 岁以下的有 12230 名，占 32.6%，有女性 17237 名，占总数的 45.9%[③]。

（三）管理运行体系法制化

社会治理必须依法治理，以法制手段规范各利益主体的相关关系，在保障各利益主体合法权益的基础上，协调各利益主体的关系，保障社会有序健

① 资料来源：中共四川省委组织部。

② 资料来源：中共四川省委组织部。

③ 资料来源：中共四川省委组织部。

康、和谐发展，使社会充满活力。基层社区治理面临更多的社会矛盾和群众不断增长的多元化需求，满足群众需要，调节基层社区各主体的利益关系，必须坚守法制原则。

1. 建立规范的管理运行体制

（1）健全“四级联动”，调整基层党建工作体系。明确要求党建联席会议制度要在市、区（县）、街道、社区四级推广和健全，四级联动的明责、履责、问责体系必须完善；党建例会、调度通报、动态管理、督促检查和跟踪问效必须要制度化，建立街道区域化党建工作指导委员会，协调推动区域内基层党组织互联互动、各负其责、协同用力。

（2）健全“三社联动”，深化合作共治机制。各地按照“政府引导、社会协同、多元参与”原则，强化以政府购买服务为牵引、居民需求为导向，积极推进社区、社会组织、专业社会工作者“三社联动”社区治理新机制，促进资源共享、优势互补。如绵阳市涪城区迎宾社区，针对辖区商户中随父母经商的171名儿童放学后无人看管的问题，引进社会各界人士建立“青少年护航中心”，为商户解决了后顾之忧；针对社区调解问题，组织社区老人建立“和事老”队伍，为社区治理做了大量工作。

（3）推进健全社区协商，完善社区参与机制。各地（市、州）认真贯彻落实中央和省委省政府关于加强城乡社区协商工作的文件精神，相继建立议事协商、论证、听证、评议、民情恳谈、小区（院落）自治、述职述廉、问责等工作制度，不断健全完善协商机制、丰富协商内容、拓展协商形式、扩大协商主体。如成都市从2008年开始，在城乡社区创设社区协商议事机构，建立社区协商议事会、城乡社区居民议事会组织规则、议事导则等协商制度，在推动社区“三无”院落、老旧院落的改造工程和物业自治过程中，大力开展协商实践，较好地解决了城市社区老旧院落物业服务缺失的大难题。

2. 协调运转的工作机制

（1）理顺管理体制。积极推进政社分离，科学界定社区居委会与政府职能部门、街道的职责范围。精简社区承担的行政性事务，厘清社区“两委”依法依规履行职责的事项、依法协助政府工作事项“两项清单”，对职能部门工作事项实行“费随事转”准入制。严格社区日常管理制度，提高服务水平和办事效率。各地（市、州）认真贯彻落实中央和省上《关于进一步开展社区减负工作的通知》精神，相继出台并落实了社区减负工作具体的实施意见，制定了社区依法自治、依法协助和负面事项3个清单，推动社区自治职能回归。如成都市出台了《关于减轻城乡社区负担的十条措施》，制定了依法自治、依法协助、可购买服务和负面事项等4个清单，将社区自治及协助事项由537项减少到69项，“减负”比例达87%①。

（2）完善运行机制。探索推行“四议两公开一监督”工作机制，推广社区党组织加议事委、监事委、协调委“一部三委”运行机制。完善社区共驻共建共享机制，把辖区单位组织起来，实现社区事务共管、社区文明共建、社区环境共护、社区稳定共保。

（3）完善联系服务群众制度。坚持社区干部分片包块、上门走访、服务承诺、结对帮扶等做法，分类建立民生问题、困难群众、稳定隐患“三本台账”，解决居民群众困难和问题。健全以社区为平台、以社会组织为载体、以专业社会工作人才队伍为支撑的“三社互动”工作机制。

3. 建立多方参与的治理机制

四川省委坚持把治理模式创新作为提升社区治理能力、实现社会治理现代化的重要手段，强化党的领导、社会力量协同参与，探索党建引领下的领治、自治、共治、法治、德治一体的治理新格局。

（1）强化党建引领下的居民自治。坚持社区党组织领导，充分发挥社区居委会自治功能，建立健全自下而上的自治议题、项目形成和落实反馈“三项机制”，建立完善“四项民主议事制度”、“五步工作法”和“一个居民公约”，吸引、领导群众积极广泛参与，不断增强居民对社区的认同和归属感。如成都市探索社区在党组织领导下，建立居民议事会，院落层面建立院委会，实现了社区、院落自治组织全覆盖，为社区居民直接、常态开展自

① 资料来源：四川省民政厅。

治活动搭建了平台。

（2）强化党建引领下的区域共治。坚持把网格化服务管理作为区域共治的重要手段，积极鼓励社区所属的“两委”成员、社区所属的党小组组长担任网格长、网格员，坚持以社区干部为骨干，广泛吸收社区所属的党员、志愿者，积极动员社区所属社工、居民，参与社区服务管理，参与社区治安防控事务，构建多方参与的社区治理合力。近年来，先后总结推行了康庄社区“群众主体工作法”、绵州社区“五零工作法”和黉门街社区“三化一制”等治理模式，得到了中央领导的高度肯定。绵阳市探索在城市社区建立党组织、居委会、监委会、业委会、社会组织、志愿团体“六位一体”的共治体系，培育引进社会组织 803 个[①]，采取“双报到 + 小区党建”“无偿 + 低偿 + 积分 + 互助”志愿服务等方式，把居民需求“打包”成项目，用项目连接各方资源，积聚力量推进区域共建共治共享。

（3）强化党建引领下的社会法治。社会治理要以法治精神为引领、社区治理要以法治思维来谋划，坚持以法治方式去破解社区治理中的各项难题，切实推进社区治理法治化。深入开展“法律进社区”活动，组织了 1.2 万名法律工作者在各社区开展普法宣传，广泛动员居民群众参与法治工作，在活动中不断强化自我的法制意识，养成法治行为习惯；完善社区公共法律服务，设立社区法律服务机构 1011 个，发展社区法律服务工作者人员3872 人[②]，为依法治理提供法律支撑；普遍设立社区“法治学校”，深入实施社区警务战略，推动警力下沉、警务前移，基本实现“一社区一民警”。

（4）强化党建引领下的全民德治。积极培育和践行社会主义核心价值观，充分利用社区“道德讲堂”平台，广泛组织动员居民群众，以生动活泼的形式持续开展个人品德、家庭美德教育，以形象具体的鲜活案例，持续开展职业道德、社会公德等方面的宣传和教育，大力弘扬优秀传统文化和传

---

① 资料来源：四川省民政厅。

② 资料来源：中共四川省委组织部。

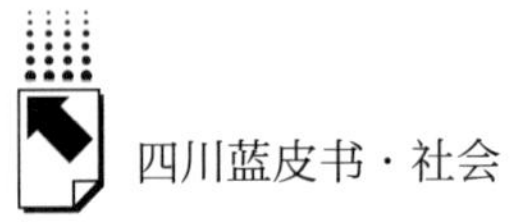

统美德，广泛开展和谐社区、文明院落、最美家庭等的创建评选活动，引导社区群众自觉履行法定义务、自觉履行社会责任、自觉承担家庭责任，培育和树立人人知荣辱、个个讲正气、大家比奉献、齐心促和谐的良好社会新风尚。近五年，全省评选表彰“道德模范”183 人，49 人获全国道德模范及提名奖。

（四）引领服务体系精准化

党要践行全心全意为人民服务的根本宗旨，就必须要以精准的服务让人民群众有真实的获得感，只有这样才能凝聚真正的民意民心。

紧扣社区居民实际需求，切实强化街道社区党组织服务功能，着力构建方便、快捷、优质的便民服务网络，探索贴近基层、贴近实际、贴近群众的服务载体，推动基层社区党建工作重心向凝聚、服务群众下移。

（1）建设方便快捷的服务网络体系。加强便民化政务服务网络建设，在区（市、县）建立政务服务中心，在街道建立便民服务中心，在社区建立便民服务站点，基本构建起了上下贯通、协调联动的便民服务网络。规范化、便捷化的“六站一平台”公共服务建设，党群服务中心建设，有效地提升了公共服务的水准和能力。目前，全省社区已建成 5912 个规范化党群服务中心。加强信息化综合服务平台建设，建设集各类服务流程和内容为一体的公共服务网络，实现信息一次采集、资源多方共享。如成都市成华区、宜宾市珙县、凉山州西昌市试点建立三维数字综合管理平台，将公安、工商、卫计、住建、城管等信息资源和服务项目一网整合。

（2）壮大多元化的服务力量。配齐配强社区服务力量，结合社区“两委”换届，明确要求每个社区专职工作者不少于 3 名，常住人口在 5000 人以上的增配 1 名专职副书记。目前，全省社区共有专职社区工作者 37549 名，平均每个社区 5.3 名[①]。有效整合驻区单位服务力量，深化简政放权、放管结合、优化服务工作，推动管理和服务力量向街道、社区下沉。目前，

① 资料来源：中共四川省委组织部。

省级及以上核准项目减少60%以上，承诺办理时限提速50%以上。团结凝聚社会各方服务力量，参与社区治理和服务。各地社区普遍建立党员先锋、敬老助老、矛盾调解、文明卫生、治安巡逻等志愿服务队，广泛开展“四点半学校”“爱心超市”“亲情楼院”“照亮回家的路”“搭把手不孤单”“义仓、义集、义坊”等便民服务。

（3）拓展常态化的服务载体。深化直接联系服务群众工作，结合深化领导干部“双联”、机关干部“走基层”活动，建立街道领导干部包片、驻社区干部包社区、社区干部包户的“三包”制度，大力推行组团式、项目化、志愿性联系服务群众工作法，切实帮助社区居民、流动人口、特殊困难家庭等解决实际问题。深入开展“双报到”志愿服务，搭建社区志愿服务平台，精准收集服务需求、精准协调服务力量、精准落实服务事项、精准反馈服务效果，推进志愿服务常态化长效化。目前，全省共有7.1万个党组织、80.3万名在职党员到社区报到，认领服务项目和公益岗位37.5万余个[①]。如南充市以党组织组团式、区域中心一站式、经济组织菜单式、社会组织专业式、志愿团体奉献式和居民群众互助式等六大方式，广泛开展便民社会服务，形成了系统化、常态化的区域服务格局。

（五）权责约束体系严格化

四川省委认为，要切实抓好基层社区治理工作，取得基层社区治理实效，赢得群众的点赞，让党放心，就必须要压紧压实治理主体责任，坚持有权必用、用权有责、权责约束、失责必究原则，以权责约束体系督促治理主体履权担责。

1. 推进完善权责清单管理制度

完善基层社区党建工作责任清单和基层社区党组织党建工作任务清单，逐级明确基层社区党建工作责任。班子成员对社区党组织负责并报告党建工作事宜，社区书记对上级党组织负责并报告党建工作，已形成制度和工作模

① 资料来源：中共四川省委组织部。

式。如德阳市逐级建立了市、县、乡一贯到底的党建责任体系，自上而下明确市、县、乡三级党委班子及成员、职能部门的社区党建责任，构建起横向到边、纵向到底、内容全面覆盖的社区党建责任体系。

2. 健全权力监督机制

为了完善权力监督，市县、街道乡镇党委的工作运行规则，从制度上明确规定，在权责分工安排上，领导班子主要负责人不得直接分管财务、不得直接分管工程项目、不得直接分管物资采购事项，领导班子重大决策必须要建立全程纪实制度，重点领域和关键环节必须要建立监督制度，要以党务、社区事务公开制度，广泛接受党组织和群众的监督。目前，各地（市、州）均按照省委的要求，建立了相关的制度。

3. 完善考核评价机制

把社区党建工作纳入目标考核和党建工作联述联评联考的重要内容，提高社区党建在街道、市辖区目标考核中的权重。探索以县（市、区）为单位设置社区党建工作量化考核指标和社区工作考核评比指标体系，发挥考核指挥棒的导向作用。建立社区党建工作落实情况通报、诫勉约谈等制度。

在四川省委的领导下，经过多年的探索实践，坚持以党的领导为核心，创建新型基层社区治理体系的工作取得了显著的成效。（1）始终坚持党的领导，以基层党组织为领导核心的社区治理架构雏形初现。基层社区党建工作责任全面落实，“四位一体”的党组织体系构建全面推进，党组织和党员的作用发挥得以强化。（2）多元主体参与基层社区共治的格局初步形成。党组织领治、政府主治、多方共治、居民自治、社会法治、全面德治的共建共治共享格局成型显效。（3）治理体制和机制不断完善，治理能力和水平持续提升。（4）基层社区服务体系不断完善，服务领域和载体不断拓展，服务队伍不断壮大，精准服务不断强化，群众的满意度持续升高，党组织的凝聚力和号召力进一步强化。（5）社区基层建设不断改善，社区队伍、经费和阵地“三有”保障进一步夯实。

三　新时代新要求

党的十九以来，中国特色社会主义建设步入了新的时代，中国特色社会主义伟大事业和社会发展步入了新时代，党的建设步入了新时代，人民群众的需求增长也进入了新时代，呈现新发展和新要求。

（一）新时代党建的新要求

党的十九大对新时代的党建提出了新的要求：一是要毫不动摇地坚持党对一切工作的领导；二是要毫不动摇地加强党的建设，深化全面从严治党。习近平总书记强调，要以永远在路上的执着把“全面从严治党引向深入，延伸到基层，落实到每个支部、落实到每名党员”[①]。

新时代党建的新要求不仅对基层社区党建提出了新的、更高要求，也对基层社区治理提出了新的、更高要求。全面从严治党力量在组织，工作重心在基层。社区党组织是党在基层工作的基础，目前，全省基层党组织近 20 万个，其中城市有 14 万多个，全省党员 490 万，城市占了近 300 万[②]。庞大的党组织和党员队伍，如果建不好、管不严，全面从严治党的要求就难以在四川真正落地落实。面对全面从严治党新要求，如何切实推进全面从严治党在基层取得实绩，把每一个社区党组织都建设成为坚强的战斗堡垒；党组织，特别是基层社区党组织和全体党员干部如何深刻领会党中央的精神，跟上时代的步伐，根据新的社会发展形势，在认识上、观念上实时转变，在工作思路和方法上不断创新，在工作能力上不断提高。这些都需要在基层社区党建和治理实践中不断探索。

（二）基层治理现代化的新要求

基层治理现代化是国家治理体系现代化的根基。在新时代，全面深化改

---

① 资料来源：http：//www. chinanews. com/gn/2016/04 －06/7825173. shtml。

② 资料来源：中共四川省委组织部。

革，特别是社会治理领域的改革已经进入深水区，触及实质利益，许多新的问题和矛盾不断出现，新旧问题、新旧矛盾交织在一起，给基层治理带来诸多的新问题、新难题。在基层社区治理领域，随着政府职能的转变和公共服务职能的转移，特别是城市管理重心下移，基层社区在教育、文化、医疗、养老、公益服务、社会救助等方面承担着大量的职能和工作。随着党委领导、政府负责、社会协同、公众参与的新型城镇管理体制进一步确立和完善，越来越多的社会团体、群众自治组织将参与承担更多的管理和服务职能。应对这种转变和新的发展形势，必须要从不断的基层社区治理的实践、从基层社区党建的实践开始，遵从内在规律，深入探索有效发挥党组织核心作用的方式和途径，实时改变单一化的行政化领导方式，创新纵横交互、多向联合互动的社会化领导方式，深入推进和完善以基层社区党组织为核心，社区居民、社会组织、驻区单位多元参与、共建共治共享的基层社区治理体系，强化基层社区党组织引领方向、统揽大局，统筹协调各方的合力作用，以不断提高领导能力、基层社区治理能力和水平，推进基层社区服务的精细化、基层社区治理的现代化。

（三）社会发展的新要求

随着改革开放的深入推进和市场经济的不断发展，社会生产和生活也逐渐发生了深刻的变化，新型城镇化的推进使大量人口从农村向城镇转移，城乡结构、城镇产业结构、城镇人口结构、社会阶层结构也发生了深刻变化，多元化的利益群体不断出现，大量人群快速集聚城镇，生活成本过高，许多工薪阶层、农民工买不起房、结不起婚，引发上学、就医、交通等许多社会老问题依然存在；居民对良好生活环境，更高生活质量，服务需求多样化、个性化、便利化等新要求不断涌现；城镇区域发展不平衡、城镇服务能力发展不充分等问题十分突出；旧的社会问题和社会矛盾尚未彻底解决，新的需求、新的问题和新的矛盾又不断出现。同时，城镇中特殊利益群众，如“四大群体”（即非公有制企业中的管理人员和员工、各类社会组织中的高知群体和社会精英、农民工及城镇失业和低保人群、网络个体包括所谓的“意见领袖”等）的需求和问题也不断凸显。这些问题的存在，对基层社区的党建和基层社区治理工作均提出新的更高要求。如何切实加强和改进城镇基层党的建设，更好地发挥党组织的领导和统筹功能，整合各种资源；如何调动各方力量，共同参与社区建设；如何进一步提高服务质量和水平，如何有效化解各种新旧社会问题和矛盾；如何针对特殊利益群体开展服务和引导工作；如何构建管理有序、服务完善、环境优美、治安良好、生活便利、人际关系和谐的新型现代化社区等，都需要深入探索。

四 深化完善新型基层社区治理体系的重点发力方向

基层社区治理是一个系统性很强的巨大社会工程，也是一个需要不断探索创新、持续深入完善的长久工程，必须根据社会需求、社会环境和党的执政思路、治国理政的战略，与时俱进地更新完善。

面对新时代、新需求、新要求、新环境，新型基层社区治理体系还需持续探索，抓实主向，发力重点。

（一）加强党组织建设，强化党的统一领导

1. 有效扩大党组织覆盖面

按照相关规定，社区党员人数超过 100 名的，设立社区党委；党员人数为 50 ~ 100 名、常住人口超过 4000 户的社区，经批准设立社区党委；依据社区规模和结构，建立网格党小组、楼院党小组、功能党小组；有条件的业委会建立党的工作小组；在扩大党组织覆盖面的基础上，规范开展党务活动，发挥党组织的领导功能。

2. 明确坚持社区党组织的统一领导

旗帜鲜明地强化社区党组织的领导核心，确立统一领导社区治理工作地位；党组织领导社区自治组织、领导社会组织要制度化；社区民主议事决策要纳入党组织的领导范畴；社区党组织与居民委员会等组织成员交叉任职要

常态化。强化对社区社会组织的政治领导、思想引领，切实保障他们依法依章参与社区工作。

（二）强化党组织的统筹功能，深化思想政治引领

1. 深化思想引领

基层社区党组织要常态化地组织开展“四个自信”教育，持续宣传党中央“四个全面”战略布局、五大发展理念等治国理政新理念、新思想、新战略，深入宣传学习新时代中国特色社会主义思想，实时宣传省委治蜀兴川新部署新要求，教育引导广大党员、居民群众，形成爱党、爱国、爱家的思想政治共识，激励党员干部、居民群众自觉提高思想政治觉悟，共谋发展、共建美好家园。

2. 强化社区文化建设

基层社区党组织要组织引领常态化的社区文化建设，培育增强社区居民主人翁意识，凝成社区精神。大力开展居民群众喜闻乐见的文化娱乐活动，把身边好事、身边好人树成榜样，立成标杆，促进居民群众互学互助，互帮共进，增强居民社区归属感，建成新型社区生活共同体。

（三）深化推进基层自治，促进区域共治共享

1. 深化推进基层自治

在基层党组织的领导下，大力支持社区居委会发挥居民自治的主导作用，组织引导居民、制定自治章程，依据自治章程、民主决策和民主管理、开展社区公共事务等自治工作；建立健全社区自治组织的有效监督机制和协商机制；指导和监督社区各类组织依法依章参与社区治理、提供专业化服务；积极探索社会组织、驻区单位、志愿者组织等多元化主体协同自治的方式和途径；建立健全多元化主体参与社区自治的协调机制。

2. 促进区域共建共治共享

基层社区党组织要充分发挥统筹功能和作用，整合社区内各类资源

和社会力量，积极组织引导驻区单位、社区“两代表一委员”、社区社会组织、社区志愿者、社区社会工作者等依法依章参与社区治理和服务。充分调动各方积极性和力量参与基层社区治理；建立健全社区各方力量合作共建共治、利益共享机制，激化增强各方参与基层社区治理的活力。

B.4
城乡社区治理中社会组织的协同参与*

毛 迪　张雪梅**

摘　要：　社区治理是社会治理落实在基层社会的一个着力点。社会组织对社区治理的参与，深刻体现了社会治理中多元主体的协同作用。水井坊街道引进外来社会组织、培育本土社会组织，共同参与社区治理，探索了在街道办事处的主导下社会组织参与社区治理的路径和内容，包括为社区居民提供公共服务、协助居委会自治能力建设、培力社区社会组织成长三个方面的内容。公共服务的增加、自治能力的提升和社区社会组织的成长，形成了新型社区共同体联结方式，为我们展示了地方社区治理的一种可能前景。

关键词：　社会组织　治理　协同参与

一　引言

2013年中共十八届三中全会提出“改进社会治理方式，激发社会组织活力”。从社会管理演化到社会治理，即从一元管理主体转变为多元治理主体。社会治理不再是政府一家自上而下的管理、唱“独角戏”，而是社会各

* 本研究得到了成都市水井坊街道办事处的大力支持，调查资料均来自成都市和水井坊街道的实地调研，在此表示特别感谢。

** 毛迪，四川省社会科学院研究生，主要研究领域为社区治理；张雪梅，四川省社会科学院副研究员，博士，硕士生导师，主要研究领域为社区治理、非营利组织研究。

个主体参与社会治理并发挥其作用。目前我国处于社会结构转型时期，城镇化、工业化进程中面临层出不穷的问题，这些问题单纯依靠政府是无法解决的，传统的社会管理模式无法再胜任社会管理工作。因此，社会治理需要动员整个社会、整合社会资源从而进行公共服务和公共事务管理。社会治理使治理主体从一元走向多元，政府不再处于垄断地位而是参与主体之一。社区治理是社会治理的重要内容之一，特别是在家庭核心化背景下，家庭主要生活场景之一的社区越来越成为社会的基本单位，社区的整合程度关系到社会的良性运行，因此社区治理工作显得尤为重要。

“治理”有权威转移、多元参与的内涵。体现在社区治理上，即多元主体对社区事务协同管理。社区治理的多元主体可以包括政府、居民、驻区单位和各类社会组织。本研究依托成都市水井坊街道开展，在近五年的实践探索中，水井坊街道为我们提供了一种社会组织参与城市社区治理的思路和模式。

二　水井坊街道的基本情况

（一）辖区概况

水井坊街道在成都市锦江区，辖区总面积达 1.06 平方公里，人口有 13515 户（34365 余人），辖社区 5 个，共有 35 条路、街、巷。辖区单位主要有四川省民政厅、四川省农业发展银行、成都七中育才中学等 40 余家大型机关、单位、学校，商家店铺 420 家。水井坊街道历史文化底蕴丰厚，有全国重点文物保护单位——水井坊酒窖遗址；世界第一张纸币“交子”的发源地——交子街；传统的水陆交通码头——九眼桥；川西民居特色的百年古街道——锦官驿街和水井坊历史文化保护街区。还有传说中诸葛武侯的练兵场——点将台、较场坝以及陈毅元帅的母校——锦官驿小学等众多历史文化古迹。[①]

① 资料来源：http：//www. cdjinjiang. gov. cn/index. php？ cid =1344。

（二）辖区特点

水井坊街道位于中心城区，地处繁华地段，东靠一环路，西傍府河，南临南河，北至蜀都大道。近年来，随着旧城改造、东大街沿线的建设、九眼桥及滨江路沿线的道路改造，香格里拉大酒店、兰桂坊、明宇金融广场等大型单位相继入驻，辖区呈现居住型和商业型混合的社区形态，开始从传统型街道向商务街道过渡。

水井坊街道老旧院落多，并呈现社区老龄化、贫富差距较大的特点。据统计，水井坊街道现有低保户 243 户（380 人）、孤老 4 人、残疾人 367 人。在从传统型街道向商务街道过渡的过程中，因社区历史遗留问题多、社区人口结构复杂等问题，水井坊街道工作面临极大挑战。①

三 社会组织协同参与城市社区治理的实践

（一） 制度保障与创新

自 2008 年以来，水井坊所在区——成都市锦江区出台了一系列关于深化街道办事处管理体制改革的政策。其中之一是剥离街道办事处的经济职能，调整和优化其科室设置，保障街道的工作重心由经济管理转移到社区管理和公共服务。在此基础上，鼓励街道和社区探索推进居民自治的工作机制。水井坊街道根据这样的政策引导，在辖区院落中建立了“五有”平台，即有党组织、有自治组织、有服务平台、有居民公约、有自治活动，为社区居民提供各项服务。并根据各个院落的具体情况，采取居民投票、居民商议等方式，拟定了各具特色的《院落居民自治章程》和《居民公约》。②

在促进社会组织发展、激发社会组织活力、购买社会组织服务方面，水

① 资料来源：水井坊街道社会管理工作汇报，2013 年 5 月。

② 资料来源：2013 年度水井坊街道居民自治工作总结及工作日志，2013 年 11 月。

井坊街道办根据《锦江区社区社会组织登记管理暂行办法》《锦江区社会组织评估实施办法》和《政府向社会组织购买公共服务项目绩效评估管理暂行办法》等文件精神要求，引入了“爱有戏社区文化发展中心”（简称“爱有戏”）、“与孩子一起成长家长协会”、“牵手互助中心”等社会组织参与社区服务。[①]“爱有戏”等社会组织目前已成长为全省乃至全国有较大影响力和社会知名度的社会组织。

（二）街道统筹推进

1. 理念创新和突破

在引入社会组织参与社区服务过程中，水井坊街道办大胆提出了“鼓励社会组织探索，允许它们失败”的理念。街道办在努力孵化、培育和支持社会组织发展壮大，为社会组织提供良好的生存环境的同时，本着“根植水井坊，花开在四方”的理念，鼓励社会组织将自身辖区内的实践成果散播，鼓励它们走出本社区、走出水井坊，把科学的管理方法和先进理念传播出去。

这种超前、创新的理念并非水井坊街道办与生俱来的，而是来源于在组织与人才建设方面的理念灌输与培养。水井坊鼓励干部思考与创新，在合法范围内给予干部社区工作最大的发挥空间。具体做法有：（1）鼓励领导干部外出学习先进社区治理工作经验；（2）邀请社区工作理论方面的专家为水井坊街道干部讲解社区理念，拓展街道干部的视野。

2. 行动计划探讨与制定

在社区治理过程中，水井坊街道办并不拘泥于具体事务，而是定期开展务虚会，与社会组织、社区专家共同采用头脑风暴法讨论社区治理的工作计划、模式和方法。务虚会上的讨论和碰撞，结合市、区创新社区治理的政策，有力地推动了水井坊街道高效制订出行动计划，围绕“以民生为本，

① 资料来源：《水井坊街道良好的“土壤、空气、水分”帮助辖区社会组织茁壮成长》，水井坊街道办介绍材料，2013 年。

共建最具幸福感的社区”主题，明确了社区治理三大目标：（1）建立不同利益相关方的社区利益共同体；（2）充分动员社区居民；（3）实现多元参与的“社区共治”。

为有序地实现三大目标，水井坊街道社会治理工作推进领导小组制订了详细的实施计划，并将每项任务都进行了细化，将责任落实到每一个工作人员，并制定指标考核体系作为检验工作的标准。

3. 全方位支持协同治理

要把社区治理工作做好，只是学习和掌握先进的理念还远远不够。水井坊街道在扶持社会组织，促进其成长方面做了极大的努力，从硬件的办公场地支持，到软件的政策支持、行政协调，再到直接的项目资金支持，最大限度地为社会组织的落地运营提供了方便。

案例 1

爱有戏在看到“社区光纤”平台可以将社区重要通知、信息等通过电视发布给社区居民时，就开始思考能否将辖区内公益项目活动放在这个平台上，让社区居民充分地了解公益项目活动。于是，爱有戏找到了街道办，提出了他们的想法。街道办听取了爱有戏的建议，认为这是一个不错的想法。在对这个建议进行了一定的调整后，街道办在辖区开始升级改造原有的社区信息化平台，打造“智慧社区”系统，以实现对社区信息化平台更有效的利用。2012 年 9 月 30 日，水井坊街道办与四川政府“智慧办”、四川省电信公司签署协议，共同开发基于云计算的街道信息化管理系统。水井坊辖区内的“与孩子一起成长”社会组织，得知消息后，积极主动地为水井坊“智慧社区”打造提供了一些工程技术架构和软件研发的支持。目前，一套集社会管理和公共服务的“智慧社区”已经建成并投入使用，街道、社区、家庭通过信息化平台联系在一起，成为水井坊智慧社区治理的一个亮点。

案例 2

2013 年下半年，“义学”公益项目开展顺利，水井坊街道办有了编写

“义教材”的想法。根据“义教材”编写工作的特性，街道办鼓励“与孩子一起成长”公益组织承担主要编写工作。“与孩子一起成长”是由社区“家长志愿者协会”发展而来的，主要关注孩子的学习、生活，在编写方面具有一定的实力。接下这个重担以后，“与孩子一起成长”通过研讨，决定将日常社区服务、社区文化作为教材内容的主要来源，提出“把社区服务变成社区教育，在社区教育中提升服务，在社区服务中提升经验”。同时，街道办邀请社区教育专家一同参与“义教材”编写，并广泛征求社区居民对教材内容的意见。经过几个月的努力，这套史无前例的街道自主编写教材最终完成。社区居民一致认为“义教材”贴近社区实际，通俗易懂。

从上述两个案例中，我们可以看到街道办对社会组织的全方位支持，一方面，提高了社会组织开展项目的能力，增加了社会组织社区治理经验；另一方面，通过引导社会组织开展公益项目，促进了社区转变，服务了社区发展。

（三）参与途径创新

1. 社会服务方式拓展

根据辖区特点，水井坊街道办把文化服务、养老服务和扶贫助残服务作为社区公共服务的重点来抓。在引入社会组织之前，社区内的公共服务方式具有较大的局限性和间断性，例如，在文化方面，社区群众组织不定期举行一些文娱活动，因场地受限、时间不固定、类型单一，并不能很好地满足人民群众的精神文化需求；养老服务方面，因受入住敬老院的条件限制以及老人传统观念的影响，无法完全满足老年群体的养老需求；扶贫助残方面，主要方式有为贫困家庭办理低保和在节假日进行帮扶、慰问。传统的服务方式存在几个问题，一方面，文化、养老服务方式机械化，缺乏服务持续性和人文关怀；另一方面，扶贫助残方式单一，缺乏“造血”功能。

引入社会组织协同参与社区治理后，水井坊街道紧抓“以人为本”的核心思想，积极探索社会服务方式创新，并与社会组织合作，广泛拓展社区

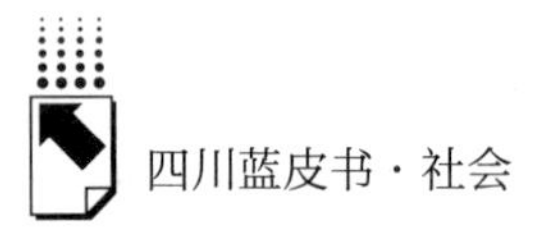

服务方式。根据2009年《锦江区社区社会组织登记管理暂行办法》，街道办成立了社会组织管理局（后更名为“社会组织指导服务中心”）并降低了社会组织备案登记的门槛。

街道办依托“爱有戏”“与孩子一起成长”等社会组织，在文化服务，养老服务，辖区内的贫困户、残疾人服务等方面积极拓展，探索了社会组织承接社区居家养老的模式，开发了社区“义文化”教材、义仓、义集等公益项目，通过居民捐赠、买卖闲置物品筹集资金、开展志愿服务等方式，资助和帮扶社区贫困家庭。

通过社会组织对社会服务的拓展，水井坊辖区内的基础公共服务水平得到有效提升。更重要的是，形式多样的文化活动、公益活动，让社区居民从家中走了出来，进入社区这个共同生活的场域。社会组织协助居民学会利用自身已有资源，去撬动更多的服务和资源，并建立起真正基于共同生活地域的归属感和认同感。

2. 公益物业全覆盖

水井坊辖区老旧院落较多，因历史遗留问题复杂，加之后天失修失养，社区居民不满情绪较大。因此，2009年街道办开始推进物业管理全覆盖，在此过程中，最为突出的是在党支部鼓励下，区居委会以社会组织形式组建了物业服务中心，承担了政府不能做、市场不愿做的老旧院落物业管理。目前，实现了单位聘请专业物业管理公司管理院落12个，社区物业服务中心管理院落10个，单位自管院落11个，居民自治管理院落26个。社区物业服务中心为实现社区老旧院落物业全覆盖，解决商业楼盘与物业公司矛盾提供了新的解决方案，具体做法有以下两方面。

（1）多方参与，模式创新。面对老旧院落房屋产权关系复杂，基础设施缺乏，维修维护困难，环境卫生、治安管理较差等问题，在街道党工委组织下，各院落形成了由党支部、自管小组和议事会组成的院落组织结构。根据院落实际情况确定院落收费项目、收费标准、费用使用等，并进行公示，接受监督，目前基本实现收支平衡。对于困难户、低保户的费用缴纳，也建立了支付制度，保障了物业管理的正常运行。

（2）智能专业管理，提升服务水平。物业中心自2009年成立以来，管理服务从无到有，从有到精，从人工管理到智能管理。一方面，引进专业物业管理人员，指导社区物业中心开展工作，同时培训物业中心工作人员，提高工作人员专业水平；另一方面，结合“智慧社区平台”建立社区信息服务管理平台，提高物业管理效率、提升物业服务水平。在此过程中，物业中心为避免“一刀切”的工作弊端，对服务院落进行走访和需求调查，并与院落组织沟通，开展与各自院落相适应的“个性化”管理和服务，并得到居民的认同。

水井坊成立社会组织形式的物业管理中心，从公益出发，建立了水井坊特有的公益物业。通过创新多方参与管理模式、提升自身管理水平和服务水平，公益物业得到了居民的一致认可。这种公益物业运营模式，为基层社区解决老旧院落物业全覆盖问题以及商业小区居委会与物管公司矛盾提供了新的思考路径。

3. 居民自治领域延伸

居民自治是现代城市社区治理中一个十分重要的环节，也是实现政府、社会和市场协同治理的关键组成部分。成都市基层政府在居民自治模式的探索中，主要有两种方式：一是社区建立“三驾马车”；二是开展院落自治，选举“楼长”协调社区居民事务。但是，这两种方式在实践过程中也存在一些问题。水井坊街道的探索，更关注居民参与的能力和方法，而居民自治能力并非一蹴而就，需要引导和培训。

2011年10月，水井坊街道办开始尝试邀请“爱有戏”来协助社区居委会推动居民自治，孵化和培育社区骨干，帮扶社区骨干开展文化、环境、安全等院落自治服务，提升居民参与社区治理的能力。“爱有戏”在街道办的指导下，通过义集、义仓、义坊等公益品牌活动和“社区开放空间”“市民论坛”等教育培训方式，挖掘培养社区能人、开发利用社区社会资本，从最基础的“如何开会”着手，提高居民参与自治和民主决策的能力，从而逐步实现人的改变。

4. 信息化平台综合利用

2010年，水井坊街道信息指挥中心建立，通过网络平台、数字电视平台和智能手机平台，搭建起社区的智能管理和服务体系。中心成立使基层政府日常行政事务（如统计信息的收集、社区安全等）实现实时动态掌握；方便社区居民及时了解社区动态、获取生活服务。此外，也为社会组织提供了一个社区展示平台，让公益项目成果、开展信息能够更快捷地被居民知晓，促进居民积极参与社区服务和公益项目。

四 利益相关方对实践成效的评价与反思

水井坊街道多元协同参与社区治理的实践，让我们看到了许多治理的创新点。首先，社区治理参与主体多元化，社会组织和驻区单位的参与是现阶段的重要体现；其次，治理方式发生了变化，由自上而下的管理模式变为自上而下和自下而上相结合的治理模式。社区治理在水井坊街道办开展的几年来，成效显著。社区居民、社会组织、驻区单位在党的领导和街道办的引导下，积极参与到社区治理中来，发挥各自的作用，为社区治理贡献自己的一份爱心和力量。经过五年的实践与探索，水井坊辖区社区治理的各利益相关方对实践的成效也提出了各自的看法与思考。

（一）评价与反思

1. 区委相关部门

为了能够客观地了解水井坊街道的工作成效，课题组调研走访了锦江区社工委、政研室、组织部、民政局等部门。从各部门的反馈来看，他们对水井坊街道近几年的社区治理工作给予了极大的肯定和赞同。首先，水井坊街道社区治理的理念是非常创新的。能够让社会组织参与社区治理，是一种很大胆的尝试，从目前的情况来看，社会组织协同参与社区治理，已经取得了非常大的成效。其次，水井坊街道善于整合利用辖区资源。通过积极引导辖区各驻区单位参与社区治理，汇聚社会各界的力量，取得了很好的社会治理成效。最后，水井坊街道对信息化手段的充分使用很重要，综合信息平台的构建，提高了社区治理和多元参与的效率。

2. 街道干部和社区工作人员

通过对街道和社区干部的快速评估统计发现，多数干部认同多元协同参与社区治理的模式，认为社区治理需要依靠除政府以外的社区居民、社会组织和驻区单位。并且对五年来水井坊街道社区治理的实践成效给出了自己的判断。图 1 为街道和社区干部对社区治理实践成效的评价（评分：1 ~ 10 分）。

从图 1 可以看出，街道和社区干部对社区治理实践成效较为满意，评分总体较高。社会组织协同参与社区治理的新模式，让水井坊街道干部尝到了创新的“甜头”。正如走访调查中干部所说一样，社会组织的定位，比政府更有优势参与到社区公共事务中。

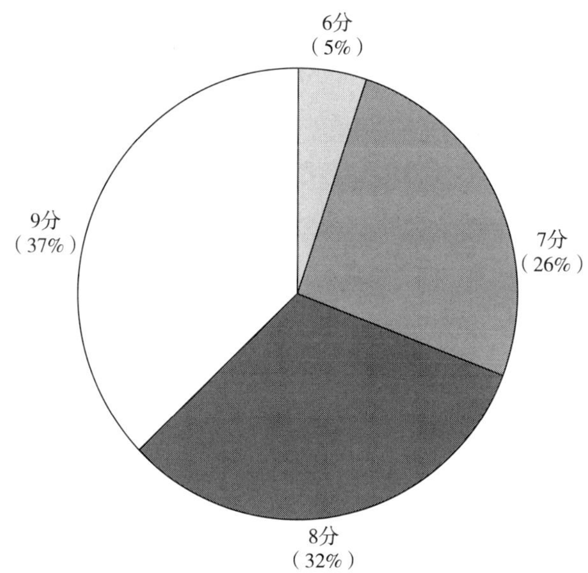

图 1　街道和社区干部对社区治理实践成效的评价

访谈 1

多元化治理模式，我们已经尝到了甜头。政府情愿当一个看不见的政府。直接出面的效果并不好。社区的定位又很尴尬，身为群众自治组织，但是很多时候群众还是把社区看作政府的窗口，所以社区出面的效果也不理想。加上素质和理念的不到位，干点事情，总有不满意的。

多数干部认为目前水井坊社区治理探索工作仍面临几个困难，如图2所示。水井坊街道在社区治理中最新的探索就是引入社会组织探索居民自治模式。居民参与社区治理的意愿、参与能力高低决定着居民自治成效，因此街道干部非常关注群众的参与度。同时还反映出，一方面，水井坊社区治理模式探索的资金支持主要依靠政府购买社会组织服务，对水井坊辖区单位资源整合度较低，因此社区治理资金较为紧张；另一方面，目前街道干部平均年龄在45岁左右，缺乏年轻、具备社区治理新理念的青年专业人才，社工人才建设有待加强。

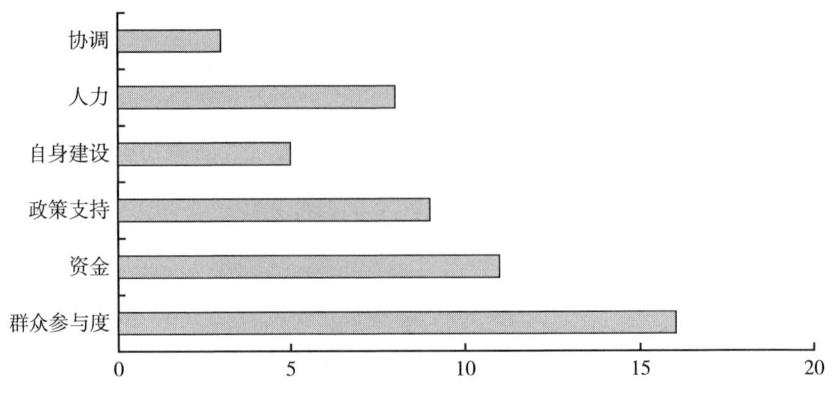

图2　街道和社区干部对社区治理存在困难的看法

3. 居民

对居民的访谈显示，多数居民对水井坊社区治理持肯定态度。水井坊街道办引入社会组织，深入社区开展工作，在辖区嫁接起政府与居民间的桥梁。因为社会组织开展的社区工作紧跟居民的爱好和需求，所以居民乐于参与社会组织举办的活动，对社会组织在社区开展的公共服务评价也较高。居民对义仓、“一个人的剧场”等组织活动均表示认同。同时，他们普遍认为水井坊在社区治理探索中，居民确切地得到了实惠。除了成立了托老中心、组织兴趣活动等，值得一提的是在街道办和党委的领导下，引入社会组织开展院落打造，整治环境。因此，居民对水井坊社区治理实践成效打分为8~9

分（满分10分）。

居民参与社区治理主要方式有两种：一是作为社会组织、政府服务的接受者；二是作为受惠者、捐赠者参与公益项目。由于居民社区治理理念有待提高，因此在问及其对水井坊社区治理实践的反思时，多数居民主要从局部方面提及社区内公共服务的不足。例如，社区内老年人健身器材较少等。

4. 社会组织和驻区单位

社会组织和驻区单位是本社区的成员，也是社区治理的重要主体。社会组织在社区治理中的参与程度日益提高，相比之下，驻区单位参与度及参与方式有待改善。综合对社会组织的访谈，社会组织对社区治理实践成效打分集中在8~9分（满分10分）。一方面，在街道办和党委的支持下，社会组织在水井坊辖区内最大限度地发挥了自身作用，并且得到街道干部、居民的认同；另一方面，大多社会组织认为在实践过程中，仍有一些瑕疵，因此在未来社区治理工作中有提升空间。对在水井坊辖区内社区治理存在的困难，社会组织比较重视，普遍反映社区治理中最大的困难就是资金。目前，辖区内社会组织，除了几家有较广的资金支持渠道，其他社会组织仅依靠政府购买服务来维持机构运转。

驻区单位在社区治理过程中，参与的方式主要是配合社区、社会组织开展活动。例如，在“照亮回家的路”项目中为社区安装路灯，捐赠一些健身器材等。驻区单位对水井坊社区治理工作成效比较满意，主要是基于他们参与“伸出援助之手，温暖人心”的公益活动而获得的成就感和社区归属感。但是，总体来看，驻区单位与社区联系较少，对社会组织、社区及政府的具体社区治理工作了解较少，而且这是普遍现象。

（二）利益相关方的磨合与探索

在水井坊的实践案例中，街道办、社会组织、社区居委会、居民等社会治理的行动方和利益相关方，相互之间的关系也都不是一帆风顺的，而是经历了不断磨合、协商、协作的过程，充分展现了源于实践的探索。

1. 互动构建信任

由于“爱有戏”等社会组织是在街道办的一手推动下进入社区的，双方对治理理念和工作方法都有很相似的认知，这是社会组织进入社区开展后续治理工作的基础。但是当社会组织真正进入社区后，要面临的不是理念和方法都很到位的街道干部，而是社区居委会和普通居民。他们对社会治理和社区自治的理解，并不都在一个层面上，对外来社会组织也有着天然的不信任。

访谈 2

居委会觉得我们是来抢他们功劳的，态度、语气也不好（但是因为我们是街道支持来的），所以他们对我们也不支持也不反对。我们做这些事情大家都看得到，慢慢地他们就开始转变。

还有一个关键的因素，街道办干部的理解，他们当时来到社区就（介绍）说社会组织是我们的伙伴，（是）跟我们一起来推动我们社区发展的，我们是共同、平等地来做事情的。我们（和社区居委会）也就在这个过程中不断地进行交流啊、磨合啊，反正经历了很多事情，慢慢地现在就都 OK 了。

从这段访谈可以看出，由于对社会组织的不了解、双方沟通不畅以及传统的“官本位”思想，社区居委会工作人员对社会组织进入社区有抵触情绪，不了解他们是来干什么的，不理解为什么要引入社会组织。但是，在看到社会组织长时间扎根社区、致力于社区服务工作后，大多数社区居委会工作人员对社会组织态度有所转变，从怀有敌意到比较认同。同时，最初部分社区居民认为社会组织仅仅是“拿着政府钱、打着居民的旗帜，赚政府的钱”，表现出对社会组织的不信任，部分居民还以辱骂、诅咒等激烈的方式表达自己的不满。例如，社会组织招募社区志愿者为辖区内低保户家庭派发“义集”中筹集的物资的活动中，部分社区志愿者的亲属表示对社会组织“作秀”的“把戏”不满，不赞同家人参加社区志愿者活动，并对社会组织工作人员进行辱骂；一部分“义集”的受益方——辖区贫困家庭，也对社会组织的“作秀”

方式不满，不允许志愿者和社会组织工作者入户走访，不接受捐赠物资。针对这种情况，社会组织仍然坚持与志愿者家属进行多次沟通，并多次走访贫困户。此外，很重要的一点是，街道干部持续的宣讲教育，不断增加了社区居委会工作人员和居民对社会组织的认识。通过不断的互动、沟通和实际的工作成果，社会组织最终构建了与社区的信任关系。

2. 摸索提升定位

仍然以“爱有戏”这一社会组织为例，它最初成立时是定位在文化活动和文化传播上的，所以开始举办的一些活动如社区影展、剧场等多与文艺活动有关。在这些活动中，逐渐发现社区骨干和居民的力量、资源被充分发动起来，是社区工作的关键。在开始承接社区自治服务后，除了把参与式的社会工作方法、民主议事规则等通过能力建设引介给社区居委会之外，逐步把工作重心转移到发展社区自组织上，帮助居民建立各类兴趣小组，学会民主议事和组织化社团化生活，学会利用已有资源撬动更大资源，从而建立社区自治的人的基础。而“爱有戏”自身，则逐渐从单一的文化服务组织，转变为有孵化、培力功能的支持和枢纽型社会组织。

案例3

“爱有戏”社会组织原是致力于做社区文化的社会组织，进入水井坊初期主要是拍摄社区文化片子。在这里，街道办为他们提供了场地支持和资金支持，这些资金当时足够给社会组织几个工作人员的工资。这使爱有戏负责人感到非常触动，进而开始扎根在水井坊，为社区居民服务。驻扎社区以后，根据“爱有戏”对水井坊辖区的基础调研，并且根据水井坊辖区的特点（贫富差距大、老年人口多），开发了“义仓”公益项目。项目初期，社区居民因不了解、不信任而产生排斥心理，参与积极性不高。为此，“爱有戏”工作人员一方面及时与居民沟通，另一方面，更加努力做社区调查，与社区居民互动。此外，水井坊街道办领导、工作人员积极参与“义仓”，以带动社区居民参与公益项目，并且配合项目活动协调活动场地、维护现场秩序，最后“义仓”成为水井坊辖区的特色公益项目。在“义仓”的基础上，又开发了“义集”“义坊”特色公益项目。至此，“爱有戏”社会组织从做社区文化开始过渡到专注社区发展、贴近居民需求的公益组织。

在看到“爱有戏”社会组织的发展以及工作成效后，街道办领导开始鼓励他们涉足社区自治领域，于2012年初提出让其尝试居民自治类公益项目，特别强调“允许失败”。受到鼓励的“爱有戏”开始了居民自治的探索。进入院落初期，社会组织与居委会工作方式不同，进而产生一些摩擦，也影响居民自治活动的开展；此外，因对社区居民需求把握不足，项目成效较低。在不断地摸索、磨合过程中“爱有戏”开始学会调整与社区居委会的工作方式等，并且认识到居民自治的核心是“人的改变”。于是“爱有戏”将居民自治领域的工作切入点转向发展院落兴趣小组、举办市民论坛等，使居民逐渐学会民主议事的规则，从而学习参与、学习民主，提高自治能力。目前，“爱有戏”在水井坊辖区内8个院落开展居民自治模式探索，并初见成效。

3. 探索推动前行

从2014年开始，水井坊街道除了大力推进购买社会组织一般公益项目之外，还首推了将街道社区公共服务站作为项目外包给社会组织的做法，这是街道和社会组织协作开展社会治理的新探索。几年来，社区公共服务站139项基础公共服务（简称“139项目”）打捆外包给社会组织承接，已经成为全市的推广做法。水井坊街道的探索，无疑走在了前头。

从水井坊的社区治理实践中我们可以看到，在多元治理模式下，构建社会主义和谐社区并非一蹴而就的，而是在社区治理实践中，利益相关方经过长时间的磨合，建立起彼此间的信任感，并在实际工作中构建起各方参与社区治理的结构即各方处于社区治理中的位置和行动准则、权利与义务。在此过程中，社会组织需要踏实工作以赢得社区工作者、居民的认可；也需要水井坊街道办事处干部的支持，包括对公益项目的支持和对社区、街道办工作人员理念的培养。水井坊街道干部恰恰为扎根在其辖区的社会组织提供了大力的支持，这也是目前水井坊探索社区治理模式取得较好效果的重要因素。

五　当前社会组织协同参与城市社区治理存在的问题和建议

（一）存在的问题

1. 社区治理权责有待厘清，干部理念尚需转变

新中国成立后我国的城市管理模式主要是街居制，即街道居委会对街道内社会闲散人员进行管理；而大部分人则通过体制内单位、依靠单位制进行管理。改革开放以后，随着国有企业改革、户籍制度松动及私有经济发展等，原有城市管理体系不再适应当前城市发展。因此，我国开始推行城市社区建设。

由于历史问题以及目前正处于政府职能转变阶段，我国面临两个基本问题：社会治理的主体、协力者是谁，社会治理的内容是什么。社区治理是社会治理的重要部分，同样存在权责不明问题，不仅存在于水井坊辖区，我国大多城市社区也面临这个困境。围绕社区治理主体不明、治理内容不清的问题，2010 年成都市印发的《完善城市社区居民自治试点机制方案》中提出“还权”“赋能”“归位”。在政府职能转变中，如何做好还权、赋能和归位，目前操作化的制度、方式尚未建立。并且，当前社区治理工作是一个自下而上的探索，有的知识及一些零散的经验或做法，有待形成体系和构架。社区治理权责有待进一步厘清。

同时，在政府职能转变过程中，干部处理政府、社会、市场三者关系的能力不足，治理理念的缺乏，对城市基层治理创新推进形成了一定的阻碍。例如，政府在社区治理的探索中，更倾向于主抓社区服务，而对居民自治较为回避。一些干部不了解社会组织与社区居委会的关系，或是认为社会组织是代替居委会做居民自治工作的，甚至对社会组织抱以偏见。

2. 社会组织能力差异大，能力建设有待提升

目前，社会组织的成立主要基于两种方式：一是自发形成，例如基于相

同爱好的人群发展为组织；二是根据社会（社区）需求而成立的组织。这些社会组织在发展的过程中，因能力不同、机遇不同等因素，最终社会组织能力发展不均衡。这些能力不同的社会组织服务于社会（社区）的成效不同，回应居民需求的能力也不同，造成所提供社会服务的专业性和标准化程度不足：（1）缺少足够的居民需求调研，不了解居民的真实需求；（2）专业服务能力不足，无法回应居民需求等。这些问题的存在，在一定程度上降低了居民参与社会组织活动和项目的热情。

3. 驻区单位参与积极性较低，社区居民作用发挥不足

在社区治理模式中，我们鼓励社区内各成员都能参与到社区治理工作中来。居民是社区治理的主体，驻区单位亦是社区治理的重要成员之一。居民、驻区单位参与社区治理，一方面有利于社区成员的良好沟通，有效整合社区资源；另一方面，在参与过程中，提高居民能力和意识，真正作为社区治理主体，建设社会主义和谐社区。目前居民、驻区单位参与社区治理的范围、影响力有待提高。

究其原因，主要有以下几点：（1）居民、驻区单位参与社区治理的途径单一，主要为临时性地捐款捐物、举办兴趣活动、联谊等，切实触及居民自治，实现居民自我管理、自我服务、自我教育和自我监督的屈指可数；（2）社区需求调研不足，在推进社区自治的工作中，没有提及居民关心的东西或话题，进而无法调动他们参与社区治理的积极性。

（二）对策建议

1. 正确处理居民委员会与社会组织关系

《中华人民共和国城市居委会组织法》第二条第一款规定："居委会是居民自我管理、自我教育、自我服务的群众性自治组织。"它是我国城市社区目前主要的居民自治组织。十八届三中全会提出"改进社会治理方式，激发社会组织活力"，2014 年《中共四川省委关于贯彻落实党的十八届三中全会精神全面深化改革的决定》中指出"要激发社会组织活力……鼓励发展与公共利益、基层自治等相关的组织"。那么，将社会组

织引入居民自治领域，居委会与社会组织应当是一种什么关系？社会组织涉足居民自治领域是要取代居委会吗？我们认为，二者之间不是谁取代谁，而是根据不同的社区发展阶段和居民自治能力发展水平，由社会组织协力居委会，从培育居民自治能力、拓展居民自治内容、催生居民自治组织着手，逐步提高社区自治能力。在此过程中，社会组织对居委会是协力、助力的关系，居民自治工作开展的法律主体仍然是社区居委会。

从水井坊社区治理的实践案例中，我们惊喜地看到社会组织协力参与居民自治带来的成效，也看到居委会与社会组织关系处理不当带来的隐患。创新社区治理模式，不是引入社会组织取代居委会搞自治，让居委会成为一个闲散组织；而是通过社会组织的引入，拓展传统社区居委会的工作视野和工作方法，从而更好地促进社区治理。

（1）两者在居民自治中的角色定位要清晰。社会组织在居民自治中是协力角色，是为了更好地帮助居委会做好居民自治工作。而居委会是居民自治的法律主体，它根植于社区居民内部，了解社区居民和社区情况。二者在定位清晰的前提下，居委会的天然优势结合社会组织特色的工作方式，能够更加有效地开展居民自治工作，最终实现社区自治。

（2）居委会亟待职能转变。从政府的“代言人”转为社区居民的维护者，回归其本质。居委会应当成为居民参与意识的调动者，居民利益的维护者，并致力于居民能力提升，积极培育、培力社区自组织，主导社区的可持续发展。

（3）社会组织从“单打独斗”转向“协力者”。社会组织参与居民自治领域，他们独特的工作方式，的确能为居民自治模式探索新思路、新方法。社会组织应从“单打独斗”到协力居委会，共同参与居民自治。

社会组织协力居委会参与居民自治，一方面，有利于两者清晰角色定位；另一方面，有利于居委会进一步“去行政化”，从过多地承担行政性事务转到真正为居民自治事务服务上来。

2. 理清相关职责，促进政府职能转换

我国社区治理坚持“党委领导、政府负责、社会协同”，社区治理中需要厘清各方相关职责，促进政府职能转换。政府在社区治理中出现的“缺位”“越位”现象主要是“政社不分”“政社混同”的传统计划经济体制所导致。未来社区治理工作中，应当厘清社区管理和服务的内容与标准，明晰哪些管理和服务是应当由政府提供的，哪些又是社区该做的，把可以由社会和社区承担的管理和服务职能还给社区，做到还权于民。政府在社区治理中的职能定位应当包括以下两方面。

（1）社区治理的引导者和协调者，包括培育和发展社区社会组织，培育社区自治力量；大力发展社工人才，促进干部治理理念和方式的转变等。

（2）社区治理的保障者，为社区治理探索、社区健康发展提供政策和法规支持，资金和资源支持，进行公共服务和基础设施的建设与维护，引导社区规范自治行为，为社区发展营造良好的软件和硬件环境。

3. 加大政府扶持力度，发展能力建设型社会组织

近年来，社会组织发展迅速，数量多，但是发展的成熟程度参差不齐，能力和成绩较为突出的社会组织屈指可数。未来需要更多地以社区治理的专业领域为划分，大力扶持不同领域的培力型社会组织发展，通过这类具有培力性质的社会组织，带动居民参与社区治理，提高社区自组织的能力。具体措施有如下三点。

（1）政策支持；加大对社会组织的政策支持力度，出台政府扶持社会组织一揽子政策，促进枢纽型、支持性或培力性社会组织的建立，给予社会组织更加充分的发展空间。

（2）资金扶持；加大政府对社会组织的购买力度，特别注重发展不同领域的能力建设型社会组织，依托它们孵化在社区治理中不同领域的院落组织，实现“百花齐放”的繁荣局面。

（3）项目探索；探索社会组织承接社工站公共服务外包的模式。将社区工作站内的服务事项、服务流程、服务标准和服务绩效交由不同的社会组织制定、执行和评估，从而实现社区工作站行政事务与公共服务的分离（行政审批工作仍归社工站承担）。

4. 社会组织公益项目品牌化

水井坊辖区内社会组织数量较多，其“根植水井坊、花开在四方”的培育理念有利于社会组织的发展。水井坊辖区的社会组织在接受政府购买服务的同时，也整合其他社会资源进入水井坊，促进水井坊辖区的发展和公益项目的开发，例如“五义”（义仓、义集、义坊、义学、义（e）网）、交子报纸、温暖剧团等。这些精品项目虽然在水井坊辖区拥有较大的知名度，但是并未实现品牌化。在未来社区治理工作中，需要注重项目品牌化，打造全国知名的水井坊公益项目品牌。在此过程中，需要政府、社会组织、驻区单位以及居民多方的参与、配合，具体做法有如下三点。

（1）政府着力宣传，提升项目品牌；水井坊辖区内不少精品公益项目，将这些代表水井坊的公益项目品牌传播出去，提高其知名度、美誉度，就需要依靠政府的大力宣传。

（2）社会组织执行，社区居民参与；公益项目的具体开发需要社会组织根据水井坊辖区需求设计，以提高公益项目的运营水平，同时社区居民积极参与提高公益项目活力和扩大公益项目受众范围。

（3）单位资金支持，提供运营保障；公益项目品牌化过程中，驻区单位通过对项目的资金支持，为项目运营提高物质保障，依托公益项目冠名，提高单位知名度、美誉度以及社会影响力。

在精品公益项目品牌化过程中，需要特别注意的有：①认真筛选公益项目资金资助企业单位，确保资金资助单位的合法性及公益形象，保障项目品牌的美誉度；②项目品牌化，注重对公益项目的标识设计和标识宣传；③选择的公益项目一定是贴近社区居民需求、接地气的项目；④鼓励项目落地区域较为广泛以确保项目的影响力和知名度。

精品公益项目的品牌化，不仅可以提高辖区内企业单位的社会影响力；而且能通过品牌化运营，搭建企业单位长效参与社区治理，从而实现水井坊辖区社会资源的全面整合；另外，精品公益项目品牌化，可以缓解社会组织项目长期运营资金紧张问题，同时也能减轻政府长期大量购买社会服务扶植社会组织的经济负担。

六　思考与展望

（一）新熟人社会的构建

费孝通将我国传统社会称为“熟人社会”，人与人之间按照血缘关系的远近亲疏来确定相互的权利和义务以及互动的方式。1949 年后，基层社会的管理采用的主要是计划经济体制下的“单位制”管理模式，对于单位之外的社会闲散无业人员，则采用“街道—居委会”的体系进行管理。对于各类民间和社会组织，则通过取缔、改造等方式，逐步纳入政府行政权力的网络。改革开放之后，从商品经济到市场经济，伴随人口向城市转移的不可逆转之势，经济和社会结构转型，以及“单位制”的逐步消解，社会的个体化、原子化存在状态越来越明显。在成熟的市场契约制度和信用体系尚未建立之时，社会整合面临严重挑战。

2000 年《民政部关于在全国推进城市社区建设的意见》正式提出了“社区建设”这个概念。从社区建设到社区管理，再到社区治理，要回应的正是这种原子化、个体化缺乏整合的基层社会现状。从水井坊街道社会组织协同参与社区治理的实践探索中，我们发现社区治理最重要的一点，就是通过社区自组织，将原子化、个体化的居民组织起来，形成组织化形态。最初的组织化可能是基于共同的兴趣、爱好，逐渐发展到可以基于共同的事务进行讨论，形成利益共同体。这些组织化的居民，不再是完全个体化的，而是走出了家门，构建起一定程度的社团生活，形成的基于社团生活的“新熟人社会”，促进了基层社会的整合和团结。

（二）社区与社会的再认识

1887 年滕尼斯发表《共同体与社会：纯粹社会学的基本概念》，在这一著作中，他区分了“共同体”（Community）与“社会”（Gesellschaft）。“共同体”包括家、邻里和友谊这些血缘共同体、地缘共同体和精神共同体，特别体现在农村自然生活中建立在共同生活、共同居住和共同劳作基础上的“心意相同”（consensus）；“社会”则代表现代大都市中的商业交往。[①]

今日我们所说的“社区”，即从“共同体”这一概念翻译而来。虽然当前我们的“社区”一方面指的是一个行政辖区，并且由于经济和社会结构的转型，具有“共同体”属性、对社区的心理归属感和情感认同还远未建立，但是从水井坊案例，我们仍然可以看到未来社区更具情感的发展趋势。

另一方面，社会的概念是更大于社区的概念。社区中的每一个居民，不仅仅是社区中的一分子，还是更大范围的社会的一分子。这就意味着他们的多种多样的需求，不一定只在社区中得到满足，也不一定只有社区才能提供。他们的某些生活场景，可能是在社区之外的市场领域或私人领域，需要通过市场或私人的方式来进行。因此，社区并不是万能的。这一点提醒我们，在未来社区治理的工作中，要给居民的社会性留出空间，要避免动辄把“全覆盖、全参与”作为社区工作的考核指标，把社区变为行政化的新型“单位制”。

参考文献

〔德〕斐迪南·滕尼斯：《共同体与社会：纯粹社会学的基本概念》，北京大学出版社，2010。

① 〔德〕斐迪南·滕尼斯：《共同体与社会：纯粹社会学的基本概念》，北京大学出版社，2010。

B.5

城乡社区治理中居委会的自治

王海蓉*

摘　要： 基层群众性自治组织既有基层政府的行政功能，又有自治组织的服务性功能，虽然不是一级政府，不具有行使行政职权的资格与能力，但是其基层性、群众性及自主性的作用不可替代。笔者通过调查研究发现四川省基层群众性自治组织在城乡社区居民直选率高、群众认可度高的基础上，面临行政化负担过重、专业化水平不够、自治能力偏低、群众参与度低、民主监督缺失等发展困境，试图提出去行政化、回归村（居）民自治、建立权力制衡监督机制、健全政府购买服务机制、培养自治组织骨干力量。充分发挥居委会在价值引领、组织动员、支持服务、统筹协调，凝聚骨干方面的主导作用，真正发挥好基层群众性自治组织应有的职能，提出了城乡社区基层群众性自治组织治理的建议。

关键词： 城乡社区　基层群众自治组织　社区居委会

城乡社区居委会作为基层群众性自治组织，既有自治组织的服务性功能，又有基层政府机构的行政性功能；既有自治的基本形式，又不能超越国家政策制度与法律规范，其职能的基础性、特殊性由此可见一斑。

* 王海蓉，四川省社会科学院社会学研究所助理研究员，主要研究领域为社区治理。

一　研究背景与调研方法

（一）研究背景

根据《国务院关于批转发展改革委等部门法人和其他组织统一社会信用代码制度建设总体方案的通知》，民政部近日下发通知，在全国范围内部署开展赋予村（居）民委员会基层群众性自治组织特别法人统一社会信用代码工作，将为全国10万多个居民委员会、55万多个村民委员会赋予统一社会信用代码。村（居）委会获得特别法人统一社会信用代码，这将进一步提高城乡社区治理法治化、智能化、专业化水平，有利于实现信用信息资源共享，促进各管理部门间业务协同；有利于加强村（居）委会规范化建设，提高村（居）委会服务能力，激发基层活力，促进城乡社区治理体系和治理能力现代化。

（二）调研方法

为了了解四川省基层群众性自治组织现状，课题组于2017年6月于四川省21个地市州开展城乡社区治理调研工作。一是在对四川省民政局基层政权与城乡社区建设处以及街道办事处进行访谈的基础上，分别针对社区居民、社区居委会及工作人员进行问卷调查。二是针对居委会及其工作人员，就居委会主要工作、民主决策、信息公开、工资福利等问题进行访谈。所有调查保证了调查结果的真实性和准确性，在此基础上对访谈资料进行定性分析，对问卷数据使用SPSS软件进行统计分析。

二　四川省城乡社区基层群众性自治组织现状

（一）工作人员年龄以36~55岁为主，专业化水平有待提高

在四川省城乡社区基层群众性自治组织中，助理社会工作师和社会工作

师人数较少，拥有职业资格的工作人员数量较低，需要提高城乡社区村委会和居委会工作人员的素质，鼓励有能力的工作人员参加社工培训，增强城乡社区基层群众组织自治能力。

四川省城乡社区基层群众性自治组织中，工作人员年龄结构以35～55岁为主，其中农村社区以36～45岁和46～55岁为主（见表1），城市社区以35岁以下和36～45岁为主（见表2），较农村社区基层群众自治组织，城市社区基层自治组织有意识地吸纳年轻社区工作人员开展工作。

表1　2016年四川农村社区村民委员会群众自治组织工作人员情况一览

单位：人

项目	职业资格水平		年龄结构			
	助理社会工作师	社会工作师	35岁及以下	36～45岁	46～55岁	56岁及以上
全国	3434	1272	421981	970933	672707	187565
四川	146	35	36666	75542	51296	16978

资料来源：《中国民政统计年鉴2017》。

表2　2016年四川城市社区居民委员会群众自治组织工作人员情况一览

单位：人

项目	职业资格水平		年龄结构			
	助理社会工作师	社会工作师人数	35岁及以下	36～45岁	46～55岁	56岁及以上
全国	18787	7268	154091	223588	129756	32791
四川	550	158	8602	13403	7839	2117

资料来源：《中国民政统计年鉴2017》。

（二）社区居民参加村（居）委会的直选率较往年偏高

根据《中国民政统计年鉴2016》和《中国民政统计年鉴2017》，城乡当年完成选举的村（居）委会数、当年完成选举的村（居委会）选民登记数、当年召开村民会议次数、当年召开村民代表会议的次数、居民委员会小组数和自然村数等都是增加的（见表3、表4），分析其原因在于全省在通过电视、电台、报纸、杂志等传统媒体宣传换届选举工作的基础上，普遍通过微信公众号、朋友圈、微博、地方性和焦点类网络论坛进行引导，通过微信向全体选民发送《关于依法严厉打击破坏村（社区）“两委”换届选举违法犯罪活动的通告》，强化宣传教育。同时，各村（居）民选举委员会普遍按照《四川省第十届村（居）民委员会换届选举工作方案》要求，对选举全程录音、拍照、录像并存档备用，全面反映换届选举真实情况。

表3　四川农村社区基层群众自治组织选举情况一览

单位：人、人次、个

年份	当年完成选举的村委会数	当年完成选举的村选民登记数	当年召开村民会议次数	当年召开村民代表会议的次数	村委员会小组数	自然村数
2015	5446	7002623	6789	9412	363233	76131
2016	15346	17265990	11727	16094	345927	84015

资料来源：《中国民政统计年鉴2016》《中国民政统计年鉴2017》。

表4　四川城市社区基层群众自治组织选举情况一览

单位：人、人次、个

年份	当年完成选举的居委会数	当年完成选举的居委会选民登记总数	本届参加投票登记选民数	参加投票人数	居民委员会小组数
2015	632	1268257	1081981	944282	56908
2016	1788	3415034	1146004	1017245	60151

资料来源：《中国民政统计年鉴2016》《中国民政统计年鉴2017》。

另外，《四川城乡社区治理居民问卷》调查数据显示，74.1%的社区居民表示参加过村（居）委会选举，25.9%的社区居民表示没有参加过村（居）委会选举（见表5）。同时，调查数据显示，19.8%的社区居民非常了解《居委会组织法》，39.2%的社区居民比较了解《居委会组织法》，

26.7%的社区居民表示一般了解《居委会组织法》，只有1.7%的社区群众表示完全不了解《居委会组织法》（见表6）。

表5　2017年四川城乡社区基层群众组织选举情况

单位：%

项目	是	否
您是否参加过村(居)委会的选举	74.1	25.9

资料来源：《四川城乡社区治理居民问卷》。

表6　城乡社区居民了解《居委会组织法》的程度

单位：%

项目	非常了解	比较了解	一般	不太了解	完全不了解
您了解《居委会组织法》的程度	19.8	39.2	26.7	12.5	1.7

资料来源：《四川城乡社区治理居民问卷》。

（三）村（居）委会承担大量的行政工作

法律层面上，社区村（居）委会被明确界定为“在党领导下的社区居民实行自我管理、自我服务、自我监督的群众性自治组织”。而现实工作中，居委会一直处于从中央到街居权力结构的纵向管理体制的最底层，承担了大量的行政工作，成为政府职能部门的“手”和“脚”。通过《四川城乡社区治理居民问卷》，对“在法律政策范围内，自主决定社区事务是村（居）委会主要工作”的调查，发现64.5%的居民认为社区不能自主决定村（居）委会工作（见表7）。通过对“协助政府做好社会保障、环境、计生、治安、文化、教育等各项服务是村（居）委会主要工作”的调查，可知63.9%的居民对此表示认可（见表8）。除此之外，课题组还对绵阳、攀枝花等社区居委会进行访谈，了解到村（居）委会将上级部门布置的任务排在首位，其次才是“办理本社区居民公共事务”，在较多的行政性工作上投入了大量的时间，增加了村（居）委会本职工作的负担。

表 7　群众性自治组织自主决定社区事务的程度

单位：%

项目	是	否
在法律政策范围内，自主决定社区事务是村（居）委会主要工作	35.5	64.5

资料来源：《四川城乡社区治理居民问卷》。

表 8　群众性自治组织承担行政工作情况

单位：%

项目	是	否
协助政府做好社会保障、环境、计生、治安、文化、教育等各项服务是村（居）委会主要工作	63.9	36.1

资料来源：《四川城乡社区治理居民问卷》。

（四）村（居）委会工作知晓度偏高

据调查，社区居民对《居委会组织法》及本社区村（居）委会工作的基本内容和主要工作了解程度偏高，在对“您是否了解本社区村（居）委会工作”的调查中，30.1%的社区居民表示了解，26.1%的社区居民表示比较了解，10.7%的社区居民表示不太了解，12.2%的居民表示不了解（见表9）。综合来看，社区居民都知晓社区村（居）委会的工作是办理本居住地区的公共事务和公益事业，调节民间纠纷，协助有关部门维护社会治安，开展精神文明建设，向政府反映居民群众的意见、建议和提出的要求。

表 9　社区群众对村（居）委会工作知晓度

单位：%

项目	了解	比较了解	一般	不太了解	不了解
您是否了解本社区村（居）委会工作	30.1	26.1	20.9	10.7	12.2

资料来源：《四川城乡社区治理居民问卷》。

（五）以社区居民诉求为重点

调查数据显示，65.8%的社区群众表示反映群众意见是村（居）委会主要工作。78.1%的社区群众表示宣传国家法律、政策是村（居）委会主要工作。同时，70.9%的社区群众表示维护居民合法权益是村（居）委会主要工作（见表10）。

表10　村（居）委会工作内容调查

单位：%

工作内容	是	否
反映群众意见是村(居)委会主要工作	65.8	34.2
宣传国家法律、政策是村(居)委会主要工作	78.1	21.9
维护居民合法权益是村(居)委会主要工作	70.9	29.1

资料来源：《四川城乡社区治理居民问卷》。

（六）社区居民参与的主动性和积极性不高

调查数据显示，55.8%的社区居民表示没有参加过村（居）委会对政府各项政务进行的民主评议、监督（见表11）。由于现实中居委会行使的行政职能多而自治与服务职能少，在许多居民心中，已经把居委会当作行政组织而不是自治组织，并未认识到居委会是居民实现民主权利的基本组织。实践中，参与社区活动的多是离退休老人和一部分下岗失业人员，参加的活动内容也多是文化娱乐等，真正涉及公共事务决策的活动少之又少。居民的参与度不高，也是阻碍居委会发挥民主自治职能的一个因素。

表11　自治能力调查

单位：%

项目	是	否
参加过村(居)委会对政府各项政务进行的民主评议、监督	44.2	55.8

资料来源：《四川城乡社区治理居民问卷》。

社区居民的参与程度决定着基层群众性自治组织作用的发挥程度。调查数据显示，最近一年26.2%的社区居民表示没有参加过村（居）委会的讨论或发表过意见，21.4%的社区居民表示偶尔参加村（居）委会的讨论或发表意见，22.5%的社区居民表示有时参加村（居）委会的讨论或发表意见，29.9%的社区居民表示经常参加村（居）委会的讨论或发表意见（见表12）。作为社区自治的主体，不能积极参与社区活动，单靠政府部门的推动，社区自治很难落到实处，长期下去会形成社区人际关系淡漠，社区自治缺乏应有的凝聚力。

表12　社区居民参与自治情况调查

单位：%

项目	经常	有时	偶尔	没有
最近一年，您是否参与过村（居）委会的讨论或发表过看法	29.9	22.5	21.4	26.2

资料来源：《四川城乡社区治理居民问卷》。

（七）村（居）委会是连接群众与政府的“桥梁”

课题组对四川省社区进行抽样调查，在“当您遇到社区纠纷时，一般会选择哪种方式解决?”调查中，78.6%的社区群众会选择向村（居）委会反映，2.5%的社区群众会选择通过媒介（电视台、互联网）反映问题，3.8%的社区群众会选择通过社会组织反映问题，1.1%的社区群众会选择诉讼（打官司），0.9%的社区群众会通过信访方式解决问题，0.9%的社区群众会通过上访解决问题，3.6%的社区群众会通过大调解的方式解决问题，剩下的8.7%会通过其他途径解决问题（见图1）。综上所述，在社区内部群众解决纠纷的主要途径还是通过村（居）委会解决问题。可见，村（居）委会在服务居民、搞好城乡社会管理、密切党群关系、维护社会稳定等方面依然发挥着不可替代的作用，必须进一步改革社区治理方式，激发社区村（居）委会自治活力。

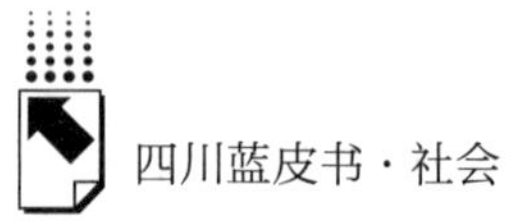

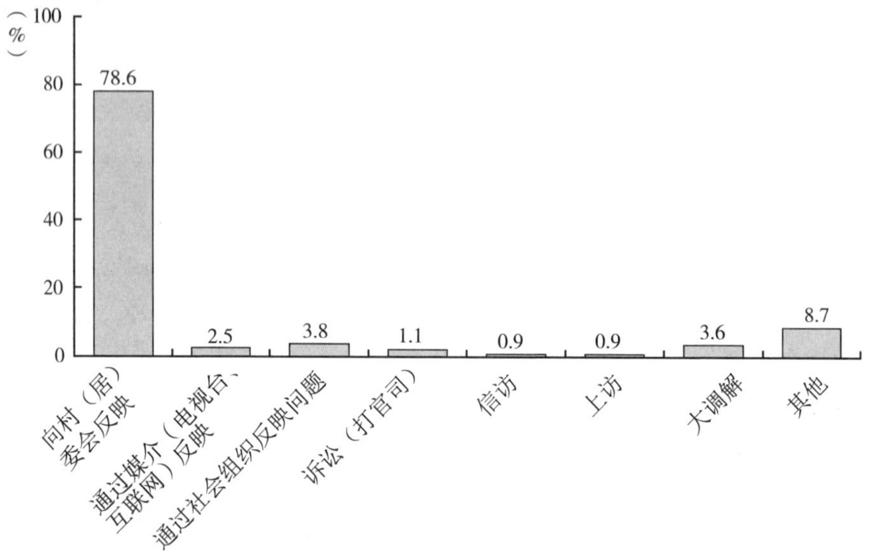

图1　社区群众解决纠纷的方式

资料来源：《四川城乡社区治理居民问卷》。

三　当前基层群众性自治组织建设情况

（一）相关制度机制相继建设完善

1. 制定群众性自治组织相关制度

四川省积极加强基层群众性组织建设，结合《中华人民共和国村民委员会组织法》和《中华人民共和国城市居民委员会组织法》，四川省相继发布了《中华人民共和国城市居民委员会组织法》实施办法和《四川省村民委员会选举条例》。各市州区县制定了《村民自治章程》《社区居民公约》《村务公开协调小组关于建立村区县务监督委员会制度的意见》《开展村（居）民小组自治试点工作实施方案》要求全县每个乡镇选择一个村（社区）的一个村（居）民小组开展自治试点工作，试点通过明确村（居）民小组长职责、完善村（居）民小组决策制度、完善村（居）民小组自我服务制度等方式，建立健全村（居）民小组服务管理工作体系，探索村（居）民小组自治的方式方法，通过以点带面，逐步实现村（居）民“自我服务、自我管理、自我决策”。

2. 建立村（居）委会成员教育培训机制

四川省 21 个地市州相继建立健全了以政治理论教育、综合管理能力和致富技能培训相结合的教育培训体系，形成了以德为先、能力培养贯穿始终的教育培训机制，培养造就了勤劳务实、亲民为民、敢于担当、清正廉洁的村（社区）自治组织人才队伍。至 2019 年底，第十届村（居）民委员会成员培训实现全覆盖，村（居）民委员会成员后备人才储备体系基本建立。具体的培训范围实行村（居）委会成员每届任期全员培训，市民政局示范培训部分村（居）委会主任，县（市、区）民政局重点培训新任村（居）委会成员，有条件的县（市、区）民政局可以实行全覆盖培训，乡镇（街道）负责村（居）委会成员全覆盖培训。每届村（居）委会任期最后一年重点培训村（居）委会负责人后备人才。具体的培训方式以课堂教学为主，坚持集中学习与个人自学相结合，采取以会代训、专题讨论、案例分析、现场观摩、情景模拟、信息化教学等方式进行。集中学习每人每年原则上不少于 16 小时，个人自学每人每年原则上不少于 20 小时。

（二）村（居）民委员会换届选举直选率达到90%以上

四川省第十届村（居）民委员会换届选举工作于 2016 年 11 月正式启动，截至 2017 年 3 月 31 日，全省 52961 个村（居）民委员会圆满完成换届选举工作，选举产生 22 万名村（居）民委员会成员，村（居）民参选率为 81. 2%，村民委员会一次性选举成功率为 98. 18%，居民委员会一次性选举成功率为 99. 56%。村民委员会、居民委员会一次性选举成功率分别比上届提高了 0. 6 个百分点和 0. 9 个百分点，居民委员会直选率比上届提高了 4. 45 个百分点。全省 92. 57% 的社区实行了直接选举，其中成都市、广安市、攀枝花市和泸州3个城区及泸县、绵阳市游仙区、乐山市五通桥区、江油市、安岳县、蓬安县、安县等40个区（市、县）社区居委会直选率达100%。通过严格把关，中共党员、致富能手、大学生村官等当选率有明显提升，党员村（居）民委员会主任的比例为76%，党员村（居）民委员会成员的比例为59.3%，党小组长兼任村（居）民小组长的比例为18.4%；致富能手当选村（居）民委员会主任的比例为20.8%，大学生村官当选村（居）民委员会主任的比例为0.5%；高中及以上文化村（居）民委员会成员比例为48.4%；村（居）民委员会成员平均年龄为40.1岁，比上届减少1.75岁。①

（三）制定了基层群众自治组织职责清单

拟制了《基层群众自治组织依法履行职责事项清单》《基层群众自治组织依法协助政府工作事项清单》《政府公共服务事项清单》及《社区工作负面事项清单》，清理和规范社区自治事项、服务事项、工作事项，突出社区居委会“基层群众性自治组织”的根本属性，剥离其“行政职能”，从源头上减轻社区负担。区级各部门确需下沉、延伸至社区一级的公共服务事项，按照清单内容，采取向社会力量购买服务，或以“费随事转”的方式由社区协助开展。

（四）探索多种基层群众性自治组织模式

1. 建立双流社区协商自治的“五化四自”新模式

成都市双流区着眼创新基层治理体制机制，将新型城乡社区协商自治作为城市发展、民生改善、社会稳定的细胞工程，探索实施了以“民主化管理、多元化筹资、市场化经营、精细化服务、市民化培育”为主要内容，以“自我管理、自我服务、自我教育、自我监督”为目标的“五化四自”

① 资料来源：2017年四川省民政厅关于全省第十届村（居）委会换届选举工作情况的报告。

新模式。将村级治理机制下沉、延伸到城乡新型社区，建立以党组织为领导核心，以议事会、管委会、监委会为自治主体，以物业服务中心为工作载体，以其他社会组织为有效补充的“1＋3＋1＋N”自治管理架构，初步形成了党组织领导、议事会决策、管委会执行、监委会监督，其他社会组织广泛参与的多元治理机制。2012年双流区在全区24个镇（街道）各选择1个新型城乡社区开展“五化四自”试点，2013年3月在全区全面推开。目前，新型城乡社区协商自治机制基本建立，多元筹资集约高效，物业服务延伸拓展，群众参与热情高涨，民主管理有序推进，初步形成了充满生机活力的基层治理新格局。这种创新的社区协商模式，减轻了政府负担，提高了群众主体意识，促进了社会和谐稳定。

2. 推广“中江经验”治理模式

充分认识制定、规范和完善村规民约的重要性，坚持党委政府主导、群众主体地位、村“两委”引领推动、法治保障，紧紧抓住宣传动员、内容把关、制订程序和实施执行四个环节。通过发动村（居）民参与制订村规民约（居民公约）的修订工作，提高村（居）民对村（居）事务参与率，既促进了村（居）务“精细化”，形成互帮互助的“互助式”治理模式，又解决了村（社区）原来不能解决和解决不到位的群众矛盾，大大减轻社区治理成本，有效促进了村（居）民自治。

四　基层群众性自治组织发展面临的问题

（一）角色认知不明确

就目前四川城乡社区群众性自治组织的发展状况来看，村（居）委会的角色处于一种很尴尬的位置。村（居）委会在一定程度上充当了街道、部门具体工作的承担者和操作层，经常处于超负荷运转的状态，对组织社区居民开展自治活动造成一定程度的影响，村（居）委会的自治作用难以有效发挥。虽然从制度上理顺了社区党组织、社区居委会和社区社会组织之间的关系，明确了职责边界，清理和规范了城乡社区自治事项、服务事项、工作事项，但长期形成的部门壁垒在短时间内难以打破，城乡社区工作实质性减负还需要一段时间。

（二）自治认识有偏差

按照相关法律规定和文件精神，城市社区居民委员会是基层群众性自治组织，居民委员会的工作经费和居民委员会成员的生活补贴费由财政解决，办公用房由当地人民政府统筹解决，街道办事处（乡镇政府）对居民委员会的工作给予指导、支持和帮助，居民委员会协助街道办事处（乡镇政府）开展工作。由此可见，社区居民委员会不是一个独立的、普通的社会组织，而是既代表政府行使一定的社会管理和服务工作，又是居民高度自治的自我管理和服务机构。在基层容易将社区居民委员会的这两种角色分割开来看，造成认识上的偏差。

（三）干部自治能力有待提高

城乡社区干部受行政倾向影响，对社会治理和居民自治的认识模糊，带领群众自治的能力和服务群众的手段不足。一是普遍缺少社区建设和治理的大局意识，对社区建设治理目标不清，对在社区建设和治理中面临的现实情况和各种资源梳理不够，对涉及社区建设和治理方面的所有事务及工作作为一个有机的整体进行统筹谋划不足，不能清晰制定社区发展短中长期规划，满足于以碎片化方式处理社区事务和为社区群众提供服务，工作上还停留在出具证明、收集群众诉求、化解家庭矛盾等层面；二是一些社区干部还存在“衙门”思维和“官本位”思想，对利用“自治”的办法开展工作感到环节多、说服群众难度大，时常采取“行政式”“命令式”方式处理问题；三是社区干部法治理念不强，依法办事的自觉性尚未形成，信奉“摆平就是水平”的“人治”理念，特别是面对一些矛盾纠纷时，往往以息事宁人的态度解决问题。

（四）缺乏有效的民主监督

通过调研发现，当前农村在征地拆迁、工程建设、“三资”管理方面，涉农政府专项资金管理方面，监管和公共服务领域存在农村民主监督的缺失。在一些地方，农村基层监管机制失效，对干部缺少有效制约；基层权力公开与民主监督流于形式，舆论监督往往是盯大放小；内部管理混乱，监管制度不健全，工作程序不规范，容易出现监管疲软；惩处威慑失灵，小官贪腐行为更加普遍。目前，农村社区的监督体系很薄弱，村民自治后，乡政府实行监督的手段减少，村民会议和村民代表会议不能有力地发挥监督作用；群众自发的监督，往往力量单薄，使监督难以到位。

五　加强基层群众性自治组织建设的建议

（一） 推进村 （居） 委会回归自治

创新城乡社区治理方式，彻底改变居委会承担大量行政工作的现状。第一，推动政府职能转变，政府职能部门及街道办事处要切实减轻村（居）委会负担，在管理体制上保证实现“还权、赋能、归位”；第二，要按照《社区居委会依法自治事项清单》《社区居委会依法协助政府工作主要事项清单》《进一步开展社区减负工作的实施细则》，对社区“两委”工作事项、工作机构和牌子依法进行清理，对社区考核评比、印章管理使用进行规范，对会议和台账报表进行精简，着手建立社区“两委”工作准入制度，规范社区居委会的工作事项。

（二）完善社区居民自治机制

党的十九大提出，加强社区治理体系建设，推动社会治理重心向基层下移，发挥社会组织作用，实现政府治理和社会调节、居民自治良性互动。2017 年 9 月成都出台的《城乡社区发展治理 30 条》中提到加强基层群众性

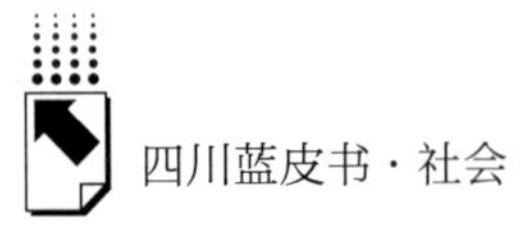

自治组织规范化建设，科学合理确定其管辖范围和规模。完善村（居）民议事会、监督委员会运行机制。深化院落居民自治制度以及村（居）务公开和民主管理制度。深入推进院落（小区）、农民集中居住区居民自治。在社区党组织的领导下建立社区议事决策与执行相分离的工作机制。进一步完善民主选举机制、民主决策机制、居民监督机制、健全城市社区自治组织供给机制。

（三）建立权力制衡监督制度

在全省加强成立村（居）民议事中心和监督委员会，建立村（居）委会议事中心和监督委员会制度，监督社区村（居）委会的工作，有效发挥村（居）监督委员会运行机制；在实行村（居）务公开的过程中，注重事前、事中、事后全过程公开，利用网络或手机短信等多种渠道拓展公开形式，继续把财务公开作为村（居）务公开重点；切实保障村（居）民的知情权、参与权、监督权，审议居委会工作计划和报告，对居委会工作提出质询。

（四）加强基层群众性自治组织核心队伍建设

“火车跑得快，全靠班子带”，抓好基层社区村（居）委班子人员配备是关键。积极举办村（居）委班子干部的业务培训，同时要求县（市、区）、乡镇（街道）要进一步开展1~2次村（居）委干部的培训，不断提升基层村（居）委干部治理工作能力和法制意识，有效提高基层治理水平。培养一批年富力强、群众拥护和信赖的干部，一批思想好、作风好、有文化、有事业心的干部，一批政治素质强、致富能力强的干部，强化基层自治组织的核心力量。指导各级各地利用高校、党校、“农民夜校”等培训阵地，有计划、有针对性地举办村（居）干部理论和业务知识培训班，围绕村级组织建设、廉洁教育、社会治理、精准扶贫、惠民政策等重点培训内容，组织专家教授为村（居）干部讲政策、讲理论、教方法，努力把村（居）干部队伍培养成一支政治业务素质高、战斗力强的基层工作者队伍。

参考文献

中共中央办公厅、国务院办公厅：《关于加强和改进城市社区居民委员会建设工作的意见》（中办发〔2010〕27号）。

潘小娟：《中国基层社会重构——社区治理研究》，中国法制出版社，2004。

王邦佐：《城市社区居民委员会组织研究》，上海人民出版社，2003。

林尚立：《社区民主与治理：案例研究》，社会科学文献出版社，2003。

陈喜强：《中国城市基层社区组织身份治理模式研究》，中国经济出版社，2011。

谢立中：《城市居民自治：实际含义、分析模式与历史趋向》，《江苏行政学院学报》2002年第3期。

〔美〕理查德·博克斯：《公民治理引领世纪的美国社区》，中国人民大学出版社，2013。

陈伟东：《城市基层社会管理体制变迁：单位管理模式转向社区治理模式》，《理论月刊》2000年第12期。

陈晓运、姚森隆：《居委会“去行政化”：实践、问题与对策》，《广东行政学院学报》2015年第4期。

能力篇

Community Governance Abilities

B.6 城乡社区治理中居民的参与能力

陈　序*

摘　要：　社区居民参与是社区治理发展的重要动力，四川省委、省政府高度重视居民社区参与的发展和提高。近年来，四川省充分发挥党组织的核心领导作用，不断拓展社区居民参与的内容、领域、渠道和路径，完善社区协商制度，培育居民参与能力，促进社区参与常态化。目前，四川省居民社区参与仍然面临地区分布不均、公共事务参与少等问题，社会客观环境和个体差异是制约居民参与的主要因素。四川省要继续采取针对性措施提高居民的社区参与能力。

关键词：　社区治理　居民参与　影响因素

* 陈序，四川省社会科学院社会学所助理研究员，主要研究领域为社会发展与社会治理。

一　引言

社区居民参与是指社区居民通过一定的渠道和方式参与社区活动和社区公共事务决策、管理和监督的行为与过程。居民参与社区公共事务的渠道、方式多样，包括社区居委会选举、社区议事会、社区民主恳谈会、坝坝会、居民评议大会等会议形式，也包括社区居委会、社会组织、业主委员会和居民组织的各类活动和志愿服务。根据社区居民参与动力不同可以划分为动员式参与和自发式参与，根据参与目的不同划分为自愿参与、志愿参与和权益参与。社区居民参与水平和能力是我国社区治理水平和能力的重要组成部分，有利于解决群众切身困难和矛盾纠纷，实践人民当家作主的民主权利。

党的十八大召开后，基层协商民主成为居民参与社区自治的重要形式和工作方向。近年来，四川省始终坚持在党的领导下，发挥社区居委会基础作用，搭建社区协商平台，健全社区协商机制，拓展社区协商内容，落实社区协商成果，社区居民参与内容、路径和范围不断发展、创新。2017 年中共中央、国务院出台《关于加强和完善城乡社区治理的意见》，明确提出要增强社区居民参与能力，凡涉及城乡社区公共利益的重大决策事项、关乎群众切身利益的实际困难和矛盾问题，都要组织居民群众协商解决，对社区居民参与的范围进行了说明。在党的十九大上，习近平总书记对新时代社会主义协商民主提出新要求，强调要推动协商民主广泛、多层、制度化发展，统筹推进政党协商、人大协商、政府协商、政协协商、人民团体协商、基层协商以及社会组织协商。在四川省委、省政府领导下，四川省高度重视社区居民参与社区治理工作，整合资源，不断提高社区居民参与的主动性和积极性，为社区治理发展提供不竭动力。

二　城乡社区居民参与能力概况

（一）参与历程

目前，我国社区居民参与的发展是随着社区建设工作的进行而推进，伴

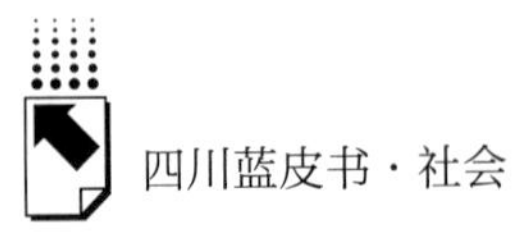

随社区治理工作的深入而深化，突出表现在参与载体的增多、参与方式的丰富和参与内容的拓展。

1. 我国城乡社区居民参与历程

社区居委会是居民社区参与的重要载体之一。我国早在1954年的《城市居民委员会组织条例》中就明确居民委员会是群众自治性的居民组织，在当时以“单位制”为主、“街居制”为辅的城市管理体制中，个体社会生活在国家全面控制下，居委会管理服务的对象、范围和作用十分有限。直到改革开放，单位制逐渐解体，街道居委会才开始承担更多的社会管理服务职能。1989年，《中华人民共和国居民委员会组织法》颁布，要加强居民委员会建设，通过居民委员会进行自我管理、自我服务和自我教育，涉及全体居民的事情，居委会必须主持召开居民会议，由居民会议决定。居民委员会成为社区居民参与的重要载体。在居委会组织法颁布前，1987年全国人民代表大会常务委员会就已经颁布了《中华人民共和国村民委员会组织法（试行)》，农村居民依靠村委会参与社区建设、治理。

社区志愿组织也是社区居民参与的重要载体之一。1986年，我国民政部开始倡导社区服务。1989年，全国第一个社区服务志愿者协会在天津市和平区新兴街朝阳里社区成立，发起人是一位名为董光义的老共产党员。二十三年间，从最初仅有13名社区积极分子发展到拥有124个团体会员单位和10030名志愿者，服务领域也从最初的仅帮助社区困难群众解决柴米油盐等实际困难拓展到向全体社区成员提供文化、卫生、再就业、便民服务、扶残助困服务等十余项内容。通过与专业团队合作，服务形式也更加丰富、专业，是我国社区志愿者组织的典型代表。实践证明，社区志愿服务既有助于提高居民的社区认同感和社区归属感，有利于社区居民间交往，是促进社区居民参与的好方法。

社会组织是实现社区居民参与专业化的重要载体之一。党的十四届三中全会确立以“小政府、大社会”为政府职能转变的目标后，我国社会组织的数量开始增加。2007年，上海市浦东新区就出台了关于政府购买服务的文件，成为全国最早开始政府购买服务的地区，随后天津市、宁波市、北京市也开始向专业社会组织购买服务。党的十八大提出发挥社会协同作用后，各省市围绕社会组织发展的顶层设计和地方规定大幅增加。通过专业社会组织的服务，社区居民参与更加有序、科学。2012 年，我国很多地方出现社区自主孵化、培育的社区社会组织。社区社会组织以社区居民为服务对象，稳定地为社区居民提供服务，更容易凝聚人心，培养社区居民参与的习惯。

社区会议是社区居民参与的传统形式。我国历来善于使用座谈的方式解决居民间存在的问题和矛盾。社区活动是社区居民参与的基本形式。从最初的利用节假日举办各种文艺体育活动吸引居民参与，到成立社区兴趣小组、活动队伍促进社区活动常态化，再到创立文化活动品牌，举办各类讲座，拓展居民参与领域，社区活动一直发挥着其稳定作用。除了社区活动，社区居民还通过提供资源服务的形式参与社区事务。

社区协商是社区居民参与的重要形式。2015 年，中共中央办公厅、国务院办公厅印发了《关于加强城乡社区协商的意见》，推进城乡社区协商制度化、规范化和程序化。2015 年，北京市通州区新华街道在所辖社区内实施了驻区单位、社会组织、社区代表、物业公司、业主委员会等社区主体都可以参加的不同议题的“协商治理、协商服务”双协商会议。2016 年，上海市普陀区政协通过建设同心家园项目，为辖区范围内社区设计社区协商议事流程，绘制社区协商流程图，跟踪社区协商结果办理落实，积极探索完善社区协商议事机制的路径。2017 年，广州市增城区重视农村社区协商发展，探索农村社区协商的内容、主体、形式、程序，出台《增城区村民议事厅建设指引》等配套文件，加强社区协商规范化。近年来，以社区协商为载体、培育提升社区居民参与能力为目的的工作正在全国范围内广泛推广。

2. 四川城乡社区居民参与历程

社区治理离不开居民参与，社区居民参与遍布城乡社区治理工作的方方面面。四川省高度重视城乡社区居民参与状况，不断采取各类措施完善制度，以提高社区居民参与的主动性和积极性。

2007 年，四川省出台《关于加强和改进社区服务工作的意见》，指出要培育居民参与社区事务意识，提高社区居民参与能力。2011 年，四川省委组织部颁布《关于扎实推进“三有一化”建设充分发挥社区党组织在城市基层社会管理中领导核心作用的意见》，强调在基层党组织领导下，健全居民群众反映情况、表达意愿、民主讨论、参与决策的制度，为居民社区参与提供制度保障。2012 年，在四川省委组织部发布的《关于加强社会工作专业人才队伍建设的实施意见》中，突出了要扩大公众参与，完善民主评议，把群众意见作为社会工作专业人才考核评价的重要标尺，引起社区对居民参与的重视。同年，四川省民委出台了《四川省关于加强社区民族工作的意见》，提出要大力促进社区各族人民交往互动，利用橱窗、文化墙、网站、文化馆、文化广场等活动阵地，为各民族群众交流、联谊和参与社区建设提供渠道，引导和帮助少数民族流动人口尽快适应城市社区环境和生活，社区居民参与主体扩大到少数民族群体。2013 年，四川省委出台《关于加强城乡社区建设和创新管理服务的意见》，特别说明要探索社区流动人口在居住地参加社区居（村）民委员会选举的方法和畅通社区居（村）民参与社区事务渠道。2014 年，四川省发布了《四川关于全面深化改革加强基层群众自治和创新社区治理的通知》，要求动员村（居）民参与社会治安综合治理，社区居民参与扩大到社区治安领域，积极引导居民参与安全社区建设。截至 2015 年 10 月，全省共备案升级安全社区 1064 个，国家级安全社区 301 个[①]。四川省后又出台《关于全面推进社区矫正工作的实施意见》，要在每个社区选聘 3～5 名居（村）民代表，对社区服刑人员遵纪守法、参加社区服务等日常表现情况进行评议。2016 年，四川省出台《关于开展农村社区建设试点工作的实施意见》，要在农村推广“坝坝论坛”、“一事一议”、村民议事会、“阳光议事会”、“群众例会”等协商形式，建立健全村级协商工作机制，拓展基层民主的参与渠道。

四川省各地市州在实际工作中，始终坚持党的领导，按照四川省委、省

① 资料来源：http：//www. sc. gov. cn/10462/10464/10594/10600/2015/12/14/10362090. shtml。

政府的要求，结合地方实际，在切实推进社区治理工作中，高度重视居民社区参与的发展。

（二）参与现状

2017 年，在党的领导下，四川省圆满完成了全省第十届村（居）民委员会换届选举工作。依托选举工作的开展，四川省以完善居民社区参与制度为重点，提高社区居民参与的组织化程度，拓宽社区居民参与途径和领域，让社区参与意识深入民心。

1. 制度化水平不断提高

村（居）民委员会换届选举是社会主义民主政治最直接、最生动的实践，也是社区居民参与的传统。各地市州利用村（居）民委员会换届选举，对村务公开内容、程序、形式、时限和成果运用等进行全面规范，切实保障村民群众的知情权、参与权、决策权和监督权。健全由普通居民组成的村（居）务监督委员会，保证监督委员会有人员、有牌子、有印章、有办公场所、有工作制度、有履职记录，对村（居）委会成员履职情况进行民主评议，使居民监督更全面、更系统，推动城乡社区居民参与工作提档升级。

社区协商制度化是居民社区参与的重要制度保证。四川省内大多数市州均出台了《关于加强城乡社区协商工作的贯彻实施意见》，严格规范协商议题选择、协商过程、协商结果和过程监督等重要环节，逐步形成基层党组织领导、居（村）民委员会负责、各类协商主体共同参与的城乡社区协商工作机制，推进社区协商民主制度化、程序化、规范化。为保证社区协商制度化的科学性，部分地方打造了一批社区协商工作试点单位，发挥榜样引领作用，以示范带动社区协商发展，部分地区还细化了社区协商工作分工，落实责任，由主要领导干部亲自抓、总负责，各单位派专人负责，确保社区协商工作的落地。

2. 组织化程度不断加强

为保证社区居民的有效参与，让社区协商成为基层议事常态，各地市州不断固化城乡社区协商议事形式，健全居民民主议事会制度、听证会制度、民主评议会制度、民情恳谈会制度、社区干部述职述廉和问责制度，辅以小区协商、业主协商等补充协商议事形式，开辟社情民意征集渠道和构建较完善的民意沟通体系，实现各类协商主体有序开展专题协商、定期协商和对口协商。开展丰富多样的协商活动，党员带头深入社区“访民情、知民意、解民难”，定期走访社区困难群体，与居民结对子、交朋友、说心事、解心结，以民情恳谈日、社区警务室开放日、村（居）民论坛等为平台，引导社区驻区单位、社会组织、工业园区、商业楼盘等代表广泛参与协商，让居民参与到社区大事及关系切身利益的事情中，培养居民关心社区公共事务意识，改变以往居民关心社区活动多、参与社区公共事务少的状况，激发社区活力。

3. 领域不断拓展

在新一届社区居委会的带领下，社区工作人员充分听取居民意见、建议，全省绝大多数地区都重新编制完善了村规民约和居民公约。除了紧紧围绕生产生活中涉及自身利益和迫切需要解决的实际困难和问题（如社区安全、社区卫生、社区服务）进行协商外，社区协商还注重结合热点、难点工作，将精准扶贫项目、公共基础设施建设、居民公共服务需求、城乡环境综合治理等关乎群众切身利益的事项作为协商重点。

4. 方式不断创新

利用“互联网+”技术，不断创新社区居民参与方式。随着社区信息化应用能力不断提高，各地在规范完善传统固定的居务公开形式，如公开栏、会议、短信的基础上，使用居务信息查询平台、APP、公众号、微信群、微博、QQ群等现代信息平台，适应现代生活发展，实现居务“全人群覆盖”“全方位联动”“全天候互动”。利用社区网格化管理网络，公布网格员、社区办公及工作人员电话，改变长期以来社区党组织、社区居委会自上而下的惯性思维，广开自下而上的渠道收集社区协商议题。部分地区加大投入，利用政府购买服务方式，通过专业社会组织，结合社区历史、环境、群众需求等具体情况，运用项目制的方法，增强社区居民参与的趣味性和积极意义，吸引居民参与。

（三）典型经验

1. 党组织领导与市场化运作相结合

成都市双流区“四个一点”的多元筹资模式。双流区为解决新型社区服务管理经费难题，创建了住户出一点、市场运作筹一点、村公资金投一点、区镇财政补一点的“四个一点”多元化筹资机制。四川省成都市在推进新型城镇化进程中，以新农村建设、城乡统筹、拆迁安置、土地整理、灾后重建等形式建设的各类农民集中居住区大量涌现。由于安置政策不统一，居民素质参差不齐，尚未形成缴纳物管费的自觉观念，小区管理经费来源渠道较少，普遍存在管理经费筹措难、维修资金投入高问题。为解决“钱从哪里来”的问题，双流区一是发动群众自筹，在对小区管理总成本进行科学测算的基础上，按照小区住户 5 年内逐年递增 20% 的缴费办法，由小区议事会自行议决缴费标准，增强群众有偿服务和购买服务的意识，引导其自主缴纳物管费。二是市场运作筹资，在全面清理小区资产、资源和明晰权属的基础上，采取公开竞拍、股份合作、出租等市场化方式，统一经营管理小区停车场、公共绿地、群宴场所、商业服务配套设施等资产资源，增加小区集体收入。三是村（社区）资金补充，严格履行村公专项资金使用民主程序，村公专项资金用于小区公共服务和设施配套、管护的额度，由村（居）民议事会议决通过；集体经济组织有收益的村（社区），经民主议决后拿出一定资金补助小区物管经费。四是区镇财政资金补贴，区镇两级财政补贴新入住新型社区 5 年物管费，补贴标准逐年递减 20%，5 年后财政资金完全退出。同时，采取“以奖代补”的形式，在全区新型社区开展“星级创评”活动，对成功创建三星级及以上的新型社区进行奖励。通过多元化筹资机制，社区物业服务得到延伸拓展，群众参与热情得到极大提高，形成了充满生机活力的社区治理新局面。

2. 党组织领导与居民作主相结合

南充市新建街道“三化一制”的社区居民参与机制。新建街道针对辖区内部分老旧社区/院落无物管、失地农民多、困难群众多、疑难问题多、矛盾纠纷突出、基础设施脆弱、安全隐患大和环境脏乱差等问题，通过“三化一制”让群众全程参与社区民生事项的决策、执行、监督、评议，充分尊重群众意愿，社区工作重点、开展方式，全都由居民作主。“三化一制”中“三化”是指社区治理网格化、精细化和个性化，“一制”指四群工作制度（群众选择、群众参与、群众评判、群众监督），以主社区工作人员和辖区党员指导的形式，发挥群众的主观能动性。在社区党委的领导下，社区工作人员通过入户走访、民情信箱等方式不定期收集居民对小区管理工作的意见建议，对存在的问题及时整改解决，坚持让群众选择。在小区成立治安巡逻队、小区劝和小组、业主委员会、志愿者工作站和文体活动队五支群众服务队伍，发动群众参与社区治理。居民定期对网格党小组长、居民小组长工作进行评价，对群众评价差的人员给予警示，并限期整改。居民对社区租金收入、物业管理收入和小区车辆管理收入进行监督，实行流水账公开，晒细账、笔笔清，变过去的“糊涂账”“滞后账”“假账”为“明白账”“及时账”“真账”，使居民心气顺、干群关系融洽。

（四）主要问题与难点

长期以来，社区居民参与积极性和主动性的提高一直是社区工作的重难点，尤其是在新兴住宅小区、商品房小区内。各级政府和社区都高度重视居民社区参与工作，把居民参与作为社区工作的“试金石”，居民社区参与仍面临三方面不足。一是制度供给不足。已有研究证明，共同利益联结是促进社区居民参与社区工作的内在动力，协商问题的解决是维持居民参与热情的核心要素，居民参与渠道、路径、领域的广度与深度较之过往已有显著提升，但仍然没有很好地解决社区协商结果的运用问题。从顶层设计看，无论是国家层面还是省级层面都缺少社区居民参与的顶层设计，已有的制度规定原则性高于实操性，使把握困难。从操作层面看，部分仅靠社区无法解决的问题缺少进入政府决策流程的换届、流程与机制，导致社区协商结果没有发挥积极的作用，制约了社区居民参与的积极性。二是社区居民参与发展不平衡，表现在区域间、城乡间、不同社区类型间居民参与的差异较大，一些社区能很好地利用已有资源促进居民参与，一些社区则很难调动居民参与。三是个体意识能力不足，表现在居民对社区公共事务不关心，居民异质性高，社区归属感、认同感弱，社区参与意识不强，参与能力不高，协商能力不足，对居委会缺乏信任，难以保障参与时间。

三　影响因素分析

为解决居民在社区参与过程中遇到的问题，不同专家学者从不同角度、运用不同方法对社区居民参与度低的主观原因进行了分析总结。多数研究结果显示，影响社区居民参与的原因主要包括个人因素和社会环境因素两类。社会环境因素主要是指居民所在小区的类型，通常情况下老旧院落、农村社区居民参与度要高于商品房小区；个人因素包括年龄、学历、职业、收入、房子产权等，会直接影响社区居民参与的水平。2015 年，北京师范大学张欢和褚永强利用中国公民公益行为数据对城市社区居民参与的影响因素进行了分析，结果证实居民社区生活质量感知水平对社区参与有显著影响，也就是说对社区生活质量满意度越高，居民的社区参与程度也就越高，此外，他们还通过 Ordered Probit 模型证明了性别、年龄、受教育程度、政治身份、婚姻状况、家庭经济状况、就业情况、居住时间、社区类型对社区居民参与也有显著影响，只是影响力小于社区生活质量感知水平[①]。2007 年，杨敏通过对社区参与具体过程的深入分析，深刻揭示了不同居民群体社区参与的动机、策略以及在此过程中表现出的对社区的认同，指出虽然社区作为自治单元已经得到居民认可，但是我国社区并非自主发育而成的地域生活共同体，在发展过程中仍然需要国家制度支撑和扶持，而不仅仅是一味强调自我管理[②]。

① 张欢、褚永强：《社区服务是城市居民社区参与的“催化剂”吗？——基于全国 108 个城市社区的实证研究》，《四川大学学报》（哲学社会科学版）2015 年第 6 期。

② 杨敏：《作为国家治理单元的社区——对城市社区建设运动过程中居民社区参与和社区认知的个案研究》，《社会学研究》2007 年第 4 期。

2017 年，课题组对目前四川省社区居民参与情况高度重视，实地走访和调研了全省 6 个地市州的近 30 个社区，通过问卷调查的形式反映了四川省居民社区参与的具体状况。数据分析显示，客观社会环境（地区等）因素和居民个体特征（性别、年龄、学历、政治身份和婚姻状态）仍然是影响社区居民参与的主要因素。

（一）客观社会环境的影响

从本次调查的 6 个地市州接受调查的居民来看，经常参与居委会讨论或发表过看法的居民占比从高到低依次为：宜宾市、绵阳市、攀枝花市、阿坝州、成都市和遂宁市。没有参与过居委会讨论或发表过看法的居民占比从高到低依次是成都市、阿坝州、攀枝花市、绵阳市、遂宁市和宜宾市（见表 1）。不同地区间社区居民参与度有明显不同。

表 1　不同城市居民社区参与居委会讨论或发表看法的频率

单位：%

参与过居委会讨论或发表过看法	成都市	绵阳市	遂宁市	宜宾市	攀枝花市	阿坝州
没有	51.11	21.37	13.11	8.66	24.65	27.72
偶尔	16.67	14.50	43.44	13.39	22.54	20.79
有时	12.78	23.66	26.23	25.20	26.06	25.74
经常	19.44	40.46	17.21	52.76	26.76	25.74
合计	100.00	100.00	100.00	100.00	100.00	100.00

城市加速发展，社区规模不断扩大，造成社区内部情况日益复杂，一个社区内往往包含不同的小区类型，如农村社区、老旧院落、安置小区、单位小区和商品房小区等。房屋性质既能够在很大程度上代表社区内不同的小区类型，又能够反映居民的经济收入、社会身份等。

居住在租用房和单位宿舍的社区居民参与度最低。数据显示，居住在自建房、廉租房和拆迁安置房内的居民参与居委会选举的比例较高，分别达到 85.08%、80.00% 和 75.58%，居住在租用房和单位宿舍的居民参与居委会选举的比例较低，分别仅有 58.54% 和 58.57%（见表 2）。随着单位制的解体、市场经济的发展，城市中的流动人口数量越来越多。根据全国第六次人口普查数据，2010 年四川省共登记半年以上外来人口数达 1173.52 万，其中，省内 1060.66 万人，省外 112.86 万人[①]。流动人口进入城市后，往往会选择交通方便、租金便宜的小区居住，而这些小区大多数是过往单位小区、宿舍等，原有居民搬入商品房小区。农民工是城市流动人口的主要组成部分，早在 2011 年国家民政部就已经出台了《关于促进农民工融入城市社区的意见》，规定但凡在社区有合法固定住所、居住满一年以上符合相关条件的农民工可以参加本社区居民委员会的选举。在随后出台的各项管理社区建设、治理的文件中也多次强调要重视流动人口的社区融入问题，省内各级政府和社区也高度重视流动人口社区参与问题，但仍然有待改善。另外，商品房社区居民参与也应引起重视。

表 2　房屋性质对居民参加居委会选举的影响

单位：%

参加过居委会选举	自建房	拆迁安置房	廉租房	租用房	单位宿舍	商品房
是	85.08	75.58	80.00	58.54	58.57	69.84
否	14.92	24.42	20.00	41.46	41.43	30.16
合计	100.00	100.00	100.00	100.00	100.00	100.00

（二）居民个体特征的影响

男性社区事务参与度明显高于女性。数据显示，在被调查的社区居民中，没有与参加过居委会讨论或发表过看法的女性明显高于男性，高出 8.49 个百分点，经常参加居委会讨论或发表看法的男性明显多于女性，高出 5.33 个百分点（见表 3）。已有的部分调查研究显示，女性参与社区活动（如广场舞、太极拳等）的比例高于男性，但本次调查结果反映男性在参与社区事务方面的比例要高于女性。

① 资料来源：http：//www.sc.gov.cn/10462/10883/11066/2012/6/18/10214323.shtml。

表3　不同性别居民参与居委会讨论或发表看法的频率

单位：%

参与过居委会讨论或发表过看法	男	女
没有	21.25	29.74
偶尔	23.75	19.83
有时	21.88	22.63
经常	33.13	27.80
合计	100.00	100.00

年龄越高对社区事务的参与度越高。数据显示，没有或偶尔参加居委会讨论或发表看法的30岁以下年轻人（不含30岁）、30~60岁（不含60岁）的中年人和60岁（含60岁）以上老年人分别占比达60.00%、47.43%和43.04%；有时或经常参加居委会讨论或发表看法的30岁以下年轻人、30~60岁的中年人和60岁以上老年人的占比分别为40.00%、52.58%和56.96%（见表4），年龄越大参与居委会工作的可能性越高。

表4　不同年龄段居民参与居委会讨论或发表看法的频率

单位：%

参与过居委会讨论或发表过看法	30岁以下	30~60岁	60岁以上
没有	25.71	23.82	28.27
偶尔	34.29	23.61	14.77
有时	27.14	23.61	18.99
经常	12.86	28.97	37.97
合计	100.00	100.00	100.00

社区参与居民的学历呈现极端分布。表5数据显示，拥有初中学历的社区居民经常参与居委会讨论或发表意见的比最高，达到36.09%。没有文化的社区居民经常参与居委会讨论或发表意见的占比最低，仅为18.18%，有近60.00%没有文化的居民从来没有参加过讨论或发表过看法。拥有大学及以上学历的居民经常参与居委会讨论或发表看法的占比也很低，仅占20.00%，有44.00%的高学历居民从来没有参加过居委会的讨论或发表过看法，这可能与社区高学历的群体通常为年轻人，缺少参与社区活动时间有关。

表5　不同学历居民参与居委会讨论或发表看法的频率

单位：%

参与过居委会讨论或发表过看法	文盲	小学	初中	高中/中专	大学及以上
没有	59.09	29.93	21.80	24.75	44.00
偶尔	4.55	19.73	22.56	21.21	20.00
有时	18.18	23.13	19.55	22.73	16.00
经常	18.18	27.21	36.09	31.31	20.00
合计	100.00	100.00	100.00	100.00	100.00

党员社区参与频率显著高于普通群众。表6数据显示，在被调查的居民中，有时或经常参与居委会讨论或发表看法的中共党员、共青团员和普通群众分别占比为67.41%、34.54%和48.85%。表明相对于共青团员和普通群众居民，拥有党员身份的居民参与居委会讨论或发表看法的可能性更大，可见，党员同志在社区参与中能够发挥更大的作用。但同时也应该看见，仍然有近20.00%的党员还没有参与过社区讨论或发表过看法，这可能与社区党员更习惯参与单位党支部的活动或社区有部分流动党员有关，党员同志在社区参与方面的模范作用还应得到更大提高。

表6　不同政治身份居民参与居委会讨论或发表看法的频率

单位：%

参与过居委会讨论或发表过看法	中共党员	共青团员	普通群众
没有	19.34	36.36	27.67
偶尔	13.26	29.09	23.47
有时	23.76	18.18	21.37
经常	43.65	16.36	27.48
合计	100.00	100.00	100.00

丧偶的居民社区参与频率高于其他家庭。数据显示，不同婚姻状态的居民社区参与度不同。丧偶的居民、已婚居民、离异居民和未婚居民经常参加居委会讨论或发表看法的占比分别是42.55%、29.16%、35.48%和

17.86%，丧偶的居民经常参加居委会讨论或发表看法的占比最高。总的来说，无论是何种状态，没有配偶的社区居民参与度都要高于有配偶的居民。

表 7　不同婚姻状态居民对参与居委会讨论或发表看法的频率

单位：%

参与过居委会讨论或发表过看法	未婚	离异	已婚	丧偶
没有	30.36	12.90	27.18	19.15
偶尔	25.00	12.90	21.68	21.28
有时	26.79	38.71	21.98	17.02
经常	17.86	35.48	29.16	42.55
合计	100.00	100.00	100.00	100.00

四　对策建议

社区居民参与困境是全国很多地方推进社区治理工作过程中面临的问题和挑战。为改变居民社区活动参与多、公共事务参与少，被动参与多、主动参与少，老年人参与多、年轻人参与少，党员参与多、普通居民参与少的状况，不同学者从各种角度均进行了很多有意义的探索，以帮助社区居民参与从低水平向高水平发展。比如，增加预算为社区协商提供经费保障；开辟协商场所，完善社区协商触发机制，把协商嵌入社区工作各个环节，对参与协商的居民职业、年龄、能力进行筛选，在协商过程中要求专家参与，注重协商制度与其他制度等民主制度的衔接等，使协商更加科学化。让居民更多地参与社区公共事务，也对居民的参与能力提出了更高要求。相关研究认为，居民要实现有效参与尤其是参与社区协商，必须具备理性、责任感特质。居民间能够平等共处，能够尊重并理解他人，具有包容心和宽容心，当自己的观点看法与其他多数居民意见出现分歧时，能够服从协商结果，支持政策执行。因此，提高居民社区参与度还应该提高居民的参与能力和素质，针对不同地区、不同文化层次、不同年龄层次、不同职业状况的群体开展培训和活动，为居民社区参与提供良好的内外环境。

参考文献

张欢、褚永强：《社区服务是城市居民社区参与的“催化剂”吗？——基于全国108个城市社区的实证研究》，《四川大学学报》（哲学社会科学版）2015年第6期。

杨敏：《作为国家治理单元的社区——对城市社区建设运动过程中居民社区参与和社区认知的个案研究》，《社会学研究》2007年第4期。

B.7
城乡社区治理中社区文化的营造能力

杨华军　张祥荣*

摘　要： 社区研究是社会学研究的学科核心课题和当前的热门课题。在社区的众多社区属性中，文化与社区相混生而不可分割。在城乡社区治理过程中，文化建设因而具有天然和内在的重要性。尤其是2016年习近平总书记在中国共产党成立95周年大会上提出“四个自信”以来，文化自信的建设在社区层面上具有突出的政治重要性。据此，文章在广泛调查四川省城乡社区治理中文化建设的现状、制度建设、体制机制建设、创新成就以及存在问题的基础上，提出了社区文化建设的一些对策建议。

关键词： 社区治理　文化建设

一　引言

社区研究是社会学研究的学科核心课题和当前热门课题。社区的内涵和外延有其较为宽舒的所指，也有其公认的排他性。所谓宽舒，是指社区既涵盖实体性社区，又可用于指称虚拟的社区；既有大的社区又有小的社区；既

* 杨华军，四川省社会科学院社会学所副研究员，主要研究领域为乡村社会学、文化社会学；张祥荣，四川省社会科学院社会学所副所长，青少年研究中心主任，主要研究领域为家庭、儿童教育。

有单一的社区又有复杂的社区。所谓排他性，是指作为社会学学科所论述的社区，我们一般遵循 F. 滕尼斯在《社区与社会：纯粹社会学的基本概念》中用于区分人类群体的两种类型，即社区和社会中那个社区。其中，以地域、意识、行为以及利益为特征的生活共同体被称为社区，至于与此相对的不同的人类群体则很难被归入社区的范围。

遵循这一基本的划分，社会学家和社会学工作者从各自不同的角度研究和定义社区。到 20 世纪 80 年代，有学者曾统计过社区定义的数量，有一百四五十种。随着近四十年的新发展，社区的定义也许又有了进一步的发展。但综合涂尔干、韦伯、齐美尔、帕克、帕森斯等社会学大家的论述，以及近年来较新的研究，我们发现地域、共同联系和互动几乎是公认的社区的属性和特征①。

党的十八大以来，中国的城市和乡村社区都发生了并发生着翻天覆地的变化。社区内外的人都感受到城市社区物质文化更加繁荣、人际关系更加和谐、治理更加有序，乡村社区环境更加美丽、生态更加宜居。这些共识的形成，都将对党的十九大以后城乡社区治理新格局产生深远、持久和稳定的影响。由于党的十九大是在“两个一百年”奋斗目标的历史交汇期召开的一次战略大会，因此城乡社区治理将更多地着眼于长治久安而不是小修小补，着眼于稳中求进而不是按部就班，着眼于创新创造而不是畏首畏尾。从这些角度出发，城乡社区治理中的文化建设就大有可为。

首先，社区与文化混生在一起而不能分割。文化生成和生长于一定的空间，而社区是文化表现的基本单元。按照社会学家吴文藻的说法，“现代社区的核心为文化，……社会学便是社区的比较研究，文化的比较研究，制度的比较研究”。② 由此可见，文化在社区研究中的重要性，以至于可以认为社区是文化形成和运行的基本地域规定。

其次，社区的人口承载着文化的最能动的、最具创造力的因素。文化是

① 当然，时下的网络社区或者说虚拟社区一般认为能够超越地域这一属性和特征。

② 阎明：《一门学科与一个时代：社会学在中国》，清华大学出版社，2004。

人的属性，更是人的高贵的来源。人决定了社区和文化的高贵性、创造性和灵性。当然，人也是变动性最大的因素。好的社区文化留得住有创造性的人，有创造性的人及其结合又反过来创造好的、新的社区文化。因此，社区和文化在社区的人处合二为一，相互塑造、多方共进。

最后，文化是社区内生动力，自觉运行、持续稳定发展的润滑剂和催化剂。社区文化心理是社区存在和发展的深层次驱动力。社区的风土人情、传统习惯、管理制度，社区成员的心理特质、行为模式、价值观念等都是社区文化心理的体现。党的十八大以来，四川省城乡社区的各项有形的建设事业，如各种阵地建设、机制建设都已经有了相当的规模，产生了相当的成绩。这些有形的建设如何在党的十九大以后产生无形的价值、持续的影响，实现飞跃的发展，也许正需要文化建设这一柔性建设、低成本建设和触动利益最小的建设来加以润滑和催化。

总而言之，在党的十九大全新的城乡社区治理格局下，大力加强文化建设可谓正逢其时、正得其所。因此，我们在四川成都、绵阳、遂宁、达州、乐山、宜宾、攀枝花等地的调研基础上，阐明四川省社区治理中文化建设的现状，分析文化建设中存在问题，以期提出新时代适合四川省情的文化建设思路和方案。

二　城乡社区治理中的文化建设现状

（一）城乡社区文化建设概况

1. 基本概况

社区文化需要建立在有形的社区之上。因此，对全省社区建设的整体情况的了解有助于对社区文化及其制度建设的分析。第一，四川省城乡社区建设形成了中心独大、区块分割的格局。截至 2017 年底，全省街道所辖社区和乡镇所辖社区共计 7611 个。其中，成都作为省会城市和国家中心城市有社区 1870 个，约占全省总数的 24.57%。所辖社区达 400 个的地市州分别有南充、绵阳和达州。也就是说，社区规模较大的地市州主要集中在成都和川北，形成了成德绵、南充—达州、内宜泸等几个主要的区块。第二，形成了万人社区的规模。统计表明，四川全省共计约 7611 个社区。按照 2017 年四川人口为 8673 万计算，平均每个社区人口约为 1. 14 万人，部分社区甚至超过 3 万人①。第三，四川省社区文化建设新的增长极可以说是中部县市的崛起和发展。随着中央文明办于 2017 年 11 月 14 日公布了第五届全国文明城市名单，四川省遂宁市、泸州市获得文明创建的首次成功，这从很大程度上肯定了近年来四川省中部城市在社区文化建设中的努力和成绩。第四，社区建设经费落实情况得到了前所未有的改变。虽然四川省各地区 2017 年社区建设情况整体发展不均衡，但从历史情况来看，各地社区建设都得到了飞速的发展。其中，各地社区建设经费保持了 10% 左右的增幅，而社区文化建设的经费则占社区总费用的 5% ~10% 不等，部分社区甚至出现了文化建设经费略有盈余的情况。由于经费来源的多元化，社区文化建设的形式也较为多样，质量也较为突出。

2. 基本格局

通过广泛的调查，我们发现四川省在社区治理过程中就文化建设领域而言，大致形成了“五化”的阵地格局和“一主多辅”的主题格局。

所谓“五化”的阵地格局，是指在建制的社区逐步形成中心化、讲堂化、场馆化、广场化和合作化的阵地建设格局。所谓中心化，是指绝大部分社区都已经建立社区文化活动中心，依托文化活动中心开展各种文化活动。所谓讲堂化，是指绝大部分社区或者社区的联合体打造“市民道德讲堂”“法治讲堂”等类型的文化宣讲阵地。所谓场馆化，是指绝大部分社区建成或正在建设图书馆、少年宫、远程教育室、文化角、阅报栏等文化载体和场所。所谓广场化，是指绝大部分城市社区有社区的文体活动广场，大部分农村社区有了村民议事广场、文化坝坝会场所。所谓合作化，是指随着城市化进程加快和城市化范围的扩大，不少有条件的城市社区与周边企业和单位合

---

① 资料来源：四川省民政厅 2017 年统计数据整理。

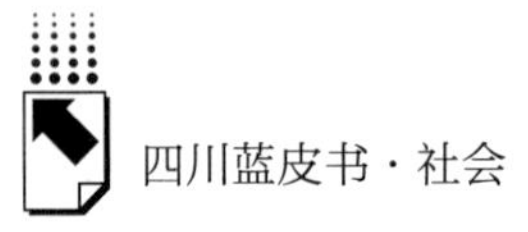

作举办文化交流活动，在文化建设过程中创造了共享式的文化场所。

所谓“一主多辅”的主题格局，是指四川省在城乡社区治理过程中，逐步在文化建设领域形成了以社会主义核心价值观为主、体现社区以及城市特色的多种文化建设主题为辅的格局。各社区都将社会主义核心价值观以多种形式展示在社区的显要位置；同时，各社区结合当地特色多次开展宣讲社会主义核心价值观的文化建设活动。

（二）城乡社区文化制度建设

1. 认真落实和贯彻中央文件

在城乡社区治理的文化建设领域，2017 年四川省制度建设主要体现在两个中央文件的贯彻和落实上。2017 年 2 月和 4 月，中共中央办公厅国务院办公厅《关于加强乡镇政府服务能力建设的意见》（中办发〔2017〕17 号）和《中共中央　国务院关于加强和完善城乡社区治理的意见》（中发〔2017〕13 号）（以下简称“中央两个文件”）先后出台下发后，四川省民政厅根据省委、省政府安排起草了贯彻中央两个文件的实施意见。其中《中共四川省委 四川省人民政府关于进一步加强和完善城乡社区治理的实施意见》（代拟稿）和《中共四川省委办公厅 四川省人民政府办公厅关于加强乡镇政府服务能力的实施意见》（代拟稿）已经完成了专家论证、合法性审查、风险评估等工作，并提交省委深改组第 23 次、第 25 次会议分别审议通过。

2. 制定和完善社区文化阵地建设制度

在文化建设方面，在建成“五化”文化活动阵地格局的基础上，各社区建立了相应的文化活动阵地管理制度。例如，此次调查的社区在建成社区广场的基础上，制定了相应的活动制度并落实了相关责任人和责任单位。各社区图书馆、远程教育室、市（村）民道德讲堂等场所将已经制定的各项制度完善、规范并张贴上墙。总之，社区文化阵地的各项制度正在完成和完善。

3. 社区移风易俗的制度正在形成

社区文化建设的重要组成部分是开展移风易俗工作。在这方面，四川省的多数社区已经开始将移风易俗工作制度化、规范化。在调查中发现，村规民约大家定、家家都有好家风好家训、“五老”志愿者理事会制度、红白喜事大操大办约束制度等正在成为社区居民所称道的制度。例如，遂宁、泸州等地借全国文明城市创建之机，大力推动将村居广场打造成移风易俗好场所；绵阳江油依托产业发展将家风家训展示在院落，天府新区有乡镇将富有地方特色的楹联之乡、诗歌之乡等历史上获得的称号建设成为文化地标。总之，社区文化建设正在从历史的暗处走到现实的明处，从零散的创意走向稳定的制度。

三　创新机制和能力建设

（一）党组织引领成为主流

在推进和加强四川省城乡社区治理的过程中，发挥党组织引领文化建设的功能正成为城乡社区文化建设的主流。各基层党组织发挥党员先锋模范带头作用，带头深入群众，开展文化下乡、文化进村、文化入户的工作，取得了良好的效果。不少党组织建立了较为固定的文化栏目，不少党员成为文化建设上的多面手。例如，温江区涌泉街道坚持以党建核心促文化建设，建设立体型的“四新”城市社区。其中，党组织运行“双网化”，即党组织运行网格化和党组织服务网络化，在创建社区“新”文化理念、重塑社区“新”邻里关系等方面充分发挥了党组织的核心引领作用。

另外，通过大纵深、多部门对口帮扶的精准扶贫工作，省市县乡多层级党支部深入村社，开展不仅限于经济上脱贫的扶贫攻坚工作，在社区文化建设领域也开出了灿烂的鲜花，并逐渐成为城乡社区尤其是乡村文化建设的重要手段。通过各基层党组织的文化建设活动，各精准扶贫对口帮扶地的群众自发宣传党的恩情、国家温暖以及民族团结。

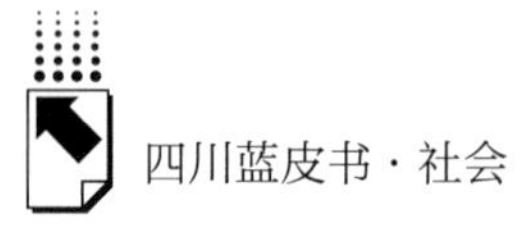

（二）项目制推进顽强生长

文化建设是国家和地方的软实力建设，但却需要用有型、有质、有规模的项目来推进。四川省从条件较为优越的成都市开始，把社区文化建设的任务和要求细化为看得见、摸得着的具体项目。通过项目确立工作目标，采用项目制运作来整合资源，跟进专家评审、第三方面评估、实践检验等以落实项目责任。社区文化建设通过项目制方式达到了创新体制机制的效果，提高了文化建设的工作绩效。

例如，温江迎晖路社区面向辖区、结合实际、以项目制带动社区文化建设。社区通过整合辖区内各类资源，创制了“双联式”联合党委，将社区的特色文化创新工作项目化，将“迎晖美院”评比，“美邻院耕”“美邻墙绘”环保项目，“平安美院”治理体系三部分通过项目制方式包装整合成“美院项目”。

虽然项目制推进文化建设尚未在四川省普遍推开，但通过项目发布、公开公平招标、政府购买公共服务（包括文化建设项目）、第三方评估等一套程序的社区文化建设正在顽强生长，并在成都以外不少地市州尝试。例如，四川省社会科学院“展望”项目推进贫困地区文化扶贫事业，就家庭教育、留守儿童、社区文化提升等领域在遂宁、达州、甘孜州石渠县、凉山州喜德县开展了丰富的活动。绵阳北川县中公未来社工服务中心以项目制的方式培育了近十个极具地方文化特色的社区组织，营造了以互助文化为主题的社区文化。

（三）创新机制成为重要抓手

首先，在推进社区文化建设工作中，四川各地正积极尝试创新体制机制，形成了一些有影响力的经验。在积极推进社区治理创新工作中，四川省认真总结了转变街道职能的成都市做法、规范完善村规民约的“中江经验”、着力提升社区信息化水平的攀枝花实践等在全省乃至全国具有广泛影响力的社区治理创新点，将“居站分离”、孵化培育社区社会组织、提供社区公共服务资金、建立社区“三个清单”、依法立约、以约治村（社区）、开展社区公共服务综合信息平台建设等经验在全省进行宣传推广，不断推进社区治理和服务方式创新，为全省社区治理注入了生机和活力。

其次，四川省在推进社区文化建设方面还出台了一系列文件。为积极推进社区协商机制进一步完善，四川省出台了《中共四川省委办公厅 四川省人民政府办公厅关于进一步加强城乡社区协商工作的通知》，指导各地把协商的理念方法嵌入社区治理的制度规则中，积极推广各地在社区协商中好的做法，不断健全完善协商机制、丰富协商内容、拓展协商形式、扩大协商主体。为积极推进建立社区、社会组织、专业社会工作“三社联动”社区治理新机制，出台了《四川省民政厅关于大力推进“三社联动”工作的意见》，要求各地将“三社”联动纳入社会治理总体规划，纳入民政部门长期工作任务，促进了社会组织孵化培育和社区治理的多元参与。

最后，四川省在创新机制建设方面初步形成一些共识。在文化建设基础较好、条件较优越的社区，开始将创新机制建设置于文化建设的突出地位，并形成一些共识。社区居民和社区工作者都逐渐认识到理顺社区文化建设的管理体制、加强社区教育、提升社区文化队伍建设水平、提高社区居民参与度是文化建设成效所不可或缺的部分，是文化建设质量的有力抓手。其中，成都市正在规范社区教育体制机制，将社会组织项目化参与、社区居民多元介入等作为社区教育的重要途径；天府新区部分乡镇开始探索社区志愿服务体系建设；另外，成都市将社会组织孵化体制作为推进社区建设包括文化建设的重要手段，产生了积极效果，继武侯区社会治理创新服务园、锦江区社会组织发展基金会、金堂县社会组织孵化中心之后，成华区社会组织孵化园诞生，成为西南片区面积最大、配备最全的社会组织孵化园。志愿四川、成都市志愿者服务中心等既开展社会组织的孵化工作，又加强社区文化志愿者的招募、培训和组织，成为四川省社区文化建设的一支重要力量。

总之，创新是文化建设的基本特色，而创新机制建设正成为各地文化建设的有效抓手。

四　对策建议

（一）存在的问题

当然，在取得不菲成绩的同时，我们也应该看到，在推进社区各项治理工作，尤其是社区文化建设的工作中，还存在不少共性和个性的问题。

首先，就共性方面而言，各地方尤其是基层政府对社区文化建设的重要性，心到了而手眼没到，人到了而经费没全到，重点有了而亮点不突出，主体和主题都有了但持续性不够。具体而言，就是不少基层政府都从心里意识到、从口里认识到文化建设对社区治理的重要性，也明白了软实力也是实力而且是持久的实力，但手没有伸出来抓、眼没有俯下去看、脑没静下来思。不少基层政府为社区文化建设配备了人员和经费但在实施过程中都不敷使用，说到底尚有不少人认为文化建设是多亦可、少亦可、无不可的事情。在不少基层看来，社区文化建设不是社区治理主菜正菜而是搭配菜，抓抓就行、有写总结的材料就行而亮不亮没有关系。还有一些基层政府将社区党建、基层宣传等同于社区文化建设，而没有将文化建设看成开展党建、加强宣传极其重要的手段，是促进社区繁荣和发展的持久动力。因此，社区文化建设往往在现实社区治理中形成少经费常断档、少人员常搭车、少创意常循环的局面。举例而言，2017 年初统计的四川东部某社区 2016 年各类经费使用情况，其中文体经费仅占社区总费用的 1.95%（见表 1）。

其次，就个性方面而言，部分地方社区文化设施建设滞后和短缺，部分社区文化建设能力不强、文化建设活动量少且质一般，群众参与度自然不高。另外，社会组织参与社区文化建设的路径尚未通畅，而在参与的数量、能力和质量上也比较欠缺。

当然，以上这些共性和个性问题不少是不平衡不充分发展造成的，是目前四川省社区治理提档升级过程中面临的正常现象，需要在发展中以发展的方法发展地解决。

表 1　四川东部某社区 2016 年各类经费使用情况

单位：元

项目	办公经费	党建经费	经济普查费用	基层公共就业服务平台经费	维稳经费	业主委员会经费	利息收入	医保局转POS 机通信费	西区国税局结对共建工作经费
全年经费小计	49194.49	1928	1789	2885	280	31790.4	0	0	3647.23
年末可用余额	9190.92	1869.7	211	3115	0	7719.6	219.01	99.44	5352.77
合计经费	58385.41	3797.7	2000	6000	280	39510	219.01	99.44	9000

项目	文体经费	双拥工作经费	2015 年考核社区经费	信息采集费	三保经费	计划生育经费	和谐社区建设经费	剩余金额合计
全年经费小计	2800	393	0	8963.2	0	0	0	103390.32
年末可用余额	0	607	4000	0	5000	1000	2000	40384.44
合计经费	2800	1000	4000	8963.2	5000	1000	2000	143774.76

资料来源：四川省东部某社区 2017 年初台账。

（二）对策建议

第一，加强党在社区治理文化建设中的核心和引领作用。2016 年 7 月 1 日，习近平总书记在庆祝中国共产党成立 95 周年大会上明确提出，中国共产党人“坚持不忘初心、继续前进”，就要坚持“四个自信”即“中国特色社会主义道路自信、理论自信、制度自信、文化自信”①。中国共产党对文化建设高度重视，毫无疑问基层政府和社区应该充分认识到文化建设在社区治理中的地位和作用。一切以党的核心和引领作用为依据，是文化建设取得成效的最可靠的保证。

① 新华社：《习近平在庆祝中国共产党成立 95 周年大会上的讲话》，2016 年 7 月 1 日。

第二，全面升级社区文化设施建设、队伍建设和经费保障体制。所谓全面升级，是指以发展眼光、长远的目标和文化软实力强起来的气魄，将社区文化设施建设、队伍建设和经费保障体制升级到符合新时代要求的位置上来。具体而言，社区文化设施建设要有文化、有设计、有品位，力争将社区文化设施做出特色，成为社区的中心和能够代表社区的品牌。社区文化队伍建设要着力在有潜力可塑造、能团结可创造、讲政治可打造等基本标准上下功夫，将社区文化队伍建设成为响应号召、勇于战斗、能出精品的社区治理中坚力量。经费保障体制方面，要用足项目制广聚社会力量，用活社会资源广筹建设经费，盘活和重估社区现有资源以节约文化建设经费。总之，在社区文化建设上要全面提升社区的人、财、物的水平和质量，为文化建设出成效提供最基础的保证。

第三，完善和创新社区文化建设体制机制、规范和发展文化建设工作机制。社区文化建设是走心的工程、绣花的功夫、树品牌的工作。把握文化建设规律、精心研究文化建设体制机制、因地制宜科学设计符合社区文化建设的工作方案、及时调整和淘汰文化建设的落后手段，是新时代社区文化建设取得预期成效的充分条件；规范社区文化建设工作机制，发展符合新时代要求的社区文化建设技术手段，如新媒体、自媒体、社区平台等，是社区文化建设的必要方法。

第四，发掘社区历史、提升社区文化品位、狠抓社区文化品牌建设。我们的社区文化建设不是在全新的空白处建设，而是在各社区深厚的历史文化积淀上的新建设、新发展，因此研究和发掘社区历史，找准打造的要点和特色是社区文化建设的基本工作。社区文化建设需要品位来体现成效，因此文化艺术品位的培养、审美教育的推展是文化建设过程中必不可少的环节。社区文化建设的成效需要品牌来承载和固定，否则文化就会散乱飘忽而缺乏深度，因此富有社区特色的文化品牌的创建和完善是社区文化建设的归宿和高级阶段。

第五，实现跨区域文化交流，在比较和碰撞中生发出文化的创造力。社区文化建设发展不均衡不充分是制约社区文化建设的现实难题，如何在现实基础上扭转劣势现状达到优势效果，是各社区需要思考的问题。目前，不少社区已经开始探索打破社区边界、整合多社区资源，实现开门建设的社区文化建设模式。不少社区跨地区借智借力于专门的文化机构，不少社区联合多地方、多社区开展各种文化建设活动，取长补短发展优势，积极模仿用心创造，在党的十九大以来的实践中取得了可喜的成绩。

参考文献

王燕：《论社区文化及其在社区建设中的作用》，《教育教学论坛》2010 年第 21 期。

隋鹏：《社区建设与社区文化》，《合作经济与科技》2009 年第 5 期。

陈宇秦：《关于城市社区文化建设问题的思考》，《乌鲁木齐职业大学学报》2008 年第 2 期。

鄂忠群：《关于城市社区文化建设的几点思考》，《理论观察》2010 年第 3 期。

孙娜：《论我国社区文化管理的发展》，《魅力中国》2010 年第 3 期。

夏峰华：《浅谈“以人为本”的新型社区文化构建》，《社会科学家》2005 年第 6 期。

马海燕：《城市社区文化建设的几点思考》，《北京政法职业学院学报》2010 年第 4 期。

晏翠华：《我国城镇社区文化建设的重要意义与途径》，《现代企业文化》2009 年第 24 期。

王启荣：《论社区文化基本建设》，《神州》2011 年第 1 期。

钱理江：《浅谈社区文化建设的思路及对策》，《科技致富向导》2011 年第 8 期。

徐晓琳：《社区文化建设的现状和对策》，《决策与信息》（下旬）2009 年第 10 期。

叶香娇：《小城镇社区文化建设的思考》，《大众文艺》（学术版）2010 年第 8 期。

果晓红、杨朗：《探索社区文化服务管理工作》，《重庆图情研究》2012 年第 3 期。

库琪：《城市社区文化建设探索》，《产业与科技论坛》2013 年第 12 期。

胡甜甜：《浅谈推进文化体制机制创新背景下的社区文化建设》，《华人时刊》（旬刊）2015 年第 7 期。

B.8

城乡社区治理中公共服务信息化能力

胡勇　王楠*

摘　要： 根据完善国家治理体系、提升国家治理能力现代化的要求和《关于推进社区公共服务综合信息平台建设的指导意见》（民政部〔2013〕170号），基于四川省情，四川省部署了社区公共服务信息化建设试点工作，试点成效明显。实践表明，社区公共服务综合信息平台对于为居民提供便捷高效服务、推进跨部门业务协同和共享服务信息资源等具有重要的现实意义。针对四川社区公共服务信息化建设出现的五大方面的问题，本研究提出了七方面的参考建议。

关键词： 社区治理　社区公共服务信息平台

一　引言

2013年民政部、国家发改委、工信部等五部委联合发文《关于推进社区公共服务综合信息平台建设的指导意见》（民发〔2013〕170号）。2016年国务院办公厅、国家部委又先后印发关于加快推进"互联网+公共服务"相关文件和《国务院关于加快推进"互联网+政务服务"工作的指导意见》（国发〔2016〕55号），对于推进我国社区治理创新有重大的指导意义。基于四川省

* 胡勇，四川省社会科学院社会学所助理研究员，主要研究领域为青少年与养老；王楠，四川省社会科学院社会学所副研究员，主要研究领域为社区治理。

情，2015 年四川省出台了《四川省人民政府办公厅关于促进全省电子政务协调发展的实施意见》（川办发〔2015〕50 号），又相继出台了《四川省人民政府关于加快大数据发展的实施意见》（川府函〔2016〕23 号）等相关文件，进一步明确了四川省社区公共服务信息化建设的发展方向。

目前，以社区公共服务信息化平台为载体的社区治理在四川省有序推进，《四川省城乡社区服务体系建设“十三五”规划》中提出，要将公共服务信息平台建设工程纳入城乡社区服务规划体系中，到“十三五”末，实现城市社区公共服务综合信息平台覆盖率达到 60%，农村社区公共服务综合信息平台覆盖率达到 30%，努力把涉及社区居民公共服务的事项统一到社区公共服务信息平台上运行，实现事务“一门式”办理，“居民少跑路，信息多跑路”之目的，为居民提供便捷高效的服务，不断地满足四川省城乡居民对美好生活日益增长的需要。

在研究中，针对四川社区公共服务信息化建设出现的五大方面问题，我们提出了七方面的参考建议。

二　社区公共服务信息化概况

（一）概念

社区公共服务信息化是指采用信息化手段，以标准化平台为载体，将社区公共服务信息资源进行充分整合，为社区居民提供高效、便捷的综合公共信息服务，从而达到提升社区公共服务能力的目的。社区公共服务信息平台建设是国家信息化发展的重点环节，是社区信息化建设的基础工程，有利于优化社区自治环境，提升社区治理水平。

20 世纪 90 年代末期，社区公共服务信息化逐渐进入我国社会各领域。之后，社区公共服务信息化软硬件条件在逐步提高，电话、短信、网络平台等信息交流方式在社区服务中发挥的作用与日俱增。之后，国家大数据战略与“互联网 +”战略为我国社区建设、社区治理现代化提供了强劲的动力。

社区公共服务信息化有两个重要的指标：一是运用信息技术与“互联网+”技术，为社区居民提供便捷化、透明化、系统化、标准化的服务；二是以标准化社区公共服务信息平台为载体，实现社区公共服务事项的一口式受理、全人群覆盖、全集成和全区域通办，把碎片化的、割裂的社区资源整合起来。根据民政部等五部门要求，我国社区公共服务信息平台建设要以市级为单位，到2020年，除部分不具备条件的地区外，全国大部分街道均应在社区公共服务综合信息平台上对社区居民开展服务，以提高社区服务管理的运行效率和服务质量。

（二）研究现状

多年来，社区公共服务信息化建设研究从多层面展开，取得了一定的成效，具体主要从以下几方面开展的。

第一，关于公共服务信息化在社区服务管理中的重要意义研究。无论理论方面还是实践方面，人们已经认同了信息技术对于社区服务管理的重要意义，公共服务信息化是“管理型”政府向“服务型”政府转型的重要途径，是我国实现治理能力现代化的必由之路。以“公共服务均等化”为目标，采用信息化方式，使公共服务标准化、快捷化、全覆盖化，满足广大人民群众的服务需求，是提升基层社会治理的有效方式。

第二，关于社区公共服务信息化内涵、建设主体以及建设模式的研究。社区公共服务信息化的内涵在经历过不同政策语境后，也在发生着变化，社区公共服务信息化从以前主要作为基层社区管理和服务的手段，发展到市区县—街道—社区三级系统的社会治理格局；参与建设的主体也从过去仅仅依靠民政部门参与，逐渐演变为多部门多口径共同协作参与；目前，主要采取的建设模式有政府自建模式、外包模式、政企合作模式等，针对不同的建设模式分别从资金投入、基础设施、人才需求、安全性等方面做了阐述，一些成功的做法为进一步推进社区公共服务信息化提供了重要借鉴和宝贵经验。

第三，关于社区公共服务信息化发展的现状与问题。既有研究多集中于北京、上海、杭州、安徽等地的社区公共服务信息化实践经验和存在的问题，主要对社区公共服务信息化现状进行了具体阐述，而存在的问题多集中在顶层设计缺陷；数据缺乏标准、规范；相应的配套体制还相对滞后，信息资源整合难以实现；专业人才队伍欠缺，信息化建设缺乏有力支撑等。

第四，四川社区公共服务信息化相关研究不足。从文献检索结果看，四川研究成果属于偏少的区域。从四川省民政厅提供的近三年汇总资料来看，各地市州社区公共服务信息化整体水平不高，且差异性较大，既有社区公共服务信息化建设在全国处于领先的攀枝花市、成都市，也有像阿坝州、甘孜州、凉山州这样公共服务信息化水平较低的区域。典型经验和做法也尚未系统梳理、提炼总结，理论指导的欠缺和实证研究的不足，制约了四川省社区公共服务信息化的发展。

综上，开展四川社区公共服务信息化研究，对于指导四川省社区信息化统筹规划，实现跨部门业务协同和信息资源共享等，都具有重要的现实意义和理论参考。

三　社区公共服务信息化建设成效

（一）党委政府高度重视

社区公共服务信息平台建设是一项系统工程，它涉及面广、复杂度高、创新性强、涉及部门多、协调难度大。从试点地方取得的经验看，推动这项工作顺利开展必须由各级党委政府主要领导亲自挂帅、强力督导，才能有序推进、扎实落地。

2014 年初，四川省民政厅联合省发改委等五个省级部门转发了民政部等五部委《关于推进社区公共服务综合信息平台建设的指导意见》，要求全省各地市州把这项任务列为党委政府“一把手”工程，有力地保障了社区公共服务信息平台的建设与运行。

2016 年 10 月，“全省社区建设工作会议”在攀枝花召开，同时举行了社区公共服务信息平台建设现场会议。会议要求省社区领导小组成员单位相

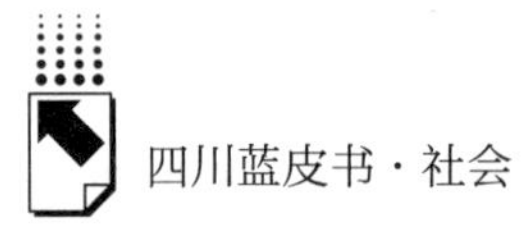

关同志、各市州分管副市长、民政局局长参加会议，各参会代表实地考察了攀枝花社区公共服务综合信息平台运行状况。从参加现场会的人员规模与职务看，各级党委政府是十分重视这项工作的。从21个地市州上报到省民政厅的2017年工作总结可见，大多数地市州把社区公共服务信息化作为社区治理的重大事项来抓。以成都市、资阳市等市州为例，成都市委、市政府印发《关于深化完善城市社区治理机制的意见》，提出开展社区公共服务综合信息平台建设，对信息平台建设做了专门安排部署，明确了全市信息平台建设的工作计划、实施步骤、资金投入等，并且计划至2019年底基本实现城乡社区公共服务综合信息平台应用的全覆盖。资阳市委、市政府高度重视，将社区公共服务综合信息平台建设工作纳入2017年全市民生实事进行同步安排、同步推动、同步考核，同年9月，雁江区所有城市社区、乡（镇）、街道办事处试运行了社区公共服务信息平台。

其他市（州），例如德阳、绵阳、广元、广安等，在社区治理进程中，也在不断地强化“一把手”责任制，认真贯彻落实省委省政府的要求，确保社区公共服务信息化建设有序推进、落地有声。

（二）区域试点成效明显

为贯彻落实中央关于加快“互联网+”政务服务，关于推进简化优化政务服务流程与创新社区服务方式，四川省民政厅联合省直相关部门，积极推进社区公共服务综合信息平台建设试点工作。从2013年开始，省政府决定在成都市、攀枝花市、遂宁市、乐山市等4市开展社区综合公共服务信息平台建设试点。2016年，四川省新增了德阳市、绵阳市、泸州市、资阳市、广安市5个试点，至此，在四川省共有9个市（州）参与到社区公共服务信息平台建设试点工作中，参与试点的市州占全省市州的比例为42.9%，数量居全国第一。

基于四川省社会科学院2017年全省社区治理公共服务信息化调研数据，以及四川省地市州上报省民政厅的近三年关于社区公共服务信息化资料分析，经过几年的试点推进，四川省社区公共服务信息化成效明显。

下面以攀枝花市、成都市、乐山市、资阳市、遂宁市、德阳市、泸州市、绵阳市和广安市 9 个市州为例，展示四川省社区公共服务信息化试点成效。

1. 攀枝花市试点成效

攀枝花市是全国首个以地级市为单位，实现社区公共服务信息平台市、县（区）、乡（镇）、城市社区四级覆盖的城市。从建设初期，攀枝花市委、市政府就高度重视，着眼长远规划，以市政府名义下发了《关于乡镇（街道）、社区公共服务中心标准化建设的意见》，按照“科学合理、节俭适用、环境舒适、标准化与个性化相结合”的原则推进社区公共服务综合信息平台标准化建设，做到“两统一、三规范”，即统一名称、统一标识；规范设置窗口、规范工作队伍、规范服务事项，有序推动了攀枝花市社区公共服务综合信息平台建设，实现了信息系统资源的整合和互联互通，主要从以下两方面推进工作。一是梳理社区公共服务中心服务事项。主要采取各县区、市级各部门对本部门公共服务事项梳理，市民政局对街道（乡镇）、社区已经受理的公共服务服务事项进行梳理，借鉴和吸收外地一门式受理清单事项等三种方式对社区公共服务事项进行分析整理，并走访相关各部门，确认纳入平台的新增事项，根据社区公共服务信息平台实际运行中出现的问题，最终确定进入社区公共服务综合信息平台的办理事项。二是加大社区公共服务综合信息平台建设的力度。目前，公共服务信息平台覆盖了全市所有县区、街道、乡镇、社区。在此基础上，对全市所有参与项目的人员进行业务培训与软件操作培训；加强软件升级，完善社区公共服务中心信息平台的功能；加强部门协调，积极解决服务事项办理流程中的问题，努力打通后台流转通道，实现县区和街道（乡镇）间的协同办理。2015 年底，攀枝花市社区公共服务综合信息平台一期建设完成并正式投入使用，截至目前已接入国家、省、市等 11 个信息系统，纳入服务受理事项 309 项，办理公共服务 23 万多件，累计涉及居民信息 110 多万条，有效地提高了攀枝花市社区治理水平，使之走在了全省乃至全国前列。2016 年，在全省社区建设工作会议在攀枝花市举行，同时召开了全省公共服务信息平台建设经验交流会。现场交流会上展示了纵向推动不同层级部门、横向推动分散孤立不同部门、将功能单一的信息系统向综合信息系统集成迁移的功能模式，其经验深受参会市州单位领导好评。

2. 成都市试点成效

2014 年，成都市启动了“社区公共服务综合信息平台建设”，由成都市领导小组办公室牵头，依托现有的政务服务中心和移动互联网，统一顶层设计，以居民办事方便、政府资源整合、社区减负增效为总体目标，建设一套覆盖县区—镇街—村居三级系统的社区公共服务综合信息平台。截至目前，成都市社区公共服务综合信息平台一、二期项目建设及试点运行已经顺利完成，三期项目建设前期规划已经在积极推进中，将进一步扩大信息平台应用范围。一、二期项目覆盖了武侯区、青羊区、温江区、金堂县、新津县 13 个街道、92 个村（社区），集成了 6 个部门 15 个专线系统，实现了组织、民政、人社、房管、卫计、残联等 178 项业务在基层集成，受理服务人次达到 21 万次，入库人口数据 5.9 万人，在社区层面实现了基础数据“一次采集、多方共享”、社区服务“一口受理”，精简了工作人员和事务，推进了社区工作的减负增效，提升了成都市社区治理的整体水平。其中，武侯区、温江区、成华区在试点方面，成效明显。

（1）武侯区典型经验。按照“试点先行，逐步推广”的原则，武侯区在街道、社区开展了社区信息化服务试点，积极建设社区公共服务平台，让服务更舒适、更快捷、更人性化，实现居民办事由“一门式”到“一口式”转变，服务由“专科式”到“全科式”转变，业务专干由“转能型”到“博学型”转变，社区管理由“靠记忆”到“看数据”，将各类资源进行有效整合，大大提升、优化了武侯区服务环境。具体工作主要有：前台一口受理、后台分类办理、实现服务“六统一”（统一服务项目、统一服务规范、统一运作机制、统一服务管理、统一标识标牌、统一网格化与信息化模式）。截至 2017 年底，社区公共服务信息化在全区基本实现全覆盖，簇桥街道探索的服务效率和服务质量并举的“4 +1 +1”的服务窗口经验模式，值得大力推广。

（2）温江区典型经验。温江区从政务、公共、商业三方面服务入手，打造了全区统一的、功能完善的、服务全面的智慧型社区综合信息服务平台，建立了便民全程服务社区代理站，健全了三级便民服务网络，打造了基于“互联网+社区”的O2O新型生活服务生态圈，整合了密切关系群众日常生活服务的各类公共服务信息系统，实现了网络互联、信息共享、业务协同的服务模式，为社区居民提供了多样化、个性化、便利化的服务，真正实现了让“信息多跑腿，群众少跑路”的互联网工作模式。

（3）成华区典型经验。成华区不断地创新社区治理路径，创新社区治理模式，提出了“数据联通、优化服务、全区通办”工作思路。依托大联动数据中心、社区公共服务信息化平台、电信智慧服务云等载体，开发了“互联网+社区”的各类信息应用系统，将微治理延伸至楼栋，细服务延伸至家庭，实现了社区服务互联互通、方便快捷。先后开创“四个一”工作模式和“新鸿在线”社区服务中心。“四个一”工作模式：①“一网式”服务模式，即通过“一网式”服务模式整合成华区25个部门、14个街道的九大类数据库，打造出“网上市民服务中心”，启用统一的市民服务热线“96966”，做到了区级543项行政审批服务事项“一网办”；②“一窗式”办事模式，即依托社区公共服务综合信息平台，把就业、社保、低保、卫生、计生、文化、培训等77项公共服务事项纳入“一窗式”办理；③“一键式”智能服务，即鼓励社区结合各自特点研发“社区院落综合服务管理系统”，推出“龙潭家空间社区”“关家大院”信息平台，探索智能“一键式”服务；④“一体式”系统工作模式，即打造城市智慧运营管理中心和B2G（商家to政府）、R2G（居民to政府）、S2G（社会to政府）三个平台，坚持把互联网与民生服务融合发展，推进“互联网+服务”“互联网+民生”“互联网+院落”，确保居民办事便捷化、民生供给智能化、多元智力精细化，实现三网融合公共服务“一体式”。按照民政部社区大数据实践要求，成华区构建了全国第一个社区微治理基础云平台——“新鸿在线”。目前，“新鸿在线2.0”已经在运行，纵向构建街道管理—社区治理—院落自治支撑体系，横向构建与“数字城管—楼宇服务+N”融合的应用系统，实现了与区街大联动系统互联互通，集合了社区便民服务功能、智慧社区服务功能、社区微治理服务功能，使便民服务集中在网上，优化构建了便民服务网点体系化，打造了便民服务“5 分钟生活圈”，确保院落自治、社区大安防、集中便民服务能够形成“全域服务体系”。

3. 乐山市试点成效

乐山市按照“高起点、高标准、高质量”和“便捷居民、优质服务”的原则，筹谋策划社区公共服务信息化建设，将服务终端直接延伸到社区，在实现政府“一门式、一窗式”办理基本公共服务事项的基础上，创新了城乡救助管理及“互联网 + 服务”的一体化系统。具体工作做法如下：依托乐山市大数据中心项目，实现各类数据的迁移和集成，整合优化各部门碎片信息资源，融合政务服务和商务服务，同时促进社区公共服务、便民利民服务、志愿互助服务的有机融合。最终目标为实现社区公共服务事项的全人群覆盖、全口径集成和全区域通办，打造一个“上为政府决策服务，下为百姓生活解忧”的公共服务平台。2017 年，乐山市以市政府名义召开全市工作推进会，完成了市级层面项目的立项、评审、招标、系统开发等工作。目前，已在市中区开展试点，硬件设备购置、安装调试和人员组织培训工作已到位，12 月已启动试运行，2018 年 4 月在全市推广应用，切实改变以往跨部门业务协同和信息共享不足、居民办事流程不清、递交资料烦琐、办事多头跑路等长期制约社区发展的问题，提高社区治理运行效率，打通服务群众“最后一公里”。

4. 资阳市试点成效

资阳市以方便居民办事、整合政府资源、增效社区减负为总体目标，采取“试点先行，统筹推进”的工作思路，着力推进社区公共服务信息平台建设。2016 年资阳市选取雁江区作为社区公共服务综合信息平台建设的试点县，在全区 22 个乡镇、4 个街道办事处和 49 个城市社区搭建社区公共服务综合信息平台，建立资源共享机制，整合多部门资源，将涉及居民基本公共服务的 56 项事项集中于社区信息平台统一办理，实现“人带着材料跑”向“网络带着信息跑”转变，变“多口受理、分头办理”为“一口受理、后台办理、全城通办”，提高了公共服务的办事效率。目前，首期建设范围为市本级和雁江区，已经完成了市、区两级办事业务流程再造和系统上线工作，首批纳入的服务内容共计56项，涵盖街道（乡镇）受理服务点和社区服务点75个。在乡镇（街道）、社区做到了“三统一、两规范”，即统一流程、统一名称、统一标识，规范设置窗口、规范工作队伍。平台的建成使用，对基层公共服务方式产生了重大影响，城乡社区服务方式得以规范与完善，各部门办理事项标准烦琐、资料重复提交现象得到有效缓解，社区办事窗口忙闲不均现象得到根本改善。资阳市下一步将总结经验，推动实现全市城市社区、所有乡（镇）、街道办事处社区公共服务综合信息平台应用全覆盖。

5. 遂宁市试点成效

遂宁市社区公共服务综合信息平台由市级层面统一部署，主要在街道（乡镇）层级具体应用，并将社区作为综合信息平台向下延伸的服务末梢，主要承担需求统计、代理代办和结果反馈等辅助功能。依托信息化手段和标准化建设，整合社区公共服务信息资源，应用窗口服务、电话服务和网络服务等形式为居民提供社区公共服务及相关社会化服务，使居民办事便捷高效。目前，已将船山区、安居区的2个街道办事处辖区内5个社区纳入了社区公共服务综合信息平台试点建设，实现了数据一次采集、资源多方共享，居民办事“一证通”，实行了“前台一口受理、后台分工协同”的运行模式。当前，两区已进入招投标流程，整体工作推进有序，信息平台的建成将实现社区居民的公共服务事项“一窗”“一网”“一号”办理。遂宁市社区公共服务信息化建设，满足居民对公共服务需求的同时，充分发挥了社区信息化在提升社区自治和服务功能方面的积极作用。

6. 德阳市试点成效

德阳市选取旌阳区为试点，持续推动社区服务综合服务信息平台建设，推动各类社区信息系统向社区公共服务综合信息平台迁移或集成。第一阶段完成了PC端软件和手机APP的开发，初步实现公共服务任何时段、任何地域无缝式覆盖，社区综合服务信息平台子版块已在陕西馆社区试运行。第二阶段建设已完成招标，正快步有序建设。广汉市以“为村”手机 APP 为载体，探索村（社区）公共服务新模式，目前已经实现区域全覆盖。

7. 泸州市试点成效

泸州市选取龙马潭区作为公共服务信息平台建设试点，由区政务中心负责，区民政部门协调配合，共同完成社区公共服务信息平台建设。相关部门高度重视，成立了软件开发专家团队，深入区政务中心、12 个街镇和部分社区进行实地调研，对区、街镇、社区三级行政服务硬软件运行情况进行了摸底，从多方面对软件开发研究论证，对拟纳入社区公共服务信息平台的服务事项进行梳理，在前期调研的基础上对社区公共服务综合信息化平台建设试点进行资金预算，组织召开了部门协调会，落实确定了信息平台建设方案和实施方案。2017 年 12 月底完成软件开发，投入运营。

8. 绵阳市试点成效

2016 年绵阳市出台了《绵阳市 2016 年“互联网 +”重点工作方案》（绵府办〔2016〕71 号），2017 年 6 月，绵阳市民政局组织各县市区（园区）业务负责人就社区信息平台的操作使用进行培训，各县市区（园区）结合实际组织了对辖区社区工作人员的第二阶段培训。通过各县市区（园区）的努力，社区综合信息平台已在全市运行上线。

9. 广安市试点成效

自 2016 年广安被确定为社区公共服务信息平台建设试点城市以来，广安市委、市政府高度重视工作的开展。前期，由广安市民政局牵头，对首批进入信息平台的人力资源和社会保障局、残联等 6 个部门，进行了需求调研，在调研基础上梳理得出纳入信息平台的 40 项受理事项，反复确认事项名称、申报条件、办理程序、办理权限等相关问题。2017 年 9 月，通过公开招标和比选方式，确定了社区公共服务综合信息平台的承建方、监理及测评服务提供方。11 月，召开全市社区公共服务综合信息平台建设协调会议，会上对平台建设中遇到的相关问题进行了研究，进一步健全了工作机制，为2018年如期运行提供了保证。

（三）经费投入逐年加大

2014年四川省从省级社区信息化建设经费中拿出400万元支持成都、攀枝花、遂宁、乐山等4个城市开展社区公共服务信息化试点工作，2016年省级财政划拨补贴资金1400万元，支持各试点市开展社区公共服务综合信息平台建设。同年6月，省民政厅拿出80万元预算经费用于制定“社区公共服务综合信息平台建设总体框架和技术参数地方性标准”研究，在技术方面保障社区公共服务信息化平台标准化运营。同时，试点地区也提供了配套资金，确保本辖区的社区公共服务信息平台顺利建设、运行与迭代升级。以成都市与乐山市为例，成都市按照“统筹规划、分级保障”原则，市级财政主要保障平台建设所需的软件和相应设施设备费用，以及社区信息服务平台运维的经费等，区（市）县财政负责服务场所标准化、社区信息平台终端应用、设施设备及人员培训等运行经费。社区公共服务信息化平台一期项目投入经费约500万元，二期项目经费投入增加到约800万元，三期项目正在规划中，经费投入逐年递增；2016年8月经市政府常务会审议通过并启动平台建设，2017年4月完成公开招投标，市级将逐步投入资金1378万元，统一为乡镇（街道）、社区共计471个站点配置硬件设备。目前，平台已经在市中区试运行，2018年4月在全市推广应用。

（四）社区居民满意度高

根据国家与四川省关于地市州社区公共服务信息化建设的要求，在服务社区、服务居民、转变政府职能、推进工作高效方面，不断地创新工作思路。

从四川省社会科学院2017年对全省社区公共服务综合信息平台服务“满意度”抽样调查结果来看，人们对社区公共服务信息平台持肯定认同态度的比例为 71.3% = 比较满意（19.6%） + 满意（28%） + 一般（23.7%）（见表 1）。可见，希望通过社区公共服务信息平台获得服务的居民不在少数。但是，从表 1 中“不清楚”“不满意”“非常不满意”的比例可见，社区公共服务信息化水平还有待改善。

表 1　2017 年四川省社区公共服务综合信息平台服务“满意度”调查结果

满意度		频率	百分比(%)	有效百分比(%)	累积百分比(%)
有效	非常不满意	133	15.2	15.8	15.8
	不太满意	26	3.0	3.1	18.9
	一般	199	22.8	23.7	42.6
	比较满意	165	18.9	19.6	62.3
	满意	235	26.9	28.0	90.2
	不清楚	82	9.4	9.8	100.0
	总计	840	96.2	100.0	—
缺失	缺失值	33	3.8	—	—
总计		873	100.0	—	—

（五）平台标准化有序推进

推进四川省社区公共服务信息平台标准化是服务居民的重要内容，是政府推进工作高效的重要手段，同时也是降低平台建设成本、减轻地方政府经费负担的重要途径。

2016 年 6 月，四川省民政厅与成都市民政局、成都市标准化研究院协商，积极筹划制定社区公共服务综合信息平台建设总体框架和技术参数地方性标准，开展了社区公共服务信息化平台标准化研究，分析了标准体系制定的相关工作问题，制定了初步工作方案。2017 年，省民政厅将标准体系制定工作纳入 2017 年工作重点，标准化项目研究经费预算为 80 万元，委托成都市标准化研究院开展社区公共服务信息化标准研制，等待标准制定完成后报送省质量技术监督局，审批后在全省发布实施。未来，地市州在开展社区公共服务信息建设时，结合自身区域情况，能够有的放矢，减少盲目性。其他市（州），在省级层面标准化社区公共服务信息建设标准出台之前，也在积极探讨标准制定，确保工作中少走弯路、不走弯路。以乐山市为例，乐山市以大数据中心为载体，把劳动、就业、卫生、旅游、气象、商务等部门资源进行整合，实现了各类数据的迁移和集成，确保信息资源的互联互通和数据共享，推进了乐山市社区公共服务信息标准化建设。

四 存在的问题

（一）平台建设差异性大

从2017年底四川省市州民政系统上报到省民政厅的关于社区治理总结资料看，建设社区公共服务信息平台区域差异性大。表2设置了4个指标维度：（1）市州；（2）公共服务信息平台建设的表述；（3）经费投入；（4）平台建设阶段。后面三个指标维度，反映了市州社区公共服务信息平台建设的差异性。

由表2可见，在“公共服务信息平台建设的表述”中，各地市州中总结报告把“公共服务信息平台建设”作为专项、重点内容表述的，约占全省市州的62%，其余市州在总结报告中，提及的很少，或者几乎没有提及，或者即使提及社区公共服务信息化平台建设，尚未实质开展这方面的工作，仅仅处于规划之中；在“经费投入”表述中，各地市州中有明确“经费投入”数字的只占14%；在“平台建设阶段”表述中，各地市州差异性大；从文本分析可见，有的市州还没有开展工作，而有的已经进入三期规划，差异比较明显。

此外，综合各地市州汇报材料，四川省社区公共服务信息平台建设差异有两个明显的特征：一是“三州”（凉山州、阿坝州、甘孜州）配套社区公共服务信息化平台建设经费困难，问题比较明显；二是某些人口多、经济发展水平不靠后的地级市民政系统汇报材料中没有提及社区公共服务信息平台建设，或者没有把这项工作作为重点工作来做。

表 2　市州民政系统上报省民政厅资料的 4 个指标维度文本分析

市(州)	公共服务信息平台建设的表述	经费投入	平台建设阶段
成都	√	√	一、二期已完成,三期正在规划
绵阳	√	—	已经全市运行上线
德阳	√	—	进入第二阶段
宜宾	√	—	—
南充	—	—	—
达州	—	—	—
凉山	—	—	—
乐山	√	√	2017 年 12 月试运行
泸州	√	—	预计 12 月完成软件开发,投入运营
内江	—	—	—
自贡	√	—	—
资阳	√	—	—
眉山	√	—	已将社区公共服务综合信息平台建设作为一个项目上报,争取纳入全市的大数据产业进行资源整合
广安	√	—	已完成招标,平台建设中
攀枝花	√	√	一期 2015 年底完成
遂宁	√	—	二期
广元	—	—	—
雅安	—	—	—
巴中	√	—	—
阿坝	—	—	—
甘孜	—	—	—

（二）平台建设投入少

四川省社区公共服务信息平台试点与建设在有序推进，从 2017 各市州民政系统上报给民政厅的社区治理资料看，经费供给不足问题明显。除了早期进入信息平台建设试点的城市经费投入较多外，其余市州社区公共服务信息平台建设经费始终是大问题，是社区公共服务信息平台建设的瓶颈。搭建社区公共服务信息平台是一个综合复杂的系统工程，涉及基础通信设施建设，硬件配套设施、数据库搭建，“三端”（手机 APP 的安卓端与苹果端，电脑PC端）研发，相关技术人员培训以及相关部门的协调等，而研发与运行需要一大笔费用。目前，开展社区公共服务信息平台建设的经费来源主要有两个途径：一是省级财政支持，二是地市州配套一定比例的资金。但是，对于某些本身就需要省级财政转移支付的市（州）来说，配套资金问题的确有困难。

（三）政府重视不够

社区公共服务信息化平台建设尽管要求主要领导负责制，但是，经济、部门权益、系统对接复杂性等因素，导致有些市州的党委、政府难以把社区公共服务信息化建设提高至转变政府行政职能、创新社区治理途径、提高社区服务水平、整合社区信息资源等高度，弱化了社区公共服务信息平台建设。例如，某些地市州的部门领导对平台建设有顾虑，担心建成后会增加本部门工作任务，占用部门人力资源，或者担心分化部门权益，等等。

（四）标准化程度低

总体看来，四川省社区公共服务信息平台建设尽管试点了9个市州，但是社区公共服务信息化平台的标准化程度不高。各地区从自身需求出发，各自为政，形成自有特色平台的现象比较明显。其原因有四：一是各市州区域经济发展的客观差异，居民公共服务需求不同，建设平台的需求分析也不同，客观上导致了平台千差万别；二是既有信息系统碎片化、条块化比较明显，一时难以形成标准化的工作模块；三是部门间人为的顾虑、限制，或者涉密业务系统等因素；四是目前四川省省级层面还没有研究制定出标准化的、可供全省借鉴推广适用的标准建设模块。

（五）平台运行能力弱

从试点经验看，基于社区公共服务需求，以及优化政府职能转变与工作效能，一些地方的信息平台虽然建立起来了，但是完善平台功能、科学运行管理平台是各级地方政府的当务之急。目前，还存在社区公共服务综合信息平台运行管理机制不健全，管理主体和责任不明确，平台运营管理人才储备、人才培训工作需要加强，政府部门依法行政能力、平台运行管理能力需要提升的问题。

五 对策建议

（一）增强信息平台建设意识

社区公共服务信息化的意义与优势明显，已经被实践所证明，被人们普遍接受。创新社区治理和服务的有效途径之一，就是要推进社区公共服务信息平台建设。各级党委政府信息平台建设的过程中，要实行“一把手”负责制，信息平台建设纳入本地社区建设和信息化建设总体规划，统筹谋划，突出重点，强力推进。要建立健全各部门参与的工作协调机制，加强统筹规划，打破部门隔阂，加强部门协作，打破信息壁垒，充分共享数据资源，大力推进四川省社区公共服务信息平台建设与标准化研究，确保四川省社区公共服务信息平台建设高标准、快速推进、快速落地，使广大城乡社区居民更好地享受信息技术给生活带来的便捷、低成本。

（二）健全平台运行管理监管制度

发挥一个平台的积极作用，需要健全的运行与管理监管制度作保障。我们认为，省级层面应该出台社区公共服务综合信息平台运行与管理指导意见与监管制度。各地区结合自身情况，明确社区公共服务综合信息平台运行与管理职责，实行平台独立运行、业务归口指导的运行机制，确保平台有序、健康、高效运行。

（三）加大平台建设经费投入力度

社区公共服务信息平台建设需要经费保障，在向省级争取支持的同时，需要以各市县分级投入、部门资金整合等方式多渠道筹集资金。除了各级政府部门投入经费之外，同时需要创新信息平台建设资金路径，积极吸收社会资源参与社区公共服务信息平台建设，加大政府购买平台建设社会服务力度，以加强各市州社区公共服务信息平台开发建设的资金保障。

（四）着力解决平台建设区域差异

鉴于四川省社区公共服务信息平台建设差异性大特点，我们认为，应该尽快着手研究解决社区公共服务信息平台建设区域性差异问题。基于甘孜、阿坝、凉山州区域面积大、人口少、资金不足等实际情况，出台具有针对性、可行性的解决方案；而对社区公共服务信息平台建设力度不够的市州，要加强督促与落实力度，以推进四川省社区公共服务信息平台建设有序开展。

（五）推广平台建设区域试点经验

四川省社区公共服务信息平台建设是按照“试点先行，逐步推广”的原则实施的。各试点单位在实验的过程中，取得了多样化经验，对于四川省社区公共服务信息化平台建设、标准化发展具有重要的借鉴意义。针对成都市中心城区的典型试点经验、攀枝花市典型试点经验，以及其他市（州）典型试点经验，需要认真总结与借鉴推广，形成以点带面、点面结合、整体推进的态势，全面提升四川省社区治理水平。

（六）尽早出台平台建设省级标准

建立标准化社区公共服务信息平台是降低投入研发成本，尽快整合社区资源，提升社区服务水平的重要手段。因此，我们建议，四川省民政厅牵头开展的社区公共服务信息平台标准化工作，需要基于四川省省情，统筹规划，统一平台架构，统一数据采集指标，统一整合部门资源，统一运行制度规范，尽早出台平台建设的省级标准，使我们各地市州社区治理走上新台阶。

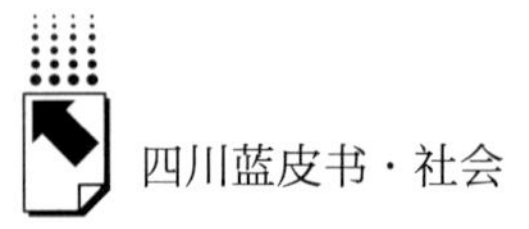

（七）加强平台运行管理人才储备

依托社区公共服务信息平台开展社区治理是人们公认的有效途径。但是，平台运行管理的人才问题是确保平台良性运行的重要方面。我们认为，在平台运营维护，日常服务居民、引导居民使用平台，教会街道、社区工作人员熟练操作平台方面，各级政府需要运筹帷幄，提前做好人才储备工作，以提升平台运维人员、平台使用操作人员的综合素养，更好地服务居民与提高居民满意度。

参考文献

操世元、周万军：《“互联网+”环境下社区服务信息化的理念与困境》，《行政科学论坛》2017年第1期。

岳东冉、程小飞：《安徽省社区信息化建设的问题、现状与对策》，《黄山学院学报》2015年第8期。

黄家亮：《信息化与社区治理模式创新——以杭州上城社区信息化模式为例》，《武汉科技大学学报》2014年第6期。

纪江明、胡伟：《和谐社会语境下上海社区信息化建设发展研究》，《电子政务》2013年第6期。

魏淑娟、刘晨：《我国城市社区信息化对社区治理的现实意涵》，《经济师》2013年第10期。

朱琳、万远英、戴小文：《大数据时代的城市社区治理创新研究》，《长白学刊》2017年第6期。

宋煜：《基层社会管理创新语境下的社区信息化实践研究》，《学习与实践》2013年第6期。

孙宇、王金祥：《社区信息化建设的三维视角透析——基于北京实践的思考》，《情报资料工作》2008年第2期。

李启任：《试论社区信息化建设》，《探求》2008年第8期。

B.9 城乡社区治理中物业服务管理能力

刘宗英　伍三明*

摘　要： 物业管理既属产业发展的范畴，又属社会管理的重要范畴，实质是城市管理和社会治理的重要组成部分。然而，长期以来，物业管理仅被视作房地产业的组成部分，其社会管理的基础性功能被忽视，以至于成为社区治理的短板。近年来，四川省积极推进基层社会治理创新，不断健全物业管理政策法规，在物业管理体制和机制上积累了一定经验。新形势下，四川省积极探索实践。本文将在总结分析四川物业管理的实践的基础上，结合当前物业管理的实际情况，提出相关建议。

关键词： 物业管理　社区治理　物业服务企业　业主大会　业主委员会

一　引言

随着改革开放以来我国城镇住房制度改革不断深化，房屋的所有权结构发生了重大变化。从过去计划经济的房屋分配模式转变到现在的市场化模式，原来的公房管理者与住户之间管理与被管理的关系，也逐渐演变为物业服务企业与房屋所有权人之间服务与被服务关系。在住房制度改革和城市发

* 刘宗英，四川省社会科学院社会学所助理研究员，主要研究领域为社会治理、人口老龄化问题、社会研究方法；伍三明，四川省房地产业协会物业专委会副主任。

展过程中，物业管理行业应运而生。作为新兴行业，一方面，它是现代城市治理中不可或缺的重要环节；另一方面，又是人们日常生活和工作的迫切需要，是老百姓不可或缺的一项基本服务。1981 年 3 月，深圳成立第一家专业化的物业管理公司，我国物业管理开始进入起步与探索阶段；从 2003 年国务院《物业管理条例》到 2007 年《物权法》颁布实施，我国物业管理发展逐渐迈入法制化轨道。2017 年 4 月，中共中央、国务院下发的《关于加强与完善城乡社区治理的意见》把改进物业服务管理作为补齐城乡社区治理短板的重要内容提出，表明物业管理已引起党和国家高度重视，物业管理被纳入社区治理范畴。2017 年国务院及住建部相继发文，取消物业服务企业资质核定，物业管理市场全面放开，原沿用的以企业资质监管为核心的行政监管体制过渡到新型物业管理市场监管体制，物业管理发展进入新阶段。

四川省的物业服务管理起步于 20 世纪 90 年代初。1999 年，四川省政府发布的 119 号令《四川省城市住宅物业管理办法》拉开了全省物业服务管理的序幕。2012 年 7 月 1 日，《四川省物业管理条例》的颁布和实施大大推动了全省物业管理行业的健康有序发展。目前，全省新建物业基本实现全覆盖，老旧物业逐步推行物业管理；物业管理从城市延伸到农村，物业类型从住宅扩展到商务楼宇、机关、学校、医院、机场、工业园区、公园广场等，全省 21 个地市州都有了专业化的物业管理。截至 2017 年 9 月，全省专业化物业管理已达 13.20 亿平方米，有物业管理的住宅小区业主大会设立率达到 32%，物业服务企业 6060 家，从业人员总数达到 43 万人[①]。2017 年 6 月中旬，《中共四川省委 四川省人民政府关于进一步加强和完善城乡社区治理的实施意见》向社会征求意见；2017 年 9 月，四川省成都市召开全市城乡社区发展治理大会，成都在全国率先成立了成都市城乡社区发展治理委员会；2017 年成都青羊区苏坡街道清江社区挂牌成立全国首个社区环境和物业管理委员会。四川省物业管理纳入社区治理范畴，加强社区物业服务管理的相应创新举措正稳步推进，社会治理的“最后一公里”有政策依据，也有组织保障。

---

① 资料来源：2017 年四川省物业服务基本情况的摸底调查。

二　物业服务管理的基本情况

（一）规模

截至 2017 年 9 月，四川省实施专业化物业服务管理面积已达 13.20 亿平方米，其中住宅物业服务管理面积 11.07 亿平方米，占 83.86%；非住宅物业服务管理面积 2.13 亿平方米，占 16.14%。

（二）业主大会设立

四川省有物业管理的 34502 个项目中，9046 个设立了业主大会，占 26.22%。未设立业主大会的项目中，达到业主大会设立条件暂未设立业主大会的项目 4905 个，占 43.2%；未达到业主大会设立条件的有 10551 个，占 30.58%。

（三）机构发展

近年来，四川省物业管理市场环境日趋成熟，置信蜀信、蓝光嘉宝、万科物业、龙湖物业等一批品牌物业服务企业迅速崛起，在探讨商业模式、服务方式、管理方法创新的同时，带动了更多的中小物业服务企业参与到行业持续发展的实践中，促进了四川物业管理产业的快速发展。

数据显示，四川省共有 6060 家物业服务企业，物业服务从业人员总数达到 43 万人。2016 年，全省物业服务企业主营业务收入及其他收入 32.63 亿元，社区物业服务机构或其他管理主体物业服务经营收入及其他收入 1.95 亿元。

在中国物业管理协会与中国指数研究院 2016 年联合发布的全国物业服务企业百强名单上，四川省有 12 家企业跻身全国物业服务企业综合实力百强。

（四）物业服务中的突出问题

四川省发展和改革委员会在《2017 年 11 月份全省价格举报情况分析报

告》中将物业管理价格举报（119 件举报）排在举报受理量前三。2017 年 7 月，四川省住房和城乡建设厅发出《四川省住房和城乡建设厅关于全省物业服务企业违法违规行为典型案例的通报》对小区业主被殴打、不按照程序退出小区物业服务、侵占小区公共配套设施、泄露业主个人信息等违反违规行为进行通报，要求进一步规范市场经营行为、净化物业服务市场环境。当前物业管理活动中的突出问题，影响到人民群众的幸福生活指数，影响到社区的和谐稳定。其中矛盾纠纷主要集中在物业服务与收费、业主大会成立和业主委员会换届、物业服务企业选聘与物业项目退出、车位租售及收费、违规搭建、共有部分归属等领域。

三　物业服务管理的政策和体制

为规范蓬勃发展的物业管理市场，近年来，国家、省和地市州陆续出台了一系列物业管理法规、制度。到目前为止，四川物业管理政策法规体系已基本形成。

（一）政策法规

1. 国家层面

在法律层面，全国人民代表大会通过了《物权法》，最高人民法院发布了《关于审理物业服务纠纷具体应用法律若干问题的解释》和《关于审理建筑物区分所有权纠纷案件具体应用法律若干问题的解释》；在行政法规层面，国务院颁布了《物业管理条例》；在行政规章层面，国家发改委、住房和城乡建设部印发了《物业服务收费管理办法》《物业服务定价成本监审办法（试行）》，住房和城乡建设部、财政部印发了《住宅专项维修资金管理办法》，建设部发布了《物业承接查验办法》《前期物业管理招投标管理暂行办法》《物业服务企业资质管理办法》等。2017 年 4 月 4 日，中共中央、国务院下发《关于加强和完善城乡社区治理的意见》（中发〔2017〕13 号），作为以党中央、国务院名义出台的关于城乡社区治理的纲领性文件，提出改进社区物业服务管理，首次将物业服务管理写进治国理政大政方针。

2. 省级层面

2012 年 3 月四川省第十一届人大常委会通过了《四川省物业管理条例》，并于 2012 年 7 月 1 日正式施行。此外，四川省住房和城乡建设厅还制定了《四川省住宅物业管理规程》《四川省物业承接查验办法》《四川省住宅专项维修资金管理细则》《关于应急情况下使用住宅专项维修资金有关问题的通知》《前期物业服务合同》《房屋使用说明书》《临时管理规约》《物业服务企业信用信息管理办法》《四川省物业管理专家管理暂行办法》《四川省业主大会和业主委员会指导规则》等多个配套政策、操作规范和示范文本，进一步细化落实《四川省物业管理条例》确立的各项制度，维护物业管理各方的合法权益，助推基层社会治理。

此外，四川省还积极推进物业服务行业信用体系建设，以信用档案系统为载体，将物业资质管理、信用管理、招投标管理、专家库管理、统计报表、创优申报等纳入该管理系统软件进行管理，实现全省物业管理全行业适时、动态监管，及时记录、公布物业服务企业优良和不良行为信息，使全省物业管理工作更加规范有序。

3. 地方层面

四川省各地市州结合地方实际，纷纷制定适用于本地物业管理的政策法规。如成都市人大颁布的《成都市物业管理条例》、成都市人民政府关于贯彻实施《成都市物业管理条例》的通知、成都市人民政府施行《成都市业主大会活动规则》、成都市发改委和房管局《关于规范我市物业服务收费管理的通知》；攀枝花市施行的《攀枝花市物业管理办法》；泸州市施行《泸州市物业管理条例》；自贡市施行《自贡市物业管理条例》；南充市施行《南充市物业管理实施细则》，还有德阳、广元等地均结合当地实际情况，开展物业管理立法等相关工作。当前，从中央到地方多层次的物业管理政策法规制度已基本形成。

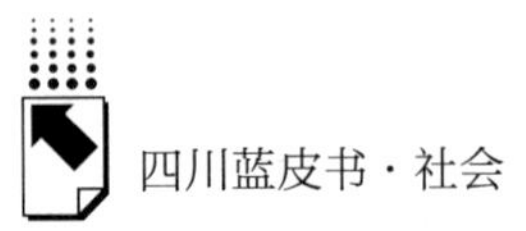

（二）物业服务管理体制

《四川省物业管理条例》（以下简称“《条例》”）是四川省人大依据《物权法》和国务院《物业管理条例》精神制定的，适用于全省物业管理活动的地方性法规。《条例》确立了四川省物业管理实行“行业监管与属地管理相结合”的行政管理体制，建立了以房管部门为主，各有关部门相互配合、相互支持、相互监督的物业管理工作机制。根据《条例》的规定，住房和城乡建设厅负责全省物业管理活动的监督管理工作；市、县级人民政府房地产行政主管部门负责本行政区域内物业管理活动的监督管理工作；县级以上地方人民政府发改、公安、民政、司法、财政、环保、城乡规划、卫生、工商、质监等有关部门按照各自职责，依法实施对物业管理活动的服务和监督工作；街道办事处（乡、镇人民政府）组织、指导、协调本辖区内物业管理区域业主大会的设立和业主委员会的工作，督促业主大会和业主委员会依法履行职责，协调社区建设与物业管理的关系，调解处理物业管理矛盾纠纷；居（村）民委员会协助街道办事处（乡、镇人民政府）开展物业管理有关的工作。

根据《条例》，四川省还形成了“条块结合、以块为主、街镇协调、区域统筹”的管理思路，强化基层职能，实现重心下移，构建属地综合管理体系。由物业管理区域所在地的街道办事处（乡、镇人民政府）负责召集相关主管部门如辖区公安派出所、当地房地产行政主管部门、业主委员会、物业服务企业等以召开联席会议的方式调处解决有关矛盾和纠纷，建立基层政府物业管理联席会议制度；采取专业化企业进驻、社区介入、后勤式管理和业主自治等多种管理形式，将物业管理工作纳入社区建设。

《条例》还明确了业主、物业服务企业、业主大会、业主委员会、街道、社区、居委会等各方在物业管理中的权利和义务，规定了前期物业服务收费和政府保障性住房物业收费实行政府指导价，使收费标准有法可依，构建了物业管理法制体系，使行政监管体系更加完善，工作机制不断创新。《条例》加大了对物业管理服务行业发展的支持力度，进一步优化物业服务行业发展环境，为全省物业管理行业向现代物业服务业转型升级构筑起了稳定高效的法律支撑体系、科学规范的法治保障体系，对规范物业管理活动，维护物业管理各方的合法权益，改善人居环境，促进社会和谐起到了重要作用。《条例》颁布实施后，省内各地建立健全了物业承接查验、前期物业服务招投标等制度，加强了对业主大会和业主委员会的指导，建立了物业管理纠纷调解制度，形成了“条块结合、以块为主”强化属地化的物业管理监管体制，推动了全省物业管理持续健康发展。

（三）物业服务管理机制

1. 市场竞争机制

《四川省物业管理条例》规定住宅前期物业选聘实施招投标，同时为解决前期物业管理中物业服务企业更换等问题，出台了《四川省住房和城乡建设厅关于进一步推进和规范前期物业管理招标投标工作的通知》（川建房发〔2011〕262 号）。

2. 退出机制

《四川省物业管理条例》规定物业服务合同解除或终止必须履行必要的告知义务，若未约定，必须提前 60 日告知。《条例》还对物业服务企业退出的交接事项做了具体规定：物业服务企业未履行告知义务并办理退出交接手续的，不得擅自撤离物业管理区域或者停止物业服务；物业服务企业不得以物业服务中的债权债务纠纷未解决、阶段工作未完成等为由拒绝退出；未履行相应告知和交接义务的，责令限期改正；逾期未改正的，处 5 万元以下的罚款；拒绝退出物业管理区域的，责令限期退出；逾期拒不退出的，处 5 万元以上 15 万元以下罚款。

3. 调价机制

《四川省物业管理条例》第五十条规定：前期物业服务收费和政府保障性住房的物业收费，实行政府指导价，其他情况实行市场调节价。为避免物业收费乱涨价，《条例》第五十一条规定：“物业服务收费标准应当保持相对稳定。”考虑到物业服务成本的变化，《条例》规定物业服务价格调整的

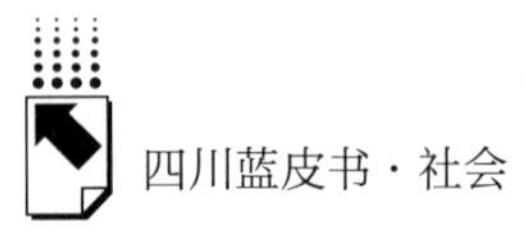

四类情形和调整价格应当要与业主委员会协商并经业主大会同意。《条例》还对价格行政主管部门的监督管理职责予以明确规定。

4. 矛盾化解机制

针对物业管理中矛盾纠纷的特点，《条例》中通过联席会议制度让各方当事人参与、协商，充分发挥社会大调解协调诉求、化解矛盾的功能。

此外，《四川省物业管理条例》在业主自治、行业自律、政府监管、社会监督等方面做了相应规定。

四　物业服务管理的实践探索

中共中央、国务院下发《关于加强和完善城乡社区治理的意见》（中发〔2017〕13号）后，四川省一方面积极着手编制《中共四川省委 四川省人民政府关于进一步加强和完善城乡社区治理的实施意见》，另一方面以物业管理为抓手，注重发挥物业管理在社区治理工作中的基础作用，主动探索物业服务管理作为补齐城乡社区治理短板的四川经验。

（一）探索党建引领机制

为增强社区党组织、居民委员会对业主委员会和物业服务机构的指导和监督，成都市双流区在贵通·御苑枫景和棠湖帝景两个小区试点建立党领导下的商品房小区“1+211”（党组织、业主大会+业主代表大会、业主委员会、业主监督委员会）自治管理新机制。棠湖帝景小区自治管理组织由1名社区两委干部、1名片区民警及29名小区业主共计31人组成。1名社区“两委”干部和1名社区民警已在小区监督委员会中交叉任职，以加强和规范商品房小区自治管理活动。贵通·御苑枫景小区自治管理组织由1名社区两委干部、1名片区民警及55名小区业主，共计57人组成。两个小区分别建立党支部（待审批）、党小组，完善了党对商品房物业管理小区事务的领导机制。

目前，双流区已拟定《加强商品房小区城乡社区发展治理体制机制的通知》，区房管局还拟定了商品住宅物业服务质量考核办法、加强全区物业管理项目日常巡查等相应配套制度，进一步完善了新临时管理规约、议事规则、业主委员会工作规则、前期物业服务合同等示范（建议）文本，并计划在全区所有商品房小区建立党组织，构建“社区党组织 + 小区党支部（党小组）”组织架构，全面推进“1 + 211”自治管理新机制。

2017 年 11 月，成都市青羊区的清江社区成立了全国首个社区环境和物业管理委员会，标志着以社区为主的物业管理小区综合治理机制形成。这有利于发挥社区“两委”长期紧密联系基层群众的优势，顺利形成新形势下“党建引领一核多元”的小区治理新机制，对实现共建共治共享，建设高品质和谐宜居生活社区具有重要意义。近日，成都市锦江区计划推动实现 89 个社区设立环境和物业管理委员会，89 个社区建立物业管理议事协调机制。

此外，四川省还大力引导物业服务企业开展党建工作。成都嘉诚新悦物业管理集团有限公司成立了党支部，现有党员 60 余人，在各服务项目均成立党小组，设置“党员模范岗”，发挥党员先锋模范作用。成都金房物业成立了党组织，公司成立了党委，下设五个党支部。资阳车城佳美物业公司企业管理中创新运用党建工作模式，组织开展“我是旗帜——党员先锋示范行动”等主题活动，评选“共产党员示范岗”，在各物业服务中心中选出“共产党员示范团队”，提升了企业管理水平和执行能力。

（二）建立“四位一体”平台

在以街道社区党组织为领导核心，探索“1 + N”社区共同治理机制的同时，四川省积极构建由社区党组织、社区居民委员会、业主委员会和物业服务企业组成的“四位一体”议事协调联动机制，调动社区居委会、业委会、物业管理、社会组织、志愿者和居民群众等多元主体参与社区治理积极性，形成“合作共治”的良好局面。

成都嘉诚新悦物业管理集团有限公司在绿地圣路易小区，把社区进小区和社区的网格化议事有效对接起来，形成了各方对小区纠纷进行调解的长效机制，5 年来，绿地圣路易小区矛盾均能有效的化解在院落里，实现了业主的零上访。宜宾市莱茵社区的社区党支部通过“双向进入、交叉任职”方式，搭建“社区党支部 + 社区居委会 + 业主委员会 + 物业服务企业”服务平台。党支部书记为总负责人，物业服务企业负责人担任社区党支部第一书记，业主委员会成员分别进入社区“两委”，党支部统领社区居委会、业主委员会和物业服务企业，形成了以党支部为核心的“四位一体”运行服务体系。莱茵社区党支部按照“议事程序规范、操作实施规范、过程监管规范”原则，建立“业主委员会、居民（党）小组长、党员楼栋长”三级居民自治网络，协调解决小区矛盾和问题，组建“党工 + 社工 + 义工”“三工”志愿服务队，以义诊、送医上门、益智教育、文艺会演、结对帮扶等形式，广泛开展“助学、助乐、助医、助餐、助洁”等行动，为病、残、独居老人和未成年人提供志愿服务，形成了良好的社区治理格局。

（三）推进监管立法举措

2017 年 1 月 12 日，国务院发布《关于第三批取消中央指定地方实施行政许可事项的决定》（国发〔2017〕7 号），取消省、市级住房城乡建设行政主管部门物业服务企业二级及以下资质认定。2017 年 9 月 6 日，国务院总理李克强主持召开国务院常务会议，会议决定再取消物业服务企业一级资质认定审批，物业服务企业资质认定审批已全部取消。2017 年 12 月 15 日，《住房城乡建设部办公厅关于做好取消物业服务企业资质核定相关工作的通知》（建办房〔2017〕75 号）要求切实承担物业服务属地管理主体责任，积极推动物业管理纳入社区治理体系。四川省引导、支持各市（州）开展物业管理地方立法工作，创新监管思路，目前《泸州市物业管理条例》《自贡市物业管理条例》已分别于 2017 年 12 月 1 日和 2018 年 1 月 1 日开始实施，其中《泸州市物业管理条例》提出市、县（区）人民政府应当加强对物业管理工作的领导，将物业管理工作纳入城市管理体系，统筹兼顾社区建设和物业管理工作；《自贡市物业管理条例》提出市、区县人民政府应当将物业管理纳入社会治理体系和现代服务业发展规划中。眉山市提出了充分发挥物业管理在社会管理和社会治理中的基础性作用。德阳、广元等市也启动了物业管理立法工作。

（四）编制物业发展规划

四川省成都市开展《成都市物业管理“十三五”规划》编制工作，紧密围绕成都市“东进、南拓、西控、北改、中优”战略任务，在物业管理行业综合实力、城乡物业管理提质扩面、物业管理行政监管能力、业主依法民主管理能力、物业管理现代化水平、科学高效的市场机制、物业管理突出矛盾控制、物业服务从业队伍建设等方面提出了“十三五”成都物业管理发展重要指标。

（五）提升业主自治能力

为发挥业主的主体作用，2016 年 8 月四川省城乡住房建设厅出台《四川省业主大会和业主委员会指导规则》，指导各地重视和加强业主组织的建设和发展，切实规范业主大会设立和业主委员会选举，带动提高广大业主对小区日常事务的参与度，推动小区治理规范化、常态化。2017 年，四川省启动了全省物业管理基本情况调研，全面掌握了全省物业管理基本情况，包括业主大会成立情况和业主委员会运作情况。四川省在编制《中共四川省委四川省人民政府关于进一步加强和完善城乡社区治理的实施意见》（征求意见稿）中，强化了社区党组织和社区居民委员会对业主委员会和物业服务企业进行指导和监督，建立健全多方联席会议协调机制，依法调解业主、业主委员会、物业服务企业之间的物业管理纠纷。在社区居民委员会下设立环境和物业管理委员会，用以监督业主委员会和物业服务企业履行职责。

五　存在的问题

（一）物业管理认识不足，管理体制不顺

长期以来，物业管理在改善人居环境、提升城市形象、促进社会和谐、维护社会稳定等方面发挥了重要作用，但当前各地政府还没有把物业管理当作城市管理的一个重要环节，只是或多或少地将其视为一种实现住宅商品化和推进房地产业发展的辅助手段，忽视了物业管理实质是城市管理和社会治理的重要组成部分。认识不足导致对物业管理工作开展力度有所欠缺，形成了当前物业管理体制不顺的局面。相关主体对《四川省物业管理条例》中专业经营设施设备移交等规定执行落实不到位。与此同时，规划、城管、工商、公安等相关部门职责不清、协调配合不畅、齐抓共管的良好局面还没有形成；而街道和社区人力、财力、物力薄弱，也难以保证监管到位，特别是将物业服务纳入社区治理中，传统的社区与物业管理之间的关系发生重大变化，社区肩负社区物业服务管理责任，这对于当前的社区工作是一个全新的挑战，加强属地化的社区承担物业服务指导监督职责，但社区在改进社区物业服务管理中存在人力财力少、法规基础薄弱和人员流动性强等客观情况。

（二）业主自治能力不足，权责意识不强

业主作为物业管理活动的权利与义务主体，既是物业管理成果的享有者，又是物业管理义务的承担者。但在物业管理实践活动中，业主自律意识不强、拒不履行义务的情况时有发生。主要表现为：违反管理规约、不缴纳物业费、违规搭建乱建等“失信”行为；不愿意参与小区公共事务，导致业主大会成立难、会议召开难；业主自律机制尚不完善，业主的不尽义务，特别是恶意拒交物业费常常导致物业服务企业经营困难。物业服务企业如果采用法律手段，诉讼成本高、周期长。同时，业主委员会产生难、运行难、换届难、监督难的情况真实客观存在，业主委员会法律地位不明确，业主委

员会无法追责，缺乏对业主委员会及委员不作为、乱作为、随心所欲行为的制约手段，出现个别破坏和谐违反规约行为不能第一时间有效制约和予以纠正，导致不和谐现象在小区继续蔓延；特别是业委会成员薪酬没有明确规定，单纯寄希望于业委会成员的奉献已经脱离实际。

与此同时，业主的自治能力不足，也严重影响业主权益的维护。中国物业管理协会与中国指数研究院对2015年中国物业服务企业百强调查报告中的相关数据显示，目前全国业主大会成立率不足20%，在这20%中实际上还有一半以上是基本不运作的“僵尸业委会”。一方面，业主自治主体缺位现象严重，主要是前期物业管理阶段，未产生业主委员会，没有相应主体对物业服务合同履行情况进行监管。另一方面，业主委员会产生后，除了其法律主体地位不明确，成员工作仅为公益奉献，失职行为无法追究其责任外，缺乏相应运作经验和履责能力，也制约了业主自治水平的提高。

（三）物业服务企业发展障碍重重、步伐受制

总结制约四川物业服务企业发展的障碍主要有以下几个方面。

（1）业主物业费欠费现象严重，企业因收费率低而降低服务标准，服务与收费陷入恶性循环。2017年，相关调查显示，四川省物业费收缴率在90%以上的小区不到一半，仅占46.1%。物业费收费率不高，大量业主拖欠物业费的问题，一方面反映出当前存在大量物业服务矛盾纠纷，业主与物业服务企业之间履约情况不容乐观。另一方面，严重拖欠物业费会影响到物业服务企业的正常经营，制约物业服务市场的健康有序发展。

（2）政府指导价约束市场价格形成机制。四川省住宅小区前期物业服务定价采取政府指导价，部分区域指导价偏低且常年不变，政府指导价格失去了“指导”的功能和作用。而物业服务收费往往后期调价困难，如此势必受到服务成本的刚性增长和服务价格缺乏弹性的双重挤压。不少物业服务企业正是由此陷入经营困境，优质员工大量流失，服务质量难以提升，弃管项目增加，最终导致矛盾纠纷。

（3）物业服务企业税负及摊派培训负担过重。营业税改增值税后，部

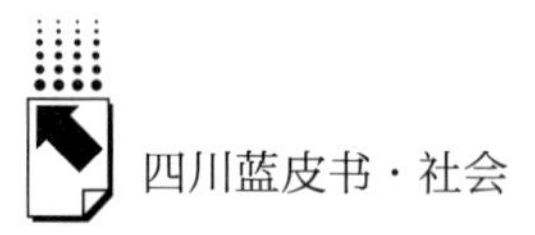

分人力成本无法取得抵扣项，此外，物业服务行业在水、电、垃圾清运等公用事业单位无法取得增值税进项税发票，大大增加了企业税负。另外，相关强制培训成本过高等加重企业负担。

（4）水、电、气等专业经营单位过于强势。专业经营单位不履行《四川省物业管理条例》规定的移交承接义务，专业经营设施维护管理职责常转嫁于物业服务企业，无形之中加大物业服务企业责任和成本。

（5）无序竞争、恶性竞争破坏物业市场。由于进入物业管理门槛过低，大量小微企业存在，为抢夺市场资源往往不择手段。如南充市，2016 年全市物业管理面积3000 多万平方米，物业服务企业 286 家，企业平均管理规模仅为 11 万平方米。2016 年乐山市物业管理面积为 1200 万平方米，物业服务企业 208 家，企业平均管理规模仅为 5.8 万平方米，企业规模过小，难以形成规模效益，市场无序竞争现象严重。

（四）部分企业追求短期利益，服务水平较低

部分物业服务企业服务水平低，质量意识淡薄，不能完全做到公开透明，特别是公共经营收益，导致业主与物业相互猜忌，互相怀疑，为双方更大纠纷埋下隐患。部分物业服务企业管理服务不规范，对业主诉求置之不理或行动时效差，服务质量不达标，合同履约意识差，导致业主拒交费，最终形成恶性循环。还有擅自调整收费侵害业主权益行为。

（五）开发建设遗留问题多，后期履责存难题

开发遗留问题主要表现有以下几方面。（1）小区公建配套问题。如社区用房、农贸市场、幼儿园等在土地拍卖时是否列为公建配套，建成后如何移交、由谁管理等没有规范性文件，易引发使用和管理纠纷。（2）消防、电梯、安防等设施设备建设在品牌、型号、价值选择上无管理标准，虽经有关单位验收合格，但实际无法正常使用，业主把怨气投向物业。（3）小区车位建设单位只租不售、只售不租或不投入使用等纠纷逐渐演变为社会的热点、难点问题。因此，处理好建设遗留问题是小区物业管理有序开展的前提

条件。开发履责问题主要表现在以下三方面：（1）不履行首次业主大会成立报告及配合责任，甚至因利益驱使阻挠成立业主大会；（2）不履行交付后物业保修责任；（3）不符合新建物业交付前的物业承接查验政策要求，交付物业硬件有硬伤。

（六）物业服务契约意识不强，矛盾隐患突出

物业管理市场中，物业服务企业是根据开发商销售承诺的物业服务标准、服务内容确定物业服务成本，承诺提供对应收费标准的物业服务，与业主建立了物业服务合同契约关系。而业主是根据合同契约获得相应服务。在实践中，常出现“质价不符”现象，一方面，物业服务企业未提供合同约定服务；另一方面，业主对服务预期设定目标太高，不是根据合同契约确定的标准，而是自身设定的理想化服务标准，因此极易出现纠纷。同时，在小区交付后，公共设施设备故障常易出现业主纠纷，主要原因是物业服务企业在承接查验中缺乏专业性，物业公共设施设备承接查验专业查验把关不严，导致后期物业管理与业主矛盾存在极大隐患。

（七）物业资质监管已被取消，新型市场监管体制尚未形成

2017 年 9 月 6 日，国务院正式取消了物业服务企业一级资质的核定。而目前，我国信用监管的政策、制度、体系尚不健全，社会对信用监管的认知度也不高，物业市场监管面临巨大挑战。从物业服务企业角度看，一些企业对企业信用风险的认识不足，没有意识到企业信用对企业未来发展的长远影响，也由此导致企业缺乏自我约束、依法经营的责任感；从业主角度看，虽然业主强烈希望获得真实的物业服务企业与业主委员会信用资料，但对物业企业及业主委员会信用监管制度的运行机制及其发挥的作用知之甚微；从监管部门角度看，使用行政审批监管方式管控物业服务企业的惯性思维将长期存在。如何走出资质监管，适应新型物业管理市场监管成为重要课题。

六 对策建议

物业服务管理既是一个经济问题，也是一个社会问题。以贯彻落实《中共中央国务院关于加强和完善城乡社区治理的意见》（中发〔2017〕13号）为契机，进一步理顺物业管理体制，创新物业管理机制，大力推进社区物业服务管理，不断提升社会治理能力和水平，提高人民群众生活幸福指数，满足人民群众日益增长的美好生活需求。具体建议如下五点。

（一）提升物业管理认识，理顺行业管理体制

在新常态背景下，高附加值的现代服务业成为经济发展的新增长点。作为现代服务业的重要组成部分，物业管理行业在经济新常态下迅速崛起。与此同时，物业服务也是现代城乡基层社会治理的重要内容，因此，有必要将物业服务管理纳入四川省现代服务业发展规划、城市治理与社会治理体系之中，理顺行业管理体制。要进一步明确城乡规划、建设、国土资源、公安、民政、环境保护、城市管理、工商行政管理、质量技术监督、价格等行政主管部门职责，依法实施对物业管理活动的监督管理；将物业管理纳入基层政府考核内容，大力推进属地化物业管理监管，落实街道办事处在业主大会设立、物业管理矛盾纠纷调解等物业管理活动中的组织、协调职责；通过设立目标，加强社区环境和物业管理委员会设立，科学厘定环境和物业管理委员会职责，建立健全由社区党组织、社区居民委员会、物业服务企业和业主委员会组成的“四位一体”议事协调机制；进一步规范和完善相关主体的法律责任，如业主不交纳物业费、擅自“住改商”、违规装修搭建，业主委员会委员不履职或乱作为等行为的法律责任。

（二）增强业主主体意识，完善业主自律机制

采用人大立法或政府立规等举措，出台业主大会和业主委员会相关政策法规，从行政法规、政府规章方面依法、依规推动业主大会成立和业主委员

会运作，实施业主大会应建尽建目标责任制，业主委员会依法依规选举和换届，将小区业主大会成立纳入基层政府考核目标，引导基层政府通过政府购买服务形式引入社会组织参与业主大会成立、业主委员会选举和换届等活动；加强业主委员会委员履职能力建设，通过政府购买服务形式，开展业主委员会上岗前履职培训，岗中履职监督，定期组织对业主委员会履职考核。建立业主在物业管理活动中履约的信用体系，将无故欠交物业费的行为、非法住改商、违章装修搭建等行为纳入个人征信体系，甚至在物业所有权转移、抵押等方面进行限制。

（三）优化企业发展环境，助推物业服务行业发展

贯彻落实《四川省物业管理条例》规定的专业经营单位承接专业经营设施设备所有权，承担专业经营设施设备维护管理职责，进一步明确专业经营单位不依法承接法律责任、落实对专业经营单位未依法履责进行严格执法；依法落实《四川省物业管理条例》规定开发建设单位履行承接查验、房屋保修等主体责任，在《四川省物业管理条例》中进一步明确小区公建配套移交管理问题，引导购房人与开发建设单位对小区公建配套进行细化约定；借鉴北京等地仅对保障性住房执行政府指导价，取消对其他物业政府指导价，放开政府对物业管理市场价格的管制，发挥市场在价格形成中的决定作用；规范物业管理市场秩序，鼓励各地组建行业协会，通过行业自律行为，约束无序竞争或恶性竞争，对不良竞争行为计入企业信用记录或限制市场竞争资格。

以健全法规为基础，以完善制度为核心，以严抓执行为保障，大力推进物业服务企业信用体系建设工作。实践工作中，下一步可以《四川省物业管理条例》修订为契机，借鉴 2018 年 1 月 1 日施行的《河南省物业管理条例》第七十二条：省物业管理行政主管部门应当制定全省物业服务市场主体和从业人员信用标准，建立全省统一的物业服务市场诚信体系和信用平台，公开物业服务项目信息和信用信息，并会同相关部门及有关单位对失信物业服务市场主体实施联合惩戒，建立健全全省统一的物业服务市场信用监

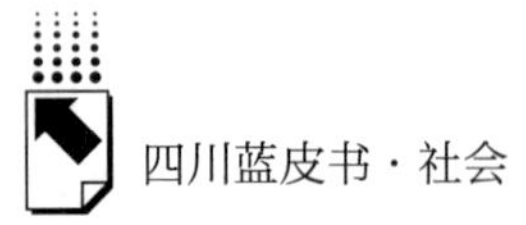

管系统。①

此外，还有必要进一步规范物业管理招投标行为，既对规范前期物业服务招投标，鉴于当前业主委员会选聘物业服务企业导致大量矛盾纠纷，还需对业主大会设立后业主组织选聘物业服务企业进行引导和规范；进一步规范物业服务企业退出物业项目的行为；建立“黑名单”制度、加强事中监管、事后监管，建立“双随机一公开”物业管理监督检查机制，对不同信用等级物业服务企业开展抽取不同比例、开展不同频次检查；进一步完善物业服务标准化建设体系。

（四）督促开发商落实主体责任，保障售后服务

督促物业管理各方主体严格执行《四川省住房和城乡建设厅关于印发〈四川省物业承接查验办法〉的通知》（川建房〔2011〕133 号），从源头上规范开发商交付物业行为，确保物业服务企业依法、依规、依约承接合格物业；贯彻落实《四川省房地产开发企业信用信息管理暂行办法》（川建房发〔2016〕606 号）中对物业承接查验、房屋质量保修等开发建设违规处理，开发建设单位未履行物业承接查验、房屋质量保修等责任依据信用扣分标准，给予信用减分，纳入不良信用行为；督促各地住建部门建立物业管理日常巡查制度，重点巡视物业承接查验、开发建设遗留问题。

（五）培育专业社会组织，引进社会力量参与

当前，物业管理矛盾纠纷主要集中在业主大会设立及业主委员会选举、业主委员会及委员履职、物业服务企业服务与收费等领域，引入第三方物业管理中介机构介入物业管理活动中，对于解决市场主体之间的信息对称、破解业主自治主体缺失短板、提升业主自治主体专业水平等具有十分重要的意义。发挥第三方物业管理中介机构参与物业管理矛盾纠纷的功能，采用第三方机构按照一定的业务规则或程序为委托人提供中介服务，引入新的程序和

① 《河南省物业管理条例》，2018 年 1 月 1 日起施行。

社会机制，培育新的市场和社会要素，从而利用社会力量和市场机制替代纯行政手段解决物业管理领域的痼疾，是化解物业管理矛盾纠纷重大制度创新，具有迫切性和必要性。吸收北京、南京等城市相应经验，引导、培育专业社会组织参与物业管理活动。

参考文献

华西都市网：《物业参与市场竞争创新构建社区新格局记者专访四川省房协物业专委会副主任伍三明》，2017 年 9 月 15 日。

华西都市网：《2017 成都社区共建榜样物业名单出炉》，2017 年 9 月 15 日。

华西都市网：《社区治理新格局下物业服务管理如何推进》，2017 年 9 月 19 日。

《四川省物业管理条例》，2012 年 3 月 29 日。

《河南省物业管理条例》，2017 年 9 月 29 日。

B.10
城乡社区治理中流动人口的服务管理能力

陈　成*

摘　要： 本报告以四川省社区流动人口服务管理能力为研究对象，选取了成都市主城区J区的4个社区为样本区域，以Laverack的社区能力理论为基础，依据《中共中央国务院关于加强和完善城乡社区治理的意见》中关于社区服务供给能力的具体内容，采用定量和定性相结合的研究方法，使用Delphi法进行专家函询构建了社区流动人口服务管理能力评估指标体系。该指标体系涵盖了社区对流动人口的一般管理能力、专项管理能力和社区服务能力三个方面。利用该指标体系对样本社区进行了测评，根据测评结果和收集的相关资料，界定社区流动人口服务管理能力，以及社区发展中存在的一些问题和经验，并提出相应的对策建议，以期能够更有效地推进四川省社区流动人口服务管理能力的提升和进一步丰富我国社区流动人口服务管理创新模式。

关键词： 社区　流动人口　服务管理

一　引言

（一）研究背景

“十二五”期间，我国流动人口年均增长约800万人，2015年流动人

* 陈成，四川省社会科学院社会学所助理研究员，主要研究领域为人口社会学。

口规模有所下降，到2016年流动人口规模为2.45亿人，比上年末减少了171万人，主要是由于户籍制度改革，使部分流动人口在流入地落户转化为新市民。[①] 人口流动趋势的多元化给城市社会治理带来了更严峻的挑战。

社区是社会治理的基本单元和逻辑起点，而流动人口流动性强、规模大，成为社区治理的难点和重点。为全面提升城乡社区治理法治化、科学化、精细化水平和组织化程度，以及促进城乡社区治理体系和治理能力现代化，中共中央、国务院印发了《关于加强和完善城乡社区治理的意见》（中发〔2017〕13号）。针对人口流动的新趋势，传统的防范式社区流动人口管理模式已经不合时宜，因此，社区应该提升流动人口服务管理能力，建立系统化、差异化、弹性化的服务管理机制。

（二）四川省流动人口服务管理简史

四川省流动人口服务管理的发展历程如表1所示。根据政策指向、工作目标的不同，本报告将1978年改革开放以后的流动人口服务管理工作分为四个阶段：第一阶段（1978～1984年）为严格户籍管理阶段；第二阶段（1985～1994年）为暂住证兴起阶段；第三阶段（1995～2001年）为系统证件管理阶段；第四阶段（2002年至今）为调整转型阶段。

表1　四川省流动人口服务管理历史性阶段变化以及相关政策及条例

时间区间	阶段性质	相关政策	说明
1978～1984年	严格户籍管理阶段	1958年《中华人民共和国户口登记条例》	明确表示制止农村人口盲目流入城市，规定符合条件的流动人口必须向户口登记机关进行登记，居住时间一般不得超过三个月
1985～1994年	暂住证兴起阶段	1. 1984年《国务院关于农民进入集镇落户问题的通知》	规定：凡申请到集镇务工、经商、办服务业的农民和家属，在集镇有固定场所，有经营能力，或在乡镇企事业单位长期务工的，公安部门应准予落常住户口，及时办理入户手续，发给自理口粮户口簿，统计为非农业人口

① 《中国流动人口发展报告2017》，国家卫生计生委流动人口司。

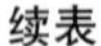
续表

时间区间	阶段性质	相关政策	说明
1985～1994年	暂住证兴起阶段	2. 1985年公安部颁布《关于城镇暂住人口管理的暂行规定》	规定对暂住时间拟超过三个月的16周岁以上的人，须申领《暂住证》
1995～2001年	系统证件管理阶段	1. 1995年公安部正式颁布《暂住证申领办法》	规定离开常住户口所在地且拟在暂住地居住一个月以上年满16周岁的务工经商、从事服务业等就业型流动人口必须办理暂住证
		2. 1995年《中央社会治安综合治理委员会关于加强流动人口管理工作的意见》	该意见是一个指导流动人口服务管理的纲领性文件，提出"因势利导、宏观控制、加强管理，兴利除弊"的指导方针，初步建立了"党委领导、政府主责、各部门职责明确"的共管机制
2002年至今	调整转型阶段	1. 2002年中央出台《关于做好2002年农业和农村工作的意见》	提出对农民工进城务工要"公平对待、合理引导、完善管理、搞好服务"，要求各地清理对于农民工的歧视政策，建立城乡统一的劳动力市场
		2. 2003年《国务院办公厅关于做好农民工进城务工就业管理和服务工作的通知》	要求取消对农民工进城务工就业的各种限制，保护农民工权益，提供各种形式的公共服务
		3. 2003年四川省政府出台《关于推进城市户籍管理制度改革的意见》	规定农民工以合法固定的住所、稳定职业和生活来源为落户条件
		4. 2004年《中共中央国务院关于促进农民工增加收入若干政策意见》	明确要求城市政府要把进城农民工的职业培训、子女教育、劳动保障及其他服务和管理经费，纳入正常财政预算，同时放宽农民进城就业和定居的条件
		5. 2006年《国务院关于解决农民工问题的若干意见》	包括农民工工资、就业、技能培训、劳动保护、社会保障、公共管理和服务、户籍管理制度改革、土地承包权益等各个方面
		6. 2010年成都市出台《居住证管理规定》	规定符合条件的流动人口可以办理居住证，享受与当地居民一样的市民待遇

二 评价服务管理能力的指标体系

（一）指标构建原则

1. 客观性与主观性相结合

社区的流动人口服务管理能力评估指标体系应该符合社区的客观实际，符合已被实践证明的社区能力理论，并且可以客观地反映社区服务管理主体和对象之间的契合度，形成相互促进机制和影响因素。同时，为了保证评估方法的科学性、评估结果的客观性和真实性，指标的统计口径应该保持一致和规范。社区的流动人口服务管理能力评估指标体系的设计，既要重视客观指标的设置，又要强调流动人口的主体地位，关注其对社区管理服务的感受以及多样化需求，本报告的主观指标反映流动人口对社区各项具体服务管理的满意程度。

2. 全面性和典型性相结合

指标体系要求覆盖面广，能全面并综合地反映涉及社区流动人口服务管理的各种要素以及各要素之间的内在联系。对于每一类要素，应依据其内在结构，全面体现要素的构成。同时，指标体系还应该具有较强的典型性，结合地区特色能准确、全面地反映社区流动人口服务管理这一研究主题。

3. 可操作性和科学性相结合

指标体系的设计既要揭示社区的流动人口服务管理能力的本质特征，又要反映服务管理主体和对象的实际情况，科学地衡量社区流动人口服务管理能力的实际水平。因此，可操作性与科学性缺一不可。在选择社区的流动人口服务管理能力评估指标时，要考虑社区流动人口服务管理相关数据的可获得性和长期支撑的可操作性，且必须符合国家的大政方针方向。

（二）指标的设计

科学评价社区的流动人口服务管理实践方式，能够了解社区在这方面的不足，以便有针对性地促进社区对流动人口在管理和服务两方面实践水平的推进和提升。Laverack 提出社区能力的九个维度分别为：利益相关者的参与度、地区领导力、问题分析能力、组织结构、资源的流动性、社区组织及居民联系的紧密性、利益相关者的质询能力、利益群体对项目管理的控制力、与社区外代理人关系的平等性。① 以 Laverack 的社区能力理论为基础，依据《中共中央国务院关于加强和完善城乡社区治理的意见》（中发〔2017〕13 号）中指出的要提高社区服务供给能力，具体从劳动就业、社会保障、卫生计生、教育事业、社会服务、住房保障、文化体育、公共安全、调解仲裁等公共服务事项入手，结合关于流动人口社区化管理的具体研究和实践，以及四川省社区流动人口服务管理的实际情况综合制定了社区的流动人口服务管理能力评估指标体系。通过 Delphi 法进行了专家函询，最后构建出的社区流动人口服务管理能力评估指标体系共设 3 个一级指标，13 个二级指标和 35 个三级指标，指标权重依据各指标的重要程度来赋值，再由相关专家函询，最终结果如表 2 所示。

表 2　社区流动人口服务管理能力评估指标体系

一级指标	二级指标	三级指标	权重（分）	表示	数据来源
一般管理能力	基础信息采集	流动人口的性别、年龄、文化程度、婚姻家庭、职业以及流动状况采集率（%）	8	X1	访谈
	证件核查	流动人口的身份证、居住证持有状况核查率（%）	5	X2	访谈
		《流动人口计划生育证明》核查率（%）	5	X3	访谈
	流动人口参与管理	是否有流动人口参与社区管理	3	X4	访谈

① Glenn Laverack，“Evaluating Community Capacity：Visual Representation and Interpretation”，*Community Development Journal* 3（2006）.

续表

一级指标	二级指标	三级指标	权重(分)	表示	数据来源
专项管理能力	房屋出租管理	流动人口出租房屋登记率(%)	5	X5	访谈
	社区安全	是否建立社区警务室(分)	3	X6	访谈
		是否建设群防群治队伍(分)	3	X7	访谈
		是否建立人防、物防、技防相结合的防范机制(分)	3	X8	访谈
		是否开展巡逻守望、看楼护院等活动(分)	3	X9	访谈
		流动人口对社区治安状况满意度(%)	3	X10	问卷调查
		流动人口对社区治安防范措施满意度(%)	3	X11	问卷调查
		是否建立矛盾调解纠纷机制(分)	3	X12	访谈
		流动人口对社区在化解邻里纠纷、改善邻里关系方面的满意度(%)	3	X13	问卷调查
	市容市貌维护	流动人口对社区基础设施建设满意度(%)	3	X14	问卷调查
	卫生防疫	流动人口对社区卫生环境满意度(%)	3	X15	问卷调查
	计划生育	是否对有居住证流入人口提供与户籍人口同等的计划生育技术服务(分)	3	X16	访谈
		是否组织专业机构指导避孕、节育措施(分)	3	X17	问卷调查
		免费计划生育基本技术服务覆盖率(%)	3	X18	问卷调查
		免费孕前优生健康检查项目覆盖率(%)	3	X19	问卷调查
社区服务能力	就业服务	是否提供就业咨询(分)	2	X20	访谈
		是否提供就业培训(分)	2	X21	访谈
		是否提供就业岗位信息服务(分)	2	X22	访谈
		是否开发社区公益性岗位(分)	2	X23	访谈
	社会保障服务	是否协助办理社会各类保险(分)	2	X24	访谈
		是否开展基层社会救助服务	2	X25	访谈
		是否建立社区捐助接收点	2	X26	访谈
	教育、宣传服务	是否有固定的室内外活动场所	2	X27	访谈
		开展教育或科普讲座次数(次)	2	X28	访谈
		各种文化娱乐学习型组织创建数(个)	2	X29	访谈
		是否以微信、QQ 等新媒体形式开展宣传(分)	2	X30	访谈

续表

一级指标	二级指标	三级指标	权重（分）	表示	数据来源
社区服务能力	应急服务	是否有老人或子女日托服务(分)	2	X31	访谈
		是否有残疾人、特困流动人口经济帮扶(分)	2	X32	访谈
		是否有社会捐赠(分)	2	X33	访谈
	社区融入	流动人口认为自己已经融入社区生活的融入率(%)	2	X34	问卷调查
		流动人口享受过至少一种社区服务的比率(%)	2	X35	问卷调查

三　实证调查

本报告选取了四川省成都市的核心城区J区为样本区域，该区位于成都市东南部，面积达62.12平方公里，常住人口69.04万人，户籍人口49.28万人，辖16个街道办事处117个社区。

（一）样本社区基本情况

本报告共抽取J区4个典型社区进行了重点研究，既有依托单位建立的街坊型社区A区，以普通商品房为主的纯城市社区B区，又有以保障房、公租房和廉租房为主的新建小区型社区C区，处于“过渡”地带的城乡接合部社区D区。社区类型的多样性和典型性有助于更全面地了解社区的流动人口服务管理能力的差异，也可以检验评价指标的普适度。

四个社区的基本情况如下。A社区成立于2014年，地处成都市东南，辖区面积达0.4平方公里。社区现有居民总户数2867户，常住人口10773人，党员254人；共有27个院落，其中：2个专业物管小区、24个老式院落以及1个军事管理区院落；小区或院落普遍偏小且散，最大的小区有住户

258户，房子基本是20世纪七八十年代的房子。社区针对市民和流动人口的子女日托服务引进了2个社会组织。

B社区成立于2001年，地处成都市中心区域，辖区面积0.342平方公里。社区现有居民总户数3367户，常住人口5907人，登记在册的流动人口1167人。社区有人口稠密的居住小区，也有时尚餐饮地标，呈现居住型和商业型混合的社区形态。

C社区成立于2017年，地处成都市东部副中心，辖区面积0.72平方公里。社区现有居民6634户，其中常住人口15975人，流动人口9587人，少数民族67人；现有工作人员17人，其中两委成员10人，网络服务管理员5人，“一村一大”2人，社区党员57人。辖区内现有集经济适用房、限价房、拆迁安置房和廉租房为一体的小区共3352套，公租房2463套，公租房和廉租房的入住率均为99%。社区针对老年人引进1个社会组织，会定期买慰问品去看望空巢老人。

D社区成立于2002年，地处成都市东南方，辖区面积0.47平方公里。社区现有居民3306户（8265人），其中常住人口2606户（6300人），流动人口816户（2255人）；工作人员7名，其中党委5名，居委会成员5名（含兼职），社会组织5个，志愿者队伍7支。辖区内企事业单位及商家150余家，其中小学1所，幼儿园1所，物业服务公司1个，银行3家。

（二）抽样流动人口基本情况

本报告在4个样本社区中共发放问卷250份，回收问卷210份，剔除回答不完整以及回答完全不符合常理的问卷21份，得到有效问卷189份，有效率为90%，其中A、B、C社区各47份，D社区48份，以保证研究的科学性及有效性。抽样流动人口中四川省省内流动人口164人，其中成都市郊县的有25人；省外流动人口25人，分别来自重庆、河北、河南等11个省份。汉族人口有184人，2人是彝族，还有回族、蒙古族、满族居民各1人。年龄结构以青壮年为主，25～30岁组的人最多

(见图1)，男性总数量多于女性，教育水平以大专及以上为主（见图2）。

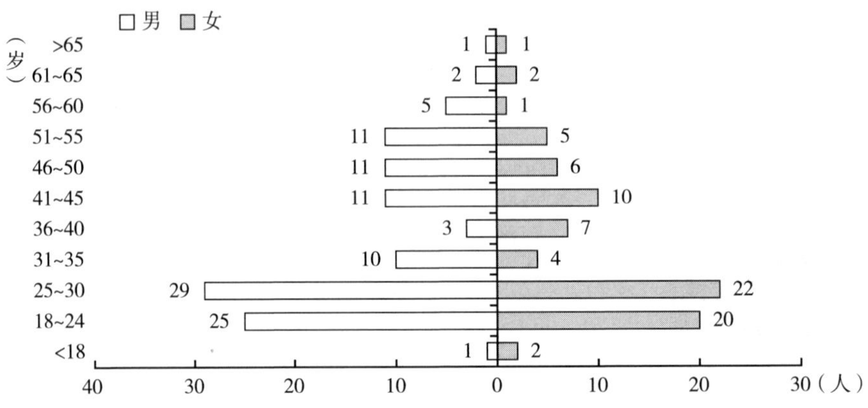

图1　抽样流动人口性别年龄金字塔

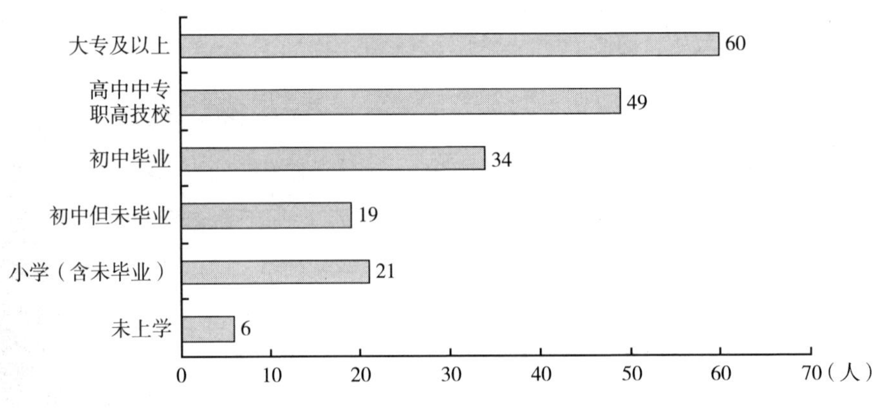

图2　抽样流动人口受教育程度

（三）抽样社区的流动人口服务管理方式

B社区流动人口服务管理方式具有典型性，采用了“大联动、微治理”工作站，社区接受街道“大联动”分中心的业务指导，承办街道“大联动”分中心交办的民生诉求和社会治理事件，并及时上报需要街道或者部门协调处理的复杂疑难问题。负责采集社区“人、地、物、事、组织”等社会治理要素，收集、上报居民自治组织骨干、网格员、群众反映的社情民意。牵头负责社区网格化服务管理工作，对社区所辖网格员进行日常管理和考核。整合院落（小区）门卫、物业保安、治保积极分子等社会力量，发展壮大基层群防治防队伍，完善辖区社会治安群众防控体系。牵头负责对社区矛盾纠纷和治安隐患的排查、调解、反邪教工作，实现矛盾纠纷不扩散、不集聚，并解决在基层。协助街道开展公共服务事项代办、基本信息核实、入户调查等工作。

目前B社区有10个网格，若干网格员分为一、二、三级，网格员的主要职责包括：收，即收集民情民意；办，即办理民生事务；调，即调解民事纠纷；安，即做好安全工作；宣，即宣传政策法规；特，即特殊人群的稳控；重，即重大事件报告；完，即完成临时工作。网格员的职责具体化为以下几方面。一级网格员是管理网格的第一责任人，主要牵头抓好片区网格内各项事务管理、组织领导工作，督促指导二级网格员认真履行工作职责，及时发现、上报处置网格内的各类事件；每周组织召开1次例会，听取二级网格员走访巡查情况，检查工作日记，及时掌握片区网格内工作动态，对二级网格员上报的事件及时协调社区资源进行处置。二级网格员对一级网格员负责，主要组织联系三级网格员做好社情民意收集，受理、上报并协助办理民生服务管理事项，承担矛盾纠纷协调、社会治安防范、流动人口和特殊人群服务管理，突发事件报告，政策法规宣传等基本职责；二级网格员每天入网格巡查不低于2次，每周走访困难群众不少于3户，每月走访家庭不低于20户，通过日常巡查、电话、QQ、微信等途径组织联系三级网格员，及时发现、上报、协助处理治安问题、违法犯罪、突发事件、安全隐患、矛盾纠纷及涉邪教事件等不稳定因素。三级网格员是一、二级网格员的补充力量，在做好本职工作的基础上，协助二级网格员做好网格化服务管理工作，参与网络治安防范和应急响应，及时发现、上报、协助处理突发治安问题、违法犯罪、突发事件、各类安全隐患及涉邪教事件等。

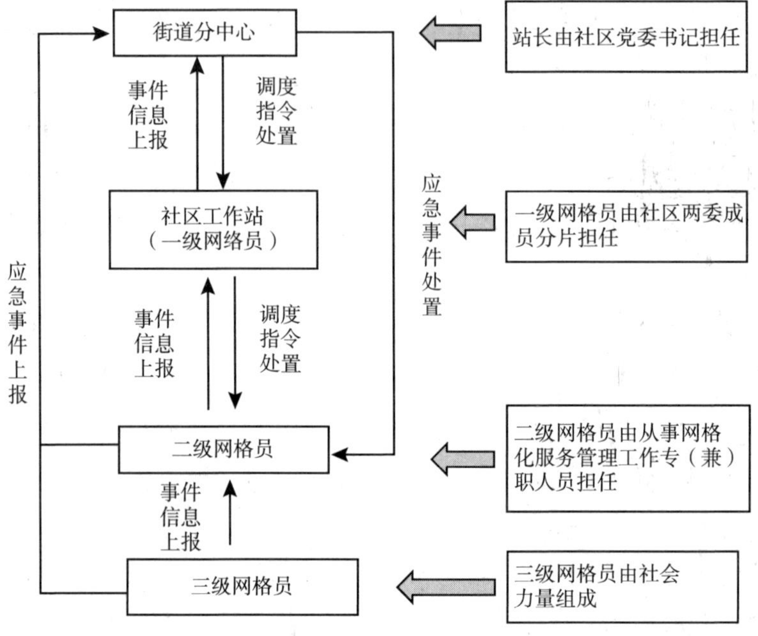

图 3　B 社区对事件处理流程

四　测评分析

本部分运用社区的流动人口服务管理能力评估指标体系，对 A、B、C、D 四个样本社区进行评价，其中数据全部来源于本课题的问卷调查、社区访谈和社区数据收集。

（一）总体情况

样本社区的流动人口服务管理能力参差不齐、有高有低，但总的来看能力较强。如图 4 所示，以问卷调查中流动人口对社区各项服务管理能力的满意度为主观性数据，再结合社区访谈得到的事实性统计数据，共同作为评估指标的总数据。

在以层次分析法和逐级平权法对指标体系进行计算加总后，得到 A、

B、C、D 四个社区的流动人口服务管理能力得分分别为 79.00 分、75.03 分、68.35 分、86.29 分（见图4），距离满分（即100 分）分别差21.00 分、24.97 分、31.65 分、13.71 分，是一个较为理想的总体得分，但是增长空间还很大。

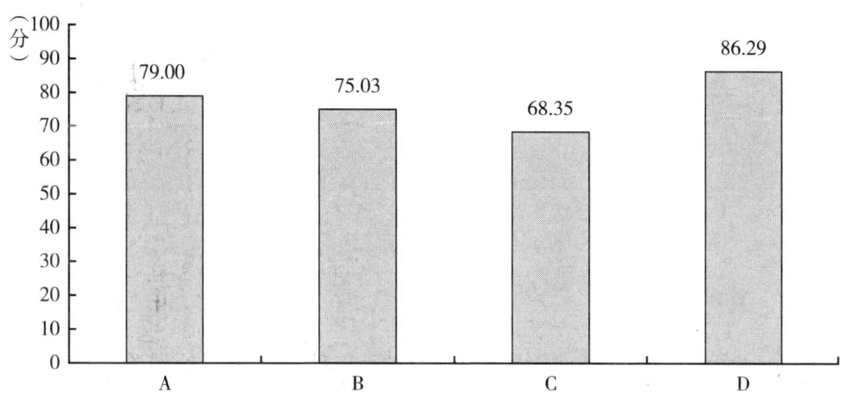

图4　样本社区的流动人口服务管理能力总分

（二）一般管理能力指标情况

一般管理能力指标共 4 个三级指标（X1，X2，X3，X4），总分 21 分，如图 5 所示，A、B、C、D 四个社区的一般管理能力指标总得分分别为 20.04 分、17.35 分、16.86 分、16.70 分，达标率分别为 95.43%、82.62%、80.29%、79.52%。总体而言，一般管理能力指标的达标率较高，样本社区的基础信息采集率和证件核查率均在 90% 以上，但只有 A 社区有流动人口参与社区管理，因此应该积极引导流动人口加入社区服务管理，使之学会“自我管理”。

（三）专项管理能力指标情况

专项管理能力共 15 个三级指标（X5，X6…X19），总分 47 分，如图 6 所示，A、B、C、D 四个社区的专项管理能力指标总得分分别为 45.95 分、

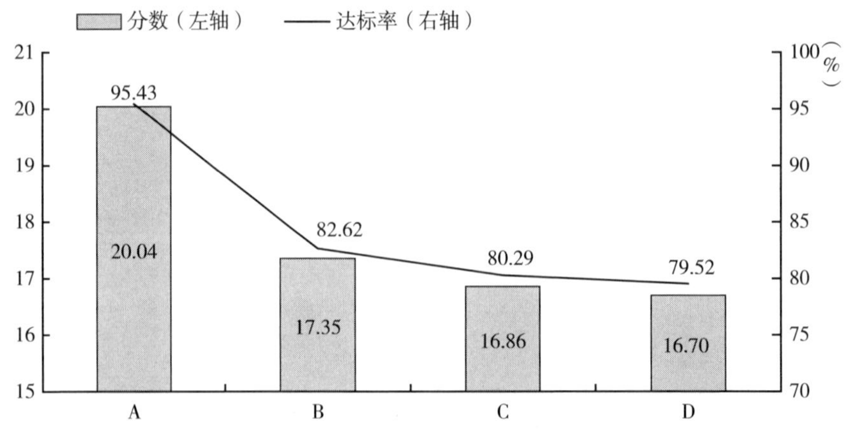

图5　一般管理能力指标情况

39.28 分、29.33 分、44.87 分，达标率分别为 97.77%、83.57%、62.40%、95.47%。总体而言，专项管理能力指标的达标率差异很大，A、D 社区达标率极高，B 社区次之，C 社区达标率却很低，差异主要集中在社区安全方面。

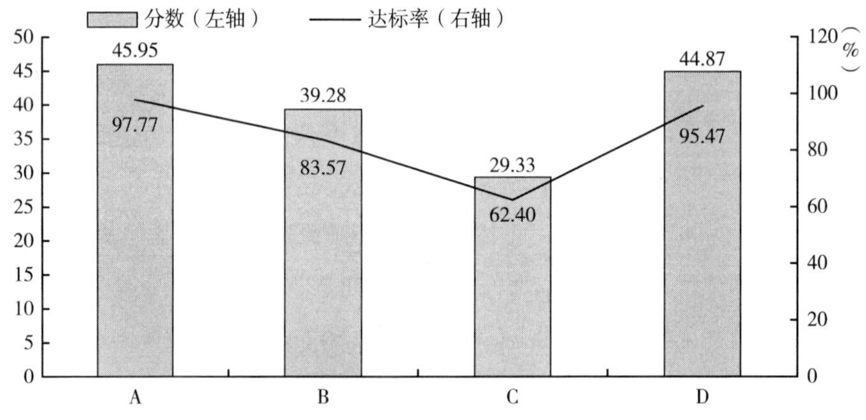

图6　专项管理能力指标情况

如表3 所示，专项管理能力中的社区安全方面，A、D 社区均建有社区警务室，警务室全权负责流动人口的工作。A、C、D 社区均建有群防群治队伍，A、B、D社区均建立了人防、物防、技防相结合的防范机制，即均具有门卫、防盗网、监控安全防范机制。C社区的失分点主要在流动人口对社区的治安满意度和治安防范措施满意度两方面，其抽样流动人口中对这两个指标满意的人分别仅占52.63%和63.16%。在问卷调查过程中，C社区流动人口普遍反映社区治安环境差，大街上经常有偷、抢行为，而社区对此却束手无策；而C社区又是集合保障房、公租房和廉租房的社区，有大量低收入人群，经济条件影响了社区安全环境。

表3 样本社区为流动人口提供的安全管理服务（√表示有此项管理）

社区	社区警务室	群防群治队伍	人防、物防、技防相结合的防范机制	巡逻守望、看楼护院活动	调解矛盾纠纷
A	√	√	√	√	√
B			√	√	√
C		√		√	√
D	√	√	√	√	√

（四）社区服务能力指标情况

社区服务能力指标共16个三级指标（X20，X21…X35），总分32分，如图7所示，A、B、C、D四个社区的社区服务能力指标总得分分别为13.00分、18.40分、19.16分、24.72分，达标率分别为40.63%、57.50%、59.88%、77.25%。总体而言，社区服务能力指标的达标率较低，社区流动人口服务能力较弱。

1. 就业服务情况

如表4所示，A社区没有为流动人口采取任何形式的就业服务，根据访谈资料，A社区的就业服务全权由街道办负责，并没有延伸到社区层面。B、C、D社区均为流动人口提供就业咨询服务，但没有为流动人口提供过就业培训服务。C、D两个社区均为流动人口提供过就业岗位信息服务，例如，C社区采取的是让失业流动人口在社区登记，社区发现合适的工作岗

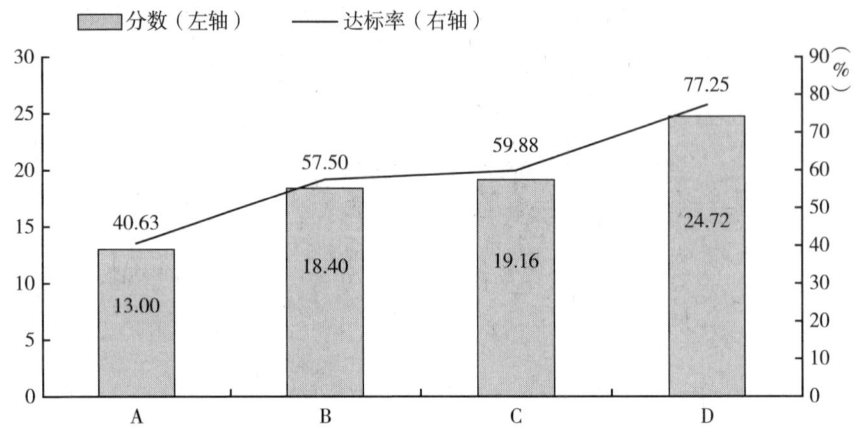

图7　社区服务能力指标情况

位后就会联系已登记的流动人口。在189个抽样流动人口中，只有3人参加过社区组织的免费就业培训，参与率仅为1.59%。由此可见，样本社区流动人口就业服务管理能力还比较薄弱，流动人口的参与率和积极性都不高。

表4　样本社区为流动人口提供的就业服务情况（√表示有此项服务）

社区	就业咨询	就业培训	就业岗位信息服务	社会公益性岗位开发
A				
B	√			
C	√		√	
D	√		√	

2. 社会保障服务情况

我国城市社会保障的核心是社会保险和社会救济，在社区层面的流动人口社会保障服务管理需要根据具体情况调整，并且要不断地探索新方法。

如表5所示，A社区没有为流动人口提供任何社会保障服务。B、C、D社区均为流动人口提供了协助办理社会各类保险的服务，例如，C社区协助流动人口办理医疗保险。C、D两个社区为流动人口提供了社区捐助服务，均建立了社区捐助接收站点。因此，相较于流动人口就业服务管理，抽样社区的社会保障服务管理做得更完善。

表5　样本社区为流动人口提供的社会保障服务情况（√表示有此项服务）

社区	协助办理社会各类保险	开展基层社会救助	建立社区捐助接收站点
A			
B	√		
C	√	√	√
D	√	√	√

在189个抽样流动人口中，有119人已购买至少1种类型的社会保险（见图8），参保率达到62.96%，但仍然有67人未购买任何社会保险，甚至有3人根本不知道社会保险为何物。如表6所示，抽样流动人口中购买医疗保险、养老保险、失业保险的分别有105人、89人、5人，参保率分别为55.56%、47.09%、2.65%，参保率都不高，尤其是失业保险参保率极低。抽样流动人口购买商业险的也很少，购买大病险的有25人，参保率为13.23%，相较于意外险和失业保险要高一些。189个抽样流动人口中去社区咨询过各种保险办理的只有44人，咨询率低仅为23.28%。由此可见，样本社区流动人口社会保险参保率低、办理咨询率低，社会保障服务管理能力均较弱。

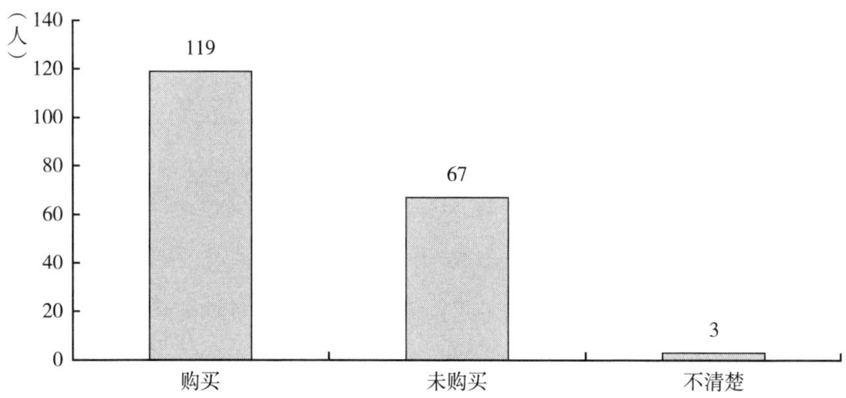

图8　抽样流动人口购买社会保险情况

表6　抽样流动人口购买各类社会保险、商业险情况

单位：人，%

保险类型	购买人数	参保率
医疗保险	105	55.56
养老保险	89	47.09
失业保险	5	2.65
大病保险	25	13.23
意外险	1	0.53

3. 教育、宣传服务和社区融入情况

社区教育、宣传服务的开展对于流动人口培育社区意识和提升民主参与意识均具有极为重要的作用，并且有利于流动人口融入社区生活，进一步促进和谐社区的建设。

如表7所示，A、C、D社区均建设和完善了社区文艺活动场所，例如，C社区为常住人口和流动人口建立了可共同使用的篮球场、乒乓球场。B社区创建了学习型组织，开展“微党校”“微课堂”以及“三点半课堂”，让流动人口融入社区生活。样本社区均开展了教育或科普讲座，例如，A社区为了丰富流动人口的精神文化生活，开展了“迎中秋、庆国庆、法制讲座进工地”活动，为了使流动人口子女融入社区文化，在儿童节开展了“亲子齐乐绘”活动。C社区邀请了居住在社区的退休教师为社区流动人口讲安全知识、八一历史知识等。抽样社区的流动人口教育、宣传服务能力较强。

但是，在189个抽样流动人口中，只有14人表示参加过社区组织的文体活动，参与率仅为7.41%，参与率低。在问及“您对社区开展的各项文体节庆活动如何评价?”时，表示满意的有54人，满意度为28.57%，满意度低，表示感觉一般的人有66人，还有63人表示不清楚。这也充分说明了流动人口对社区提供的文体等活动积极性不高，参与率不足。

表 7　样本社区为流动人口提供的文化、教育、体育服务情况（√表示有此项服务）

社区	有固定的室内外活动场所	开展教育或科普讲座	开展法制宣传教育和咨询服务
A	√	√	√
B		√	√
C	√	√	
D	√	√	√

4. 应急服务情况

如表 8 所示，A、C 社区均为流动人口提供了 1 项应急服务，分别为老人或子女日托服务和残疾人、特困人群经济帮扶。B 社区为流动人口提供残疾人、特困人群经济帮扶和社会捐赠 2 项应急服务，D 社区为流动人口提供了以上 3 项应急服务。样本社区在应急服务提供覆盖面上差异大，D 社区能力强于其他社区。根据访谈资料，B 社区有固定的爱心企业和爱心人士会非定期的为失能流动老人提供捐赠，并且建立了针对残疾、特困流动人口的临时救助站。

表 8　样本社区为流动人口提供的应急服务情况（√表示有此项服务）

社区	老人或子女日托服务	残疾人、特困人群经济帮扶	社会捐赠
A	√		
B		√	√
C		√	
D	√	√	√

五　对策建议

根据社区流动人口服务管理测评结果，简要提出几项对策建议。(1) 健全和完善社区流动人口服务管理机制。社区可建立针对流动人口的服务管理工作领导小组，由社区干部任组长、副组长，请社区服务管理相关专家任顾问，团队要及时协调和解决流动人口工作中存在的困难和问题，研究制定解决对策。（2）进一步完善社区流动人口服务管理方式。创新社区网格化服务管理模式，严格落实流动人口基本情况登记、办证等业务。社区与辖区派出所加强合作，提升流动人口信息化建设水平。（3）优化社区流动人口服务管理队伍。鼓励流动党员在流动人口服务管理中起带头示范作用，建立管理队伍奖励机制，激发其服务热情。（4）努力扩大社区服务在流动人口中的覆盖面，让流动人口更多地了解和享受社区各项服务。（5）创新流动人口融入机制，落实流动人口市民待遇，鼓励流动人口参与社区服务管理、业务培训等。

参考文献

Glenn Laverack, “Evaluating Community Capacity: Visual Representation and Interpretation”, *Community Development Journal* 3 (2006).

保 障 篇

Community Governance Guarantee

B.11

社区组织保障与政策支持

黄熹微*

摘　要： 本报告从领导机制和工作机制，资金投入力度和政策标准体系，激励宣传机制三方面简要阐述了四川省目前的社区治理组织保障与政策支持工作现状，分析了目前存在的一些问题，并提出相应的对策建议。

关键词： 社区治理　组织保障　政策支持

一　引言

四川省共有社区7106个，自党的十八大以来，着力于贯彻落实党中央

* 黄熹微，四川省社会科学院社会学所实习研究员，主要研究领域为社会工作。

和国务院关于加强社区建设和治理的一系列重要决策和部署，不断强化推动社区综合服务设施建设、社区组织体系建设和社区服务功能建设，发展社区依法自治能力，已经使社区建设工作成为社会治理和民生保障的重要抓手。

二 现状

在《中共中央 国务院关于加强和完善城乡社区治理的意见》（中发〔2017〕13号）下发后，四川省民政厅按照省委、省政府的要求，开展四川省贯彻意见的起草工作。在赴成都、宜宾、广元、巴中、甘孜等地扎实开展专题调研工作，充分听取了基层干部、社区工作者和居民群众的意见和建议后，细化梳理了基层迫切需要解决的问题和困难，先后两次征求相关部门意见，形成了《中共四川省委 四川省人民政府关于加强和完善城乡社区治理的实施意见（代拟稿）》。

本部分将从领导机制和工作机制、资金投入力度和政策标准体系、激励宣传机制三方面简要阐述四川省目前的社区治理组织保障与政策支持工作现状。

（一）领导体制和工作机制

早在2013年，四川省委办公厅、省政府办公厅下发的《关于加强城乡社区建设和创新管理服务的意见》（川委办〔2013〕22号）中就明确提出："各级党委、政府要切实加强对社区建设的组织领导，建立社区建设责任制，市、县两级党政主要负责同志为第一责任人，街道（乡镇）党政主要负责同志为直接责任人，推动工作落实。"并且特别强调了组织部门应发挥抓总引领作用，民政部门应发挥牵头协调作用，宣传、纪检监察、社会管理综合治理、国土资源、建设及其他相关单位应进一步强化责任意识，各单位部门需形成工作合力，发挥各自优势，支持社区建设。2014年，四川省政府办公厅下发《关于成立四川省社区治理工作领导小组的通知》（川办函〔2014〕39号），通知中撤销了原有的全省村务公开工作协调小组，成立了四川省社区治理工作领导小组（以下简称“领导小组”），将领导小组的主要职责明确为负责制定全省城乡社区治理和村（居）务公开政策，协调解决社区建设工作中的重大问题，并指导各地推进社区治理和村（居）务公开。领导小组办公室设于民政厅，负责具体日常工作。

2015 年 4 月，领导小组召开了第一次全体会议，会议审议通过了《四川省社区治理工作领导小组、成员单位和领导小组办公室工作职责》，制发了《四川省社区治理工作领导小组关于印发〈四川省社区治理工作领导小组、成员单位和领导小组办公室工作职责〉的通知》（川社领〔2015〕1 号），深入细化了领导小组与领导小组办公室的职责，并明确了 25 个成员单位各自的工作职责。各成员单位按要求将社区建设工作作为本系统、本部门的重要工作内容，上下互动、分工协作、合力推进，自此社区建设和社区治理工作格局基本形成。随后按照工作要求，各地纷纷相继成立了社区治理工作领导机构，明确目标任务与工作责任，逐步建立起社区建设推进机制，在设定经济社会发展大局时也将社区建设和治理工作纳入，置于政府工作的重要位置，积极制定、落实社区建设在机制、阵地、队伍、服务、社区规划等方面的工作措施，大力推动社区建设工作的发展。

党委和政府统一领导，有关部门和群团组织密切配合，社会力量广泛参与的城乡社区治理工作格局[①]已经初步形成，正在不断完善中。特别是成都市委、市政府高度重视，在市委机构序列成立了社区发展治理委员会，率先出台有关中发〔2017〕13 号文件贯彻的实施意见，召开全市城乡社区发展治理大会。在大会上，四川省委常委、成都市委书记范锐平强调[②]，一方面应完善考核评价机制，针对不同领域党组织的实际情况，设置差异化考核指标；另一方面应完善党组织书记抓党建工作联述联评联考机制，健全考核问责方法，建立更加严格规范的治理责任考评和追责机制。

在成都市，武侯区近年来率先开始社区治理改革创新，致力于建构以社

① 《中共中央国务院关于加强和完善城乡社区治理的意见》（中发〔2017〕13 号）。

② 《范锐平在坚持党建引领强化共建共治努力建设高品质和谐宜居生活社区——在全市社区治理大会上的讲话》，《成都日报》2017 年 9 月 4 日。

区党组织为核心、社区自治组织为主导、社区居民为主体，社区社会组织、志愿服务组织和驻区单位等多元主体参与的社区协同治理新常态[①]。2015 年武侯区先后出台了《关于深化社区治理机制改革的实施意见》和《关于进一步明确社区两委职责依法推进社区治理创新的通知》，改革事权，给社区彻底“减负”，明晰政府与社区权责的边界，扶持发展多元社会主体，确保社区自治组织的社会主体地位得到充分尊重，增强多元主体承接社区服务的能力。在新的社区治理框架下，“三社互动”的良好态势迅速在武侯区扩散开来。2017 年，为落实青羊区委、区政府《关于深入推进社区发展治理建设高品质和谐宜居生活社区》（成青委发〔2017〕28 号）及《青羊区社区发展治理“五大行动”三年计划》（成青委办字〔2017〕32 号）的重大决策部署，青羊区委社区发展治理委员会、青羊区委组织部、青羊区民政局联合编制印发了《青羊区“121”社区治理与服务体系建设实施方案》，以社区党组织为核心，实施社区党建核心引领工程；建立社区公共服务站和社会工作服务站，推动多元主体参与；建立社区发展中心，为社区协商共治搭建平台，培养居民群众形成协商意识，逐步掌握协商方法并提高协商能力[②]。

（二）资金投入力度

在社区治理的资金投入方面，四川省给予了高度重视，城乡社区建设经费的保障力度居高不下。省委、省政府的文件也多次明确指出，社区居（村）民委员会的工作经费、人员报酬以及服务设施、信息化建设等经费应当纳入市、县财政预算；还应建立基层组织和公共服务运行经费保障机制，确保社区公共服务专项经费的投入力度，拓宽资金来源渠道，动员、引导和组织社会力量参与社区建设。

自 2007 年起，省级财政就划拨专项资金用于补助社区建设，从而以示

① 资料来源：http：//sichuan. scol. com. cn/fffy/201504/10145685. html。

② 资料来源：http：//qy. chengdu. cn/detail－16－16－17107. html。

范性效应带动各地对社区建设的财政投入。目前，省级社区建设补助资金（含社区综合服务设施建设、社区信息化建设、社工队伍建设等补助资金）每年已高达3000万余元，各地社区工作平均经费达到3万元以上，多数地方都将服务群众专项经费纳入社区经费预算。

“十二五”以来，四川省出台并认真实施了《四川省“十二五”城乡社区服务体系建设规划》，社区服务基础设施建设全面提速。在资金投入方面，充分发挥了中央财政投入省社区建设项目资金（2400万元）的带动作用，省财政投入社区建设补助经费约1.1亿元，市县两级投入社区服务基础设施建设经费约42.23亿元，省民政厅共投入彩票公益金3100万元支持各地建设社区基础设施。2016年，省厅安排使用省级社区服务设施建设补助经费1900万元共补助110个县（市、区）和4个经济开发区的共计185个社区项目建设，完成200个社区服务站建设。2017年，省厅继续安排使用省级社区服务设施建设补助经费2500万元，共补助139个县（市、区）的共计260个社区项目建设。成都投入6.4亿元市财政资金，用于2015~2017年实施村（社区）组织活动场所提档升级，其余各地共投入4亿余元，用于社区综合服务设施建设，新建面积达到14万余平方米。

2017年，四川省民政厅、四川省委组织部等十六部门联合印发了《四川省城乡社区服务体系建设“十三五”规划》（川民发〔2017〕157号）。《规划》提出“十三五”期间，城乡社区服务体系建设要全面贯彻党的十九大精神，深入学习贯彻习近平新时代中国特色社会主义思想，以居民需求为导向，推动城乡社区服务精细化、专业化、标准化。目标计划到2020年，城市社区综合服务设施覆盖率达到100%，每百户居民拥有的社区服务设施面积不低于30平方米，农村社区综合服务设施覆盖率达到50%；基本公共服务项目覆盖所有城乡社区；每个城市社区、农村社区分别拥有10个、5个以上的社区社会组织，80%以上的驻区单位与社区签订共驻共建协议，让城乡居民共享全面建成小康社会的发展成果①。

① 资料来源：http：//www.sc.gov.cn/10462/10464/10797/2017/11/2/10437191.shtml。

各地方不乏在资金投入方面的正面事例。成都市在2009年建立了村级公共财政制度，2012年出台了《成都市城市社区公共服务和社会管理专项资金管理办法》[①]。现已累计投入93亿元城乡社区公共服务资金，按照“民事民议、民事民定”原则，除政府公共领域事项和居民私人领域事项以外，资金的使用和评价权全部归于居民。居民自治方式大大促进了资源的有效配置，把公共服务和居民需求紧密对接起来，进一步促成了社会组织培育发展、志愿服务活动开展、基础设施维护和维修、文体公益活动有序开展，更好地满足了社区居民对服务的需求。

眉山市从2015年开始，按照每村5万元、每社区10万元的标准，落实了服务群众专项资金[②]。2015年，广安市印发了《关于全面深化城乡社区管理服务创新的意见》，以问题导向进行了规划布局，要求加大资金保障力度，建立工作推进制度，全面深化城乡社区管理服务创新工作，每个社区（村）工作经费要达到每年4万元以上，服务群众专项经费达到每年10万元以上，市财政每年预算安排200万元社区建设补助经费，区市县（园区）每年预算100万元~200万元用于社区基础设施建设[③]。遂宁市则建立了基层组织和公共服务运行经费保障机制和定期增长机制，2015年每个村（社区）达到3万元以上[④]。

（三）政策标准体系和激励宣传机制

2014年，四川省民政厅下发了《四川省民政厅关于开展社区标准化建设的指导意见》(川民发〔2014〕194号)，制定了一至五星5个档次的社区建设标准，将全省的地域按经济发展水平划分为三类。该文件将标准明确为社区综合目标考核、社区阵地建设验收、和谐社区建设示范单位创建检查的重要依据，从而指导、督促各地进一步加强社区标准化建设工作的推进。各

---

① 高伟：《成都市全面建立城市社区公共财政制度》，《社区》2012年第12期。

② 资料来源：http：//practice. swchina. org/view/2017/1012/30013. shtml。

③ 资料来源：www. gasmzj. gov. cn/Article/ShowArticle. asp？ArticleID＝1398。

④ 资料来源：http：//practice. swchina. org/view/2017/1012/30013. shtml。

地方相继按照省上要求，出台了社区综合服务设施建设相关政策文件，积极推动社区服务设施建设快速发展。

泸州市市民政局聘请专业设计单位进行编制工作，出台了《泸州市中心城区社区布点和建设专项规划（2013～2020）》，提出一般社区服务面积达1300平方米以上、社区综合体服务面积达3500平方米以上、邻里中心服务面积达10000平方米以上三种社区服务设施建设模式，将社区建设同城市规划、棚户区改造规划有机结合①。成都市成华区的党建工作目标纳入了社区组织活动场所“提档升级”一项，通过新建、购买、公建配套移交、国资调剂等方式，在区、街两级的财政预算投入1.8亿元，在成都市率先实现了全面达标。自贡市2016年争取到社区建设补助资金100万元，完成了9个基层服务设施建设，新增符合标准的社区服务设施13个，将社区综合服务设施覆盖率提升至96%。资阳市雁江区遵循社区阵地不低于300平方米的要求，将原区行政机关11个部门的办公用房调剂给14个社区作为社区办公阵地，还由财政部门给予每个搬迁社区6万元补助资金用于规范化建设，从而解决了城市社区阵地面积不达标问题。

据2016年不完全统计，全省社区服务站总数由“十一五”末的4819个增加到5867个，新建社区服务站1048个，城市社区服务设施总面积达到245.2万平方米，每百户居民拥有的社区服务设施面积达到18.34平方米以上，明显改善了全省社区基础设施水平，城市社区服务设施覆盖率已经达到90%以上，社区服务站面积平均达到348.12平方米。

全省开展农村社区建设试点工作的村达到7998个，试点村大力推行“1+6”村级公共服务设施建设（即每个村都有村“两委”+便民服务中心、农民培训中心、文化体育中心、卫生计生中心、综治调解中心、农家购物中心），促进了省内农村社区服务体系进一步完善。2017年，根据《全国农村社区建设示范单位指导标准》，经自愿申报、考察推荐和遴选验收等环节拟确定全国104个村（农村社区）为首批全国农村社区建设示范单位，

① 资料来源：http：//roll.sohu.com/20140210/n394707209.shtml。

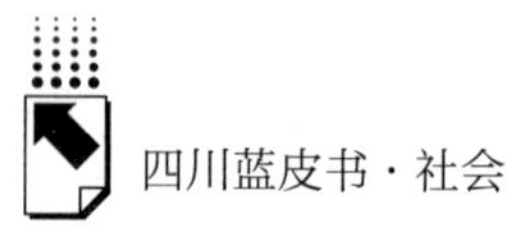

其中，四川省成都市温江区、江油市大康镇官渡村、广元市利州区赤化镇泥窝社区、遂宁市蓬溪县常乐镇拱市村、宜宾市兴文县僰王山镇永寿村5个地区入选[①]。

在表彰先进城乡社区组织和优秀城乡社区工作者方面，四川省也开展了扎实工作。通过待遇保障、加强培训等方式，省内已初步建立起一支结构合理、素质优良、能力过硬的社区服务人才队伍。2012年以来，省委、省政府先后三次提高了村（社区）干部报酬，把城市社区“两委”成员的每月补助标准明确为2500～2900元；农村社区“两委”成员每月补助标准则定为2200～2600元，村干部每月补助标准为1060～1650元，普遍高于西部省（区、市）平均水平，对于稳定村（社区）干部队伍、提高其工作积极性发挥了有效的正面作用。省内各地还结合自身实际，进一步多措并举，引导促进社区人才队伍的专业化、职业化发展，鼓励优秀社会工作人才留在社区，立足岗位成才。德阳市为加强社区专职工作者队伍建设，专门提高了专职工作者队伍待遇，其中居委会成员、专职工作者平均工资均达到上年度当地社会平均工资水平。成都市温江区为社区工作者建立了整套激励机制，对考核合格的取得社会工作职业资格的社区工作人员按照社工员、助理社工师、社工师分别给予200元/月、400元/月、800元/月的岗位补贴。目前，全省社区设置专业社会工作岗位5884个，持证专业社工达2000名。

为了营造全社会关注、支持城乡社区治理的良好氛围，全省各地对城乡社区治理创新先进案例进行了广泛宣传，其中不乏诸如新闻媒体、网络新媒体等多样化宣传手段。眉山市仁寿县在县党务政务服务中心设立了管理办公室，开通了24小时运行的“仁寿有奖爆料”微信公众平台[②]，负责微信平台上爆料事项的受理转交、核实反馈、奖励发放等工作。爆料事项一旦经相关业务主管部门或镇乡核查属实、有用，一方面平台将及时对爆料人进行精神奖励，或发放1～200元的微信红包，另一方面有关责任单位将迅速反应，

① 资料来源：https：//baijiahao. baidu. com/s? id = 1587857658322245188&wfr = spider&for = pc。

② 资料来源：http：//epaper. scdaily. cn/shtml/scrb/20170704/167354. shtml。

组织工作针对爆料内容进行整改落实。“仁寿有奖爆料”微信公众平台试运行至2017年6月27日，已获得5545位网民关注，累计接到爆料事项299件，主要涉及环保、城市管理、社会治安等事关民生的工作，已发放微信红包共1796元。

三 问题与对策

（一）存在的问题

一是政府对社区治理的投入不足。投入不足一方面体现在基层政府对社区建设和治理的重视程度不够，以各种理由忽视对社区治理工作的投入；另一方面体现在部分地区经济欠发达，财政收入不高，因此对社区治理的资金投入不够。虽然近年来省内各地纷纷加大力度向社区治理投入资金，但依然存在资金不足的问题。有学者[①]在调研中发现省内某市某区由区政府每年划拨给各个社区的财政资金平均为1.2万元左右，该区的社区工作平均经费缺口高达3.5万元，缺口中有2万元左右都是水电费、电话网络费等基本开支，因此社区工作受到资金不足的很大制约。

二是部分社区自治能力较弱，有的居民委员会下属委员会不健全，只有由居委会成员兼任委员会主任，或缺乏充实的工作人员。例如在2015年，曾有学者[②]在调研中发现成都市新都区某些社区居民户数远超居委会组织法中提出的100～700户，但居委会成员人数仍维持在5～7人，与社区治理工作需求严重脱节。有的社区自治活动开展少，群众参与缺少载体和平台，参与度不高。

三是依然存在部分地方社区综合服务设施建设滞后，有的只能满足低标

① 李勋华、吴适、龚文君：《城市社区自治建设的困境与对策研究——以四川A市为例》，《城市发展研究》2011年第18期。

② 毕晓佼：《城市基层社区组织的治理模式探析——以成都市新都区社区治理的调查为例》，四川师范大学硕士学位论文，2015。

准保障，建设面积达不到标准，设备设施老旧不齐，设置服务功能单一。社区服务设施是社区工作人员服务居民和居民参与社区事务的重要工具，同时还承载着政府公共服务、社区自治服务、市场中介服务和民间互助服务[①]，因此合理的社区设施正是有效保障社区治理工作的一大基石。有学者[②]指出我国旧有小区，往往普遍缺失配套的社区综合服务设施，而新开发的小区往往基于开发商的利益优先原则，仅能满足小区内部居民的需要。在开发过程中还经常出现由于开发时序先后而出现的设施缺失等诸多问题，种种因素综合导致了设施配套总体量的不足。

四是部分地方激励机制不完善，社区干部待遇偏低，社区工作者积极性有待提高。例如在省内某市某区[③]，社区干部（书记、主任）工资为1000元/月，副主任900元/月（含自筹部分），在扣除社保后的实际到手工资已近乎最低工资标准，在收入仅能基本维持个人生活基本开销的窘境下，优秀人才流失的严重性可想而知。

五是在社区层面的政府公共服务水平和效率还有待提高，应用信息化手段提供公共服务的能力不足，群众办事多头受理、重复提交办事材料、窗口服务人员对相同信息重复采集录入增大工作量等问题广泛存在。

六是社会组织参与社区治理的数量、能力、质量等都还相对欠缺，尤其是在欠发达城市社区和广大农村社区，社会组织发展不足、项目合作观念落后，找不到服务需求、做不出合适的项目策划、没有能够承接服务项目的社会组织、没有资金投入等问题普遍存在，严重困扰着社会组织参与社区治理。

（二）措施对策

一是进一步督促落实各地方建立、完善社区治理领导机制和工作机制，

---

① 张大维：《公平与效率视角下的社区服务设施建设》，《现代城市研究》2011年第7期。

② 徐瑾：《转型期社区公共设施建设问题浅析》，《山西建筑》2008年第34期。

③ 李勋华、吴适、龚文君：《城市社区自治建设的困境与对策研究——以四川A市为例》，《城市发展研究》2011年第18期。

继续加大对社区治理的资金投入。督促各地方建立、完善社区治理领导机制和工作机制，以制度为源头推动力，倒逼各地方形成更为完善的社区治理工作格局。

建议社区在每年申报财政预算前，将下一年度的社区工作任务细化并列入财政预算，在市、区两级，可以按照上年度职能部门下放社区的工作任务进行预算开支，做到责、权、利统一。社区也应该增强自身造血功能，通过调查摸清居民的需求，有针对性地有偿提供家政、家教、养老等方面的服务；积极展开共驻共建，充分发动社区内各单位参与社区治理，调动整合各种经济资源、政治资源。社区治理的考核评价机制应得到进一步完善，从单一的行政考核逐步向以社区居民满意度为主要衡量标准的评价体系过渡，同时评价结果也应考虑向居民公开。

二是从居民自治的组织力量方面科学规划，确定相关负责人，以居民小组为基础和平台，提升居民参与度。居民自治的基本组织结构是由居委会党支部、居民大会或居民代表会议、居委会、居委会工作委员会、社区工作者和居民小组组成。科学规划组织力量，可以保障聚会为党支部成员来自居民自治组织，从而成为居民自治的领导核心①。

居民小组基于临近居民原则建立，是居民自治的组织基础，也是最了解居民自治事务需求的组织。左邻右舍互助最具有居民自治的动力②，是传统邻里生活中居民间亲近感情的体现，所以大部分居民自治事务开展于居民小组层面，居民小组自治的活力也延伸影响跨居民小组之间的自治事务活跃程度。这就使居民小组成为提升居民参与社区治理的绝佳平台和机会。

三是社区设施的选址配置应当围绕社区服务进行，进行以人为本的科学规划，主动进行多元筹资，解决资金难题。有学者③指出在社区设施方面，应以满足社区居民的需求为出发点，沿袭社区事务分类的思路，对社区服务设施和以其为载体的社区服务主体、社区服务组织等进行合理分类，然后再

① 陈晓原：《以居委会改革提升社区自治能力》，《国家治理》2015 年第 34 期。
② 陈晓原：《以居委会改革提升社区自治能力》，《国家治理》2015 年第 34 期。
③ 张大维：《公平与效率视角下的社区服务设施建设》，《现代城市研究》2011 年第 7 期。

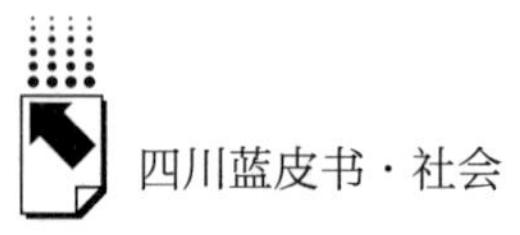

为社区设施选址定位，这样更利于建立多元筹资机制和运行机制，搭建社区服务网络。

设计规划工作不应当仅具备城市规划学科的科学性，也应该结合社区治理的社会学科学性。居民的需求理应成为设计规划的考虑因素之一，并在最终的计划中有所体现。为了达成保护群众利益的目标，设计规划应当从完善政治管理体制、改革规划管理体制和探索有效的参与方式及途径等方面入手，促进公众参与机制的形成[①]。

四是完善薪酬福利制度，进一步提高社区工作者的薪酬待遇。有学者[②]建议将社区工作者的薪酬与其工龄、学历、工作量和考核业绩挂钩，从而提高其工作积极性。还可对社区工作者进行阶段性考核，给予考核成绩优秀者现金或其他福利奖励。此外，还应拓宽社区工作者的晋升渠道，政府可给予社区工作者一定的国家编制名额，除了按照级别分配以外，更应综合考虑社区工作者的学历和工作业绩等。

五是进一步加速城乡社区服务信息化建设，构建城乡社区公共服务综合信息平台，推进智慧社区的落实。深化促进“互联网 +”与城乡社区服务的有机融合，逐步构建设施智能、服务便捷、管理精细、环境宜居的智慧社区[③]。

六是加紧研究制定城乡社区组织的基础通用标准、管理服务标准和设施设备配置标准，完善有关社会组织参与社区治理的法律法规体系，大力宣传社会组织相关法规，增加对社会组织的资金投入。

选取部分地方进行试点，制定适宜本地区发展的社会组织法规，尤其是要有针对性地根据本地的实际情况，对社会组织的审批程序、运行机制和监督机制等进行规范，细化社会组织在城乡社区中的职责和税费优惠等。然后从试点案例中总结成功经验，再在省级层面制定更为得当的社会组织法规。

① 韩志刚、李书虎：《居住社区公共设施建设存在的问题及对策》，《科技致富向导》2011 年第 20 期。

② 马丽、刘伟姣：《社区工作者激励机制研究》，《民营科技》2014 年第 9 期。

③ 资料来源：www.mca.gov.cn/article/yw/shgzyzyfw/fgwj/201611/20161100002519.shtml。

一方面应充分利用各种媒体，对社会组织的方方面面都进行广泛宣传，重在引导公众正确全面地认识社会组织，提升公众对社会组织活动的参与热情。另一方面如由政府在城乡社区开展各类社会组织宣讲活动、社会组织知识讲座，以政府公信力基础为社会组织破冰，也可以进一步消除居民的疑虑，为社会组织在社区中的发展营造良好环境。

政府应加大购买公共服务的力度，尤其是地方可将部分公益性服务项目的经营以外包等形式让渡给社会组织，不仅支持了社会组织的成长，而且可以形成社区治理工作合力；政府还应以增加科研经费的方式，催生更多的城乡社区治理研究，引导学术界深入探讨研究、不断推陈出新，用专业、学术的创新发展影响促进社会组织的成长和发展。

参考文献

《范锐平：坚持党建引领 强化共建共治 努力建设高品质和谐宜居生活社区》，《成都日报》2017 年 9 月 4 日。

高伟：《成都市全面建立城市社区公共财政制度》，《社区》2012 年第 12 期。

李勋华、吴适、龚文君：《城市社区自治建设的困境与对策研究——以四川 A 市为例》，《城市发展研究》2011 年第 18 期。

毕晓佼：《城市基层社区组织的治理模式探析——以成都市新都区社区治理的调查为例》，四川师范大学硕士学位论文，2015。

张大维：《公平与效率视角下的社区服务设施建设》，《现代城市研究》2011 年第 7 期。

徐瑾：《转型期社区公共设施建设问题浅析》，《山西建筑》2008 年第 34 期。

陈晓原：《以居委会改革提升社区自治能力》，《国家治理》2015 年第 34 期。

韩志刚、李书虎：《居住社区公共设施建设存在的问题及对策》，《科技致富向导》2011 年第 20 期。

马丽、刘伟姣：《社区工作者激励机制研究》，《民营科技》2014 年第 9 期。

B.12

社区人居环境治理与改善

金小琴*

摘　要： 随着人民生活水平的提高和绿色发展理念的普及，人居环境治理成为社区居民最关注的问题。本报告以四川农村社区人居环境治理为例，系统分析其面临的工作机制有待完善、治理资金投入不足、村镇规划编制相对滞后、社区居民主动参与不够等问题，然后在总结四川社区人居环境治理典型案例基础上，提出促进四川农村社区人居环境治理的可行建议。

关键词： 人居环境　农村社区　四川

一　引言

“人居环境”一词最早是由希腊学者道萨迪亚斯（Doxiadis）于1968年在其著作《人类聚居学》（*Science of Human Settlement*）中提出的，我国著名学者吴良镛院士在此基础上结合中国的国情提出了“人居环境科学”，并在其《人居环境科学导论》中提出了以五项原则、五个层次和五大系统（即自然系统、人类系统、社会系统、居住系统以及支撑系统）为核心的基本分析框架。

所谓人居环境是指居民生产、生活、休闲娱乐和社会交往的空间场所，是人类生存和发展的基础，其质量的好坏不仅关系人类的身心健康，而且是

* 金小琴，四川省社会科学院社会学所助理研究员、博士，主要研究领域为社会治理。

衡量社会文明发展程度的重要标志。党的十九大提出的乡村振兴战略，就涉及农村生态宜居要求；报告中还指出我国社会的主要矛盾已经发生了重大变化，具体表现为人民日益增长的美好生活需要和发展不平衡不充分之间的矛盾，而生态环境保护则是社会公众迫切关注的问题。“十三五”时期是推进绿色发展、建设美丽四川、筑牢长江上游生态屏障的关键时期。因此，关注农村社区人居环境的治理问题，在新时代更具有紧迫性和现实意义。

二 现状

（一）探索与实践

党的十八大以来，党中央、国务院和各级地方政府十分重视农村人居环境整治。国务院办公厅于 2014 年印发的《关于改善农村人居环境的指导意见》，明确了全国到 2020 年改善农村人居环境的总体目标和重点任务，2017 年中央一号文件提出，要深入开展农村人居环境治理和美丽宜居乡村建设。中共中央国务院《关于加强和完善城乡社区治理的意见》要求着力改善社区人居环境，并提出社区建设的基本目标是“和谐有序、绿色文明、创新包容、共建共享的幸福家园”。从 2013 年开始，第一次全国改善农村人居环境工作会议召开以后，坚持每两年召开一次全国改善农村人居环境工作会议，并于 2017 年 9 月 15 日召开了第三次全国改善农村人居环境工作会议，及时交流总结各地经验和做法，以推动人居环境治理工作。《农村人居环境整治三年行动方案》的制定，为农村人居环境治理的下一步工作指明了方向。

表 1　全国改善农村人居环境工作会议

召开次数	召开时间	召开地点
第一次	2013 年 10 月 9 日	浙江杭州桐庐县
第二次	2015 年 11 月 5 日	广西恭城瑶族自治县
第三次	2017 年 9 月 15 日	贵州遵义湄潭县

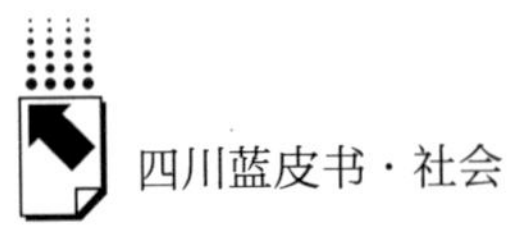

《关于改善农村人居环境的实施意见》(川办发〔2014〕58号)提出，到2020年，要明显改善四川省农村居民的住房条件、出行条件、安全饮用水、用电和通信保障等基本的生活条件，争取80%左右的行政村完成人居环境的改善任务，基本实现人居环境的干净、整洁、便捷。中共四川省委十届八次全体会议通过的《关于推进绿色发展建设美丽四川的决定》把创造优良人居环境作为中心目标，《四川省幸福美丽新村建设总体规划（2017～2020年)》也提出要以整治农村人居环境为突破口建设美丽乡村。四川省委、省政府以“五大行动”(即扶贫解困、产业提升、旧村改造、环境整治和文化传承）为主题，以“四好村”创建（即住上好房子、过上好日子、养成好习惯、形成好风气）为抓手，以净化、绿化、美化为要求，着力建设“业兴、家富、人和、村美”的幸福美丽新村。在“十三五”期间，四川省将重点实施农村生活垃圾治理提升工程、农村污水治理提升工程、农村环境综合整治工程、农村面源污染治理工程等“四大工程”，突出抓好农村垃圾治理和厕所革命，继续推行“小规模、组团式、微田园、生态化”模式，以全面改善农村人居环境。

（二）取得的成效

1. 工作格局基本形成

四川在参照住房和城乡建设部牵头15个部门建立协调机制做法的基础上，把改善农村人居环境作为城乡环境综合治理的重要内容，也成立了城乡环境综合治理工作领导小组和办公室，并注重发挥省、市、县、乡各级领导小组的协调作用，形成“党政主导、部门协同、齐抓共管”的工作格局。主要采取目标管理、明察暗访、曝光问责、监督考核等方式，以确保农村人居环境治理工作的强力推进。例如，成都市通过建立健全村规民约，成立卫生监督管理委员会，让农户自主管理所在区域环境①。

① 《全面提升城市管理服务，努力提升城市环境承载力》，《成都日报》2017年12月24日。

2. 资金投入机制初步建立

2014 年以来，中央财政每年用于改善农村人居环境的投入约 2200 亿元，地方财政每年投入已接近 3000 亿元[①]。截至 2016 年底，中央财政累计投入农村环保专项资金 375 亿元，大约有 11 万个村庄的环境治理得以顺利完成，直接受益的农村人口约 1.9 亿[②]。从 2007 年开始，四川省级财政划拨专项资金用于补助社区建设，以带动各地社区发展。据不完全统计，“十二五”期间，四川省财政投入社区建设补助经费约 1.1 亿元，市县两级共投入经费约 42.23 亿元，主要用于各地社区的基础设施建设。2016 年，全省共投入改水改厕经费 12.2 亿元，比 2012 年增加 1.6 亿元，增长15.1%[③]。成都市于 2009 年首次建立村级公共财政制度，《成都市城市社区公共服务和社会管理专项资金管理办法》的出台，标志着城乡社区公共财政制度的全面建立。目前，成都市公共服务资金标准达到每个村每年不低于 40 万元，城乡社区公共服务资金现已累计投入 93 亿元。

3. 农村社区生活环境得到不断优化

经过多年努力，四川各地农村社区基础设施条件得到逐步改善，生活环境得到不断优化，村容村貌发生巨大变化。截至 2016 年末，四川全省行政村实现了村村有卫生室；有 19773 个行政村建立了体育健身场所，占全部行政村的 39.3%；38550 个村拥有图书室（馆）、文化站，占 76.7%；4171 个行政村创办了村集体互助型养老服务设施，占 8.3%；13165 个行政村建立了幼儿园、托儿所，占比达 26.2%。四川农村居民人均住房面积由 2012 年的 39.2 平方米增加到 49.7 平方米，住宅外道路为水泥、柏油、砂石或石板等硬质路面的农户占比提高到 75.7%；有自来水和受保护的井水等安全饮用水源的农户占比提高到 66.7%。全省已建成农村居民定居点 1.7 万个；通天然气的村民小组及居民定居点 15.3 万个，占

① 《我国农村人居环境改善成就获国际赞誉》，《中国建设报》2017 年 5 月 4 日。

② 环境保护部：《大力强化环境监管执法》，《城乡建设》2017 年第 20 期。

③ 资料来源：http://www.sc.stats.gov.cn/tjxx/tjfx/qs/201709/t20170912_244914.html。

38.1%；使用煤、电、气等清洁能源的农户占比提高到47.1%；实现垃圾集中处理的村35909个，占全部行政村的71.4%，比2012年提高40.1个百分点；生活污水集中处理的村5910个，占全部行政村的11.8%。畜禽集中养殖区中有畜禽粪便无害化处理设施的占69.2%。农村集中式供水受益人口比例达77%，比2012年提高6.68个百分点；农村卫生厕所普及率达80.87%，比2012年提高13.44个百分点；完成改厕的村民小组及居民定居点20.0万个，占49.8%①。此外，近五年来全省有5个项目获得联合国人居奖②、中国人居环境范例奖③，有14个村被评为国家级改善农村人居环境示范村。

三 主要问题

（一）工作机制有待完善

农村人居环境治理是一个系统工程，也是一项长期的艰巨任务。一方面，由于农村人居环境治理工作具体涉及发改、住建、环保、农业、扶贫水利、林业、旅游等多个职能部门，相关部门之间存在项目多头投放、信息不畅通等现象，相关资金、资源整合不到位，还没有形成工作合力；另一方面，农村人居环境治理工作的长效机制落实不够，在一定程度上影响了农村人居环境治理的常态化推进。

① 资料来源：http：//www. sc. stats. gov. cn/tjxx/tjfx/qs/201709/t20170912_ 244914. html。

② “联合国人居奖”是由联合国人居署于1989年开始创立，是全球人居领域最高规格、威望最高的奖励，其目的是表彰那些在住房供应、使无家可归者的困境得到重视、在战后重建中发挥领导作用、发展和改善人类住区以及城市居民的生活质量等领域做出杰出贡献的举措。

③ “中国人居环境奖”（含“中国人居环境范例奖”）是由住建部于2000年设立，是全国人居环境建设领域的最高荣誉奖项，综合反映在改善人居环境方面的总体成就；“中国人居环境范例奖”主要反映获奖者在改善人居环境工作中某个方面取得的成就。

（二）治理资金投入不足

长期以来城市人居环境治理备受关注，而对农村人居环境治理重视不够，造成了城市与农村人居环境治理的“二元结构”，导致了城乡之间和不同区域之间的双重不平衡。某些基层政府对社区人居环境治理的重视程度不够，总是以本地经济发展水平欠发达、财政收入水平比较低等为借口，忽视对社区人居环境治理工作的投入。目前除成都市以外，其余各地均未建立社区公共财政制度。近年来，虽然国家加大了农村环境治理的投入力度，但由于农村环境治理起步晚、欠账多、底子薄弱，农村基础设施和公共服务设施仍然比较落后，出行难、饮水难、垃圾处理难等现象依然存在，在一定程度上影响了农村人居环境治理质量的提升。

（三）村镇规划编制相对滞后

随着农村经济社会发展格局的变化，1993 年颁布的《村庄和集镇规划建设管理条例》现已无法满足当前发展需要。大部分农村建设由于规划不尽合理，整体布局比较散乱，农村环卫设施、园林绿化、村容村貌塑造等专项规划没有及时跟进，甚至没有综合考虑排污、排水、绿化、草堆杂物堆放、畜禽养殖等实际问题，农村还存在乱搭乱建、乱堆乱放、乱扔乱倒等“脏、乱、差”现象。由于缺乏科学合理的长远规划和村庄整治标准，部分地区推进农村人居环境整治工作进展缓慢，社区环境治理效果不明显。

（四）社区居民主动参与不够

社区居民自治是社区治理的重要内容，居民群众自治程度的高低直接体现治理水平的高低。长期以来，受传统习惯和固有观念的影响，加之宣传教育的氛围还不够浓厚，部分农村居民的公共卫生意识和环保意识比较差，对于开展农村人居环境整治的意义认识不足，主动参与意识不强。此外，由于目前社区人居环境治理的实施仍然是以行政方式为主，容易忽视其治理主体——社区居民的积极主动参与。由于社区居民对社区的认知度较低，缺乏对社区事务的参与和归属感。甚至一些社区居民认为社区是代表政府的一级组织，而不是认为社区是包括自己在内的居民群众的生活共同体，把自己排除在社区治理的责任主体之外。

城乡社区治理问卷调查结果显示，只有24.26%的受访者表示在最近一年参与过社区人居环境治理的有关活动，这也说明社区居民作为人居环境治理主体作用没有得到充分发挥。

表2　社区居民参与有关活动的情况统计

单位：人，%

参与情况	频率	百分比
是	205	24.26
否	640	75.74
合计	845	100

资料来源：根据城乡社区治理问卷的调查结果整理。

四　典型案例

（一）青羊区探索社区环境参与式治理模式

为进一步提升城市宜居性和舒适度，成都市青羊区积极研究探索“社区参与式治理”模式，将环境治理工作向街道、社区纵向延伸，向单位、商家、院落横向拓展，落点于群众，组建“街巷长”（即社区环境监督员）队伍参与环境治理工作，切实巩固城区环境治理成效。通过建立由社区议事会成员、社区监事会成员、居民小组长、院落骨干、居民积极分子和热心公益事业的社会各界人士组成的“街巷长”队伍，充分发挥群众对身边情况更熟悉的优势，使市民和商家从“受监督对象”转变为“环境治理参与者”，让群众成为自己所住街道的“街长”“巷长”，更快更直接地发现辖区的环境类问题以及环境类风险隐患，主动纠正乱排污水、乱倒垃圾等不文明行为，实现共建共享。目前，青羊区积极发挥17名环保志愿者、75名环保员、86名特邀环保监督员的作用，深入社区、院落积极宣传推广绿色青羊理念，同时已在全区14个街道、79个社区组建了540多人的“街巷长”队伍，形成了“政府主导、部门主管、街道职责、社区主治、街巷长主督、商家主做、居民主约”的社区环境参与式治理工作体系，社区人居环境得到明显改善。

（二）资阳市安岳柳溪村建立工作机制

为了整治和改善社区的“脏、乱、差”问题，乡党委、政府和民政部门高度重视，成立环境卫生调查组，由社区书记任组长，副主任、副书记为副组长，社区干部任成员，深入社区的每家每户进行调查，了解情况，查找污染源头并及时采取措施进行积极治理。对于村民代表提出的对社区环境综合治理措施的建议和意见，社区积极收集整理，形成部分村规民约内容；要求社区干部加强领导，落实责任，定期检查，每季度评比检查一次。落实保洁员2人，负责村社道路及广场的清洁卫生，各组长负责各组的房前屋后、农户路及院坝水沟的处理。社区干部到各组进行随时检查督促，按政府考核目标制度考核保洁员和各组组长。通过多方努力，社区人居环境治理工作得到了百姓的好评。

（三）武侯区以社区需求为导向开展社区营造

武侯区以建设高品质和谐宜居生活社区为目标，以城市环境微治理类项目为社区营造重点方向，按照有机更新和社区营造的理念，鼓励、引导居民自组织利用社区隙地、小花园、花坛、墙边、外墙立面、楼顶等一系列可以利用的空间，实施城市环境微更新。通过以社区需求为导向积极开展各类营造项目，政府、社区、社会组织、驻区单位、居民群众等多元主体围绕共同的利益和目标，实现了有效联动，资金、技术、资源等的作用得到真正发挥，多元主体参与社区治理切实找到了一条新路径和一套新办法。

2017年，武侯区社区公共服务资金用于社区营造的比重达到50%以上，武侯区92份项目书中，城市环境微治理类项目达到38个，占比超过

41.3%。武侯区的社区营造活动在成都市获得3项第一。一是资金体量第一。区、街道、社区、社会组织各方投入的资金总量超过410万元，位居全市各区县之首。二是项目实施数量第一。2017年共有71家社会组织、57个社区参与社区营造，有60个项目成功立项，开展项目全市最多。三是获得市级资助项目和资金排名第一。在2017年成都市社区营造公益创投活动中，武侯区共获得资助项目11个、资助资金110万元，位列全市第一①。

（四）广元市的“三化”治理

广元市以“三化”为着力点，扎实开展城乡人居环境治理工作。一是整洁化治理。结合农村产业发展和农户庭园经济建设，大力实施“一建三改两硬化”工程和农村风貌塑造，开展农户室内外环境卫生、农村生活垃圾、污水粪便、面源污染和病媒生物防制专项治理，进一步提升农村形象品味。二是精细化服务，由“被动抓”向“主动干”转变。大力开展环境优美示范创建，通过媒体宣传和舆论引导，开展文明卫生户评选活动，完善村规民约，制定“门前五包”“庭院三清”等卫生检查评比制度，规范和约束村民卫生行为，提高群众参与环境治理的主动性。三是市场化保洁，由“花钱养人”向“花钱买服务”转变。打破传统乡镇政府大包大揽环境卫生工作的格局，引入第三方保洁机构推行乡镇环境卫生清扫保洁市场化运行试点，有效解决乡村环境治理长效管理落实不到位等问题，形成了“政府+公司”的农村环境卫生清扫保洁新格局。

五　对策建议

（一）完善投入保障机制

农村人居环境治理涉及范围比较广、所需投入经费比较多、运行成本也

---

① 资料来源：四川省民政厅。

比较高，因而要积极探索“政府主导、社会参与、农民自筹”的多渠道投入机制，拓宽资金来源渠道，不断完善农村环境卫生公共配套设施，为整治农村人居环境提供强有力的保障。一方面，要整合各种渠道和不同部门的资金，对人居环境治理所需经费进行统筹安排，形成合力，做到“多个渠道进水，一个池子蓄水，一个龙头出水”；另一方面，要发挥各级政府财政资金的引导作用，并采取政府购买环境服务的方式吸引广大社会资本的积极参与，实现政府与市场“两条腿”同时走路，从而构建多层次、多元化的社区人居环境治理投入保障机制[①]。

（二）制定科学发展规划

科学规划具有先导性和引领性作用。因此，必须及时修编和制定科学合理的农村建设中长期发展规划。一方面，应根据村镇区位条件、经济发展情况、社会环境变化、居民生活习俗、文化传统等实际情况，按照社区居民的居住空间和公共空间、社区基础设施和公共服务设施要求以及农村产业发展等方面的实际需求进行因地制宜地设计，以合理安排农村社区的生产、生活、生态空间。另一方面，在编制规划时，农村人居环境整治应与基础设施建设，土地利用，幸福美丽新村、历史文化名村、传统村落保护等其他规划相衔接，实现规划的科学性和可行性。

（三）加强社区软硬件环境建设

社区人居环境建设不仅包括硬环境，还包括软环境。因此，一方面，以社区居民的需求为服务导向，继续抓好社区基础设施和公共服务设施的硬环境建设，积极推动“三建四改”和“1+6”公共服务设施建设[②]，建立完善

---

① 徐培备：《城市社区公共环境治理困境与多元治理模式探索》，华东政法大学硕士学位论文，2014。

② “三建四改”是指建庭院、建入户路、建沼气池；改水、改厨、改厕、改圈；“1+6”是指以村级组织（村两委）活动场所和便民服务中心、农民培训中心、文化体育中心、卫生计生中心、综治调解中心、农家购物中心为主要内容的村级公共服务活动中心建设。

以社区综合服务设施为依托，以专项服务设施为补充，以服务网点为配套、社区信息平台为支持的社区服务设施网络[①]。争取到2020年，农村社区综合服务设施覆盖率达到50%。另一方面，要重视和加强社区的软环境建设。应强化农村居民的环保意识和生态意识，形成爱护环境、节约资源的生产方式和生活习惯，形成全民参与农村人居环境治理的良好氛围。

（四）建立社区居民参与机制

在社区人居环境治理中，政府的有形之手并不能从根本上解决环境问题。只有发动生活在同一片地域的居民共同努力，与政府和市场进行良性互动，才能缓解政府对于环境治理的压力，使环境朝着更优化的方向实现可持续发展。社区居民主动参与社区人居环境治理的内在驱动力，必须是从思想上认可社区人居环境治理的意义与价值。因此，一方面，要加大社区环境保护的教育与宣传力度，大力倡导绿色、低碳的生产生活方式和消费模式，贯彻“社区是我家，建设靠大家”的共建共享理念，通过制定村规民约，把保护人居环境的要求内化为自觉行动，以提高社区居民的参与意识，使保护生态环境成为大家的日常行为；另一方面，要畅通渠道，提高社区居民参与社区人居环境治理能力。在充分尊重和切实保障村民的知情权、参与权、决策权和监督管理权的基础上，建议推行村内事“村民议村民定、村民建村民管”实施机制，通过多种方式和渠道参与对社区环境的治理，让居民主动改善居住环境，建设美好家园，最终变“被动参与”为“主动参与”。

参考文献

吴良镛：《人居环境科学导论》，中国建筑工业出版社，2011。

伍承欢：《从人居环境变迁探析还迁社区的公共空间设计——以苏州莲花新村社区

① 资料来源：http：//www. mca. gov. cn/article/yw/shgzyzyfw/fgwj/201611/20161100002519. shtml。

为例》，苏州大学硕士学位论文，2016。

徐培备：《城市社区公共环境治理困境与多元治理模式探索》，华东政法大学硕士学位论文，2014。

刘露：《城市社区环境治理中的居民参与机制研究》，吉林大学硕士学位论文，2016。

洪大用：《试论改进中国环境治理的新方向》，《湖南社会科学》2008年第3期。

缴爱超：《以社区为基础的农村环境治理模式研究》，燕山大学硕士论文，2013。

周本顺：《加快推进社会体制改革，加强和创新社会管理》《党建研究》2012年第12期。

王晓红：《上海农村垃圾源头分类的可行性研究》《再生资源与循环经济》2017年第2期。

B.13
城乡社区工作者队伍的建设

徐　杰*

摘　要： “上面千条线，底下一根针”形象地描绘了社区工作的日常，也深刻体现了社区工作的不易与重要作用。社会不断发展的同时，也催生社区功能的不断变化。国家的发展关键在人，同样，社区的发展也离不开生活于此的居民和耕耘于此的社区工作者。受诸多因素的影响，我国社区工作者队伍仍处于建设过程中。本报告从研究和实践两个层面出发，进一步厘清社区工作者实质内涵与发展脉络，以实证材料为佐，梳理出四川省社区工作者队伍建设现状与不足，提出仍需在抓好社区基层党建引领工作和社区工作者队伍人才培养等方面下足功夫。

关键词： 社会治理　社区工作　社区工作者　队伍建设

一　引言

基层社区是社会治理的基本单元。长久以来，基层治理不仅关系着党和国家大政方针的落地实施，而且牵系着广大居民群众的切身利益，影响着基层社会的和谐稳定。一线社区工作者担负着社会稳定和发展的历史重任，还承载着生活在其中的千千万万个小家庭的“中国梦”。“加强社区治理体系

* 徐杰，四川省社会科学院社会学所实习研究员，主要研究领域为社会政策与社会治理。

建设，推动社会治理重心向基层下移”不仅仅是条件、机制和体制的创新，还应包括基层治理人才的培养。十九大报告进一步坚定了“人才强国战略”，人才是实现全面小康社会的重要基石，党和国家鼓励人才向基层一线流动，社区工作者队伍建设是实现城乡社区治理体系和治理能力现代化的关键一环。坚持以人为本的发展理念，紧随党和国家新时代的号召，本报告围绕“社区工作者队伍建设”的主题，以过去、现在和未来为线索，梳理和总结了四川省社区工作者队伍建设的情况。

二 概念辨析

何为社区工作者？关于这一概念的表述，不论是学界，还是实践领域，大家各执一词，还没有一个被普遍认同的说法。在对社区工作者的讨论中，社区、社区工作、社会工作者、居民委员会这些概念常常混淆表述和使用，出现了社会工作者就是社区工作者，或居民委员会干部就是社区工作者的狭隘认识。所以本部分希望通过梳理已有研究，阐明这个与我们所有人的生活息息相关的职业群体，形成对社区工作者相对共性的认识。

（一）社区

在学界，受西方社区理论的影响，国内最多被引用的是德国社会学家费迪南德·滕尼斯（Ferdinand Tnnies）对社区的定义，滕尼斯认为社区就是：“那些有着相同价值取向、人口同质性较强的社会共同体，其体现的人际关系是一种亲密无间、守望相助、服从权威且具有共同信仰和共同风俗习惯的人际关系，它不是社会分工的结果，而是由传统的血缘、地缘和文化等自然因素造成的，其外延主要限于传统的乡村社区。”滕尼斯所指的社区可以理解为那些在某一地域范围内、有着某些相似性社会关系的群体，在其表述中对主观意识形态尤为强调，对实践性的社会分工明显排斥。当下来看，这一定义反映出深刻的时代烙印。而随着社会分工的不断加剧，农业社会向工业社会的转变，人工智能时代的来临，滕尼斯所描述的社区内涵和边界也早已发生改变，传统社区城镇化，人口流动加速，单位大院逐渐被商品房小区替代等变化促使我们对社区有了新的认识。2000 年《民政部关于在全国推进城市社区建设的意见》中明确表示："社区是指聚居在一定地域范围内的人们所组成的社会生活共同体。"这一表述极大地扩充了社区的内涵。

社区既是社会系统中的一个子系统，又是居民生活空间中的一个完整社会系统，因为其承担着经济、社会化、社会控制、社会福利、社会参与等重要功能，使政府、社会、居民三者间具备了互动的基础。

（二）社区工作

作为社区工作者的主要行为活动，社区工作关系到每一位社区居民的生活与发展。不同于专业性社会工作（Social Work）三大工作方法中的"社区工作"，本报告将要描述的社区工作是社区工作者在社区中为居民开展的各项服务。20 世纪 60 年代联合国出版的《社区发展与经济发展》一书中认为社区发展是"政府与居民达成合作，以改善社区内经济、社会及文化上的状况，促进社区与政府间的关系，为社会和谐稳定做出贡献。这种合作包括两个重要部分：一是从居民层面，增强居民的参与和自力更生的能力，提高其生活水平；二是政府层面提供必要的技术和其他服务，去鼓励居民的主动参与意识、自助和互助"。虽然讲的是社区发展，但社区能够发展正是得益于社区工作的开展，在联合国的定义中，可以梳理出社区工作的两个层面，首先社区工作的参与主体是政府与社区居民；其次社区工作能够促进政府与社区居民关系的发展，以政府与居民在经济、社会、文化等方面的能力提升，来实现双方关系的和谐，最后政府与社区居民良性的互动关系会带动整个社会的发展。进一步诠释社区工作，应包含政治、经济、社会、文化等居民息息相关的服务内容，而这些服务能够使居民在本社区安居、发展。

2000 年《民政部关于在全国推进城市社区建设的意见》中指出："社区建设是指在党和政府的领导下，依靠社区力量，利用社区资源，强化社区功能，解决社区问题，促进社区政治、经济、文化、环境协调和健康发展，不断提高社区成员生活水平和生活质量的过程。"文件进一步阐述了城市社区建设的各项具体内容，包括“拓展社区服务、发展社区卫生、繁荣社区文化、美化社区环境、加强社区治安、因地制宜地确定城市社区建设发展”的内容。这是最高一级的国家部门文件，对社区工作的服务方式、内容、目标都做了明确的指导。首先社区工作的服务方式，应该是在党委政府领导下，整合社区资源解决社区需求；其次社区工作的服务内容应该是“政治、经济、文化、环境、健康”等与居民生活息息相关的方方面面，即凡居民之所想所需所急，皆为社区工作；社区工作的目标是满足居民需求、促进居民发展、促进社区繁荣、构建和谐社会。

综上所述，本报告认为社区工作就是在党委政府领导下，以本社区居民福祉、促进社区建设与发展为目标，以整合社区资源的形式满足社区需求的一项服务型事业。

（三）社会工作者

2014 年在墨尔本举行的国际社工联会员大会上国际社工协会和国际社工教育联盟给社会工作（Social Work）做出一个全球性定义：“作为一个以实践为本的专业及学术领域，社会工作推动社会改变和发展、社会凝聚和人民的增权及解放。社会公义、人权、集体责任和尊重差异原则是社会工作的核心。”① 这是宏观的定义，极力将社会工作限定于具有专业价值与知识系统的一门科学。西方社会工作理论的引入与本土化，使“遵循助人自助的价值理念，运用个案、小组、社区等专业方法，以帮助机构和他人发挥自身潜能，协调社会关系，解决和预防社会问题，促进社会公正”的认识被逐渐深化，而作为运用这一专业指导的从业者——社会工作者（Social Worker）也被社会广泛知晓。尤其是其在社区建设与发展中正发挥着举足轻重的作用。

经过专业化系统训练，严格的职业认证考试，足够的经验积累，才能作为专业社会工作从业者开展服务工作。不同于一般意义上的社会服务工作人

① 何雪松：《社会工作理论》，上海人民出版社，2017。

员，我国对助理社工师和社工师的职业认证提出了明确的资格要求，2006年7月20日，人事部、民政部联合发布了《社会工作者职业水平评价暂行规定》和《助理社会工作师、社会工作师职业水平考试实施办法》，详细规定了成为助理社会工作师和社会工作师的专业水平要求。

（四）居民委员会

1990年1月1日起实施的《中华人民共和国城市居民委员会组织法》（以下简称“城市居民委员会组织法”）阐述了居民委员会是：“居民自我管理、自我教育、自我服务的基层群众性自治组织。”并指明居民委员会的法律义务与权利：“1. 宣传宪法、法律、法规和国家的政策，维护居民的合法权益，教育居民履行依法应尽的义务，爱护公共财产，开展多种形式的社会主义精神文明建设活动；2. 办理本居住地区居民的公共事务和公益事业；3. 调解民间纠纷；4. 协助维护社会治安；5. 协助人民政府或者它的派出机关做好与居民利益有关的公共卫生、计划生育、优抚救济、青少年教育等项工作；6. 向人民政府或者它的派出机关反映居民的意见、要求和提出建议。”

城市居民委员会组织法中给出了居民委员会设定规模的标准，即“根据居民居住状况，按照便于居民自治的原则，一般在一百户至七百户的范围内设立”。这与强调“一定地域范围内的生活共同体”的社区产生必然联系。作为居民自治组织，居民委员会是政府与居民互动的重要桥梁，既是上传下达的“喇叭”，又是自下而上的“传声筒”，更是居民自治与发展的“舞台”。

（五）社区工作者

社区工作者从字面上可以解读为专门从事社区工作的一类从业者。2000年12月12日《民政部关于在全国推进城市社区建设的意见》关于“逐步建立社区工作者队伍”的要求中指出：“社区建设需要大批专业的社区工作者……努力建设一支专业化、高素质的社区工作者队伍……选聘政治素质好、文化程度高、工作能力强、热爱社区工作的优秀人才……积极发展志愿者队伍，广泛动员社会力量参与社区建设。”在2003年中共中央组织部、民政部《关于开展“全国优秀社区工作者”评选表彰活动的通知》中规定了“全国优秀社区工作者”的评选对象是：“社区党组织（含社区党委、总支、支部）领导班子成员和社区居委会专职成员。”2009年《民政部关于进一步推进和谐社区建设工作的意见》关于“切实加强社区工作者队伍建设”的内容指出：“对城乡社区党组织、群众性自治组织以及其他需要选举产生的基层组织成员实行民主选举，把热爱社区工作、群众拥护的人……鼓励年轻干部和大中专毕业生到城乡社区建功立业”，这是国家层面对谁是社区工作者做出的说明。

在学术领域中关于社区工作者的研究也是硕果累累。夏建忠在《社区工作》一书中给社区工作者做出的界定是：“社区工作者是指以社区及其居民为服务对象的专业社会工作人员。”不止于此，社区工作者的专业化特征，使其与传统居委会干部在人员类型、工作方法、价值观、角色、工作原则、伦理六个方面存在差异①。通过综合分析职业化社区工作者（如居委会专职人员）与专业化的社区工作者（如社会工作者）的关系，发现二者虽然互相包含，但是也存在一定的界限，并非所有的职业社区工作者都是专业的社区工作者②。从社区工作专职化的角度看，社区工作者可以分为三类：社区居民自治组织的专职工作者、党政部门工作者；隶属于社会或民间组织；为社区居民提供专业性服务的人员③。综合以上观点，可以认为社区工作者是指那些受雇于政府机构或者非营利机构的人，他们运用一定方法，组织社区居民，利用社区资源来解决社区问题，促进社区进步和发展④。

综上所述，关于社区工作者的定义虽然众说纷纭，但也存在一些必备要素：（1）具备社区工作的专业知识、技能和经验；（2）把社区工作作为第

① 李少虹：《社区工作者与传统居委会干部之专业比较》，《长沙民政职业技术学院学报》2001年第2期。

② 李芹：《职业化社区工作者与专业化社区工作者的关系》，《社会》2003年第1期。

③ 庞剑萍：《分门别类建社区专职工作者队伍》，《社会》2004年第20期。

④ 孙莹：《如何区分社会工作者和社区工作者》，《中国社会导刊》，2007年第14期。

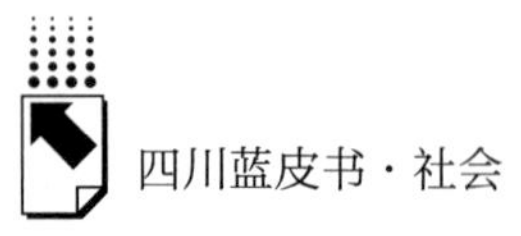

一职业。所以本报告认为社区工作者就是那些受聘于非营利的本社区组织（包括社区自治组织、常驻本社区的公共服务供给型组织及其他服务本社区的社会组织），长期从事社区工作，且具有丰富的群众工作经验或受过专业培训的全职或兼职人员，其主要包括居委会成员、社会服务机构及社会组织中的全职或兼职人员。据此，上述居委会成员、社会工作者都应是社区工作者。而且从实践中可以看到，居委会成员、社会工作者发挥了社区工作的“主力军”作用，同时随着基层治理能力和居民公益意识的不断增强，社区志愿者在社区工作中发挥了有力的协助作用，使社区工作者队伍正得到不断的充实与发展。

三　发展历史与现状

随着城镇化的不断推进，农村人口快速向城镇流动，原有的村民委员会“撤村改居”，越来越多的农村人口转化成为城镇居民。作为城市社会的基础单元——社区，其管理模式在社会变革的历史潮流中也发生巨大改变。“单位制”大院落逐步退出历史舞台，使社区“安居乐业”的作用愈发突出，也受到政府与社会的关注，在快速流通的信息社会，只有社区仍旧承载着千千万万的“中国梦”。作为社区建设的一线主力，社区工作者队伍在宣传国家大政方针、促进社会主义精神文明建设、维护居民合法权益、促进社会和谐稳定等方面大有作为。

（一）发展历史

以下将从国家法律层面、国家政策层面、地方政策层面和研究层面梳理社区工作者的发展历史。

在国家法律层面，1954 年 12 月 31 日全国人民代表大会常务委员会通过了《中华人民共和国城市居民委员会组织条例》（以下简称“组织条例”），它是我国关于城市居民委员会自治的第一部、最高级别的法规，组织条例规定了居民委员会的产生办法，“居民委员会设委员七人至十七人，由居民小组各选委员一人组成，并且由委员互推主任一人、副主任一人至三人，其中须有一人管妇女工作……居民委员会下设居民小组，居民小组一般以十五户至四十户居民组成……居民较多的居民委员会……可以设立常设的或者临时的工作委员会……工作委员会应当吸收居民中的积极分子参加”，可以看到整个居民委员会的组织架构中，要成为其中成员，须满足：（1）本社区居民；（2）社区居民的积极分子；（3）民主选举产生。

1990 年 1 月 1 日实施的《中华人民共和国城市居民委员会组织法》代替了组织条例登上了历史舞台。城市居民委员会组织法中详细规定了居民委员会的产生办法，“居民委员会主任、副主任和委员，由本居住地区全体有选举权的居民或者由每户派代表选举产生；根据居民意见，也可以由每个居民小组选举代表二至三人选举产生。年满十八周岁的本居住地区居民，不分民族、种族、性别、职业、家庭出身、宗教信仰、教育程度、财产状况、居住期限，都有选举权和被选举权；但是，依照法律被剥夺政治权利的人除外。居民会议可以由全体十八周岁以上的居民或者每户派代表参加，也可以由每个居民小组选举代表二至三人参加”，新法使得居民委员会组织架构的产生程序更为严谨，比如除必须是本地居民外，还必须是年满十八周岁的具有选举权和被选举权的居民。相较于前一部法律的表述，新法更加强调了居民的代表性及身份的合法性。虽然法律条文中并未明确要求居委会成员的专业性和多样性，但是作为群众性自治组织，既有自我管理的权利，同时又要确保居民自愿奉献的权利，在当下的城市社区中居民既有原住民，又有外来户，各行各业，身份各异，并不缺乏热心公益事业又具备专业知识或技能的居民，这部分居民正是社区工作者队伍专业化的有益补充。

在国家政策层面，在《关于制定第十一个五年规划建议的说明》一文中提到，“加快完善社会保障体系”，特别是“要建立健全一支高素质的社区工作者队伍来适应构建和谐社会的发展”。《中华人民共和国国民经济和社会发展第十二个五年规划纲要》中关于“强化城乡社区自治和服务功能”，明确提出要“完善优秀人才服务社区激励机制，推进社区工作人员专业化、职业化”。《中华人民共和国国民经济和社会发展第十三个五年规划纲要》中关于“完善社会治理体系”，明确要“增强社区服务功能，完善城乡社区治理体制……建立社区、社会组织、社会工作者联动机制……提升社区工作者队伍职业素质”。2016年民政部等十六部委关于《城乡社区服务体系建设规划（2016～2020年）》中提出城乡社区服务体系的发展目标其中就包括“以社区党组织、社区自治组织成员为骨干，社区社会工作者和其他社区专职工作者为支撑，社区志愿者为补充的城乡社区服务人才队伍更加健全”的内容。

在地方政策层面，四川省委、省政府、省民政厅先后出台了《四川省“十二五”社区服务体系建设规划》《四川省“十三五”社区服务体系建设规划》《四川省民政事业发展“十三五”规划》《四川省“十三五”基本公共服务均等化规划》《四川省城乡社区服务体系建设“十三五”规划》《关于加强城乡社区建设和创新社区管理服务的意见》《关于完善以城镇社区党组织为核心的新型社区治理和服务体系的意见》《中共四川省委关于进一步加强农村基层党的建设加快完善农村依法治理体系的意见》等一系列政策文件，结合国家宏观指导对四川省社区人才队伍建设（包含本文界定的社区工作者在内）提出了具体的实施指导意见，以四川省“十二五”“十三五”规划为例说明，“十二五”期间，四川省社区工作人员在年龄结构、文化素质、报酬待遇等方面都有长足的改善和增加，社区工作人员大专以上学历占比从2008年的27.4%上升为32.0%，692名社区专职工作人员获得社工师资格，在任社区专职工作者基本报酬补助标准大幅提高，实现了社区人才队伍专业化、职业化发展，鼓励优秀社会工作人才留在社区和鼓励社区工作者立足岗位成才。在此基础上，《四川省“十三五”社区服务体系建设规划》中关于社区工作者队伍建设的总体目标是“以社区党组织、社区自治组织成员为骨干，社区社会工作者和其他社区专职工作者为支撑，社区志愿者为补充的城乡社区服务人才队伍更加健全”，同时进一步将总体目标细化为“力争到2020年，新增社区服务从业人员10万人以上，每个社区至少拥有1名大学生和1名社会工作专业人员，全省社会工作专业人才总量达到5.5万人，80%以上的社区党员和30%以上的社区居民参与社区志愿服务活动，基本形成一支专业素质较高、服务能力较强、社区居民满意的社区服务队伍”。表1是根据《中国民政统计年鉴》（2013～2017）年四川省城市居委会数据整理得出，可以直观地看到无论是居民委员会成员人数，还是社会工作者人数，都呈现增长的态势，志愿者服务人次数趋于起伏变化，2016年相较于2012年服务人次略有减少。

表1　四川省2012～2016年城市社区工作者队伍建设情况

单位：人

项目	2012年	2013年	2014年	2015年	2016年
居民委员会成员	27759	29002	30494	30979	31961
助理社会工作师	164	308	385	423	550
社会工作师	47	105	115	121	158
志愿者服务人次	29927	33571	31771	29145	29668

资料来源：《中国民政统计年鉴》（2013～2017年）。

在研究层面，过去十年（2007～2017年），国内关于社区工作者的研究持续不断，随着政策的调整与时代的变迁，社区建设与发展适时调整使研究数量、主题也随之微调（见表2），通过中国知网检索“社区工作者”，得到每年的研究情况，因为社区工作者队伍目前还处于建设过程中，所以在社区工作者的研究中“社区工作者队伍建设”一直作为热门主题被持续关注。

表2　国内“社区工作者”研究领域2007～2017年研究概况

年份	篇数	关键词
2007	6	队伍建设;心理素养
2008	8	队伍建设;地方探索;工作效能;角色辨析
2009	16	综合素质;幸福感;制度;培训
2010	10	队伍建设;培训;主观方面(满意度、倦怠感)
2011	9	主观方面(职业归属感、认可、幸福感、压力、抑郁);队伍建设
2012	8	培训;队伍建设
2013	12	队伍建设;职业化;专业化
2014	13	培训;现状
2015	17	现状;地方探索
2016	19	现状;主观方面(思想、认同、积极性);地方探索
2017	14	地方探索;社会治理;队伍建设

（二）现状

从四川省有关部门获悉，截至2017年，四川省社区总数有7611个，其中街道所辖2646个，乡镇所辖4965个，社区两委（即社区共产党员支部委员会和社区居民委员会）成员人数达54899人，两委成员中大专及以上学历人数达25649人，占社区两委成员总人数的47%，两委成员中持社工师证的人数达3203人，占社区两委成员总人数的6%，接受培训人数达49981人，社区注册志愿者人数达139.4万人。2009年以来，省政府已先后三次发文，上调全省社区干部待遇，各地按规定普遍落实了社区干部参加养老保险政策，社区书记、主任、专职工作者报酬分别达到2900元、2700元和2500元及以上。2017年四川省民政厅、四川省委组织部等十六部门联合出台《四川省城乡社区服务体系建设“十三五”规划》明确提出将“推进城乡社区服务人才队伍建设”列为六大任务之一，将“实施城乡社区服务人才队伍建设工程，推进社区服务人才队伍专业化、职业化”具体落实到五大工程中推进实施。

四 实证调查

以“城乡社区治理调查”课题为载体，通过问卷调查的形式访问四川省部分城镇社区工作者和社区居民，调查以成都市平原为中心，辐射到四川省盆周地区具有代表性的城市及乡镇，收集到140位社区工作者、813位社区居民关于“社区工作及社区工作者队伍建设”的个人数据，据此分析当前四川省社区工作者队伍建设可能存在的问题与不足，供社会各界参考。

（一）现状描述

1. 基本情况

通过表3可以直观看到，在140位社区工作者中，女性社区工作者的人数将近是男性社区工作者的2倍；笔者以60岁为界区分中老年和中老年以下年龄段的人群，可以看到在被调查的社区工作者中以中年及以下的人群为主力，占比83.6%，其中尤以中年和中青年社区工作者占比最大；社区工作者的受教育程度在高中/中专及以上的占比达87.4%，大专水平最多，本科及以上较少，只有22人；拥有社会工作师职业认证的人数较少，两种资格的社区工作者只占7.5%；大多数被调查社区工作者具有较长的社区工作经历，6年以上的占46%，2~5年工作经历的有36.5%；2016年年收入在5万元以下的占比达90%，其中1万元以下的占8.3%，对比“城市社区工作人员每月补助标准为2500元以上至2900元”的四川省政策规定，即年补助30000~34800元，绝大多数被调查的社区工作者2016年年收入达标。

表3　被调查社区工作者基本情况一览

单位：人，%

项目	性别		年龄				学历				
	男	女	青年	中青年	中年	中老年	小学	初中	高中/中专	大专	本科及以上
人数	48	92	20	45	52	23	3	14	41	55	22
占比	34.3	65.7	14.3	32.2	37.1	16.4	2.2	10.4	30.4	40.7	16.3

项目	社工资格证			工作经历				
	无社工资格证	助理社工师	社工师	1年以下	2~5年	6~10年	11~15年	16年以上
人数	122	6	4	24	50	38	14	11
占比	92.4	4.5	3	17.5	36.5	27.7	10.3	8

项目	2016年年收入			
	1万以下	2万~5万	6万~10万	10万以上
人数	10	98	1	11
占比	8.3	81.7	0.8	9.2

资料来源：“城乡社区治理调查”课题调查。

2. 社区工作开展情况

关于“您认为社区工作有哪些?”的调查情况如表4所示，选择频次累计最多的三项工作依次为：协助政府工作、维护居民合法权益、反映群众意见，最少的是自主决定社区事务、开发社区资源、指导物业工作。从12项工作内容中可以发现，社区工作呈现两个特点：一是政务性事务较多，占日常工作比重较大；二是以解决居民日常生活琐碎性事务为主。同时，通过了解“您觉得哪些社区工作做得最好?”和“居民参与最多的社区活动是什么?”，“就业服务、社保服务、困难家庭服务”是被调查社区工作者认为做得最好的工作，“公益活动、文体娱乐”是被调查社区工作者认为居民参与最多的活动，这两项结果印证了社区工作政务性与日常生活琐碎性的特点。

表4　日常主要开展的社区工作排序

排序	工作内容	频次
1	宣传政策	114
2	维护居民合法权益	121
3	调解纠纷	108
4	反映群众意见	116
5	协助政府工作	138
6	维护治安	89
7	组织居民参与公共事务	89
8	自主决定社区事务	67
9	培育民间组织	72
10	指导物业工作	51
11	服务特殊人群	91
12	开发社区资源	63

从表5中可以看到，居民参与社区工作的主要方式是个人自愿参与、自发组织和居委会动员，参与社区工作的方式依然保持个体意愿性和动员性的特点，借助社会组织参与的较少，总体呈现单一化的局面。相反，居民参与的积极性却与参与方式极不匹配，79%的被调查社区工作者认为居民参与性较高。

表 5　居民参与社区工作的方式、积极性情况

单位：人，%

居民以哪种方式参与社区工作		
	人数	占比
个人自愿参与	33	23.7
自发组织（如小组、协会等）	43	30.9
社会组织	18	12.9
居委会动员	45	32.4
居民参与社区工作的积极性		
	人数	占比
十分积极	36	26.1
比较积极	73	52.9
一般	27	19.6
比较被动	2	1.4

3. 社区工作者对社区工作的评价情况

社区工作者如何看待从事的工作至关重要，不仅仅影响工作效率，更重要的是会影响被服务的社区居民。同时，正因为是直接与人接触，服务他人的工作，所以社区工作尤为烦琐。在对 140 位社区工作者调查时（见表 6），他们普遍认为选择社区工作的理由是“热爱基层工作，能够产生满足感和成就感”，同时也能够直接服务他人、积累工作经验。

表 6　选择社区工作的原因

因素	频次
专业对口	6
工作稳定	29
他人推荐	13
积累工作经验	48
能够与人接触	37
直接服务他人	66
热爱基层工作，能够产生满足感和成就感	100

对于社区工作者应该具备哪些素养？表7是被选频次情况，按三个层次划分，被调查社区工作者认为最主要的是沟通能力、奉献精神和社会责任感，其次是专业素养、抗压能力和创新能力，最后是处理行政事务能力和分析决策能力。凡与人打交道的行业都是最难的，尤其是社区工作这类服务型的工作，在从事一线工作的工作者们看来，首先要具备肯干精神，其次才是能力问题。

表7　社区工作者应具备的素养

素养内容	频次	素养内容	频次
奉献精神	119	抗压能力	78
专业素养	89	分析决策能力	54
社会责任感	119	创新能力	77
沟通能力	121	处理行政事务能力	76

社会在不断变化发展，社区工作者既肩负着社会主流意识的弘扬重担，又承担着对社区稳定和谐的治理重任，所以社区工作者必须保持学习新政策、新技术的状态，但往往基层社区工作者文化底子薄弱，所以对这部分人的培训十分有必要。表8显示，2016年参加过培训的人数有87人，占比65.4%，参与过培训的人都认为有帮助，同时社区工作者的学习意愿也十分强烈，在未来的计划中选择“学习知识，提升能力”的占比88.5%。在访问中，大部分社区工作者由于受教育年限较短，对新事物的学习和掌握能力不足，加之没有学习的机会，许多程序化的事务效率低，占用太多时间。

表8　社区工作者培训情况

单位：人，%

2016年是否参加过培训		
	是	否
人数	87	46
占比	65.4	34.6

续表

参加培训的帮助					
	很大	比较大	比较小	很小	没有
人数	54	29	0	0	0
占比	65.1	34.9	0	0	0

未来工作计划		
	人数	占比
从未想过	6	4.3
学习知识,提升能力	123	88.5
调整到社区其他岗位	6	4.3
离开社区工作岗位	4	2.9

“5+2”“白+黑”被基层社区工作人员戏谑为“家中常备药物”，“上面千条线，底下一根针”是社区工作者工作的常态。在调查结果中，“天天加班”的有14人，占比10.1%，“有时加班”的有108人，占比78.3%，“从不加班”的有3人，占比2.2%（见表9）。用一些社区工作者自己的话来讲：“各种数据上报，时间紧、任务重，白天许多居民不在家，只有晚上入户了解情况，回来还要加班整理上报。”因此，有22.3%的被调查者认为自己所做的工作与回报不成正比，还有38.1%的人认为回报一般，并且仍有2.2%的被调查者感觉自己从事的职业不被社会认可，即便是觉得社会“认可度很高”的占比也只有29.4%。

表9　对社区工作强度、预期与社会认可度的评价

单位：人，%

你是否经常加班		
	人数	占比
从不加班	3	2.2
很少加班	13	9.4
有时加班	108	78.3
天天加班	14	10.1

续表

您觉得所付出的工作努力与回报是否符合你的预期		
	人数	占比
完全符合	8	5.8
符合	47	33.8
一般	53	38.1
不符合	25	18
完全不符合	6	4.3
你认为社区工作者的社会认可度如何		
	人数	占比
认可度很高	40	29.4
认可度较高	62	45.6
认可度较低	27	19.9
不被认可	3	2.2
不清楚	4	2.9

上述工作现状必然会影响工作的积极性，进而也影响社区服务的开展效果，波及居民所受服务的质量。表 10 列举了影响居民和社区工作者积极性的因素，可以看到最影响社区工作者工作积极性的有“工作氛围差”，其次是“待遇低”“行政事务烦琐”“工作内容多、复杂”，“社区居民的不理解不支持”“缺乏经验”和“自身知识、能力不足”进一步降低工作的积极性。而影响居民参与社区工作的因素主要是“参与意识淡薄”“缺乏参与保障”“参与能力不足”，这些因素都是社区工作者最为直观的感受，社区工作本就内含人情交往，如果参与主体间在情感上产生隔阂甚至排斥，必然会导致工作消极怠工或受阻。

表 10　影响社区居民、工作者积极性的影响

影响居民参与社区工作的因素			
因素	频次	因素	频次
参与意识淡薄	80	定位不明确	22
缺乏参与保障	60	社区环境营造不足	22
缺乏参与渠道	20	没有很好的宣传	7
参与能力不足	34		

续表

影响社区工作者工作积极性的因素			
因素	频次	因素	频次
身体条件差	7	社区居民的不理解不支持	26
自身知识、能力不足	24	社区管理不健全	10
缺乏经验	26	工作内容多、复杂	44
缺乏法律、政策支持	7	行政事务烦琐	45
硬件等基础设施差	10	待遇低	56
工作氛围差	140		

综上所述，社区工作者队伍建设是一个发展的过程，在曲折中前行，查找问题、解决问题是发展的必经之路。目前大家普遍认为，最迫切需要解决的问题依次为“福利待遇”“社会保障”“身份地位不明确”“行政减负，职能明确”“人才引进与培养”“职业发展前景”等方面（见表11）。简单地理解，目前社区工作者还存在生活、工作和发展三个方面的需求，物质生活需要提高，工作内容需要明确，发展前景需要明朗。

表11　目前社区工作者队伍建设最迫切需要解决的问题

问题	频次	问题	频次
身份地位不明确	57	社区工作制度健全	21
福利待遇	105	人才引进与培养	37
社会保障	61	培训教育	24
职业发展前景	35	行政减负，职能明确	47
法律政策支持	19		

4. 社区居民对社区工作者的评价情况

社区工作牵两头，一头是政府，另一头是社区居民，为使调查结果更具说服力，还需了解居民对社区工作者的评价情况。首先，居民眼中社区工作者应该具备怎样的素养？较多居民认为“奉献精神”“社会责任感”“沟通能力”是最主要的素养，其次是“专业素养”，最后是“创新能力”“处理行政事务能力”“分析决策能力”“抗压能力”（见表12）。这与前文中社区工作者自我认知的结果基本一致，反映了社区工作讲究无私奉献与责任担当，使这项职业无比崇高，但是需要社区工作者付出甚至牺牲个人利益，这不仅来自思想和精神层面的压力，而且有个人或家庭的物质方面重担，被访居民中仍有13.4%的人不会从事社区工作，非常愿意的比例只有23%（见表13）。

表12　居民认为社区工作者应该具备的素养

素养	频次	素养	频次
奉献精神	590	抗压能力	231
专业素养	429	分析决策能力	251
社会责任感	573	创新能力	295
沟通能力	514	处理行政事务能力	291

表13　成为一名社区工作者的意愿情况

单位：人，%

项目	非常愿意	愿意	可以考虑	不愿意	绝不考虑
人数	170	283	188	80	19
占比	23	38.2	25.4	10.8	2.6

关于“社区工作者队伍存在的问题”的调查显示，“人手不足”是居民认为最主要的问题，其次是“待遇低”“缺乏专业人才”，再次是“保障差”“宣传不够”“业务能力低”“办事效率低”的问题。这些都是环环相扣的问题，社区工作人员少是普遍现象，尤其是条件较差的城镇社区，基础设施薄弱，福利待遇低，导致人才引不进、留不住，只能靠那些年龄大、文化水平低的人维持现状，对于新形势的理解和新问题的处理都表现出有心无力，同时也会给居民留下负面印象。

表14　居民认为目前社区工作者队伍存在的问题

素养	频次	素养	频次
业务能力低	117	宣传不够	123
服务态度差	67	缺乏专业人才	252
办事效率低	112	待遇低	270
人手不足	314	保障差	126
与居民关系不融洽	47		

（二）存在的问题

四川省城乡社区建设工作一直处在西部的前沿，先行先试。在2017年16个省级部门联合制定了《四川省城乡社区服务体系建设“十三五”规划》，同时强抓和强大基层民政力量，先后出台了《关于完善以城镇社区党组织为核心的新型社区治理和服务体系的意见》《四川省民政厅关于开展引导社会组织社会工作者参与基层民政公共服务试点工作的通知》《四川省民政厅关于确定攀枝花市仁和区等8个县（市、区）为加强基层民政力量工作试点单位的通知》。探索的道路总是收获与坎坷并行，四川省社区工作者队伍建设既存在整体性乏力，又兼具个体性差异。

1. 总体呈现“圈层化”

平原、盆周及川西高原地势使社区工作者队伍建设情况存在明显地区差异。得益于城市发展的辐射效应，以成都市为中心的平原及丘陵地带城镇构成了社区工作者队伍建设快速发展的“一圈层”，盆周地区城镇构成了社区工作者队伍建设水平参差不齐的“二圈层”，川西高原等少数民族聚居区城镇构成了社区工作者队伍建设严重不足的“三圈层”。这种“圈层化”的差异主要表现在社区工作者构成、素质和保障三个方面的差异。在社区工作者构成方面，如男女比例失衡、老龄化；工作人员素质方面，如低学历化、社工专业认证率低；在保障方面，如社会保障覆盖低、福利水平低。同时三个圈层的社区工作者队伍还表现出严重依赖经验开展工作，即“社区大妈式”工作方式，队伍综合性配备不足，虽然基层工作需要熟悉了解基层的人来做，但是这种工作方式不利于社区的长远发展，对于新思想、新技术的学习和掌握存在局限。

2. 工作呈现“行政事务难减、社区事务难办”

“上面千条线，底下一根针”是社区乃至整个基层工作的真实写照。按照政府的部门设置，至少21个专管部门，其中涉及居民日常相关的至少不少于5个，对于一些城市社区只会更多。按照居民委员会成员设置5~9名的法律规定，每一位成员至少对接一个部门的工作。与此同时，各种信息数据的收集上报占据了社区工作者的大部分时间，在调查中发现仅上报工作就分为日报、月报、季报、半年报和年报等，且上报指标复杂繁多、采集难度大，许多社区工作者都是自己摸索或者“老一辈”言传身教，虽然电脑办公降低人力的负担，但是年长的社区工作者只能“袖手旁观”，在许多社区中，这类工作往往都是汇集到本就人数不多的年轻人身上。虽然各类行政“减负”的文件不断下发，但人才缺乏的社区面对各项行政事务依然乏力。这产生了连锁反应，波及社区每一位居民，目前居民对各类入户调查工作表示排斥、麻木，甚至敷衍瞒报。

这类事务不但挤占了社区工作者的太多时间，而且也使本职工作难以推进。在本次调查过程中，就出现在访谈过程中，社区工作者和被访者同时处理其他事务，即被访者一边接受我们的采访，一边与社区工作者处理其他事务。看似灵活的工作技巧，实属无奈。有甚至以接受采访为理由，要求社区工作者答应处理某项事务。

3. 参与主体“缺新角儿”

“完善党委领导、政府负责、社会协同、公众参与、法治保障的社会治理体制”表现了社会治理参与主体的多元性。参与主体多元就是指政府、社会、公众共同参与，在社区建设中，就是社区内的所有主体都参与社区建设。目前社区工作依然存在“老戏新戏一人唱”的局面，一是社区工作者队伍单一化严重，缺少综合性人才搭配，尤其是其他社会服务机构或社会组织的人员参与度低，或者发挥作用受限制，居委会永远扮“主角”；二是受社区活动内容、时间等因素的影响，社区活动动员乏力、参与人员“熟人化”，城市社区中白天空巢化、乡镇社区居民务工外流使参与社区活动人员“老年化”“熟人化”，甚至参与活动的人员还没有组织活动的人员多。这在表面上是不利于工作的开展、对社区资源的浪费，更深层次的是社区居民自我感、归属感的降低，成为影响社区安定和谐的不确定性因素。

五　对策建议

（一）以缺定培，圈层互助

社区工作者队伍建设关键在“人”，专业化是这支队伍未来发展的方向。虽然国家和省级层面出台了许多鼓励性政策，倡导大学生、社工人才服务基层，但是这种基于个人自愿性的举措对于人才匮乏的二、三圈层社区可谓“杯水车薪”。同样，采取定期的集中培训虽然在一定程度上开阔了眼界、启蒙了思路，但是效果很难持续，社区工作专业知识和技能需要长期的系统培训，仅几个月甚至一两周的时间，只能是走马观花。这种培训往往是普适性教育，对于个体而言可能很难“对症下药”，且成本太高。

重视培训，但是更应在个性化培训上开拓新路。“以缺定培”是针对不同的需求和短板，开展相应的培训，轻形式重成效，列出培训“菜单”，由学员自行选择。同时还应提供上门式培训服务，将课堂设在社区中，既培训工作者，又惠及社区居民。“圈层互助”是鼓励三个圈层的社区工作者交流学习，互补长短。

（二）强化“减负”，探索分流

继续强化落实民政部、中央组织部印发的《关于进一步开展社区减负工作的通知》《四川省民政厅 中共四川省委组织部关于进一步开展社区减负工作的通知》要求同时，探索以借力分流的方式减轻社区工作者的工作负担，这里主要是指居委会要整合社区资源，以购买服务、委托合作的形式将专业问题交给专业的人士办，梳理社区工作，打包分类，充分发挥社会服务机构、社会组织和社区志愿者的作用，做到社区工作分流到相应的机构组织或人员那里，即便是“上头千条线”，也能做到“底下千根针”的应对处理。

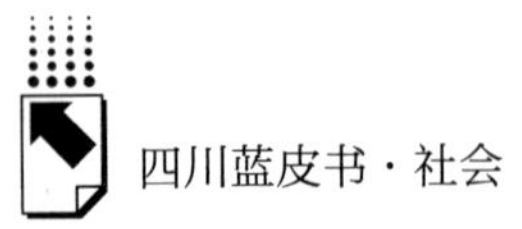

（三）夯实党建，多元并举

基层党组织是领导基层工作的先锋模范，又是核心力量。构建新型社区治理和服务体系就是要建设服务型党组织，带动居委会、社会服务机构和社会组织，“急群众所急、想群众所想”，关心社区居民实际需求。充分发挥党小组的服务与引领作用，以网格党小组、楼院党小组、功能党小组等为“基层战斗堡垒”，建立起集社区党员干部、党员、居民、社会工作者、志愿者于一体的新型社区工作者队伍。进一步强化居民自治组织的功能作用，团结力量，整合资源，将驻区单位、社区社会组织、社区社会工作者、社区志愿者、业主委员会、业主大会、物业服务企业等社区参与主体充分调动起来，共同打造共建共治共享的社会治理格局。

参考文献

何雪松：《社会工作理论》，上海人民出版社，2017。

孙旭友：《人、群体与制度三重维度下的社区工作者队伍建设：困境与路径——基于CZ市的调查》，《社会工作与管理》2017年第17期。

邱璐：《城市社区工作者队伍建设现状与问题分析》，《现代经济信息》2017年第11期。

上海市徐汇区：《针对性培训助力社区工作者专业化》，《中国社会工作》2017年第10期。

赵凌云：《社会治理创新背景下青年社区工作者的培育》，《青年学报》2016年第3期。

蒙仁君：《社区工作者”相关研究文献的统计分析》，《知识经济》2015年第16期。

王文静：《我国社区工作者队伍建设研究综述》，《社会工作下半月（理论》2009年第6期。

专 题 篇

Special Topics

B.14
城市社区家庭教育的实施与发展

康 林　张祥荣　梁 音*

摘　要： 家庭教育是基于家庭而产生的主要发生在成年人与儿童的互动中有意识和无意识的教养和影响，社区作为扩大化的“家”的意象拓展场域，从社区角度出发，为家庭教育提供支持和指导，是对家庭教育的有益补充，也是社区发展社会服务功能的需要。本报告根据对成都市青羊区和武侯区发展家庭教育工作的实践经验的梳理，讨论了社区家庭教育支持体系和指导工作成功开展的影响因素，也分析了尚存在的问题，最后提供了一些可操作的对策建议。

* 康林，四川省社会科学院社会学所副研究员、博士，主要研究领域为青少年心理健康与家庭教育；张祥荣，四川省社会科学院社会学所副所长、青少年研究中心主任，主要研究领域家庭、儿童教育；梁音，四川省社会科学院民族与宗教所助理研究员，主要研究领域为青少年心理健康与家庭教育。

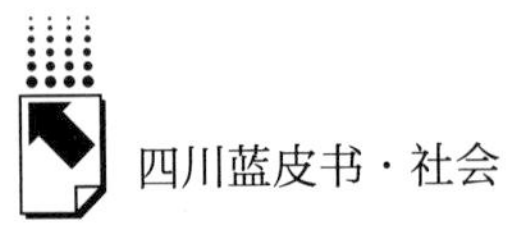

关键词： 社区　家庭教育　影响因素

一　家庭教育与社区

中国传统文化历来重视家庭教育，人们对于“家庭教育”的理解在不同的话语场境内各不相同。传统且普遍的理解是指在日常的家庭生活中，家庭里的父母对子女或其他长者对年幼者实施的教育和影响。但从广义来说，家庭教育不仅仅是指长者对年幼者的单向教育和影响，而是拓宽为多向的、家庭成员之间普遍存在的相互影响。全国妇联、教育部等七部委联合颁布的《全国家庭教育指导大纲》中规定其适用范围是“各级各类家庭教育指导机构和相关职能部门、社会团体、宣传媒体等组织对新婚夫妇、孕妇、18 岁以下儿童的家长……开展的家庭教育指导行为”。由此可见，其家庭教育主要是指父母对未成年人的教育。本报告所讨论的家庭教育也将暂时限定在其狭义范围内，即在日常家庭生活的各个方面，家庭的长者（主要是父母）对年幼者（主要是子女）实施的教育和影响。家庭教育发生在日常的家庭生活之中，发生在家庭成员之间有意无意的交流和影响中，因此，家庭教育具有内容广泛、方式灵活、时效久远的特点。但由于每个家庭的情况千差万别，家庭教育的效果也各不相同，甚至参差不齐。这也是家庭教育本身固有的局限性。

虽然我们的传统文化一直都非常重视家庭教育，流传百年的家风家训不胜枚举。但随着时代发展，当今社会的家庭教育问题却日益突出，伊凡在《家庭教育中的中国式问题》中总结为隔代教养、父教缺失、亲子交流时间被挤占、家长心中的“乖孩子”情节、无处不在的攀比、性教育缺乏以及家长缺乏学习和反思意识。[①] 有调查数据显示，我国 70% 以上的家庭都涉及隔代教养，“隔代教养”已成为我国家庭教育，尤其是学前教育的普遍现

① 伊凡：《家庭教育中的中国式问题》，《现代教育管理》2014 年第 10 期。

象。而大量研究表明，接受隔代教育的孩子容易产生如自私、任性骄横、社会适应能力弱、自主精神和自理能力差、学习被动等多种不良习惯。特别是隔代教养会造成孩子成年以后在作为父母的角色认知、责任感和能力等方面出现各种困难，从而形成不良的代际复制。此外，父教缺失也已经成为我国家庭教育中的一个突出问题：一方面父亲在家庭教育中常常不在场，另一方面孩子疲于各种学习班，孩子与父亲、母亲的亲子交流时间严重减少，亲子关系的亲密度严重降低。范中杰在《论转型时期亲子关系的转变》中指出：在我国的传统观念中，孩子从来都不会被视为一个独立的个体，他们更像是家长们的私有物品；同时，在成年人眼里孩子无疑是无知的，事事都需要由成人为他们代劳、做出决定。因此，传统的亲子关系更多的是教育与被教育、指令与服从甚至是统治与被统治的关系。[①] 随着时代变迁，生活节奏加快，很多父母忙于各种“赶时间”，赶时间上班、赶时间送孩子去兴趣班，意识不到作为家长其实同样需要“职业培训”，学习和反思自己教育孩子方式方法意识普遍不高，不少父母将自己的想法强加给子女，父母将自己的好恶作为判断子女言行是否合宜的标准，孩子没有独立生活、选择和思考的机会，孩子没有感受过被尊重、被信任。从另一个方面讲，家庭教育实践具有一定的私密性，家长可以获得的专业指导和支持也相对缺乏。凡此种种，已经发展成为普遍性的社会问题，急切地呼唤着社会科学研究和社会实践对家庭教育的关注和推动。

“社区”的概念来自英文 community，而中文“社区”一词是中国学者在 20 世纪 30 年代由英文意译而来。“community”这个英文词有公社、团体、社团等多种含义，但因为社会学者研究角度的差异，目前大家对“社区”这个概念还没有统一的定义。1955 年美国学者 G. A. 希莱里总结了 94 个关于社区的定义后指出，地域、共同的纽带以及社会交往是构成社区必不可少的共同要素，国内学者虽然在社区定义上也仁者见仁智者见智，但大家

① 范中杰：《论转型时期亲子关系的转变》，《四川师范大学学报》（社会科学版）2001 年第 7 期。

也一致认为社区的基本要素应包括一定的地理区域和一定数量的、有共同意识和利益、有较密切的社会交往的居民。社区作为一定的地域组织，其主要功能包括：管理社区内居民的社会生活事务，为社区居民和组织提供社会化服务，救助和保护社区内的弱势群体，提高社区成员的素质和修养，解决社区内及相关各种社会矛盾，为社区内居民生命财产提供安全保障等。从社会学来看，人的成长过程就是个体社会化的过程，这个过程起始于婴幼儿时期持续至终生。在这个过程中，从家庭到学校，到社区，再到整个社会环境，由小至大的各个系统都在产生着影响。从社区概念和社区功能上看，基于社区为辖区内居民提供社会化服务，包括家庭教育支持，具有实在的理论基础和逻辑基础，既是对单个家庭教育有限性的补充，也是社区发展其社会服务功能的需要。

虽然“社区”是一个外来概念，但早在1987年，民政部在武汉召开“全国城市社区服务工作座谈会”，倡导在城市开展以民政对象为服务主体的社区服务，提出建立具有中国特色的社区服务系统，社区概念便开始进入中国政府的管理视域，“社区建设”逐渐成为国家地方治理和基层管理的导引方向。在地方组织方面，逐步在基层组织的称谓中引入“社区”两字，原来的“居民委员会”被改称为“社区居民委员会”。社区成为党和政府传递、落实政策并了解民情的最基层组织，社区在行政上接受街道办事处领导，由街道办接受并传达县（区）级政府和各科局的任务和指示。从社区的概念和构成要素上看，目前国内这种下辖于街道办事处的“社区”还不能算是一个成熟的“社区”。也正基于此，2017年6月，中共中央、国务院出台《关于加强和完善城乡社区治理的意见》，提出“要以政府治理为主导，居民需求为导向，改革创新为动力，健全体系，整合资源，增强能力，完善城乡社区治理制度，要以人为本，服务居民，人人参与，人人尽力，人人共享”。其中还特别提到要提高城乡社区的服务供给能力，要将社区服务纳入政府购买服务的指导性目录。由此，基于当前家庭教育支持体系建设的实际，本报告下面谈及的社区将主要是指街道办下辖的“居民社区”，也适度拓宽到街道一级的区域概念。

二　政策导向推动社区家庭教育发展

20 世纪 80 年代开始家庭教育日益引起学者和政府的关注，90 年代后中央陆续出台了一系列的规划、纲要、指导大纲等推动家庭教育事业的发展，其中“社区”一直都被作为国家推进家庭教育发展的重要平台。

1992 年 2 月，国务院颁布《九十年代中国儿童发展规划纲要》提出要发展社区教育，建立学校教育、社会教育、家庭教育相结合的育人机制，创造有利于儿童身心健康、和谐发展的社会和家庭环境。在城市以社区为依托，举办婴幼儿、小学生、中学生的家长学校，向不同年龄阶段儿童的家长提供较全面的家庭教育知识和方法。

2001 年 5 月，国务院颁布《中国儿童发展纲要(2001～2010 年)》，其中“提高家庭教育水平，建立多元化的家长学校办学体制，增加各类家长学校的数量和提高儿童家长家庭教育知识的知晓率”被当作儿童教育的主要目标之一，再次强调发挥学校、家庭、社会各自的教育优势，充分利用社会资源形成教育合力，促进学校教育、家庭教育、社会教育的一体化。要求加强家庭教育知识的宣传和理论研究，办好各类家长学校，帮助家长树立正确的保育、教育观念，掌握科学的教育知识与方法。

2012 年 3 月，全国妇联、教育部、中央文明办、民政部、卫生部、国家人口计生委和中国关工委联合发布《关于指导推进家庭教育的五年规划（2011～2015 年)》，规划要求省、市、县及乡镇普遍建立家庭教育指导服务阵地，将家庭教育指导服务纳入城乡公共服务体系之中，为城乡家庭提供普惠性的家庭教育指导服务。依托社区综合服务中心、妇女之家、儿童之家、儿童活动中心、儿童福利机构、家长学校、文化站、乡村少年宫等公共服务阵地，为不同年龄段的儿童及其家庭提供家庭教育指导及关爱帮扶。

2016 年 7 月，国务院再次颁布《中国儿童发展纲要（2011～2020 年)》，要求 2020 年基本建成适应城乡发展的家庭教育指导服务体系，将家庭教育指导服务纳入城乡公共服务体系，普遍建立各级家庭教育指导机构，90%的城市社区和80%的行政村建立家长学校或家庭教育指导服务点。

2016年11月，全国妇联联合教育部、中央文明办、民政部、文化部、国家卫生和计划生育委员会、国家新闻出版广电总局、中国科协、中国关工委共同印发《关于指导推进家庭教育的五年规划（2016～2020年）》，规划提出着力推动将家庭教育指导服务作为城乡社区服务站工作的重要内容，确保每年至少组织2次家庭教育指导和2次家庭教育实践活动。

2016年5月，四川省妇联、省教育厅等9部门联合制定下发《四川省关于指导推进家庭教育的五年规划（2016～2020年）》，规划提出逐步构建政府主导、社会协同、公众参与的普惠性的家庭教育公共服务模式，把家庭教育指导工作开展情况作为优秀社区（小区）评选的重要内容。

三　典型案例

经过这些年的实践，家庭教育已经成为成都社区教育的一个重要组成部分，2016年11月四川省人大还专门批准通过了《成都市社区教育促进条例》。从目前成都市社区推进家庭教育支持的实践来看，政府主导的家庭教育支持体系基本上可以概括为两条线，其一是以社区所在区域内的各类学校（幼儿园）为主线的家庭教育支持体系，包括各个学校（幼儿园）的校级家庭教育指导老师、家委会、家长学校及不定时的专家讲座；其二是以街道下辖的居民社区为基地建立的家长学校和不定时的专家讲座。下面就以成都市武侯区和青羊区为例，介绍两个区在家庭教育支持建设方面的实践情况。

（一）成都市武侯区社区家庭教育支持的实践

1. 成都市武侯区概况

武侯区位于成都锦江之南，是1990年成都市行政区划调整时建立的新城区，因武侯祠位于区内而得名，是成都市五个中心城区之一。武侯区历史文脉悠久、文教资源丰富，区内有武侯祠等名胜古迹，文化底蕴厚重、引人入胜；有四川大学、中科院成都分院等十余所知名高校和科研院所，人才荟萃、智力密集。武侯区面积约 76.56 平方公里，辖区内有 13 个街道，87 个社区，户籍登记人口 63 万，流动人口约 75 万，实有人口约 138 万。全区现有中小学 76 所，幼儿园 155 所，教职工 1.3 万人，在校中小学、幼儿园学生 13.1 万人。武侯区的社会事业高速发展，公共服务高位均衡，被列为“全国教育综合改革实验区”。

2. 武侯区家庭教育发展历程梳理

2009 年，设立社区家庭教育辅导员，负责社区内的家庭教育相关活动和家长学校的业务指导工作。辅导员由区内各中小学校推荐产生，首批 50 名辅导员均由校内优秀教师担任。此后，又选聘专家组建了讲师团，采取“订单式 +”的方式做好送教和后期的咨询服务工作，原则上每期每个学校、社区送教 1 次，年受众家长人数达 3 万人以上。

2010 年，金凤社区家长学校率先成立，学校成立后充分整合社区资源，创新工作载体，以构筑未成年人思想道德建设体系为中心，以发展社区教育和促进学习型家庭建设为重点，以外来务工家庭为主要工作对象，形成了学校、社区和家庭良性互动的格局。近年来已组织开展各类教育活动 60 余项，有 18000 多人次参加活动。截至 2017 年，武侯区 87 个社区已经全部建立社区家长学校。

2010 年 10 月，武侯区教育局、武侯区妇女联合会牵头成立武侯区家长学校总校。区家长学校总校，定位为全区家长学校的指导机构、师资培训机构和资源平台，旨在全区家长学校管理、教师队伍建设、教学管理等方面发挥积极作用，并通过“请进来”和“送出去”等形式开展各类家庭教育活动，为全区学校师生、家长及社区居民提供更好的家庭教育服务。区家长学校总校建立后，积极开展“百堂精品家教”送教活动，深入区内 80 多所中小学校、幼儿园和 80 多个社区，共开展 600 余次各类讲座和活动，服务家长 15 万余人，推动了家庭教育工作的有效开展。2016 年，该项活动荣获中国成人教育协会颁发的全国“终身学习品牌项目”。同时，家长总校开设了

“父母大讲堂”特色课程，除了呼召家长来学习，更将此课程纳入社区学院学员的必修课，特别是让正在进行隔代教育的老年人也系统学习家庭教育理论知识，对普遍存在的隔代教育现状和解决隔代教育问题进行着有益尝试。同时，家长学校总校还策划和创办了期刊向家长们传递前沿和专业的家庭教育理念，截至2016年10月，家庭教育指导期刊《武侯家长》共出版10期，免费向区内中小学及社区发行近10万册。

2014年10月，应学校、社区和家长的要求，家长学校总校又创办了武侯《家校报》。到目前为止，已向家长免费发行12期，共30万份。此外，家长学校总校依托新媒体，建立了家长QQ群、微信群，广泛吸收教师、学生、家长、居民参与家庭教育讨论，同时将总校创办的《武侯家长》和《家校报》等辅导刊物的内容在第一时间通过网络进行推送。截至目前，已免费发行家庭教育辅导刊物22期、33万册，受益家庭2万余户，阅读受众达50万余人次，特别是出版的校本教材《让课堂沸腾》，影响范围达10万余户家庭。

与此同时，全区222所中小学、幼儿园也全部建立了家长学校，略举几例如下。①成都市第十幼儿园十分重视引导家长的家庭教育，让家长参与到教育活动中。组织开展了“家长故事团”“亲子共读一本书”等活动，这些活动营造了家长和幼儿共同阅读的氛围，培养了良好的阅读习惯，促使不少家庭养成了每天与孩子交流、陪伴孩子的习惯，更可贵的是通过学习和实践，许多家长从单纯关注孩子识字、算数，逐渐拓展到关注孩子习惯的养成以及社会交往能力等的发展。②磨子桥小学分校在2007年建校之初就成立了“幸福家长学校”，集合学校、家长、社会各方面的力量建设“家校教育共同体”，是这所年轻学校迅速成长的法宝之一。除了“幸福家长学校”，该校还建立了网上家长学校，开辟“家校活动”“家教知识”“政策法规”等栏目，着力促进家校间沟通、交流、理解、合作和提高。而该校最有特色的是一本已经超过100万字的《亲子接龙日记》，这是一本由家长轮流撰写的日记，记录了家长们教育孩子的困惑、疑难和心得，都是真实发生的一个个小故事，有利于借鉴采纳，也很贴近性。这本日记还在继续，家长们一边为日记增添新的内容，一边阅读之前的内容，受到启发。这些家长们自己撰写的日记已被学校编辑成册，发布在校园网上，方便家长查阅，不少家长遇到家庭教育的烦心事，都会先在《亲子接龙日记》上看一看，寻找解决问题的答案。③棕北中学结合学习和所在社区的人文优势，着重在“家校共育”上下功夫，组建了一支由 70 多名家长组成的“家长导师团”，他们中有中科院成都分院的科学家，有省音乐家协会的会员，有高级工程师，也有普通劳动者，这些家长以学校“特聘导师”的身份常年活跃在校园里，指导学生社团活动，举办各类讲座，把科学研究、生活技能、健康成长等学校课程没有涉及的知识和智慧带给学生们。“家长导师团”以家长的特长为基础，以学生的兴趣为导向，以激发孩子兴趣、提升孩子素养，带给孩子们丰富多彩的课外生活为基本目标组建而成的，利用学校和家庭两方面的力量促进提升学生综合素养。邀请家长走进学校开展家校共育是目前武侯区众多学校的普遍做法，特别是龙江路分校连续 6 年开展“家长百家讲坛”。家长根据自己的专长和职业特点，自选主题，担任课堂主讲；允许学生打破日常的班级编制，全天全校自由选课听课，课程实施的灵活开放和内容的丰富多彩赢得学生、老师和家长的普遍赞誉。邀请家长进校开讲的做法其意义不单在于拓展学生的视野，更在于增进了学校和家长的沟通和交流，让学校教育和家庭教育更紧密地结合起来。

2017 年 10 月，四川省家庭教育研究会（四川省家长学校总校）、成都市武侯区教育局主办了四川省家长学校示范校评比，武侯区共有 20 所家长学校被评为四川省家长学校示范校。

2017 年 11 月，武侯区首届“家庭教育指导师”培训班结业，该培训持续一个月有余，从亲子关系与沟通技巧、传统文化与家庭教育等方面进行多层次的深度培训，提高了老师们的家庭教育理论水平，对今后开展家庭教育工作具有实践指导意义。

3. 武侯区社区家庭教育建设总结

武侯区大力推进家庭教育发展，先后成为“全国社区教育实验区”和“全国社区教育示范区”。2016 年 6 月，该区又被教育部确定为全国

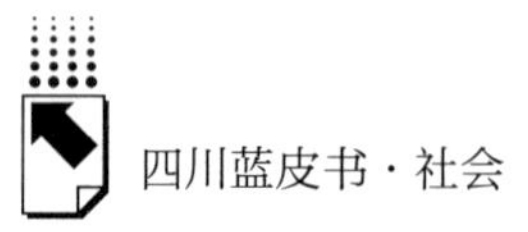

首批“家庭教育实验区”。武侯区的社区家庭教育建设可以总结如下几方面。

开创“五方联动”的家庭教育管理协调机制。由区教育部门、妇女部门、团区组织、文明办、关工委“五方联动”组成区家庭教育领导小组，分管副区长担任组长，负责全区家庭教育总体规划，指导全区家庭教育有效开展。

创立“一体两翼”区域家庭教育实施体制。2010 年 10 月，武侯区家长学校总校成立后，武侯区基本建成了以总校为主体、以中小学（幼）家长学校（222 所）和社区家长学校（87 所）为两翼的“一体两翼”区域家庭教育实施体制，实现了“十五分钟”家庭教育全域覆盖。按照“四化十有”标准体系建设家长学校，即工作内容标准化、教学管理规范化、家校建设一体化、服务家长普惠化；有校务委员会、有校牌、有教室、有教材、有授课教师、有工作制度、有工作计划、有考核、有档案资料、有活动经费。完善“一校三级”家委会互通网格结构，完善学校与家庭协同机制，实现每所家长学校校级、年级、班级三级家委会建设全覆盖。

组建“广泛联合多方支持”的家庭教育协同机制。调动多方力量共同参与家庭教育，整合包括“高校”“中小学”“家庭”“社区”“企业”“民间团体”“专家”“志愿者”等在内的多方资源，指导和引导全区家庭教育有效开展。保障落实“一主多助”家庭教育经费支持，以区教育局投入为主，以区妇联、区团委、区关工委等部门和街道、社会多方支持为辅，保障家庭教育专项经费落实。

加强课程建设，家长总校负责家长学校的课程开发，根据学前、小学、中学的不同特点开发分段课程；通过家长资源开发校本课程，如“家长百家讲堂”“新三国”“七十二行”等；社区着重社本课程开发，如“人工智能”“烘焙 DIY”等；此外，对输往学校、社区、机关事业单位的精品家教送讲课程进行预审，保证课程质量。他们开发的《家校互动，创建学习型家庭》被评为“全国社区教育实验项目”。

加强队伍建设，目前参与武侯区的家庭教育讲授和咨询服务的有四大组成部分，一是从高校教师、中小学德育校长和社会机构等选聘的专家骨干队伍；二是来自一线的每个学校自己推荐的家庭教育讲师；三是经社区家长总校培训上岗的家庭教育指导员，家长总校每个学期对这些讲师进行考核，此外还有大量家庭教育志愿者。同时，对这些人员还有定期的考核和培训。

优化阵地建设，形成家庭教育整体效应。近几年来，武侯区承办了全国、省、市家庭教育系列活动近十次，吸引14万余户家庭40余万人参与。如2011年、2012年承办了全国第一、二届“我家爱学习”系列活动启动仪式暨成都片区家长教育知识竞赛，近2000名家长和学生代表参加活动；2016年12月承办教育部“全国家庭教育实验区”工作推进会，教育部基础教育一司及10个全国家庭教育实验区教育行政部门相关负责人等140余人参加会议。2017年10月召开全区“亲子活动”项目经验交流会，推广亲子活动工作经验，引入社会组织创办“四点半学校”“阳光学堂”等项目，每年提供服务3.1万人次，为家庭教育注入新的活力；借助区文化馆、图书馆、青少年活动中心等阵地，为4100多人次孩子和家长提供指导服务。帮助有条件的机关、社会团体、企事业单位提供公益家庭教育服务1000余人次。为困境家庭提供关爱帮扶500余次，逐步形成家庭教育社会支持体系。

优化督导评价建设，形成家庭教育能效引导。武侯区将家庭教育工作纳入年度综合评估，推进所属辖区内的各个家长学校在体制和机制上都形成有利于切实推进家庭教育发展的新局面。同时，通过评选良好家风家庭和优秀家教家长，形成良好的家庭教育风尚。2016年全区评选好家长548人，并推荐62位家长参加“感动武侯”人物评选，发挥优秀家长与家庭的示范引导作用，多角度促进武侯区家庭教育的推广和发展。

（二）成都市青羊区发展社区家庭教育工作的实践

1. 成都市青羊区概况

青羊区，原名西城区，位于成都市核心区域，属成都市中心城区，因区内著名道观青羊宫而得名。青羊区，历史底蕴深，是古蜀文明和诗歌文化的发源地之一，拥有杜甫草堂、金沙遗址、宽窄巷子、青羊宫、文殊院等历史遗迹。全区面积 67.78 平方公里，2016 年末，户籍总人口为 67.22 万人，常住人口 84.12 万人。青羊区的基础教育在全省乃至全国都居领先地位，目前共有中小学幼儿园 52 所，学生 6 万余人。青羊区下辖 14 个街道，51 个社区，22 个村委会。

2. 青羊区社区家庭教育发展情况梳理

青羊区一直非常重视家庭教育的研究工作。2014 年 8 月，青羊区教育局成功申报国家社会科学基金“十二五”规划教育学一般课题子课题《中小学生家庭教育误区及规避研究》，并于当月底获批为教育部关工委重点课题《新时期中小学家庭教育立德树人的综合研究》的立项课题。2015 年 3 月课题更名为《家庭教育误区之重言教轻身教规避研究》，并上升为重点课题，2015 年 11 月，课题最终更名为《区域推进家庭教育的实践研究》。三年以来，课题研究扎实推进，成果丰硕。

课题组对 1250 余名学生和家长做了问卷调查，在问卷调查基础上撰写的调研报告获四川省第二届教育改革研究优秀成果评选活动三等奖。

根据深入调查，课题组总结了“家长失范”十大表现和“行为规范”家长十条；提出了家庭教育“四大体系”工程建设，包括家庭教育队伍体系、家庭教育课程体系、家庭教育培训咨询体系和家庭教育评价体系；提出“青羊家长核心素养”，包括有原则、会宽容、能放手、懂激励、讲文明、敢担当、严律己、行民主、乐学习、善创新、喜阅读、爱运动。在全国首创“家庭教育基地”，以促进区域推进家庭教育实践真正落地、落实、落细。建立健全区域“四级家委会”，在班级、年级、学校三级家委会的基础上，要求每所学校推荐一名家长作为区家委会委员，成立区家委会。结合课题研究，在全区范围内广泛开展了家庭教育优秀案例征集，然后经专家评审，筛选出 84 篇优秀案例编辑成《青羊家长示范教育优秀案例》一书。参与了“教育精准扶贫”项目，参加国家网信办联合沪江网的“互联网 + 教育精准扶贫”项目，利用网络直播平台，将课堂研究成果向全国辐射，实现家庭教育课程在全国各地共建共享，让偏远地区的学校和家庭也能享受青羊优质的家长课程资源。创作了青羊家庭教育歌曲《让爱回家》，歌曲婉转，歌词朴实感人。“让爱回家，做更好的爸爸和妈妈；让爱回家，像朋友一样和他玩耍；让爱回家，共筑温暖幸福的家！”

在实践方面，2016 年 3 月，成立由区委常委牵头，教育局、民政局、关工委、团委、妇联、卫计局、文明办联合组成的青羊区家庭教育协调领导小组。并于当月印发《成都市青羊区加强家庭教育工作实施方案的通知》。实施方案以为深入贯彻党的十八大精神，切实践行习近平总书记关于“注重家庭、注重家教、注重家风”等系列重要讲话思想，有效落实教育规划纲要，全面落实立德树人的教育方针和教育部《关于加强家庭教育工作的指导意见》指导思想；以“家长成长，孩子成人，家庭幸福，社会和谐”为总体目标；以“家校配合均衡发展战略、长期有效内涵发展战略、多样格局特色发展战略和全方位的协调发展战略”为工作思路，实施“四大工程”以确保区域推动家庭教育工作的落地与落实。下面将结合社区里三所学校的家庭教育实践工作情况进行简要介绍。

（1）文翁实验中学。根据调查问卷和走访，文翁实验中学发现该校学生家长在家庭教育方面。主要存在以下三个问题：对学生心理健康的关注意识薄弱，辅导方法缺失；对学生生命角色培养意识薄弱，辅导方法缺失；对学生学习品质培养意识薄弱，辅导方法缺失。结合学校教育教学实践活动的实际发展水平及后期展望，针对这三大问题，学校提出“合格家长五个一工程”，即每学年读一本有关家庭教育的书籍；每学期听一次家庭教育讲座；每学年交一个家长会笔记本；每学年完成一次家校协作问卷调查；每学期一次与孩子半小时以上的沟通。为保证实施效果，学校提出一定要从家长现有文化水平和家庭教育素养的起点出发，一定要易认同、易操作、易评价，让广大的家长觉得只要我努努力就可以完成，以极大地激发绝大部分家长参与热情和信心。

实践中，一方面采用区级、校级、年级、班级的课程培训为家长的家庭教育理论奠基，另一方面邀请家长参与学校的教育教学活动，如参与校园节日、设置家长导师、家长化妆师、开设家长讲堂等。让家长将理论和实践相结合，帮助他们完成“五个一”要求，内化理论、体验吸收，从而提升自己的家庭教育素养和水平。在此基础上，结合家长“五个一工程”的实践情况，每年学校通过问卷、访谈、检查笔记等方式，对家长的家庭教育素养提升情况进行评估，三学习下来，学校在毕业生的毕业典礼上，由校长亲自给合格家长颁发《家长合格证书》。

“合格家长五个一工程”及其配套工作的开展，切实提升了家长家庭教育的素养，拉近了亲子关系，调动了老师和家长双方的积极性，提升了学生的生命幸福感，也提升了社会对学校的认可度。学生说，三年来，他和爸爸笑过、哭过、吵过，他们一同经历了风雨，彼此懂得了团结、感恩和珍惜，感情越来越深厚。家长说，孩子毕业了，他也领到了《家长合格证书》，全家都非常高兴。非常感谢学校对孩子品行与学识的培养，感谢学校三年来为家长开设的讲座、有机会参与到孩子的活动中，家庭没有因为孩子的青春期到来而产生多么严重的分歧，感谢学校付出的辛劳和汗水！学生和家长的这些肺腑感言才是对学校开展家庭教育推进工作最好的奖赏。

（2）双眼井小学。针对当前父亲角色缺失、父亲参与家庭教育意识薄弱、父亲传统和错误的教育观念与方式，双眼井小学专门组建了“爸爸帮”。“爸爸帮”活动以提升爸爸们的自我教育和责任意识为目的，塑造以身作则、言传身教的爸爸，形成“爸爸好好学习、孩子天天向上、家庭幸福温暖”的局面。“爸爸帮”搭建了班级爸爸帮、年级爸爸帮、学校爸爸帮三级立体平台，每一级“爸爸帮”由“帮主”进行分工，建立自己的组织机构，每一级机构又是独立完整的，拥有独立的评价机制，并评选“明星爸爸”“明星家庭”。同时，根据该校单亲家庭众多特点，学校组建了由男老师担任的“代理爸爸”志愿者队伍，参与到“爸爸帮”的组织和活动中。此外还由针对留守儿童的“爸爸帮互助小组”，让更多父亲角色缺失的孩子有尊严地参与集体活动。

“爸爸帮”的活动设计一方面尊重孩子的年龄特点与成长特点，另一方面提升家长的自身素质与教育能力。其主要内容包括：借助“爸爸帮帮会”通过网上与网下两个平台的培训、讲座、微课等学习家庭教育知识，推广好经验好方法；通过“爸爸帮积善课堂”组织爸爸进入课堂，为孩子们讲授沙画、动漫等丰厚的课外知识课；开展“爸爸帮亲子游”活动，根据各年龄段孩子的特点成立了“爸爸帮足球队”“爸爸帮农夫队”“爸爸帮骑游队”“爸爸帮徒步队”等，定期举办活动；此外，还有“爸爸帮家庭乐”主题活动，以家庭为单位注重孩子与爸爸的体验，比如“今天我和爸爸来当家”“我陪爸爸去上班”“我给爸爸的悄悄话”等，开放性的活动内容，不限目的，让孩子和父亲走向大自然、走向社会，丰富孩子与父亲的生活体验与思考，促进孩子和爸爸共同成长。

“爸爸帮”从刚开始的寥寥无几到几百人的培训会，让爸爸们感受到了参与孩子教育带来的快乐与欣喜。如今“爸爸帮”已经开始思考如何将“爸爸帮”创新活动与学科教学结合起来，挖掘学科中的父亲教育的素材，做到有大纲可参照、有制度可保障、有资源可整合的，形成系统化的“爸爸帮”家庭教育教材与课程。

（3）成都市实验小学西区分校。该校地处拆迁安置社区，学校本着“办好一所学校，带动一方文明”的教育追求，建校不久即成立了学校家委会和家长学校。新生登记报名之前，学生家长便到校登记领取入场券参加家长学校的系列培训课程，家长学校每周开展 3 次固定课程，同时辅以线上课程，方便家长不定时学习，同时，形成家委会成员固定值班表，由家长释疑家长，由家长引导家长。

此外，学校特别重视与所在社区的合作，他们在社区设立社区少工委，积极开展教师进社区、学生进社区活动，如“进社区慰问孤老活动”“进社区宣传文明活动”“进社区学雷锋活动”等。此外，学校还从家长志愿者中推选出德才兼备且具有一定号召力的家长代表，定时、定点、定向联络社区，组织“道德传承”等大型公益活动。通过提升家庭教育，培育良好家庭教育微环境；通过家校合作，形成家校共进中环境；通过家庭教育进社区，形成文明社区大环境。这些努力也成就了该校所在的培风路社区文明指数综合测评排名连年第一，借着力家庭教育带动整个社区的文明发展，实验小学西区分校为家庭教育的校社互动提供了很好的案例经验。

3. 青羊区社区家庭教育建设总结

由于青羊区在家庭教育发展方面卓有成效的工作，2016 年 4 月，被教育部关工委授予“全国教育系统关心下一代工作先进集体”称号；2016 年 11 月，被四川省家长学校总校授予“青羊示范基地”称号；2016 年 12 月，被成都市教育局授予“成都市家庭教育基地”称号；2017 年 1 月，被四川省妇联、四川省教育厅等六部门授予“四川省家庭教育工作先进集体”荣誉称号。

这些荣誉的获得与青羊区多年来高度重视家庭教育工作密不可分。2016 年 3 月，青羊区成立了“家庭教育协调领导小组”，由区委常委和区政府副区长担任组长，由教育、妇联部门负责人担任副组长，全面统筹青羊区的家庭教育工作，逐渐形成“政府主导、部门联动、教育统筹、社会参与、家庭主体”的家庭教育新格局。

其次，着重强调科研先行，发挥科研导向功能。以“青羊区家庭教育基地”为依托，学校积极参与国家、省、市有关家庭教育科研课题研究，用高质量的家庭教育研究成果指导区内家庭教育工作的开展，“分层分类分时分校”优化家庭教育课程，以多维的课程引领家长提升、规避言行失范。

再次，促进家庭教育工作发展搭建较为完善的框架，建立分工负责、团结协作的工作体系。全区组建了由 42 人组成的专家讲师团队，100 余名家庭教育志愿者团队，成立班、年、校、区四级家委会。全员培训登记：各家长学校实行每学期全体家长学习培训登记制度，登记内容由区家庭教育指导中心统一制定、汇总，确保培训全员覆盖，培训合格后颁发合格证书。灵活授课：除周六、周日固定课堂和“互联网 +”的指尖课堂外，还有特色课堂、亲子实践体验课堂，同时在社区、学校开设流动课堂；咨询补充：在统一授课之外，还有以专家团队为核心的多种形式的咨询指导服务，包括线上和线下、电话和现场咨询，以满足家长及孩子的个性化需求，以制度化、规范化、科学化的课程体系推动家长终身教育。评价考核配套，研发家长学校发展评价体系、家长成长评价体系和星级评价体系，全区把家庭教育纳入社区培训计划和学校办学目标绩效考核评估体系，设立家庭教育基础指标，保证家庭教育的常态推进。

继次，强大后勤保障。提供场地，在寸土寸金的中心城区，拿出 5 亩土地 4000 平方米作为家庭教育培训基地。切实保障家庭教育工作经费，建立家庭教育工作经费保障落实机制，充分发挥政府对教育投入主渠道的作用，为家庭教育工作顺利开展提供必要的经费保障，同时加强对家庭教育工作经费保障落实的督促和监管。

最后，加强宣传引导，营造良好社会环境和舆论氛围。充分借助媒体、互联网的优势，注重舆论宣传，积极开展家庭教育实验区和示范学校创建工作，以点带面，全域推进；着力宣传优秀的家庭教育个案，提升社会对家庭教育工作的关注，引导社会各方重视和支持家庭教育工作。

四　社区家庭教育工作实践的归因分析

（一）宏观政策导向

习近平总书记在第一届全国文明家庭表彰大会上指出，“家庭是社会的细胞。家庭和睦则社会安定，家庭幸福则社会祥和，家庭文明则社会文明。我们要认识到，千家万户都好，国家才能好，民族才能好”。他说，“家庭是人生的第一个课堂，父母是孩子的第一任老师。家庭教育涉及很多方面，但最重要的是品德教育，是如何做人的教育。要把美好的道德观念从小就传递给孩子，引导他们有做人的气节和骨气，帮助他们形成美好心灵，促使他们健康成长，长大后成为对国家和人民有用的人。广大家庭都要重言传、重身教，教知识、育品德，帮助孩子扣好人生的第一粒扣子，迈好人生的第一个台阶”。

20世纪90年代国务院颁布了第一个儿童发展规划纲要，从此，国家在宏观政策导向上不断强调要重视家庭教育，而且强调社区教育是推动家庭教育的重要平台。“在城市以社区为依托，举办婴幼儿、小学生、中学生的家长学校，向不同年龄阶段儿童的家长提供较全面的家庭教育知识和方法”。这种宏观导向一直持续，此后又陆续出台3部儿童发展规划纲要，1部家庭教育指导大纲，1部加强家庭教育工作的指导意见和2部指导推进家庭教育的五年规划，都特别强调要大力发展家庭工作。2016年，中央颁布的《中国儿童发展纲要（2011～2020年）》和《关于指导推进家庭教育的五年规划（2016～2020年）》明确要求“2020年基本建成适应城乡发展的家庭教育指导服务体系，将家庭教育指导服务纳入城乡公共服务体系，普遍建立各级家庭教育指导机构，90%的城市社区和80%的行政村建立家长学校或家庭教育指导服务点”。

正是在这样的宏观背景和政策导向下，成都青羊区、武侯区的家庭教育工作逐步推进，成果丰硕。

（二）地方政府重视

宏观政策导向要落地还需要地方政府的高度重视和大力支持。从青羊区和武侯区的实践经验来看，政府高度重视是两个区家庭教育工作蓬勃发展的最关键因素。两个区都由政府重要领导出面组建了联合教育、妇联、关工委、文明办、卫计委等多个部门的家庭教育工作领导小组，从而形成了多部门联合推动家庭教育工作开展的良好局面，避免了单个部门推进存在的困难重重、力度有限、影响有限、成效有限的问题。

政府重视的第二个方面是提供平台。作为一项全新的工作任务并卓有成效地推动下去需要有组织、有场地、有经费、有队伍。青羊和武侯两区根据这些要素为本区的家庭教育工作搭建了非常好的平台。青羊区专门拿出5亩4000余平方米的场地作为家庭教育基地，武侯区不仅在社区学院为区家长学校总校安置校舍和办公区域，还在全区87个社区协调出场地开办社区家长学校。同时，两区都按人口总数匹配家庭教育经费，专门用于全区家庭教育工作。

政府重视的第三个方面是提供支持。有组织、有场地、有经费、有队伍，但对于家庭教育来说，专业度的要求是非常高的，《全国家庭教育指导大纲》明确要求“家庭教育指导应注重科学性、针对性和适用性”。因此，青羊和武侯两区都十分重视家庭教育的专项课题研究工作，特别是青羊区，《区域推进家庭教育的实践研究》课题的研究成果被中央和省市推广达 45 次、媒体报道 96 次之多。与此同时，两区都聘请了高校、科研院所的教育学、心理学等专业学科的专家、教授组建了各自的专家团队，也分别建立了庞大的家庭教育讲师团队，并各自建立相应的准入和考核机制，以保障家庭教育指导工作的专业度。

（三）社会需求

我国的文化传统非常重视家庭教育，但随着社会的剧烈变迁，新旧文化的剧烈冲突，新一代父母在家庭教育上遇到了前所未有的挑战。传统的中国家庭教育比较强调家长权威、强调顺从，而新文化则强调民主、强调自我；传统大家庭里，三世同堂，孩子们在与祖辈相处中体验、感受并内化传统的家风家训，孩子们在与兄弟姐妹们的相处中学习尊大护幼，但现在独生子女一代开始成为父母，这些“80 后”“90 后”的独生子女没有传统多世系多兄妹大家庭的成长经历，他们在一家独大的环境中长大，娇宠和压力是他们这一代的标签，在很多方面他们自己尚且是个孩子，如何养育自己的孩子成为他们最大的挑战。

尽管国家已经大力推进改革以应试为目标的教育体制，但这个转变的过程是缓慢的，另外经济的快速发展和自我实现的个体需求也带来许多各式各样的压力，这些都无形中增长着家长们的焦虑，是做虎妈狼爸，还是让娃自由成长，其中的“度”如何拿捏把握对父母们来说是个技术含量颇高的工作。“知子莫如父”是中国的传统古话，很多父母秉持着这样的自信教导自己的孩子却发现问题越来越多，是否真正了解自己的孩子现在却成了疑问，如果家长不了解自己的孩子又怎么能教养好这些孩子呢？以上这些问题都呼唤专业的家庭教育指导工作的广泛开展。

同时，多种多样的青少年问题、反社会问题，表面看来是个体心理问题，而事实上是个体成长问题。通过1224份全国未成年犯的问卷调查，关颖发现："不够理解我""不关心我的心理感受""不让我做我自己想做的事情"是孩子"恨父母"最主要的原因。[①] 幼年、童年时期是个体人格形成的关键时期，他们觉得这个世界是可信任的还是不可信任的，是温暖的还是冷漠的，是友善的还是敌意的，是压抑的还是自由的，是公正的还是不平等的，这些对社会最基本的认知都形成于个体早期的家庭教育环境。因此，稳定和谐的社会需要心理健康、人格完善的亲社会人，心理健康、人格完善的亲社会人则需要健康、完善的教育环境，其中，家庭教育是重点。家庭是社会的细胞，每个家庭都和谐美满了，每个社区就和谐美满了，整个社会就和谐美满了。

因此，无论是从个体家庭来看，还是从社会宏观来看，家庭教育指导的需求都非常紧迫也非常广泛。这种需求推动着政府对家庭教育指导工作的推进，对家庭教育指导提出更多更高的要求。

（四）多向沟通

多向沟通主要是指不同的家庭教育工作部门之间的横向沟通和政府家庭教育工作部门与家庭教育研究部门之间的跨界沟通。

城市社区家庭教育指导工作的发展也因社区的地域性和独特性存在一定的区域特征。比如武侯区外来人口占全区人口总数的一半左右，多文化融合就成为武侯区的一个特点，青羊区高校科研院所集中，高知则是青羊区的特点。社区家庭教育工作的开展需要结合本区的实际特点和实际需求有针对性地开展。但与此同时，基于共同的传统文化，不同的区域在家庭教育工作方面也存在诸多共同点，因此，不同区域之间的沟通交流对于互相学习和提高

① 关颖：《漠视儿童权利是亲子冲突之源——从孩子"恨父母"说起》，《青少年犯罪问题》2012年第3期。

也是非常必要的。比如青羊区和武侯区就多次接待全国不同地区的家庭教育工作同行的访问交流，他们也多次前往其他地区交流学习。这样的互动交流对于提高彼此的家庭教育指导工作水平、创新家庭教育指导工作管理方法都颇有裨益。

家庭教育指导工作不同于普通的行政工作，需要比较高的专业知识和专业技能，而有关这些方面的专业知识却不是政府部门的专长，需要专门从事家庭教育研究的高校和科研院所等研究部门的大力支持，研究部门也需要相应政府部门的实践经验来促进其科学研究工作的推进和提高。青羊区家庭教育基地与省社会科学院青少年研究中心的合作就是这种跨界沟通的典型案例，在省社会科学院青少年研究中心的大力支持下，青羊区的家庭教育课题研究工作卓有成效，其研究成果多次获奖，并且被大量采用，深刻影响了青羊区家庭教育工作，也为该区家庭教育工作的喜人成果提供着高质、坚实的基础。

五　存在问题与对策建议

（一）存在问题

1. 发展不均衡，整体水平有待提高

社区家庭教育工作发展的不均衡主要体现在不同区在对家庭教育工作的重视程度、服务体系建设、人才队伍建设上的不均衡。以成都市青羊区、武侯区为例，虽然两区整体上在推进家庭教育工作发展上卓有成效，但两区的众多社区和众多学校，还是存在很大差异。从整个成都市来看，不同区和不同社区、不同学校之间的差异更大，如果着眼于全省的话，家庭教育工作的开展状态呈现巨大的不均衡性。成都市青羊区、武侯区是全省家庭教育工作开展较早的地区，但也只有近十年的历史，发展和提升的空间还很大，从课程设计到讲师提升，从社区家长学校管理到家校协作，从课题研究到成果转化，四川省的家庭教育发展整体水平还有待提高。

2. 家长参与度有待提高

成都市青羊区和武侯区的家长学校目前服务的家长数以万计，但相对于全区的家长总数来说比例还不是非常高，还有大量没有参与家长学校和社区其他家庭教育指导活动的家长，有些家长是因为时间冲突，有些家长则是因为对家庭教育重视不够，还有些家长是甩手掌柜完全没有参与家庭教育。因此，如何提高家长的参与度是目前尚存在的一个重要问题。

3. 家庭教育指导的专业度有待提高

尽管青羊区和武侯区对家庭教育讲师和指导员都有比较规范的准入制度，但从总体上看，这个队伍的专业度还有待提高。目前来看，现有的家庭教育指导吸收了一些科学育儿的理论知识，也有很多实践经验的分享，但总体上看，这些指导一方面比较依赖陈旧的传统的教养方法，另一方面比较依赖个体经验。因此，如何加强对讲师和指导员队伍的培训效果，用科学的教养知识装备讲师和指导员队伍也是目前尚待解决的重点问题。

4. 与社会机构的合作

基于家庭教育的广泛社会需求，目前，除了政府以公共服务名义提供的家庭教育指导之外，还有大量社会机构从事商业或公益性的家庭教育指导服务，整合这些力量、规范这些机构的家庭教育指导服务将成为未来政府需要解决一个重要问题。

（二）对策建议

1. 拓宽宣传思路，创新宣传方式，营造普遍重视家庭教育的社会氛围

现在有很多年轻父母非常重视家庭教育，社会各类父母培训机构也风生水起，但从宏观上看，大多数父母对家庭教育的重视程度是非常不乐观的。父母忽视家庭教育的情况大致可分为三种：一是年轻父母迫于生计无暇顾及孩子，家庭教育由长辈代劳；二是年轻父母迫于压力成为父母却无法进入父母的角色状态、逃避作为父母的职责或专注于自我实现，家庭教育由长辈代劳；三是自以为自己在教养孩子方面已经很得心应手或还应付得了，不需要再专门学习。导致这些情况的根本原因在于：当前个人事业发展而不是家庭

和美是成功和幸福的首要标签，这样的价值引导重视职业忽略家庭、重视孩子的知识堆积忽略孩子的心理成长，没有意识到家庭教育至小影响一个家庭的和谐美满，至大影响一个国家和社会的和谐稳定。因此，必须不断拓宽家庭教育宣传工作的思路，创新宣传方式，多形式、多渠道、全方位广泛进行宣传，以营造普遍重视家庭教育的社会氛围，引领青年父母一代重视家庭的价值观导向。

提高宣传规格，必须加大家庭教育重要性在官方媒体和主流媒体的宣传力度，要把中央对于家庭教育的大政方针剖析清楚、解读透彻，从舆论导向上强化家庭和美的重要性。丰富特别节日时的家庭教育宣传活动，特别是国际家庭日，扭转当前大众对于这个节日的全陌生状态，通过丰富的活动邀请家长参与进来。制作家庭教育失范警示节目或影视节目，适当选择家庭教育失败案例为负面教材，呼唤大家对家庭教育工作的重视。

2. 加强家庭教育指导工作者的培训，提升家庭教育指导的专业度

社区发展家庭教育指导工作的重要基础就是拥有一支专业水平过硬的家庭教育指导队伍。目前学校和社区的家庭教育指导老师基本来自学校教学经验丰富的老师，但事实上，家庭教育和学校教育存在比较大的差异，学校教育是一种基于制度的教育，而家庭教育是一种基于关系的教育，一定要用专业的家庭教育方法指导家庭教育。家庭教育涵盖了文化人类学、教育学、社会学、心理学等多学科的专业知识，需要系统学习和不断积累。积极筹建人员稳定、经费确定、专业可靠的社区家庭教育指导队伍，社区可以通过加强与长期从事家庭教育相关研究的高校、科研院所和一些社会组织机构的合作，多引进专业的导师为家庭教育指导者提供专业培训，提高培训频次，拓宽培训内容，从而提高家庭教育指导者的从业水平。利用政府平台为稳定的家庭教育指导者提供跨区、跨城、跨省，甚至出国学习交流的机会，为辖区内的家庭教育指导者提供更多、更便捷的学习途径。邀请专家作为社区家庭教育指导者的实践督导，帮助他们解决在具体的指导家庭教育工作中遇到的困惑和难题，提升指导工作的实践水平。

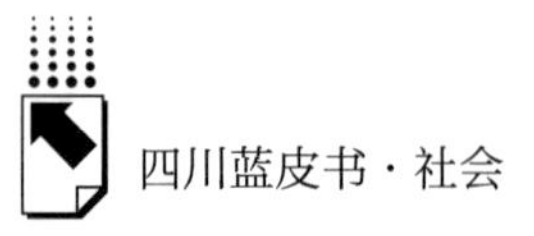

3. 整合社会资源，拓宽政府对家庭教育指导产品的采购范围

因为家庭教育是涉及家庭生活方方面面的教育，也是陪伴孩子成长多年的教育，其涉及的内容非常丰富，从家庭教育指导来说，可能涉及的咨询也是千差万别。中央文件指出，社区公共服务需要可以纳入政府采购。所以，鉴于家庭教育指导的复杂性要适度拓宽政府对家庭教育指导系列产品的采购范围，特别是社区和学校不能很好解决的问题，可以将这些复杂问题的讲解和咨询纳入政府采购范围，为社区居民提供高质量的公共服务。

4. 建立城市社区家庭教育指导工作测评体系

目前家庭教育指导工作的衡量标准主要集中在频次、人数等简单的数量指标上。家庭教育指导的初衷是帮助家长了解不同年龄段孩子的生理、心理、认知特点，提高家长教养孩子的方法和技巧，培养健康的社会人，营造和谐美好的家庭氛围。因此，衡量家庭教育指导工作的标准重点不是参加学习的人次而是健康人格的养成、和谐的人际氛围、社区互助友爱的文明程度。应结合各区实际逐步建立起切实有效的测评体系，从目标导向上引领社区家庭教育指导工作持续在科学、规范的轨道内。

5. 建立城市社区家庭教育服务反馈机制

个体差异性是家庭教育实践的重要特点，每个家庭都是不一样的，每个孩子也是不一样的，因此，用普遍提炼的家庭教育理论指导每个具体的家庭教育实践的时候，使用的具体方法、技巧和实践效果都存在差异。因此，建议建立家庭教育指导服务的反馈机制，家庭教育指导方法在家庭内实践后的反馈有助于对一些普适性的家庭教育方法的改进和提高。

6. 建立规范的城市社区家庭教育法规体系

由于家庭教育工作牵涉的部门多，需要协调的部门多，如何厘清不同部门的权责边界，从而保障城市社区家庭教育指导工作的顺利开展，需要建立规范的法规体系。另外，家庭教育指导的科学性和专业度要求都非常高，它关系到每个父母的教养，关系到孩子的心理和人格的健康成长，事关重大，也需要对从事这项工作的机构和个人有严格的规范。

参考文献

关颖:《家庭教育社会学》，教育科学出版社，2014。

高德胜:《危机四伏的家庭及其教育功能的萎缩》，《全球教育展望》2008 年第 10 期。

伊凡:《家庭教育中的中国式问题》,《现代教育管理》2014 年第 10 期。

范中杰:《论转型时期亲子关系的转变》，《四川师范大学学报》（社会科学版）2001 年第 7 期。

B.15
城乡社区儿童服务体系的探索与建构

贾兴元　龙兴云*

摘　要： 儿童是社区人口的组成部分，社区是儿童生活、学习的核心环境之一，儿童在社区中成长和受教育是其社会生活和社会化的一项重要内容。社区有责任、有条件建设儿童服务体系，发挥其资源优势，扩展儿童生活和学习的空间。但目前四川城乡儿童服务体系建设仍处于起步阶段，社区儿童服务特别是公益性的服务保障能力相对不足，“供需矛盾”较为突出，要素保障能力较弱，城乡社区居民对儿童服务体系需求较为迫切。本报告对四川城乡社区儿童服务体系建设情况梳理和调研基础上，总结了四川省城乡社区儿童服务体系发展现状，分析了建设和运行的影响因素，提出了相关思路与对策。

关键词： 四川城乡社区　儿童服务体系　影响因素　建设思路

一　引言

从社会学研究的视角来看，社区通常指由居住在某一地方的人结成的多种社会关系和社会群体，或从事多种社会活动的人所构成的社会地域生活共

---

* 贾兴元，四川省社会科学院社会学所助理研究员，主要研究领域为家庭教育社会学、青少年发展；龙兴云，四川省社会科学院社会学所助理研究员，主要研究领域为家庭教育社会学、青少年发展。

同体。从我国基层行政管理和服务视角来看，社区通常指负责该区域各种事务的基层管理服务组织或机构，为社区成员提供相关服务。儿童时期是人生发展的关键时期，社区为儿童提供必要的生存、发展、受保护和参与的机会和条件，最大限度地满足儿童的发展需要，开发、发挥儿童潜能，将为儿童一生的发展奠定重要基础。

社区是儿童生活、学习的落脚点，是儿童参与社会生活的基本场所。社区环境对儿童生活习惯的养成和道德情操的培养，乃至个人品质、思想抱负、社会责任感的形成，都有着重要影响。美国幼儿教育家罗宾森说过：对我们成人来说，社会生活方式，人类的过去、现在和未来，以及居住在不同地域人们的生活等，都是习以为常的现象，儿童都需要学习以达到社会认知这一目的。社区作为儿童生活和学习的核心环境之一，是儿童社会化进程的重要环节和场域，在社区中成长是儿童发展的一项重要内容。儿童作为社区人口的组成部分，要更好地服务和保障儿童在社区中的成长和教育，社区有责任、有条件建设儿童服务体系，发挥其资源优势建设和扩展儿童学习生活空间。社区儿童服务体系是社区服务内容之一，指向儿童成长需要，对儿童个人成长、家庭幸福、社区和谐以及社区服务体系建设意义重大。

儿童服务的内容和范畴，根据不同标准有不同的界定方式。根据服务内容来划分，社区中的儿童服务，有照看性的服务（如临时性的托幼看管）和保教合一的婴幼儿教育；从是否收费来看，有公益性服务与有偿服务，部分社区有时候会把二者结合起来，鼓励有偿服务的在适当情况下从事公益性服务；从服务频率来看，有临时性的儿童服务，也有长期的儿童服务；从活动主体的数量及组织程度来看，社区儿童服务有个体自发性和志愿性的儿童服务活动和有组织的儿童服务；根据社区儿童服务的对象来划分，还可以分为社区学前教育服务、社区中小学生服务、社区特殊儿童服务等[①]。一般来说，社区儿童服务主要指两项核心范畴。其一是把儿童作为服务对象，满

① 严仲连：《我国社区儿童服务的问题与对策》，《社会科学家》2016 年第 1 期。

足社区家长和儿童发展需要，主要为学前和小学阶段的儿童；其二是儿童作为服务者，参与社区的相关活动，主要指的是初中和高中阶段学生。本文根据四川城乡社区服务体系建设实际和社区居民需求现状，主要指的是以学前和小学儿童为对象的儿童服务体系，主要包括公益性早期教育、弱势儿童权益保护、公益性儿童看护、公益性儿童服务和儿童社区活动和实践等①。

四川城乡社区居民对儿童服务需求很大。特别是我国“二胎政策”放开之后，社区儿童活动场地不足、父母科学养育知识和技能不足、小学生放学后时间安排与课外辅导等社会热点问题，特别是留守儿童服务体系问题，都凸显了城乡社区儿童服务体系供需矛盾。社区儿童服务体系的建设对社区和谐、家庭幸福和儿童个体发展都有积极意义。当前四川省城乡儿童服务体系建设还处于起步和初期发展阶段，相关问题和困难比较突出。各级政府如何科学、系统规划和建设四川城乡儿童服务体系，整合相关资源并提供要素保障，是一项重要而迫切的工作。

二　现状

（一）建设概况与主要成绩

四川省一直非常重视儿童事业发展，特别是党的十八大以来，省委省政府以《四川儿童发展纲要（2011～2020年）》为统揽，坚持依法保护、儿童优先、最大利益、平等发展和儿童参与五大原则，以突出重点领域、体现民生关切、加强薄弱环节为出发点，不断为儿童事业发展创造良好条件，儿童卫生保健状况不断改善，受教育水平持续提高，法律保护不断完

① 一般来说，社区儿童服务的对象应该是18岁以下的全体儿童，一般来说对儿童服务的关注存在不同的切入点，一是儿童贫困；二是公民道德教育；三是儿童福利（特别是与福利相关的政策），三者往往是相互融合的。

善，生存发展环境进一步改善，促进了四川儿童事业与经济社会协同发展①。经过多年的努力，四川城乡社区儿童服务体系建设取得一定的基础和成绩。城市社区开始逐步重视社区儿童服务体系建设并初见成效，特别是部分重视儿童服务体系的城市社区已经探索了比较成熟的思路和模式。广大乡镇社区针对留守儿童，也逐步建立了关爱和服务体系，并取得较好的成效。

1. “儿童之家”的建设和转型发展成效显著

2008 年 6 月四川试点建立了全国第一所儿童友好家园（下文简称“家园”），成立之初的目的是服务灾后重建中儿童发展，目前根据社会和社区的需要逐步进入可持续发展阶段。2010 年，四川省政府办公厅印发《关于儿童友好家园可持续发展的实施意见》，明确家园的管理主体、服务功能，并为家园场地、资金、人员等提供有力保障，家园由紧急状态模式逐步转为常态社区儿童保护与服务模式。通过不断实践和创新，四川的“儿童之家”工作实现“应急—常态—应急”的转型。目前，四川儿童之家已从最初为儿童提供安全空间、帮助回归正常生活等灾后应急服务模式，逐步转型为根植于社区，整合“传播儿童保护理念、促进儿童综合发展、关爱服务特殊儿童、开展减灾备灾工作”等的社区儿童服务平台②。

在国务院妇儿工委办公室的指导支持下，四川在成都市、德阳市、绵阳市、眉山市开展了社区儿童保护和服务体系项目。在社区建立了由卫生、教育、民政、公安、团委、妇联、关工委等相关部门以及“儿童之家”管理人员、儿童家长代表参与的多方合作的以社区为基础的工作体系，逐步完善了集“监测预防、应急处置、评估帮扶、监护干预和强制报告”等服务内容为一体的儿童保护工作机制。

作为儿童之家的发源地，四川不断创新途径和举措，采用政府部门建

---

① 资料来源：四川省统计局网站。

② 《四川省建成 2.1 万余个儿童之家》，《四川日报》2017 年 9 月 2 日。

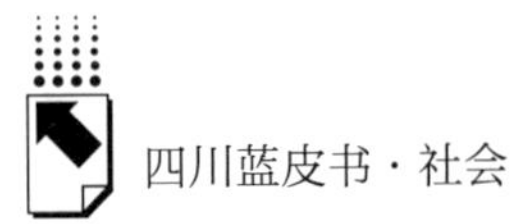

设、单位结对援建、社会资源捐建等多种形式，不断促进依靠专业团队与社会组织参与家园管理与服务，通过线上和线下结合的服务模式拓展网上“儿童之家”服务，扩大“儿童之家”影响力，不断推进“儿童之家”发展。截至2016年，全省建成“儿童之家”2.1万余个，累计服务儿童近700万人次①。

2. 城市社区儿童服务体系探索实践成效显著

以地方政府或者部门为引领的社区儿童服务体系建设开始起步。一些有条件的城市社区开始针对社区的一些突出问题和民生热点需求，逐步探索和建立各种各样的服务模式或体系。比如武侯区社区家庭教育服务体系，青羊区“社区少年宫”服务模式都是针对辖区内儿童服务体系中相对突出的问题，通过整合全区相关要素解决某个问题的儿童服务体系建设模式。武侯区自2010年以来，整合辖区教育资源，构建家庭教育生态圈，通过多年的建设，目前已经形成“一体两翼”②家庭教育服务体系，并被授予全国首批“家庭教育实验区”。武侯区的家长总校有近80个社区、80余所中小学校和幼儿园，开展了“百堂精品家教”送教活动，共开展600余次各类讲座和活动，服务家长15万余人。武侯区社区家庭教育服务模式受到社区居民广泛认同和全国的高度关注③。

社区针对自身特色的儿童服务项目模式多样。如双流九江街道景秀泉城社区，针对其以拆迁安置居民为主体、重组新建的多元化复合型农村新型社区这一现状和特点，探索在社区自主开办“微笑园”兴趣班，建设200平方米的社区儿童空间，为孩子们开设了跆拳道、绘画、书法和英语等兴趣班，受到社区居民热烈欢迎。如成都金牛区杨柳巷社区，针对老城区外来户占社区总户数六成以上这一现状，探索建立成都首个社区四点半心理服务站。服务站主要是对社区儿童在放学、放假后开放，成都理工大学的心理专

---

① 川报观察：《四川建成儿童之家2.1万余个服务儿童近700万人次》，2017年8月3日。

② 以家长总校为主体、以中小学（幼儿园）家长学校和社区家长学校为两翼的“一体两翼”家庭教育实施体系。

③ 《成都市武侯区：整合资源构建家庭教育生态圈》，《中国教育报》2017年8月27日。

家和高校学生，通过志愿者参与的方式提供免费心理陪伴和支持服务。社区儿童可以进行学习、体育活动，通过社区四点半心理服务站，孩子们找到了成就感和社区归属感。

3. 乡镇社区留守儿童服务体系建设成效显著

制度建设进一步完善。长期以来四川重视留守儿童服务体系建设，特别是2016年四川省人民政府印发了《关于进一步加强农村留守儿童关爱保护工作的实施意见》（川府发〔2016〕56号）以来，广大乡镇社区针对留守儿童，逐步建立了较为完善的关爱和服务体系。特别是建立了由省政府领导牵头负责的四川省农村留守儿童关爱保护工作联席会议制度，统筹协调全省农村留守儿童关爱保护工作，研究拟订农村留守儿童关爱保护工作政策措施和年度工作计划，完善了关爱服务体系，健全了儿童救助保护机制，督促、检查农村留守儿童关爱保护工作的贯彻落实，进一步保障和完善了乡镇社区留守儿童关爱和服务体系。

乡镇社区留守儿童服务体系逐步完善。四川省将留守儿童关爱保护工作及设施建设融入省委、省政府发展战略和总体布局，要求各级政府加强农村留守儿童关爱保护工作机构和队伍建设，要求县级以上民政部门明确承担农村留守儿童关爱保护职责的工作机构。明确提出了2020年全省努力实现90%的乡（镇）、80%的村（居）民委员会以及农村寄宿制学校，建有农村留守儿童关爱保护活动场所和必要的关爱设施，全面建立农村留守儿童关爱保护工作体系。

乡镇社区留守儿童服务体系建设途径逐步拓宽。通过推动未成年人保护机构、“12355”青少年服务中心（站）、儿童福利机构和社区儿童服务场所学校建设，努力完善相关设施设备。通过着力推进关爱保护农村留守儿童项目试点建设（如“童伴计划”“快乐学校”等项目）；通过政府购买服务和设置公益岗位、聘用专业社工、吸纳志愿者、灵活用工等途径，逐步充实救助管理机构、福利机构、乡（镇）和村（居）民委员会的关爱保护工作力量，确保留守儿童关爱保护工作“事有人干、责有人负”。

（二）实践探索与典型经验

1. 政府导向与社区建设相结合

达州市大竹县“四位一体”和“四网联动”服务体系建设。针对留守儿童“心理问题较多、行为习惯不良和安全状况无保障”三大现状，解决“教育脱节、监管不力和亲情缺失”三大问题，大竹县建设“四位一体”服务体系，推进“四网联动”[①]，狠抓服务留守儿童工作，在暑假期间由社区发起创建了“关爱留守儿童读书班”，街道社区利用电脑和聊天工具让留守儿童与父母进行视频，不仅仅让孩子“见”到父母，缓解相思之情，更有利于孩子现任监护人与远在外地的父母进行沟通，随时了解孩子的成长状况。这解决了留守儿童放学后回家无人管、无人教的问题，为留守儿童提供了固定、安全、健康、温馨的课外学习活动阵地，通过各种活动和讲座等确保学习内容丰富多彩，帮助减少留守学生“孤独感”。此项工作深受家长学生欢迎，被广大群众赞誉为“民心工程”和“满意工程”。

遂宁市“大儿童工作格局”模式与经验。2013 年以来，遂宁市着力构建“大儿童工作格局”，通过社会组织参与、项目运作、社工专业人才服务，在开展儿童生活救助、心理辅导、成长引导、课业辅导、人际融入等方面取得显著成效。遂宁市初步建立了儿童社会工作体系和模式，重点发挥社会力量尤其是社会组织在儿童成长中发挥重要作用。通过购买服务和全市性社会组织实施的慈善捐赠儿童服务项目等方式，实施社区儿童服务体系建设。在关爱失依儿童[②]方面，连续实施“亲青家园儿童关怀计划项目”，整合遂宁市慈善总会、遂宁社会组织服务中心等社会组织，为遂宁市 2100 多名失依儿童提供生活救助、心理抚慰、教育帮扶等专业服务。为帮助学业困境儿童走出困境，通过购买服务在全省率先试点残疾人送教上门服务。遂宁

---

① 坚持党政重视、学校牵头、社会参与、部门联动“四位一体”服务体系，推进动态管理、学习引导、关爱帮扶、安全保障“四网联动”。

② 失依儿童：指由于各种原因失去生身父母和其他具有亲情关系的成年人正式照顾的 16 岁以下儿童。

市船山区则通过社会组织开办社区四点半学校、周末辅导班，在社区为儿童提供课业服务。在关爱心理困境儿童方面，市残联支持儿童交往障碍改善项目，动员社会公益组织参与儿童服务体系，如深圳壹基金在遂宁实施天堂计划敢爱行动、广东山海源基金则在遂宁资助青少年心理健康服务项目等。团市委通过购买服务举办快乐假期学校，遂宁市妇联社区家长学校项目、市科协社区科普大学项目也将少年、儿童作为主要服务对象。市救助管理站、社会组织服务中心、慈航社会工作服务社、遂宁青年义工协会等发起关爱城市流浪乞讨儿童救助辅助项目、特殊教育学校未成年人关爱行动等，在遂宁城区编织成一张爱心网络。

2. 惠民服务与市场运营相结合

成都市成华区“互联网＋社区早教”服务模式。成华区通过惠民服务与市场运营结合，发挥市场的功能，引入第三方专业服务机构，形成竞争机制，提高服务效率，实现免费服务与低偿服务结合。2016 年四川省成都市首个“互联网＋社区早教”儿童之家——麦宝乐园在成华区正式建成开园，作为全市重点民生工程之一，“互联网＋社区早教”项目由成都市妇联主导开展，并引入上海麦忒教育科技有限公司（以下简称“麦忒教育”）合力打造，是妇联引进社会组织、公益企业共同打造的民生项目。该项目通过线上线下（“O2O”）的有机融合和深度互动，为社区 0～3 岁儿童家庭提供更加标准化、智能化、精细化、个性化的公益早教服务，重点针对“早教中心太贵，上班族父母没时间，爷爷奶奶不懂”的现状，实现线上线下的全方位全时段早教，让社区孩子们享受公平、优质的早期教育，力求早教服务更加精细化、个性化和智能化①。

成都市高新区多维探索社区儿童服务体系模式。成都高新区和一社区教育中心在桂溪街道和平社区、三瓦窑社区固定孵化出“三瓦窑儿童阅读微空间”和“微美生态社区”等多个落地项目，为社区孩子们提供系统的社会参与机会：领导力工作坊、体验式科普式工作坊、“博物致知”和“一看

① 成华区妇联：《成都市儿童之家“互联网＋社区早教”项目在成华区正式启动》。

世界”等项目式活动的开展，初步搭建起社区儿童的教育体系，让孩子们在学校和培训机构之外体验科学实验、观察田间动植物、了解城市社区的垃圾处理过程等，让社区关注儿童生态社区的建设，核心是关注社区为孩子们提供的社会参与机会、和世界发生的直接联系，让儿童自己动手探索世界。成都高新区希望社区中心自2015年开始启动“希望宝贝”公益早教，其他公益服务还包括早期发展的课程教学、社区活动、日常游戏等。专注于辖区0～3岁儿童的早期教育培训和3岁前孩子的日间照料服务。早教课堂按0～6个月、6个月～1岁半、1岁半以上等年龄分段授课，针对幼儿的大动作、精细动作、语言、社会行为、艺术等成长发育五大领域，指导老人更科学、专业地隔代育儿。每周一至周五上午9点半至11点半，附近居民可以将2岁半至3岁半、未上幼儿园的孩子送到这里，交给老师照顾。根据儿童成长规律，这个年龄段孩子与家长分开的时间不宜过长。在入园的两个小时里，工作人员会给孩子们检查身体，带他们做早操、上主题课、做游戏，帮助他们逐步适应即将开始的幼儿园生活。

（三）主要问题与建设难点

由于城乡社区服务体系建设在四川省还处于发展的初级阶段，社区儿童服务体系建设更是存在很多“先天不足”，课题组的问卷调查结果显示，只有不到3%的参与调查人员认为社区儿童服务在社区服务中做得比较好。主要表现在要素保障不足、服务体系不完善、社区区民参与度不高、儿童被动参与性强、商业化趋向氛围浓厚、社区儿童公共资源不足、服务质量难以保证等，社区儿童服务体系建设需要政府、社区、地方教育机构、志愿者以及社会企业形成合力共同参与，才能更好地推动和促进城乡社区儿童服务体系建设和发展。

1. 要素保障问题

建设运行投入经费保障还不够充分。我国目前城乡社区儿童福利方面的财政投入相对薄弱，各级政府还缺少相关的财政激励政策，也影响了个人或企业对社区儿童服务体系建设的投入。长期以来城乡儿童社区服务体系建设缺少相关活动的基本经费支持，现行的经费只能维持相关社区工作人员的办公及一般的社区儿童活动经费，远远不能满足社区儿童服务体系建设的经费要求。从目前四川省城乡社区来看，儿童服务体系经费保障情况各不相同，差异也较大。比如青羊区“社区少年宫”属于运行比较好的社区儿童服务体系，其日常运营经费主要来自区文明办专项经费（每个社区2万元）、区教育局教学场所和设施设备支持，而家庭困难学生资助、学生责任险等经费仍未落实，经费保障机制还没有形成。大部分的社区儿童服务项目资金都来自不同的部门，比如妇联、团委、教育和民政部门等，有的儿童服务项目资金来自社区与商业性机构合作的公益性服务项目，有的服务项目是社会公益组织运行。总之，因为经费保障不足且常处于分割运行状态，很难形成合力持续推进儿童服务体系建设。

儿童服务体系场地要素保障不够充分。城市社区主要由商业高层建筑组成，对社区居民儿童服务需要考虑较少，尽管规划设计之初也建设了部分配套建筑，但更多用于相关机构的固定办公场所。即使部分社区为了迎合服务的要求，临时配置了儿童活动室，部分活动空间更多地适合成年人活动，很难满足社区儿童服务的场地需要。有的社区虽设立了儿童活动室，但是服务半径过大并且宣传不够，很多社区居民很少知道相关儿童服务体系的存在，导致利用率也不好。

相关服务要素保障还不够充分。服务内容保障不充分，从目前调研的情况来看，很少有社区能够提供社区常态化的儿童服务，即使提供一般只是针对社区内年幼儿童的临时看护服务，一些主题服务项目与社区居民的需求贴合不够契合，针对大龄儿童培养社区未来公民意识的活动较少。儿童服务机制保障不充分，目前的城乡社区服务还处于简单的基层制度管理，更多精力用于满足保障基层治理的需要，现行的社区儿童服务机制上，更多还是停留于申报低保、计划生育指标申报以及儿童免费疫苗等方面的基础性服务，难以根据社区儿童发展的需要，拓展新的工作范畴。社区工作人员保障不够充分，目前社区工作人员比较少并且大多时间和精力都用于社区常规工作，缺少联系社区儿童的方法与途径，缺乏相应的沟通

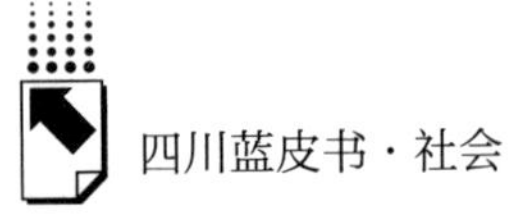

渠道和平台，难以整合社区内志愿者和相关服务机构，也制约了社区儿童服务体系建设和运行。

2. 运行机制问题

统筹推进机制比较缺乏。目前四川省社区儿童服务体系还缺乏统筹推进机制，各级政府、驻区单位、社会服务机构、志愿者参与等方面还缺乏顶层设计和制度安排，难以统筹推进社区儿童服务体系建设。社会参与机制也比较缺乏，如何把社会主体和个人物资捐助纳入教育捐助范围，如何确定社区工作者、学校教师等社区少年宫辅导员的公益服务补贴，不断提升服务质量，惠及更多的学生、家长等机制，亟待逐步建立健全。

社区居民参与机制比较缺乏。绝大多数新建城市社区居民属于不同的行业或单位，相互之间的交集较少，导致社区内居民之间的交往也不多，社区儿童活动更多地还停留在社区家庭自行组织的层面，缺少社区儿童活动和服务的“领头羊”，缺少社区活动组织和居民参与机制。社区儿童服务相对存在物业服务公司和社区工作人员“两张皮”，这两个独立的服务体系之间缺少沟通与合作。因为缺乏社区居民参与机制，社区内的儿童服务或活动等也较少且很难组织，即使一些针对节日或者其他主题的“应景式”活动，很多社区也难常态化、形成常规性的服务安排。

3. 管理规范问题

管理职责与政策措施缺位。因为儿童服务体系长期以来属于多个部门“分割运行管理”，如妇联、精神文明办、团委和民政等多个部门都各自负责自己的“条条项目”。现行的社区建设政策与相关服务政策融合不够，很多城乡社区在规划用地时对社会居民、社区儿童福利等事项考虑不到位，导致城乡社区儿童普遍缺少社区活动场所。政府缺乏统筹的管理职责，部分儿童服务游离于政府的职责之外，政府责任缺失可能导致儿童相关服务质量得不到有效保障。

社区儿童服务体系标准和规范缺位。目前社区儿童服务体系建设还处于初级探索阶段，服务项目大部分处于部门分割运行状态，相应的规划、制度、标准和规范还比较缺乏，亟须制定统一的规划、标准和规范，以推动社区儿童服务体系标准化建设。需要以“社区儿童服务体系”建设为中心，逐步创新儿童福利文化、优化儿童服务工作机制、提升服务内涵、塑造儿童服务品牌，开启儿童服务领域优质标准化建设。

三　影响因素分析

（一）供给侧的影响

1. “多龙治水”运行形成合力不够

儿童社区服务体系建设和发展需要各级政府和相关部门共同参与，特别是政府部门、社区、教育机构以及社区居民的共同参与，形成合力，营造共同参与并能被儿童认同的社区氛围和环境。从政府的宏观政策与前期社区规划，到后期的相关部门政策举措，再到社区落实运行，必须逐步解决目前多部门、多条块、项目零散，难以形成合力建设社区儿童服务体系这一问题。通过规划和顶层设计，梳理相关部门职责，把文明办、教育、文体、司法、科技、妇联、团委等各部门儿童服务项目整合，针对不同的服务对象建设不同的服务体系，逐步探索制定社区儿童服务体系建设规范。

2. 社区儿童服务的商业化倾向过浓

在调研中发现，目前社区内的儿童服务项目，商业性机构的收费性服务占了绝大多数，如针对儿童习得某项技能的培训班，和只针对家长由于工作太忙或者家长能力限制的后托管服务等。只有部分经济条件达到一定水准的家庭，才可能对相关的服务有支付能力。调研中也发现，社区在提供“社区儿童服务项目”，鼓励有资质的机构或组织参与免费的社区儿童服务，但更多活动属于市场宣介性质，后期费用让大多数家庭望而却步，一般收费都是100～200元每小时，超过了大多数社区居民的承受能力。能够满足大多数社区居民的公益性儿童服务项目非常不足，中低收入社区居民对公益性儿童服务体系需求迫切。

3. 社区儿童服务质量保障难度较大

目前商业类社区儿童服务项目数量众多，如托管服务机构、早教服务机构和兴趣培训机构等。政府相关部门除了颁发营业执照时实行收费管理外，相关的管理制度与标准处于缺位状态，对服务质量保障监管不够，基础的如服务场所的消防卫生、服务人员的资质与身心健康水平等，很多社区儿童托管机构处于“无监管”运行，多数从业者没有相关培训，甚至场所存在消防安全隐患，儿童社区服务质量更是难以得到保障。社区主办的公益类儿童服务项目，更多关注安全顺利完成任务，在如何保障服务质量上也存在较多投入要素制约。

（二）需求侧的影响

1. 居民对基础型公益性服务需求强

社区居民对儿童服务体系中基础型公益性服务要求主要包括“硬件支持”和“软件服务”两方面。“硬件需求”主要是儿童活动和交往平台、活动场地设施、图书借阅分享场所等。由于对社区儿童服务场地和设施重视不够，当前四川省对儿童活动场所的投入力度和管理服务水平，与儿童的实际需求、快速发展的社会经济水平相比还有一定差距，城乡儿童活动场所和相关设施不尽如人意。从部分城乡社区儿童场所和设施调查的情况来看，少部分的社区没有儿童活动场所或设施，大部分社区有但建设条件不符合要求。比较丰富和规范的儿童活动场所常附属于学校、幼儿园，一般社区活动场所基本上还停留在“沙坑 + 滑梯 + 跷跷板”的模式。“软件需求”主要是“社区儿童早期发展指导中心”，特别是优质的儿童服务太稀缺，如提供儿童成长训练、手工制作、生活模拟等亲子课程与活动，及各种各样认知领域的课程（如科学课、数学课、语言课），音乐活动、安全教育活动等。社区家长希望能让孩子在早期全面地发展，包括行为习惯的培养。

2. 社区居民主动参与积极性不够

社区居民之间的交往更多地还只是停留在个人层面，缺乏合适的桥梁和机制，很少有社区居民共同参与的活动，特别是注重培养社区儿童和青少年主人翁意识的公共事务和实践活动更是比较缺乏，导致社区居民主动参与积极性不够，社区儿童服务体系的质量也不高，很多活动流于形式。调研中社区干部认为，社区内居民的职业众多，从教育理论的角度来讲应该是丰富的儿童教育资源，因时间安排紧张或因缺少很好的机制安排等，主动参与社区儿童服务的主动性和积极性不够，但是对社区“共建、共享”的儿童服务体系建设充满期待，并且也愿意参与到社区儿童服务体系建设中来。

3. 家庭对社区儿童服务的认知不够

在当前的儿童服务养育实践中，家长对儿童参与社区活动或者在社区中成长的认知不够，社区儿童除了外出上兴趣班外，多数时间只是待在家看电视或者独自游戏。儿童的兴趣属于“被安排”参与如兴趣班等相关活动，很多并不是儿童自己的兴趣，而是家长主导的兴趣，儿童只是被动地参与社区儿童服务。小龄儿童被当作一种“容器”来灌输某种知识或技能，大龄儿童没有作为未来公民参与社区服务和公益活动等，社区儿童偶尔的交往，也只是停留在固定的几个伙伴之间，很少参与“社区型儿童活动”。如何让社区中的儿童服务，一方面可以满足儿童发展的需要，另一方面可以满足城乡家庭的需要，是需要重视的问题。

四 建设思路与对策

通过分析四川省当前城乡社区儿童服务体系建设的现状，针对统筹规划、要素保障、运行机制和管理规范等主要问题，探讨如何多策并举解决四川省城乡儿童服务体系的缺失和短板，逐步建设和完善社区儿童服务体系，打通儿童服务体系的“最后一公里”，逐步探索“政府性主导、社会化运作、公益性服务、网络化管理”的建设模式，政府协同社会力量推进社区儿童服务体系建设。

（一）部门协调联动形成合力，确保政府主导

1. 加大社区儿童服务体系建设主导力度

强化政府主导责任。儿童是国家社会保护对象，各级政府在儿童服务中负有领导、管理、监控以及相关的财政投入等责任。在问卷调查分析中，50%以上的社区居民认为社区儿童服务体系建设中重要的是政策支持。因此在发展定位上社区儿童服务体系建设必须立足社区、强化服务，利用社区资源，切实将服务惠及儿童、家长及社区群众。在发展模式上，必须探索和推广“政府购买服务、群团支持指导、社工参与管理、社区适时监督”的多元融合模式，让儿童服务体系更好地发展，适应和满足儿童需求，促进儿童健康快乐成长。把相关儿童服务体系的管理和服务纳入于政府相关部门的管理职责，并逐步完善相关的制度与管理措施。

加大要素投入。把社区儿童服务体系建设纳入各级政府民生工程，其中属于政府公共服务法定职能的服务内容，财政经费给予充分保障，实行免费服务，如设施设备建设维护经费、困难学生资助经费、学校责任险、专职工作者工作经费等，相关经费划拨到文明办或街道，形成政府财政投入长效机制。把城乡居民延伸性教育服务作为补充，给予基本保障，实行低偿性收费服务。积极引导各类社会主体采取定向资助、项目服务认购、物资捐赠、提供公益服务等形式，为儿童提供内容更广、质量更优的教育服务。

2. 逐步建立完善地方教育机构参与机制

社区儿童服务体系最优质的资源在社区内的教育机构、场地设施和人员保障。如何逐步建立完善地方教育机构参与机制，让社区内的中小学、幼儿园以及培训机构等力量参与到社区儿童体系中来，是参与机制中非常重要的环节。首先是有条件的教育机构，特别是离社区居民比较近的机构，逐步探索开放场地和设施机制，为社区儿童服务提供场地支持。其次是逐步建立鼓励引导教师直接组织或引导儿童进行公益性活动的机制，为社区儿童服务提供人员和智力支持。再次是通过社区家委会与学校家委会互动结合等方式，结合中小学的社会教育实践目标，系统组织安排儿童服务，促进儿童的全面

发展。

3. 鼓励社会机构参与儿童服务体系建设

社会慈善团体和社会责任企业参与社区儿童服务是国外社区服务的重要形式，也是我国城乡社会儿童服务体系建设的重要途径和趋势之一，可以解决和弥补社区儿童服务体系建设资金不足和专业人员配备不齐两方面主要问题。一是鼓励相关行业企业参与社区儿童服务体系建设①，进一步充分利用社会资源，推动社区教育与学校教育有效衔接和良性互动，社区教育机构要紧密联系普通中小学、青少年校外活动场所、社会组织等，充分利用社区内的各类教育、科普资源，开展校外教育及社会实践活动。二是引导和鼓励专业儿童服务机构参与社区儿童服务体系建设，如"救助儿童会"和"壹乐园"等专业机构，不但提供场所、设施设备和一些服务费用，而且在探索儿童服务机制，更好地实现和社区儿童的互动。三是通过政府购买服务等方式，引导和鼓励相关儿童培训机构积极参与社区儿童服务体系建设和运行。

（二）逐步完善社区参与机制，促进繁荣发展

1. 完善社区相关资源整合机制

通过问卷调查分析，一半以上被调查者认为，在社区儿童服务体系建设中重要的是资金支持。社区儿童服务体系建设资金必须完善社区相关资源整合机制，高度重视各级政府部门、社区家庭、社区内相关单位、相关公益组织等资源整合对接，促进社区儿童服务体系建设。做好政府主导与社区自治结合，政府主要负责政策制定、资源保障和宣传导向，决策、运营、监督主要由街道、社区、学校、家长等多方代表组成的团队承担。做到惠民服务与市场运营结合，一些服务项目必须发挥市场的功能，或者以政府购买服务的方式，引入第三方专业服务机构，把群众需求与可持续发展结合起来，形成竞争机制，提高服务效率，实现免费服务与低偿服务结合，实现社区儿童服

① 2016 年 7 月 25 日，教育部联合民政部、科技部等发布《关于进一步推进社区教育发展的意见》，明确提出充分利用社会资源，鼓励相关行业企业参与社区教育。

务体系的可持续发展。

2. 完善社区儿童服务运行机制

相关部门以社区为运行主体，根据工作职责和任务分工确定工作内容，探索“社区党群干部＋青少年社会社工＋青少年志愿者”的模式，逐步完善儿童服务运行机制。一是完善投入和参与机制，以资源整合和分工合作为切入点，在社区财政投入、服务体系运行和社区志愿参与等方面，逐步建立和完善政府部门和社区分工合作机制，特别是要从制度层面上落实儿童服务的多元经费投入与经费管理整合使用问题，确保社区儿童服务体系建设的高效投入和运行。二是完善社区儿童服务体系场所的规划和建设机制，统筹安排社区居民一般活动和儿童服务，把儿童活动服务场所纳入城乡社区综合服务设施建设，逐步以新建、改造、购买、项目配套和整合共享等形式，逐步实现城乡社区儿童综合服务设施全覆盖。

3. 完善志愿者参与和服务机制

城乡儿童服务体系建设有多方面的发展需要，除了商业性的多元服务体系外，志愿者参与是国内外社区儿童服务体系的重要途径之一。如何通过逐步完善志愿者参与和服务机制，发挥社区家长、单位等社区儿童服务资源优势，进一步促进社区儿童体系建设和发展，是非常重要的机制。通过健全志愿服务组织体系根据社区儿童服务的需要招募注册志愿者，特别是针对社区内高校资源，有意愿、有能力的家长资源等，搭建志愿服务平台做好培训管理、项目策划、活动组织等日常工作。一是发挥城乡社区各级党政机关、事业单位、人民团体作用，根据各自职能特点，制定具体的鼓励居民和干部职工参与志愿服务的激励措施，特别是充分发挥社区共产党员的先锋模范作用，组织和带动社区和单位公务员、专业技术人员、教师、共青团员、青少年学生以及身体健康的离退休人员等加入志愿者服务队伍，参与到社区儿童服务体系建设中来，特别是针对进城务工人员子女和低收入家庭，提供诸如子女学业辅导等服务，逐步探索建立党委政府倡导、社区组织扶持、共产党员带头、专业社工引领、驻区单位和居民广泛参与的社区志愿服务新格局。二是加强社区儿童服务体系与地方高校特别是师范高校之间的有效协作，让更多的大学生群体参与到社区儿童服务中来，发挥高校学生在活动组织和儿童学业辅导方面的优势，社区通过儿童服务为学生提供相应的社会实践平台，不断丰富高校参与社区儿童服务体系的模式。

（三）因地制宜制定服务规范，确保持续发展

1. 高度重视社区儿童服务体系的标准化建设

针对当下四川省城乡儿童服务体系正处于探索和起步发展阶段的特点，相关规划、制度和标准特别缺乏，亟须相关部门牵头，严格落实《儿童社会工作服务指南》行业标准，制定四川省社区儿童服务体系建设规划，制定统一的社区儿童服务体系标准，更好地推动社区儿童服务体系的标准化建设。逐步探索以国家标准①、行业标准和地方标准②为指导文件，建立社区儿童服务体系标准，进一步完善儿童服务体系的制度职责和标准，规范各个服务模式的工作程序、服务标准和考核机制。

2. 逐步探索制定社区儿童服务体系建设规范

针对多部门、多条块、项目零散，难以形成合力建设社区儿童服务体系这一问题，梳理相关部门对儿童服务建设的职责，把文明办、教育、文体、司法、科技、妇联、团委等各部门儿童服务项目整合，针对服务对象的特点，逐步探索制定社区儿童服务体系建设规范，推进社区儿童服务体系建设。通过健全标准体系和完善规范的考核机制，全面保障和改善儿童服务体系建设水平，逐步实现社区儿童服务体系工作由经验型管理向规范化管理转变。通过对社区服务规范建设，逐步把儿童服务体系建设下沉到社区，通过规范制定、条件保障等举措，实现社区儿童服务体系的转变，实现社区儿童服务内容全覆盖、时间全覆盖、人群全覆盖，确保社区儿童服务体系惠民实效。

3. 通过制定规范确保要素保障社区服务能力

通过制定完善人员配备保障社区服务规范，逐步提高社区儿童服务人员

① 民政部发布《儿童社会工作服务指南》行业标准，标准编号：MZ/T058 - 2014。

② 四川省也发布了诸如《四川早期教育行业规范》等地方标准。

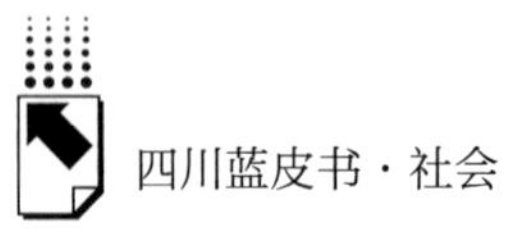

的组织能力、沟通能力和服务意识，能够更好地关注社区儿童的需要，逐步建立健全社区居民共同参与社区儿童活动流程规范等，引导家长自发参与社区儿童活动的组织与管理。通过规范社工、义工服务队伍，保障社区服务能力和社区儿童服务体系建设，在总结前期经验的基础上，进一步完善社工和志愿者参与机制，化被动为主动，由随意性转变为专业性和规范性，逐步建立一支与社区儿童服务体系相匹配的义工服务队伍，更大限度地整合社会资源，服务于社区儿童发展。

五　典型案例

青羊区“社区少年宫”是青羊区委、区政府推进教育服务民生的重要工程，也是多部门联合推动社区儿童服务体系的核心载体之一，取得了较好的社会效应。青羊区“社区少年宫”立足学生放学后托管服务等市民最基本的教育需求，拓展社会实践、道德实践、兴趣培养等教育服务，实行免费服务与低偿服务结合，实现了可持续发展，被家长、学生高度赞誉，受到社会各界的广泛关注，得到教育部等部门的充分肯定。青羊区“社区少年宫”建设成为创新社会治理、教育服务民生的范例，2014 年被评为“青羊区最暖人心十大民生事件”之一，2015 年 3 月，教育部发文在全国推广“社区少年宫”建设经验。

在前期深入调研的基础上，成都市青羊区自 2014 年秋季推出了“社区少年宫”儿童服务体系，全区分两批建成 14 个社区少年宫，服务学生 1532 人。目前，青羊区“社区少年宫”已覆盖 32 个社区，开设 200 余门课程，服务人数达 8000 余人，初步形成社区少年宫建设运营机制，取得了较好的效果。社区少年宫以“学校放学早、家长接送难、孩子无人管”的社会热点问题为切入点，既解决了部分小学生家长无法按时接小孩的“燃眉之急”，又解决了部分外来务工人员对子女教育的“现实之忧”。

“社区少年宫”开创了区文明办统筹协调，教育局业务指导，街道牵头负责，社区承办组织，社会力量参与，学校、社区免费提供学习活动场地，专项工作委员会监管和督导的崭新运作模式。“社区少年宫”依托青羊区较为完善的“区—街—居”三级社区教育服务体系，通过参与力量的整合、服务内容的整合、服务时间的整合，形成完善的儿童服务体系和网络，实现了未成年人思想道德教育的新突破，对深化社区现代治理、创新教育公共服务提供了鲜活的案例支撑和有益的经验启示。通过梳理和总结建设思路和模式，其中的典型经验和做法值得四川省社区儿童服务体系建设借鉴和参考。

（一）以问题为导向，注重前期调研和模式设计

前期调研。2014 年 6 月，青羊区委宣传部、文明办、教育局领导赴宁波江东区调研学习，并委托社区教育学院对青羊区一、二、三圈层 6 所小学的学生和家长的情况和需求，进行抽样调查和分析，形成初步调查报告。2014 年 8 ~ 9 月分别召开家长、学校教师座谈会和区级相关部门、试点街道、社区和学校的分管领导座谈会，听取各方推进“社区少年宫”建设的意见和建议。

制定方案。由文明办、教育局联合草拟《青羊区建设“社区少年宫”实施方案草案》意见和建议，由区领导审核后，于 2014 年 10 月正式下发《青羊区建设“社区少年宫”实施方案》。

启动试点。2014 年 9 月，青羊区文明办、区教育局联合在 5 个试点的社区分别召开了启动指导会。2014 年 10 月，正式启动第一批 5 个试点“社区少年宫”。2015 年 1 月，完善相关制度，启动第二批 9 个试点社区少年宫，实现所有街道全覆盖。并拟制定《社区少年宫建设规范》，2015 年 9 月实现所有小学所在的“社区少年宫”满覆盖。

（二）以社区为载体，确定服务内容和运营方式

1. 服务内容

周一至周五下午放学后，“社区少年宫”服务内容以学业辅导、兴趣培养、生活代管为主。节假日和寒暑假通过校内教育与校外教育相结合等方式，提供儿童社会实践、道德实践、素养提升等素质教育活动，为儿童提供

丰富多彩的服务内容。

2. 运营方式

社区少年宫管委会负责对“社区少年宫”的建设、运营、服务进行管理和监督，区级部门合作联动，提供保障、指导和督查。在具体操作层面，“社区少年宫”采用由街道办事处具体领导，社区具体主办实施的方式。“社区少年宫”主要采用了两种运营方式：一种是社区利用学校免费提供的教育教学场地和教学设施设备提供相应的服务；另一种是社区利用社区活动中心等社区场地和设施提供相应的服务。“社区少年宫”运营主体是社区，第三方教育培训机构的选定则由街道学校、社区、学校街道及家长代表组成的管委会通过公开比选确定后，由社区与第三方签订服务合作协议。

3. 低偿服务

“社区少年宫”周一到周五放学后，提供托管服务和兴趣培养课程，周末和节假日还将提供兴趣培养班和免费公益培训。收费标准由“社区少年宫管委会”与第三方协商确定。收费采取了免费服务与低偿服务结合的方式，保障“社区少年宫”的儿童服务体系的公益化属性。社区低保、伤残家庭子女完全免费，部分经社区认定的低收入家庭实行公益收费，仅支付餐费和部分托管费，即便是全额收费也大大低于市场价。

（三）以发展为目标，切实保障发展环境和要素

1. 经费保障

目前“社区少年宫”运营主要采用以下方式筹措运行经费：文明办从未成年人教育专项经费划拨社区日常工作经费；教育局协调社区内学校免费提供活动场地、教育教学设施设备等要素保障；承办社区安排一定的社区公共服务资金支持；部分服务项目通过低偿性服务收费来增强运营能力。

2. 机制保障

“社区少年宫”试点建设工作由文明办负责督查，教育局负责建立和健全项目工作机制、工作标准流程和考核评估办法，并负责落实学校场地、设施设备，街道办事处具体领导，社区具体主办实施相关服务。

3. 实施保障

各街道办事处分别成立“社区少年宫领导小组”，全面监督和管理本辖区内各承办社区的工作。承办社区建立“社区少年宫管委会”，建立社区少年宫工作制度等常规工作制度体系。引入竞争机制，加强对专业聘用机构的监督，对履约不到位的机构实行淘汰，不断提高社区少年宫的服务质量和服务水平。

参考文献

严仲连：《我国社区儿童服务的问题与对策》，《社会科学家》2016 年第 1 期。

谢维和：《教育活动的社会学分析》，教育科学出版社，2000。

张柳：《打通儿童服务最后一公里——建立专业化基层儿童服务支撑体系》，《中国妇女报》2017 年第 6 期。

尚立富：《加强西部地区大龄留守儿童教育服务体系建设》，《人民政协报》2013 年第 3 期。

顾丹霞：《关于社区儿童托管模式构建的探索》，《长沙民政职业技术学院学报》2014 年第 12 期。

王晓晨：《国内外社区的儿童教育发展研究》，《教育教法探讨与实践》2017 年第 2 期。

李智：《日本社区儿童服务的多元主体供给》，《外国中小学教育》2016 年第 9 期。

施克灿：《当今日本社区儿童教育发展的新趋向》，《学前教育研究》2003 年第 4 期。

《成都青羊区推出了“社区少年宫”探索解决孩子放学接送难》，央广网，2017 年 3 月 11 日。

《成都市教育局关于印发青羊区开展小学生放学后托管服务工作有关做法的通知》，成都市教育局网站，2016 年 3 月 28 日。

国务院：《中国儿童发展纲要（2011 ~ 2010 年）》，2011。

案 例 篇

Case Examples

B.16
灌口街道依托区域大党建深化社区微治理*

黄熹微**

摘　要： 位于都江堰市古城核心区的灌口街道，地理位置特殊，再加上近年来的城市变迁，社区治理难度大大上升。灌口街道依托区域大党建，深化社区微治理，取得了一定成果。

关键词： 四川　社区微治理　大党建

灌口街道是镶嵌在都江堰市古城核心区的璀璨宝石，紧邻世界文化遗产都江堰水利工程风景区。风景优美，素有“离堆江水接天流，满城水色半

* 感谢都江堰市灌口街道的大力支持，文中数据主要由灌口街道提供。

** 黄熹微，四川省社会科学院社会学所实习研究员，主要研究领域为社会工作。

城山”的赞誉；历史悠久，建镇历史可追溯到1600年前的南北朝时期；文化璀璨，古巴蜀文化的发祥地之一；地理位置优越，灌松茶马古道起点，历来是成都平原与西部少数民族的文化交流、感情交融、物资交易之地。目前，灌口街道下辖南桥、文庙、柳河、栏马桥等13个城市社区和1个农村社区，辖区面积共13.87平方公里，总人口5.1万人，其中流动人口3.2万人。每年都江堰都会吸引上百万游客驻足观光，灌口街道自然承担起“配套景区、留住游客”的重要功能。特殊地理位置和近年来的城市变迁，使不同功能、不同诉求在这里交织、碰撞，大大增加了灌口街道社区治理的难度：灌口街道有格调优雅的高档小区，也有陈旧不堪的老旧院落；有店铺林立的商业区，也有低矮阴暗的棚户区；有川流不息的八方游客，也有沿街为市的流动小贩，又是回族群众生活聚居区和宗教活动区。从2015年开始，灌口街道党工委按照都江堰市建设现代治理先进城市的工作部署，以党建融入破题，依托区域大党建，不断创新、深化社区治理，被评为都江堰市深化“一核多元、合作共治”党建引领基层治理创新先进党组织。

一　开展区域大党建，引导多元主体融入社区治理

加强和完善城乡社区治理，必须坚持党的领导，充分发挥党组织在社区治理中的核心引领作用。都江堰市灌口街道为加强社区党组织建设，提高社区党员服务水平，大力实施了以培育社区好班子、增强社区凝聚力为主要内容的固本强基工程，从秩序最差、居民投诉最多、矛盾最大的社区入手，调整社区党总支书记，持续开展党员亮身份、党员公益岗位认领等活动，组建“党团110”，在“零距离”服务中增强党组织的核心凝聚力，并取得显著成效，为着力形成街道社区党建、驻区单位党建、非公有制经济组织和社会组织党建不断融合的城市基层党建新格局打下坚实基础，为各类社会主体融入社区提供平台、路径。

（一）街道社区党建引领

为破解老旧院落治理难问题，灌口街道以院落为自治单位，切实推进

"小单元"治理，成立院落党小组，公开楼栋党员的信息和服务承诺，组织党员认领公益岗位，对支部和党员进行分类量化考评，激发党组织和党员示范引领作用，让党组织"一插到底"，构建社区党组织—院落党组织—楼栋党组织三级组织网络。在院落党小组的领导下，形成由院落党小组提议、居民代表会议决定、院落管委会实行、院落监事会监督的议事流程，搭建居民社区参与平台。从院落（小区）环境整治、院落改造、物业服务和管理等与群众生活密切相关的事务入手，吸引居民参与，激发居民参与院落（小区）事务的活力。引导热心志愿者成立社区志愿者组织，搭建公益项目管理平台，创新志愿者参与形式，通过表彰志愿者、兑换积分等方式激发志愿者参与社区公益事业的热情。

（二）驻区单位党建融合工作

在过去的社区治理中，社区与驻区单位的关系松散，缺少联结机制和合作渠道，形式单一，资源难共享。按照党中央要求，灌口街道率先发展了传统社区"党支部书记＋副书记＋委员"的党组织建构，在驻区单位的党员同志中，选举了两位兼职副书记和四位兼职委员，加强社区与驻区单位间的交流。辖区各单位也各展所长，整合调动资源，让群众得到更多、更全面的服务。2016 年，在灌口街道党工委的领导下，由社区党总支搭建党员志愿服务平台，发动企事业单位、商家群众共同和社区一起开展慰问孤寡老人、帮助苦难儿童、金融知识进社区等活动。2017 年，在社区党组织的倡导下，经社会组织谋划，辖区内事业单位和商家联合为居民举办了一场别开生面的运动会，既丰富居民的文化生活，又增强了党组织凝聚力。

（三）非公有制经济组织党建融合工作

灌口街道紧靠都江堰核心景区，配套有特色商业步行街、啤酒长廊等景区基础设施。据统计，目前灌口街道共有注册企业 841 家，个体工商业主 4673 户。近年来，灌口街道为实现景城一体、商住共融的目标，积极推动商家业主产品和服务的提档升级。在具体工作中，由于产业升级与实现利益的矛盾，部分商家意见较大，针对这一问题，灌口街道抓住区域大党建机会，采取“党组织+商（协）会”形式，发动商家业主成立行业协会，通过平等协商，党员一对一宣传引导，争取多数商家的理解，破解产业调整提升难题。同时，推选热心公益、责任心强的商业店主组成委员会，建章立制，定期召开联席会议，定期巡视、整顿、监督、考核协会工作，引导商家自我管理、自我教育、自我约束、自我服务。同时，由街道党工委每年评选一名表现较好的商户，授予“市容示范店”荣誉称号，并给予奖励，鼓励商家参与社区治理，社区党员整合资源，解决暴露的问题，取得良好成效。

（四）社会组织党建融合工作

社会组织是社区协同治理的重要力量，针对辖区内本土社会组织和社区社会组织发展不充分的情况，灌口街道党工委充分挖掘社会资源，引导热心公益、号召力强、思想素质高的群众发起成立了“柳河之家”社会治理服务中心、西川城市治理协会和紫东城市治理协会三个“草根”社会组织，打造了以党员服务队为核心的党员服务网、以文化表演队为骨干的惠民服务网和以群众志愿者为骨干的群众工作网。成员人数已经从最初的46名迅速增加到1000余名，在成都市世界文化遗产、世界自然遗产马拉松赛和全国文明城市创建工作中发挥了积极作用。

二　深化微治理，撬动社区不断创新

2015年，党的十八届五中全会在北京胜利召开，大会强调要“推进社会治理精细化，构筑全民共建共享的社会治理格局”[①]。社区是社会治理的

① 资料来源：http：//www. mzyfz. com/cms/benwangzhuanfang/xinwenzhongxin/zuixinbaodao/html/1040/2015－11－12/content－1159616. html。

单元，灌口街道从社区微治理开始，夯实社会治理精细化治理基础，走出了属于自己的创新之路。

（一）推进社区“微权力”治理工作

居民支持是社区治理不断发展的动力源泉，灌口街道把赢得群众满意作为“微权力”治理的着眼点和落脚点，组织班子成员、驻社区干部及社区两委干部深入小区、院落，通过召开院坝会、入户走访等方式，广泛收集居民意见建议，筛查了“小金库”设立、高龄补贴发放、资产处置、优亲厚友等群众高度关注的问题，并纳入重点事项进行管理。制定社区干部“微权力”清单样表，经过社区“两委”讨论、对口科室指导、党员大会研究，确定清单内容，按照权责轻重、风险高低，制定分类防控措施。对社区自由决策权大、违纪风险高、危害严重的集体资产处置、工程项目发包等重大事项，实行“三步议事四方监督”工作法①，确保权力规范运行，阳光运行。

（二）打通社区微治理路径

为促进居民志愿者活动的顺利开展，提高志愿活动的效率，灌口街道制订了“互联网 + 志愿者”行动计划，推出具有在线登记注册、查询信息、认领服务、审核认证等功能的手机 APP，通过手机、网络等数字化媒体搭建“项目收集”“积分管理”“群众点单”平台，将城市管理、健康义诊、儿童托管、老年陪伴、文明劝导等活动纳入志愿服务范围，定期收集居民日常需求和服务认定情况，并以积分制的方式存入居民户头，激发了志愿者累积分、晒公益的热情。为解决居民“买菜难、买菜贵”的问题，2017 年，灌口街道还采取“社区引导、企业运作”的模式，把周边区、市、县的专业合作社联动起来，通过定点配送的方式，服务有困难的居民。在棚户区改造

① “三步议事四方监督”中，三步议事是指对纳入社区重大决策范围内的事项，按照提议、审议、商议三个步骤进行决策，并详细、严格记录议事流程和内容；四方监督是指社区纪检委员监督、街道业务科室监督、社区居民监督和社区律师监督。

中，灌口街道引导拆迁居民成立“自改委”，充分发挥居民的主体作用，有效化解社会矛盾，维持社会稳定。

（三）大力开展社区微服务

针对辖区内群众层次多、需求多元化的现实状况，灌口街道率先在条件成熟、硬件具备、居民需求强烈的社区试点，以社区组织活动场所为平台，实行“8 小时 +”延时便民服务，把社区干部、志愿者的服务时间与居民作息时间进行有机衔接，打造“全天候、全方位、全覆盖”的“不关门社区”。为了满足社区居民对文化娱乐服务的需求，柳河社区专门邀请持有专业技能的志愿者教授书法、油画、剪纸等课程。瑞莲社区根据辖区老年人口较多的特点，为居民代缴水电气费和话费，打通了服务群众的“最后一公里”。同时，灌口街道还探索性实施了由社区干部担任“民事快递员”的“民事快递”工程，为群众代办计生、户口等各方面事务，靠细化服务内容、延长服务时间，赢得社区居民的理解和支持。

在灌口街道党工委的领导和社会各类主体的积极参与下，都江堰市灌口街道社区治理取得良好成效。第一，巩固了基层党组织的核心领导地位，从严治党，大大减少了过去纪律松散、决策随意、执行不力的现象。树立社区意识，转变了社区党员干部的思想观念和工作方式，先后完成棚户区改造 3000 余户，古城区环境整治取得明显成效。驻区单位、非公有制经济和社会组织党建工作不断推进和完善，区域大党建格局已经形成。柳河社区党总支、伏龙社区党总支、紫东社区党总支、南桥社区党总支、“柳河之家社会治理服务中心”党支部分别获评都江堰市和成都市先进基层党组织，街道党工委获评全省先进基层党组织。第二，获得居民信赖，社区凝聚力显著提高。在棚户区改造、古城治理和社区治理等工作中，广大居民积极响应组织号召，成立“自改委”，成立专业志愿者组织，并在志愿组织中成立党支部，让志愿者由过去的“散兵游勇”转变为如今城市治理的“生力军”。志愿服务积分制的实行，有效培育、维系着居民志愿服务的热情，促使社区志愿服务走向常态，大大提高了居民的社区认同感。第三，深化社区微治理，社区治理水平跨越式发展。灌口街道扎实开展居民社区工作，深入居民生活、了解居民所思所想，对社区服务进行细化、分类，针对不同人群需要制定服务项目，创新社区治理路径，利用互联网技术，提高服务的便捷性，解决居民实际困难。灌口街道正在成为和谐美丽新家园。

B.17

草堂路社区引入专业社会工作助力社区治理*

黄熹微**

摘　要： 地处成都市中心城区的草堂路社区面临居民间贫富差异大、需求多元化等突出问题，创新地引入了社会工作专业人才和方法，从居民问需开始，提供精准服务，提升了居民的生活品质。

关键词： 四川　社区治理　专业社会工作

草堂路社区隶属四川省成都市青羊区草堂路街道，地处城市中心，辖区内资源丰富，既有旅游胜地杜甫草堂，也有成都市最大的生态公园——浣花溪公园，更有四川省博物馆、蜀锦织绣博物馆和草堂小学等驻区文博、教育单位。面积1.19平方公里，分布有28个院落，常住居民2744户（8800余人）。党的十九大后，中国特色社会主义建设进入新时代，社会主要矛盾已经转化为人民日益增长的美好生活需要和不平衡不充分的发展之间的矛盾[①]，草堂路社区也面临居民间贫富差距大、需求多元化等突出问题。由于政府普惠性政策帮扶不能全面覆盖边缘困难群体，也无法满足社区居民在自我发展和实现自我价值等方面的精神文化需求，为提高社区治理和社区服务

---

* 感谢青羊区草堂路街道、社区支持。

** 黄熹微，四川省社会科学院社会学所实习研究员，主要研究领域为社会工作。

① 资料来源：www.china.com.cn/cppcc/2017-10/18/content_41752399.htm。

水平，草堂路社区主动引入社会工作专业人才和方法，从居民问需开始，提供专业、精准的服务，提升居民生活品质，促进社区自治，积极推动建立政府救助类公共服务与专业化、社会化关爱援助服务相结合的社会救助服务模式。

一　培育社区社会工作专业化人才队伍

社会工作人才队伍建设是发展社会工作的前提和保障，实践证明，社区中的持证社会工作者有其发挥专业社会工作者作用的特殊优势。在中国社区建设重点推进“三社联动”的大环境下，草堂路社区首先从自身工作队伍着手，购买专业社会组织服务，对社区工作人员进行培训，鼓励社区工作人员考取社会工作职业资格证，优化人才队伍结构，提升专业化水平。目前，草堂路社区12名工作人员全部取得了社会工作职业资格证。随后，社区又进一步根据工作人员的专长和特点，将工作人员分为3个社工小组，各自负责不同方面的工作，工作成效明显，充分发挥了社区“全员社工”的优势，引进专业社会组织、孵化培育社区自组织，设立了“草堂好学员民生基金”，开展日间托老、青少年教育、亲子成长等项目，形成了多元化、多层次的专业服务体系，仅2017年就安排了6次自治组织能力提升专题培训活动，分别就参与式院落管理、需求收集与议案提出、居民发动与居民参与等方面进行培训，不仅培养了居民参与社区自治的能力，而且提升了院落自治组织在院落管理方面能力和效率，为孵化未来的社区自组织打下了良好基础。为确保社区社会工作者们充分发挥作用，提升每位工作人员独当一面的工作能力和社会工作专业能力，社区又多次安排在职培训，建立专业督导制度，完善社区社工激励机制，确保社区社会工作者专业作用的发挥。

二　引入专业社会工作服务组织

通过政府购买服务的方式，草堂路社区引入专业社会工作组织，探索居民需求，为居民提供有针对性的服务，其中“‘种花家’亲子教育”已经成为颇具影响力的品牌项目。青少年是花朵，父母就是种花的人，“种花家”项目旨在为社区里的父母和孩子提供一个共同成长的平台，帮助少年儿童健康成长。充分应用和体现了社会工作的专业理念，“种花家”不仅为家长们提供知识分享、情感支持，而且为少年儿童提供成长发展体验式课程。在社区的协助下，专业社会组织链接资源，邀请各领域专业人士与家长们分享新知识、新方法，帮助家长们改变原有的不恰当育儿方式和观念，促进家长们形成并适应新观念，改善亲子关系；寻找怀有相似问题的家长，组建起成长小组，通过小组成员的互动互助，鼓励成员分享经验，共同成长。“种花家”还根据不同年龄阶段少年儿童的不同需求，打造了一系列成长发展体验式课程，例如通过开放的头脑风暴讨论，鼓励孩子们设计自己想做的公益项目，由专业社工和家长协助完善项目计划，最终项目由社区自主成立的儿童志愿者服务队与活动中凸显的“小小领袖”在家长协助下共同实施。

三　开展专业社会工作项目

草堂路社区链接各方资源，针对居民的各种需求开展了专业社会工作项目，例如“行知学堂”就是社区在精品社区教育工作站的基础上，发动居民力量开办的高质量社区文化教育平台。社区细摸居民需求，根据开设课程内容的不同需求和不同生源受众，统筹了辖区内外资源，为“行知学堂”组建了川大志愿者服务队、辖区社会组织服务队、辖区退休老教师服务队三支储备教师队伍，形成了扎实的教师资源，可以应对多元化的居民需求。每学期开设三门基础课，以居民自主投票为开课依据，不受居民欢迎的课程将被淘汰，更打破了在教室里端坐上课的传统模式，根据不同课堂内容可灵活安排上课地点和形式，受到居民欢迎。为了引导居民逐步树立社会责任感，学堂还建立了“草堂好学员民生基金”。学堂的所有在册学员根据自己的成绩表现有相应积分额度，既可以自行在爱心超市兑换等值实物，又可以转换为等值资金存入“草堂好学员民生基金”。基金账户上每一笔资金都以学员个人名义存取，仅能用于帮扶孤寡、救助贫困等社区民生事项，并且学员本人可直接参与监督资金的使用过程。

四　培育草根社会组织

草堂路社区地处浣花风景区核心区域，历史文化底蕴深厚，但其文博资源和文化影响始终没有得到充分利用，居民活动以往基本处于“坝坝舞”的萌芽状态。社区结合辖区独特的文化资源，大力开展“草堂守望”活动，以志愿者和退休教师为师资主体，引导居民积极分子共同开办了“社区微党校”“社区行知学堂”，开设书法、音乐、摄影等文化课程，丰富辖区居民文化生活；联合四川省收藏家协会，开设“文博草堂民间收藏”“流动红色讲堂”等特色课程，传承红色历史文化，未来有望发展出更严密的组织形式。社区把感兴趣的积极居民与各领域专家联合在一起，实施了“一画一绣一诵”文化项目，举办“乐活成都·绘草堂”“非遗传承·蜀锦绣”“文博草堂·诵诗歌”等活动，深入挖掘中华优秀传统文化蕴含，发展传承天府文化，打造特色鲜明的文化品牌，让高雅的文化生活成为居民放松心情、温润心灵的“润滑剂”和“减压阀”。

草堂路社区在专业社会工作介入社区工作的探索道路上走出了极富前景的一步。社区工作者队伍社会工作的专业化解决了当下社区缺乏社会工作专业人才的问题，更为以后的服务打好了人才基础；引入专业社会工作组织不仅在当下为居民提供了专业精密的服务，而且促成了社区工作的专业化格局；孵育社区居民自组织和培养居民自治能力的作用则具有更强的前瞻性，是未来进一步引导居民作为主体之一参与社区治理的充要条件。这套步步紧扣、严丝合缝的工作计划势必将极大助力草堂路社区的下一步发展，也为其他社区探索专业社会工作介入社区工作提供一条思路。

B.18

玉林街道黉门街社区打造多元服务体系社区治理*

黄熹微**

摘　要： 坐拥独特的区位优势，玉林街道黉门街社区缺乏多元化的资金投入机制，建设资金投入与居民需求发展不平衡。为了破解困境，黉门街社区从增强政治功能和服务功能入手，打造了多元服务体系，取得了可喜成效。

关键词： 四川　社区治理　案例

黉门街社区隶属四川省成都市武侯区玉林街道，位于城南锦江河畔华西坝。东以人民南路三段为界、南以电信南街为界、西以浆洗街为界、北以临江西路为界。黉门也被称为“学宫大门”，从后汉时期起就有“身入黉门，天子门生”的说法，社区历史文化悠久、积淀厚重，有张爷庙、放生池、坛神巷、金沙寺、桓侯巷和小天竺街等多处历史文化遗迹。社区地处成都市中轴线，区位优势明显，是全市“两轴四片”中央商务区的中心区域、发展总部经济和打造高端商务楼宇的绝佳区域、成都医学发源地核心区域，集聚了四川大学华西医院、华西附二院、华西附四院、华西口腔医院等4所三级甲等医院和众多医疗体。人口稠密，面积0.7平方公里，总人口达1.8万余人，常住居民6328户，现有党员201人、“两委”班子成员共9人，下设

* 感谢武侯区玉林街道、黉门街社区支持。

** 黄熹微，四川省社会科学院社会学所实习研究员，主要研究领域为社会工作。

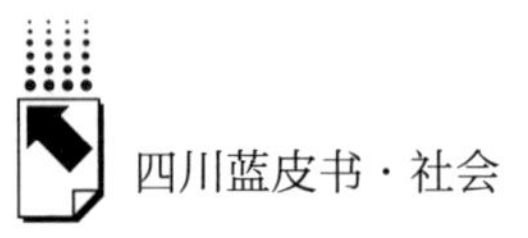

5个党支部、4个网格片区、7个居民自治管理小组、4个民情专递员、3个廉情监督员。

正如当下大多数社区一样，一方面，簧门街社区缺乏多元化的资金投入机制，缺少财政拨款以外的其他经济来源，自身缺乏经营社区的能力，大部分资金来源于政府下拨的办公经费、各种活动创建经费、评比奖金等，建设资金投入与居民需求发展不平衡。另一方面，向居民提供社区服务是社区的重要职能，但由于社区工作负担重，工作人员人数、精力十分有限，工作资金匮乏，居民很难从社区层面获得直接的服务和帮助。无论是实现国家治理要求还是满足社区现实需要，单靠基层居民自治组织或政府都无法有效满足居民需求。近年来，簧门街社区积极落实党中央政策，在街道党工委的领导下，创新工作思路，建立了一套包含居委会及居民、政府、社会组织、企业、驻区单位、义工等在内的多元治理体系。为了破解困境，簧门街社区从增强政治功能和服务功能入手，以加强基层服务型党组织建设为抓手，切实把工作重心转移到服务上来，坚持民心在基层聚集、资源在基层整合、问题在基层解决、服务在基层拓展，在创新探索由社区管理向社区发展治理转型历程中取得了可喜成效、明显增强了基层党组织的群众组织力。

一　实际问需，熟知居民需求

社区以“簧门问需日”“社区大管家”为活动载体，广泛收集、梳理居民群众诉求，建立了相应台账；利用微信、微博等新兴网络媒体和“民情日记”，收集记录居民需求和生活中关心的重点及难点问题。将社区划分为若干细分的网格，社区“两委”分片包干，每天进院入户，与居民面对面交流。社区大力缩减了自身办公空间，以高标准建设、打造了“簧门对家门”便民生活体验中心，旨在构建社区与居民的互动沟通平台，实现了“走得进来，坐得下来，留得下来”。

二　搭建平台，以党建带群建

实行志愿服务积分制，激发、维系社区志愿者的服务热情，从而形成常态长效志愿服务激励机制。以党建带群团组织，充分整合资源、拓展服务方式，形成党建带动、多元参与的便民服务平台。以大群团工作落地下沉为重点，整合工青妇残科等群团组织力量，以社区“党团员志愿服务站”为载体，引入各类志愿服务团队，采取“项目制”“组团式”等方式，为居民群众提供专业化、个性化、常态化的志愿服务。

三　创新实践，建立服务体系

社区以信息平台公司、社会组织参与的全新模式进行市场化运行，整合辖区便民生活缴费、房屋出租、水电维修等各类商业资源，同时引进“菜宅送”“微医”“万科养老”等各类商家和社会组织150余个，实现“一键式”上门服务，对服务载体实现了创新。依托便民服务平台，搭建了“嗨社区”服务APP，将“区域+外域商家”聚集到该平台，供居民在线选择所需服务，形成“线上商务互动面对面，线下商品服务门对门”的便民消费服务模式①。在社区便民综合服务中心设立便民服务自助亭、便民综合服务体验区、便民自助健康检测三个功能区②，使中心成为居民线下体验、线上服务的场所。为了使不同年龄阶段的居民都能操作使用，“黉门对家门”一体化信息系统可以通过手机APP触摸自动终端、家庭电脑、广播电视网络等形式使用，实现了WiFi的扁平化全覆盖。社区还在不同类型院落设立“便民综合服务站”，引入了多功能服务终端机、“速递易”投递柜、“e菜市”冷鲜柜、“享修”服务终端等服务设施，并联合区域内“锦园养老照

① 资料来源：www. cncn. org. cn/content/2017 -03/148945438932252. html。

② 资料来源：www. cncn. org. cn/content/2017 -03/148945438932252. html。

护”“社区卫生服务中心”“红旗连锁”等服务机构开展合作，突出便捷、便利，持续孵化多项居民生活特色服务，让社区居民足不出户即可享受周边的各类商业服务，让居民“用起来、动起来、活起来”，改变百姓的生活方式。

四 多元参与，丰富服务内容

社区以社会组织为形态成立了居民—商家便民生活产业联盟，让居民、第三方服务提供者、社区共同成为主角，推行服务项目、服务过程、服务评价的“三公开”。在季度联席会上，就商品、服务、质量、价格问题进行沟通交流，并反馈到平台公司，提升品质，完善服务。建立“居民商家微信群”，动态发布商品、服务、用工建议和评价信息。社区还利用社区志愿服务站，在已有的13支志愿服务队伍和883名志愿者的基础上，发展第三方服务提供者成为志愿者，开展志愿服务活动。例如“向日葵家庭服务计划”发挥跨行业优势，开展护工培训、月嫂培训，为居民提供“公益+社会化”的家政和母婴服务。平台中开展的“众慧健康”1元=40分钟理疗，推拿服务以及“158”餐点，每天为低保居民提供免费早点供应，对弱势群体、边缘人群开展专业化、常态化、全覆盖、点对点的特色服务。

与大部分社区相比，簧门街社区的资源相当丰富。社区工作推进到现阶段，如何挖掘、整合、利用资源为社区服务，簧门街社区的做法具有较高的借鉴意义。牢牢把握社区治理的核心理念，以居民为治理主体，引导其参与治理过程，从而把多元化服务体系建立起来。阶段性的治理成果也使社区居民受益，让其看到希望与前景，激发其参与社区治理的积极性，形成良性循环。在此基础上，社区以新媒体手段进一步汇聚多种资源，深入摸清居民需求，一步步丰富服务内容。

B.19

玉泉街道巴关河社区破解老旧工矿小区治理难题*

黄熹微**

摘　要： 位于攀枝花市的巴关河社区内居民大多为改制企业和攀煤矿区的职工及其家属，巴关河社区属于典型的工矿小区。近年来，巴关河社区力求贴合居民需求，从老年、青壮年、少儿三方面入手，为居民打造幸福家园。

关键词： 四川　社区治理　案例

巴关河社区位于攀枝花市西区玉泉街道办事处西南部，东起动力站大桥，西至沿江法拉大桥，主干道陶家渡东路贯穿辖区，总面积1.8平方公里。辖区内有常住人口2697户（6856人），企事业单位12家。辖区内居民大多为改制企业和攀煤矿区的职工及其家属，总体经济收入偏低、家庭负担较重、生活条件较差，属于典型的工矿小区。近年来，巴关河社区把“居民的需求就是服务方向”定为工作宗旨，以“三链一坊”为主题，贴合居民需求，突出社区特色，营造和谐氛围，协同辖区党员群众共同朝“三好三宜”目标努力，建设“老年生活好、青壮工作好、少儿成长好”的“宜居、宜业、宜学”幸福家园。

---

* 感谢攀枝花市西区玉泉街道、巴关河社区社区支持。

** 黄熹微，四川省社会科学院社会学所实习研究员，主要研究领域为社会工作。

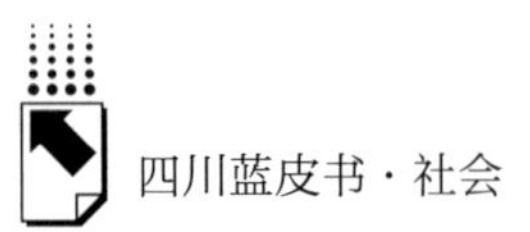

一 老年生活好，建立“全照—日照—居家”养老服务链

巴关河社区老龄化程度相当严重，辖区 60 岁以上的老年人，有 2800 余人，占总人口的 41.1%。针对老年人“出门一把锁、进门一盏灯”的孤独生活现状，社区努力构建完备的社会化养老服务体系。巴关河社区内的大多数老年人均属出生于六七十年代的“老三线”建设者，普遍身体素质差，体弱多病。其子女也往往正处在由中年向老年过渡的阶段，有的人既要上班、照顾自己的子女，还要照顾父母，家庭负担非常重。

巴关河社区的地理位置和历史背景决定了辖区基础设施相对老旧，相应养老机构缺位。为了进一步减轻辖区居民家庭负担，让“老三线”建设者们，在奉献青春之后，可以安享晚年幸福生活，社区根据老人需求，建构、提供了“全照、日照、居家”一条链服务。

一是破解困局，政府筹资建设养老服务场所。2009 年底，巴关河社区干部还挤在一个只有 40 平方米的破旧平房里办公，被称为攀枝花市办公条件最差的社区之一。2010 年，西区区委、区政府高度重视，加大社区建设和养老服务社会化工作的力度，通过政府协调，陆续投入资金 70 余万元，将企业闲置的垃圾收购站，进行了全面维修改造，打造古色古香的“四合院”式养老服务中心，将社区建成以社会化养老服务为重点的新型社区。建立照料室 7 间，设置 18 张床位；设置棋牌室、阅览室、康复健身室、老年学校等养老服务功能室。配置配齐音响、电视、电脑、象棋、空调、康复器械等供老年人学习娱乐、休闲生活、健身康复所用的设施设备。为保证老年人安全，社区对老年人活动区域进行了无障碍改造，安装扶栏，铺设防滑毯，配置呼叫器，安装电子监控仪。同时，服务中心以社区为依托，与周边体育场所、健身路径相呼应，让老人在社区安享晚年，健康生活。

二是拓宽渠道，提供完备的养老服务项目。社区成立养老服务公司，通过政府建设、市场化运作的方式，常年为老年人提供功能齐备、管理规范、服务周到的康复、娱乐、就餐、居住环境。从 2010 年开始建设，到 2018 年社区共接收“全照”老人48名，为300余名老人提供“日照”服务。社区组建养老服务队，为行动不便的老人提供居家生活照料；开展“党员认亲”活动，组织党员志愿者与空巢老人“结亲”，以“儿女”身份为他们带去精神的慰藉，实现老有所养。发挥与社区卫生服务中心毗邻的优势，成立社区老年医疗服务中心，开辟老年就医绿色通道，配备22名专职医疗护理人员，提供无偿或低偿的医疗、康复、护理、保健服务，实现老有所医。辖区汤文华是一位80多岁的空巢老人，身体较差，社区坚持每天给她打个电话，确保她在生病或发生特殊情况的时候，能得到及时的帮助。2018年3月26日，社区在通话时，感觉老人语气很弱，通过仔细询问，了解到汤奶奶已经拉肚1个星期，为了省钱随便在外开了点药，没去医院。社区干部听到后，立即找车，将汤奶奶送到了医院，并为其支付了相关门诊费用。经过检查，汤奶奶患了比较严重的肠炎，必须住院，社区立即与其子女联系，等汤奶奶的子女赶到后，方才安心离开医院。

二　青壮工作好，建立“培训—销售—帮扶”就业服务链

结合辖区企业效益下滑、失业人员增多的现实，社区创办“居家就业工作站”，搭建“教、售、帮”三个平台，竭尽所能帮助下岗失业人员重新就业。积极挖掘辖区有一技之长的手工能手，建立居家就业能源库，邀请串珠、剪纸、针织等手工老师，根据居民需求，开展培训，组织失业人员开展手工制作。

同时，社区采取“线上”和“线下”两种方式，开辟手工作品销售渠道。“线上”借助网络手段，建立手机“微店”和互联网淘宝e家；“线下”通过社区定期组织现场义卖等方式，多渠道销售手工艺品。建立社区就业QQ群、微信群，及时发布招聘信息，了解居民就业需求。2018年2月20日，一位居民通过社区QQ群，向社区反映想学习一下办公软件操作，希望社区可以举办1期电脑培训班。社区立即同意，借助社区电子阅览室，开办培训班。没有老师，社区干部自己当老师，免费为12名失业人员进行电脑

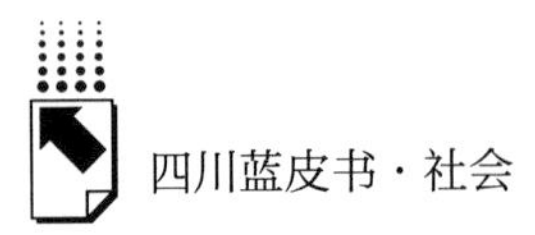

培训。社区干部虽不专业，但尽力将自己所会的办公软件操作技能全部教给参训人员。

三 少儿学习好，建立“家庭教育一学校教育一社区教育”少教服务链

巴关河辖区内的“双职工”家庭较多，为填补孩子下午放学后无人管理的空白，社区利用现有的活动场地和功能室，开办“五点钟课堂”，每周一至周五 17:00～18:30，免费为 16 岁以下的青少年及儿童提供功课辅导、亲子乐园、科技创新、团体游戏等服务，减轻家长的负担。

在寒暑假期间举办“假期课堂”和家庭教育培训班，将每个星期五定为“社会实践日”，组织假期学生开展“五个一”活动，即读一本好书、唱一首好歌、交一名好友、做一份手工、办一件好事活动，让青少年假日生活有方向、有目标、有内容、有意义。将社区养老院，建成青少年“敬老尊孝”教育基地，定期组织学生到社区养老院开展义务劳动，与入住老人交心谈心，为老人送去童歌童舞，带去欢乐。

四 建立爱心创意坊，打造精神文化高地

在 20 世纪 90 年代以前，辖区国有企业依赖于煤矿，效益非常好，企业的文化活动也丰富多彩，但随着市场变革，企业效益下降，文体娱乐活动也逐渐停歇下来。为进一步丰富辖区居民的精神文化生活，社区结合创建全国文明城市的需要和居民需求，创新思路打造爱心创意坊，设置民俗手工屋、儿童智慧屋、科技创意屋和成果展示屋。携手市三十八中小学师生、携手辖区机械加工企业和辖区手工爱好者，经常性开展社会化科普创新实践活动和群众民俗手工制作活动，不断提高社区居民尤其是辖区残疾人、老年人动手实践活动的参与度，培养公众对手工实践及科技创新等方面的兴趣。2018 年，社区集中开展手工制作活动 6 次，招收民俗手工学员 35 名，制作串珠、

剪纸等手工成品50余件。社区开展了两次义卖、代销活动，对手工成品进行了低价拍卖，拍卖所得的90%支付制作者的手工费用，10%作为手工坊爱心基金，用于辖区困难群众、特殊人群的临时性救助。同时，社区成立乐器、舞蹈等文体队伍，平时文体爱好者自娱自乐、排练节目、锻炼身体。节假日，社区搭建舞台，举办迎新春、庆国庆、庆重阳等文艺演出活动，既给文体爱好者提供展示的舞台，又丰富辖区居民的文化娱乐生活，营造温馨和谐的生活、居住环境。

不同于本书中的其他案例，巴关河社区地处极富代表性的工矿小区，其原生治理难题与一般社区不同。想要解决这里的难题，做好社区治理工作，不动脑筋地单靠复制成功社区案例显然是行不通的。一面秉持“居民的需求就是服务的方向”宗旨，一面发掘、动员各方资源实实在在地向满足居民需求的方向努力，正是巴关河社区取得丰收果实的原因。

附　　录

Appendix

B.20
2000 ~2017年社区治理大事记

黄熹微*

2000 年 10 月 9 日　民政部向党中央、国务院上报了《关于在全国推进城市社区建设的意见》。该《意见》对前期社区建设探索经验进行了总结，明确了社区建设的指导思想、基本原则、主要任务和目标任务，在促进城市社区建设各项工作的开展、加强城市社区组织和队伍建设、推进城市社区建设的整体合力等方面提出了具体的措施和工作要求。该《意见》标志着社区建设活动由点位实验转向全面推进的重大变化节点。

2001 年 7 月　为了贯彻落实《关于转发〈民政部关于在全国推进城市社区建设的意见〉的通知》（中办发〔2000〕23 号）和《国民经济和社会发展第十个五年计划纲要》精神，民政部发布了《全国城市社区建设示范活动指导纲要》及《全国社区建设示范城基本标准》，决定从 2001 年开始，

* 黄熹微，四川省社会科学院社会学所实习研究员。

各省、自治区、直辖市选择一些基础比较好的大中城市和市辖区作为示范单位，有组织、有计划、有步骤地开展社区建设示范活动，创建具有榜样和示范作用的先进典型，进一步摸索城市社区建设的经验和方法，充分发挥典型引路、以点带面的作用，推动和促进全国社区建设不断向广度和深度发展。

2002 年　自党的十六大伊始，政府开始经历“第二次职能转变”[①]，越来越趋向居于掌舵者角色，执政理念逐步由管理向治理转变，为社区治理奠定了坚实的合理基础。在党的十六大报告中更是明确提出了要“完成城市居民自治，建设管理有序、文明祥和的新型社区”。

2003 年　民政部副部长李学举[②]提出了“一手抓推进，一手抓研究”的重要工作思路，为民政系统的社区治理工作指明了四个主要方面：继续落实中办发〔2000〕23 号文件精神，深入开展示范活动；强化队伍建设，提高社区工作者的整体素质；加快社区服务业发展，推动社区再就业；加强社区法律制度建设，加快修改《居委会组织法》。

2004 年　党的十六届四中全会提出要“加强社会建设和管理，推进社会管理体制创新”。为了适应农村发展的新形势，进一步推进农村社会主义物质文明、政治文明、精神文明协调发展，印发了《中共中央办公厅　国务院办公厅关于健全和完善村务公开和民主管理制度的意见》（中办发〔2004〕17 号），不仅指出了村务公开和民主管理工作的重大意义，还从健全村务公开制度、规范民主决策机制、完善民主管理制度、强化村务管理的监督制约机制、加强对村务公开和民主管理工作的领导六个方面做出了具体的工作要求。

2005 年 8 月　李学举在全国社区建设工作会议上作了《建设和谐社区，为构建和谐社会奠定基础》的讲话，总结了全面推进社区建设五年来取得的进展状况，并提出了建设和谐社区的指导原则和主要任务。

2006 年 5 月　《国务院关于加强和改进社区服务工作的意见》（国发

① 崔永红：《国外社区治理成功经验研究》，《湘潮月刊》2013 年第 3 期。

② 李学举：《社区建设要坚持一手抓推进一手抓研究》，《社区》2001 年第 12 期。

〔2006〕14号）正式发布，意见强调要逐步建立与社会主义市场经济体制相适应的社区服务体系，争取做到覆盖社区全体成员、服务主体多元、服务功能完善、服务质量和管理水平较高，努力实现社区居民困有所助、难有所帮、需有所应。9月，民政部下发了《关于做好农村社区建设试点工作推进社会主义新农村建设的通知》（民函〔2006〕288号），通知中做出了“在全国有条件的地区开展农村社区建设的研究探索和试点工作”的相应工作安排。10月，党的十六届六中全会《关于构建社会主义和谐社会若干重要问题的决定》首次完整提出了“农村社区建设”的概念，把农村社区的建设置于与城市社区建设同等的位置，要求在社区建设领域要实现城乡统筹发展。

2007年 党的十七大报告不仅提出要把社区建设成为“管理有序、服务完善、文明祥和的社会生活共同体”，还明确提出“要健全党委领导、政府负责、社会协同、公众参与的社会管理格局”。这意味着国家既要实施政府管理，又要推动治理体系，实现“善政”与“善治”的双管齐下。这种新的政府管理体制模式，契合了构建社会主义和谐社会的理念，把“共建、共享”置于新时期中国共产党执政思路的核心位置①。

2008年10月 在党的十七届三中全会上，胡锦涛提出要“完善农村社会管理体制机制，加强农村社区建设，保持农村社会和谐稳定”。民政部下发了《关于切实做好全国和谐社区建设示范单位命名表彰工作的通知》（民发〔2008〕142号），并出台了《全国和谐社区建设示范单位指导标准（试行）》，在试行标准中从经济社会发展又好又快、组织领导坚强有力、部门职责落实到位、保障措施健全完善、工作指导扎实有力、管理服务优质高效、社会参与广泛有序等方面分门别类对示范单位的指导标准进行了细化。

2009年 《政府工作报告》中提出要统筹推进城乡社区建设，促进城乡基本公共服务均等化。民政部下发《关于开展“农村社区建设实验全覆

① 吕朝辉：《社会主义和谐社会的政府治理模式研究——兼论党委领导、政府负责、社会协同、公众参与的治理模式》，云南大学硕士学位论文，2009。

盖”创建活动的通知》（民发〔2009〕27号），通知中明确了创建标准、工作要求，提出了保障措施，促使农村社区建设试点工作在全国广泛推开。

2010年 距离以中办发〔2000〕23号文件为标志的全面城市社区建设已走过了十年的探索与研究。11月，中共中央办公厅、国务院办公厅联合下发的《关于加强和改进城市社区居民委员会建设工作的意见》（中办发〔2010〕27号），总结了前期社区建设实践探索过程中出现的若干问题，提出加强社区居委会工作的意见，成为下一步社区建设的政策助推。

2011年 民政部公布了《民政部关于命名河北省赵县等26个县（市、区）为“全国农村社区建设实验全覆盖示范单位”的决定》（民发〔2011〕140号），此次“农村社区建设实验全覆盖”创建活动使得农村社区建设的覆盖面和受益面逐步扩大，为促进城乡基本公共服务均等化、保障亿万农民分享改革发展成果做出了贡献。

2012年 全国社会管理创新综合试点工作座谈会召开，会上要求各试点地区要按照中央的决策部署，深入推进工作，根据各自的实际情况，科学规划、系统设计、集中攻坚，积极探索出一条具有中国特色、地方特点、时代特征的社会管理新路子。

2013年 民政部政策研究中心、人民网、新华网、中国社会报社、中国社区发展协会、民政部基层政权和社区建设司共同组织开展了“2013年度中国社区治理十大创新成果”遴选活动。遴选活动发现、总结和推广了社区治理的优秀创新成果，对促进我国社区治理体制机制和方式方法创新、推进国家治理体系和治理能力现代化起到了积极作用。

2014年 经国务院批复同意，民政系统建立了全国社区建设部际联席会议制度，进一步强化了部门协调配合。深入实施全国社区治理和服务创新实验区建设、全国和谐社区建设示范单位创建活动，辐射带动了全国各地广泛推动社区治理创新、建立多元主体共同治理的格局。农村社区建设覆盖面不断扩大，统筹城乡社区建设机制正在逐步建立。

2015年 中共中央办公厅、国务院办公厅印发了《关于深入推进农村社区建设试点工作的指导意见》，农村社区建设试点全面展开。民政部会同

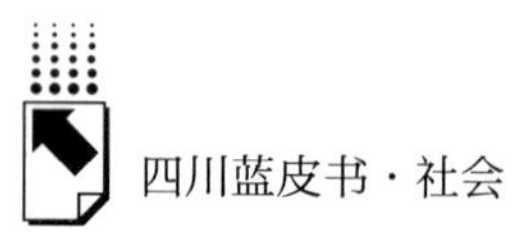

中组部印发了《关于进一步开展社区减负工作的通知》，着力解决社区行政事务多等突出问题。大力推进社区综合服务设施建设。社区信息化建设纳入国家信息战略整体部署，确定了首批96个社区公共服务综合信息平台建设试点单位和44个智慧社区建设试点单位。

2016年 中共中央、国务院联合出台了《关于进一步加强城市规划建设管理工作的若干意见》中，其中提出了建立街区制。封闭的小区和大院“开门”不仅体现了开放的发展理念，也有利于促进社区治理创新与发展。

2017年 《中共中央国务院关于加强和完善城乡社区治理的意见》（中发〔2017〕13号）正式印发，从健全完善城乡社区治理体系、提升城乡社区治理水平、补齐城乡社区治理短板、强化组织保障五个方面工作要求与指导。民政部印发《民政部办公厅关于做好2017年全国社区治理和服务创新实验区工作的通知》，继续开展评估工作，持续为扎实推进社区治理现代化和深化基层社会体制改革提供鲜活样板。各地在民政系统指导、配合下贯彻落实《城乡社区服务体系建设规划（2016~2020年）》。

B.21 后　记

经过大半年工作，《四川社会发展报告（2018）：城乡社区治理》终于顺利出版。本书全面、系统反映了四川省城乡社区治理发展现状与水平，是对四川省社区治理工作的总结，也为下一步工作提供了经验和参考。

本书得到了四川省社会科学院、四川省民政厅、省委组织部相关领导的关心和支持，特别是李后强（省社科院党委书记、教授、博导）、益西达瓦（省民政厅厅长）、郭晓鸣（省社科院副院长、研究员、博导）、胡学举（省社科院副院长、编审）、廖永康（省民政厅副厅长）、冉敬军（省民政厅基层政权与社区处处长）、袁海晗（省委组织部组织二处处长）等同志对本书的调研、基础资料的收集和写作给予充分的指导与帮助，在此深表谢意。

本书以四川省社会科学院社会学研究所为主体力量组成了编写组。主编黄进研究员组织制定了总体编写提纲和具体编写方案，对本书进行了审定。副主编陈序、王海蓉、徐杰和黄熹微在编写文稿、制定调研方案、设计问卷、录入问卷、收集整理资料、采选案例和统稿修改过程中做了大量细致入微的工作。

本书各部分写作人员是（依本书内容顺序）：陈序助理研究员、黄进研究员、昝宝毅助理研究员、张雪梅副研究员和毛迪硕士研究生、王海蓉助理研究员、陈序助理研究员、杨华军副研究员和张祥荣副所长、胡勇助理研究员和王楠副研究员、刘宗英助理研究员和伍三明副主任、陈成助理研究员、黄熹微实习研究员、金小琴助理研究员、徐杰实习研究员、康林副研究员与张祥荣副所长和梁音助理研究员、贾兴元助理研究员与龙兴云助理研究员、黄熹微实习研究员。

由于编写时间紧、任务重，书中难免出现各种错误，敬请各位读者、同仁批评指正。

编写组

2018年4月

Abstract

Annual Report on Social Development of Sichuan (2018): Governance of Urban-Rural Communities is an annual series report compiled by Institute of Sociology of Sichuan Academy of Social Sciences. The relevant leaders of the Sichuan academy of social sciences, the civil affairs department of Sichuan province and the organization department of the provincial party committee have given adequate guidance and help to the research and the collection and writing of the basic materials.

This book consists 19 articles, including 2 general reports and 17 sub-reports. Comprehensive, system, fully reflects the community governance system in urban and rural areas of Sichuan province and current situation of the development of urban and rural community governance, challenges and countermeasures. The content involves the community party building, community residents' committees, social organizations, residents' participation, public service, community culture, community information construction, property management services, management of the floating population, community, organization guarantee and policy support, community environment and community worker team, community family children education, community service and community governance innovation case and so on all aspects of community governance.

This book using the combination of qualitative research and quantitative research methods, through the civil affairs department's recommendation and field visits, in Chengdu, Mianyang, Suining, Yibin, Panzhihua, Aba Tibetan and Qiang Autonomous Prefecture in choosing typical agricultural community, unit/village, old courtyard, residential housing and commercial housing area of extensive and in-depth survey. This report summarizes the achievements, experiences and problems of urban and rural community governance in Sichuan province, and predicts the development direction and path of urban and rural

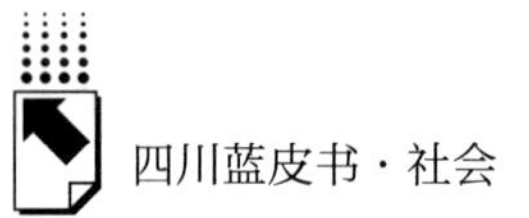

community governance in Sichuan province in the future.

Community governance is a process of constant innovation and further development, Sichuan province of urban and rural community governance work got high reputation in the country and society. At the same time there are also regional unbalanced development, urban and rural differences, social security is not sufficient, community problem such as clerk, staff quality is uneven. We should take further measures to improve the allocation of resources, improve urban and rural community governance legal system, scientific, refinement, organized and informatization level, realize the benign interaction the state and society. The party's nineteenth victory was held in 2017 marked the construction of socialism with Chinese characteristics into a new era, at this key moment of the team to build a well-off society in an all-round way, and we look forward to the Sichuan province of urban and rural community governance greater victory.

Keywords: Sichuan Province; Community Governance; Urban and Rural

Contents

I General Reports

Abstract: In the new era of building socialism with Chinese characteristics, great progress has been made in the management of urban and rural communities in Sichuan province. Firstly, the urban and rural community governance system is constantly improved, and the core leadership of the party organization is adhered to, and a new type of community governance and service system is built to transform government functions and play a leading role in the grass-roots government, promoting the return of community functions and playing the basic role of mass self-governing organizations at the grass-roots level, foster development of social organizations and play a synergistic role in social forces. Secondly, the urban and rural community governance level enhances unceasingly, the residents participate in community governance, community public service ability, leading ability, the ability in accordance with the cultural conflict resolving ability and information technology application ability. In practice, accumulated rich experience in community governance.

Keywords: Sichuan; Urban and Rural Communities; Governance System

Abstract: Sichuan province of urban and rural community governance in huge success at the same time also faces serious challenges, resident area distribution, community identity related subject development not balanced, level of management between regions, between urban and rural difference is big, the community organization guarantee ability to ascend, and so on. In the future, the province will take measures to continue to strengthen and perfect the urban and rural community governance system, the key to improve rural community governance capability, narrowing the regional differences, so as to adapt to the new age changes of the main socialist contradiction.

Keywords: Community Governance; Challenges; Countermeasures

Ⅱ Community Governance System

Abstract: The party since eighteen, Sichuan Province, the construction of new community governance system to the leadership of the party is the core of the active exploration and Innovation: practice, adhere to the party's leadership, organization and mobilization system scientific management system, legal system, strict four-dimensional lead service system of fine and responsibility restraint system.

Keywords: The Party Organization; Social Governance; Community Governance; New Governance System

Abstract: Community governance is a key point in the implementation of social governance in the grass-roots society. Social organizations' participation and collaboration in community governance embodies the synergy of multiple subjects in social governance. Shuijingfang Street's innovation explores the paths and contents of community governance leading by local government and partnering with social organizations, the practices include three aspects: to deliver public services for community residents, to support to Resident Committees on capacity building, to cultivate and empower residents' grass-roots development within community. The increase of public services, the enhancement of capabilities and the growth of grass-roots, shape together a new mode of community solidarity, showing us a delighted prospect of community governance in local China.

Keywords: Social Organization; Collaborative Participation; Path

Abstract: Autonomous mass organizations at the grass-roots level both grassroots administrative functions of the government, and autonomous organization of the service function, though not the government, don't have the qualification of administrative power and ability, but its autonomy at the grass-roots level, mass organizations and the irreplaceable role. The author through the investigation and study found that Sichuan province autonomous mass organizations at the grass-roots level in urban and rural community residents directly elect the rate high, high recognition on the basis of the masses, face town government burden, specialized level is not enough, autonomy ability is low, low public participation, lack of democratic supervision and development dilemma, tries to put forward to the town, and return to the village (house) people autonomy, establish checks and balances supervision mechanism, and improve the mechanism of government purchase services, cultivating autonomous organization backbone. Give full play to the village (house) committee in value leading, organizing, support services, overall coordination, condensed backbone role, truly autonomous mass organizations at the grass-roots level shall have the functions of good play, puts forward the urban and rural community autonomous mass organizations at the grass-roots level management advice.

Keywords: Urban and Rural Communities; Autonomous Mass Organization; Residents' Committees

Ⅲ Community Governance Abilities

Abstract: The participation of community residents is an important driving force for the development of community governance. The Sichuan provincial committee and the provincial government attach great importance to the development and improvement of the participation of residents' communities. In recent years, Sichuan province, give full play to the core of the party leadership, continue to expand the content of the community residents to participate in, domain, channels and paths, perfecting community consultation system, cultivating ability of residents, promoting community participation in the norm. At present, the community participation of residents in our province still faces the problems of uneven distribution of regional distribution and less participation in public affairs, and the social objective environment and individual differences are the main factors restricting residents' participation. Our province should continue to take targeted measures to improve the community participation ability of residents.

Keywords: Community Governance; Participation of Residents; Influencing Factors

Abstract: Community is the core subject of sociology and a hot topic in the current society. The community can not be divided into culture. So in the process of community governance in urban and rural areas, cultural construction is of natural and inherent importance. Since general secretary Xi Jinping put forward "four confidence", the construction of cultural confidence has a prominent political importance at the community level. Accordingly, based on the extensive investigation of the current situation of cultural construction, system construction, system and mechanism construction, innovation achievements and existing problems in Sichuan's urban and rural community governance, this article puts forward some countermeasures and suggestions for the construction of community culture.

Keywords: Community Governance; Cultural Construction

Abstract: According to the requirements of improving the state governance system and promoting the modernization of the national governance capacity and guidance on promoting the construction of comprehensive information platform for community public service, Based on the provincial situation, Sichuan deploys the information construction of community public service. The local government was actively experimenting and achieved remarkable results in Sichuan. Practice shows that the community public service integrated information platform provides convenient and efficient services for residents, and has important practical significance in promoting cross sector business collaboration and sharing information resources. In view of the five major problems in the construction of Sichuan community public service information construction, this topic puts forward seven references.

Keywords: Community Governance; Community Public Service Information Platform

B. 9 Property Management Service Capability in Urban and Rural Community Governance / 165

Abstract: Property management is not only a category of industrial development, but also an important category of social management. In essence, property management is an important part of urban management and social governance. However, for a long time, property management has only been regarded as an integral part of the real estate industry. The basic functions of social management were ignored and even become the shortcomings of community governance. In recent years, Sichuan Province has actively promoted innovations in grass-roots social governance and continuously improved property management policies and laws, accumulating certain experience in the system and mechanism of property management. Under the new situation, Sichuan Province has actively explored and practiced. This article will summarize and analyze Sichuan property management practices, based on the actual situation of the current property management, put forward relevant proposals.

Keywords: Property Management; Community Governance; Property Service Enterprises; Owner Congress; The Owners of the Committee

Abstract: This report, taking the community service and management of the floating population in Sichuan province as research target, selects four main communities of J districts as the sample area, on the basis of community ability theory of Laverack. According to the specific content about the community service supply capacity of the central committee of the communist Party of China and State Council of strengthening and perfecting the urban and rural communities governance views, it adopts the research method combining the quantitative and qualitative , and has constructed the evaluation index system of community service management of the migrant population in the use of the Delphiethod by consulting the experts. The indicator system covers three aspects, including the capability of general community management, specific management of the migrant population and community service. By the use of the index system to examine and evaluate the sample communities and in line with the evaluation results and the collected relevant information, this paper has defined the service management ability of community migrant population and some problems and experience in the process of the community development and has put forward the corresponding solution suggestions in order to more effectively promote the development of the service and management ability of community migrant population in Sichuan province and further enrich the establishment of the migrant population service management innovation model of the communities in China.

Keywords: Community; Floating Population; Service and Management

Ⅳ Community Governance Guarantee

Abstract: This chapter illustrated the current situation of organizational guarantee and policy support of community governance in Sichuan province from three aspects-the leadership mechanism and working mechanism, governmental capital investment, and incentive publicity mechanism. The author analyzed some problems and proposed suggestions and strategies accordingly.

Keywords: Community Governance; Organizational Guarantee; Policy Support

Abstract: With the improvement of the people's living standard and the popularization of the concept of green development, the governance of human residential environment has become the most concerned problem for the residents of the community. This paper takes rural community residential environment governance in Sichuan as an example and analyzes the problems such as working mechanism needs to be improved, lack of capital investment, governance preparation of town planning lag, not actively participate in issues, then summarizes the typical cases of community residential environment governance in Sichuan, and puts forward feasible suggestions to promote the residential environment governance of rural community in Sichuan.

Keywords: Residential Environment; Rural Community; Sichuan

Abstract: "Above a thousand lines, a needle below" . Depicts the daily work of community work vividness, and also reflects the difficulty and important role of community work. With the continuous development of society, it also leads to the continuous change of the function of the community. The development of the country is the key to the people. Similarly, the development of the community can not be separated from the residents living here and the community workers cultivated here. Affected by many factors, the team of community workers in China is still in the process of construction, this paper from the two aspects of research and practice, to further clarify the connotation of community workers and development context, to tease out the empirical material for the file, and the lack of Sichuan province social worker team construction situation, we need to do a good job in the community grass-roots party lead the work team of community workers and personnel training and other aspects of the full work.

Keywords: Social Governance; Community Work; Community Workers; Team Building

V Special Topics

Abstract: Family education is conscious and unconscious parenting and influence in the interaction of adults and children in family。 Communities serve as an expanding field of magnified "home" images, providing support and guidance for family education from a community perspective , which can be a beneficial supplement to family education and meet the need of the community to develop social service functions as well. Based on the combing of the practical experience of developing family education in Qingyang district and Wuhou District, this paper discusses the support system of family education and the factors of guiding the work successfully in community , it also analyzes the existing problems and finally provides some practical countermeasures and suggestions.

Keywords: Community; Family Education; Influence Factor

Abstract: Children are part of the community population. The community is one of the core environments for children's life and study. The growth of children and education in the community are an important part of their social life and socialization. The community has the responsibility and conditions to construct the children's service system, and give full play to its resource advantages to expand the space for children's life and learning. But now the construction work of this service system is still in its infancy, children in the community service especially the relative lack of public service support capability, the contradiction between "supply and demand" is more prominent, elements of security ability is weak, the community service system of urban and rural residents on children's needs are more urgent. Based on the combing and investigation of the construction of children's service system in Sichuan's urban and rural communities, this paper summarizes the current situation of the development of children's service system in Sichuan's urban and rural communities, analyzes the influencing factors of construction and operation, and puts forward relevant ideas and countermeasures.

Keywords: Urban and Rural Communities in Sichuan; Children's Service System; Influence Factor; Construction Ideas

Ⅵ Case Examples

Abstract: Located in the core area of Dujiangyan ancient city, Guankou Street has unique geographic feature. Due to urban changes, local community governance has become increasingly difficult. Guankou Street has focused on deepening community micro governance by regional party building and achieved some progession.

Keywords: Sichuan; Community Governance; Case Study

Abstract: Locating in downtown Chengdu, Caotanglu Community has faced the issues of increasing income disparity and diversified needs. Caotanglu Community has pioneered a working model which involved social work professionals and strategies. Starting with residents'need assessment, Caotanglu Community has been providing more individualized services to residents and have promoted their well-beings.

Keywords: Sichuan; Community Governance; Case Study

Abstract: Having regional advantage, Hongmenjie Community had been in the lack of practical fundaraising system. Its funding had mainly come from the government and cannot meet residents'needs. Based on enhancing political function and service function, Hongmenjie Community has built a diversified service system to solve the problem.

Keywords: Sichuan; Community Governance; Case Study

Abstract: Baguanhe Community is located in Panzhihua city. Its residents are mainly workers and their families from reformed enterprises and coal mining industries. In recent years, Baguanhe Community has seeked to accurately assess residents' needs and built a happy home by serving different populations.

Keywords: Sichuan; Community Governance; Case Study

Ⅶ Appendix

皮书起源

“皮书”起源于十七、十八世纪的英国，主要指官方或社会组织正式发表的重要文件或报告，多以“白皮书”命名。在中国，“皮书”这一概念被社会广泛接受，并被成功运作、发展成为一种全新的出版形态，则源于中国社会科学院社会科学文献出版社。

皮书定义

皮书是对中国与世界发展状况和热点问题进行年度监测，以专业的角度、专家的视野和实证研究方法，针对某一领域或区域现状与发展态势展开分析和预测，具备原创性、实证性、专业性、连续性、前沿性、时效性等特点的公开出版物，由一系列权威研究报告组成。

皮书作者

皮书系列的作者以中国社会科学院、著名高校、地方社会科学院的研究人员为主，多为国内一流研究机构的权威专家学者，他们的看法和观点代表了学界对中国与世界的现实和未来最高水平的解读与分析。

皮书荣誉

皮书系列已成为社会科学文献出版社的著名图书品牌和中国社会科学院的知名学术品牌。2016 年，皮书系列正式列入“十三五”国家重点出版规划项目；2013~2018 年，重点皮书列入中国社会科学院承担的国家哲学社会科学创新工程项目；2018 年，59 种院外皮书使用“中国社会科学院创新工程学术出版项目”标识。

权威报告·一手数据·特色资源

皮书数据库

ANNUAL REPORT(YEARBOOK) DATABASE

当代中国经济与社会发展高端智库平台

所获荣誉

- 2016年，入选“‘十三五’国家重点电子出版物出版规划骨干工程”
- 2015年，荣获“搜索中国正能量 点赞2015”“创新中国科技创新奖”
- 2013年，荣获“中国出版政府奖·网络出版物奖”提名奖
- 连续多年荣获中国数字出版博览会“数字出版·优秀品牌”奖

WWW.PISHU.COM.CN

成为会员

通过网址www.pishu.com.cn访问皮书数据库网站或下载皮书数据库APP，进行手机号码验证或邮箱验证即可成为皮书数据库会员。

会员福利

- 使用手机号码首次注册的会员，账号自动充值100元体验金，可直接购买和查看数据库内容（仅限PC端）。
- 已注册用户购书后可免费获赠100元皮书数据库充值卡。刮开充值卡涂层获取充值密码，登录并进入“会员中心”—“在线充值”—“充值卡充值”，充值成功后即可购买和查看数据库内容（仅限PC端）。
- 会员福利最终解释权归社会科学文献出版社所有。

社会科学文献出版社 SOCIAL SCIENCES ACADEMIC PRESS (CHINA) 皮书系列

卡号：675168574886

密码：

数据库服务热线：400-008-6695
数据库服务QQ：2475522410
数据库服务邮箱：database@ssap.cn
图书销售热线：010-59367070/7028
图书服务QQ：1265056568
图书服务邮箱：duzhe@ssap.cn

中国社会发展数据库（下设 12 个子库）

全面整合国内外中国社会发展研究成果，汇聚独家统计数据、深度分析报告，涉及社会、人口、政治、教育、法律等 12 个领域，为了解中国社会发展动态、跟踪社会核心热点、分析社会发展趋势提供一站式资源搜索和数据分析与挖掘服务。

中国经济发展数据库（下设 12 个子库）

基于“皮书系列”中涉及中国经济发展的研究资料构建，内容涵盖宏观经济、农业经济、工业经济、产业经济等 12 个重点经济领域，为实时掌控经济运行态势、把握经济发展规律、洞察经济形势、进行经济决策提供参考和依据。

中国行业发展数据库（下设 17 个子库）

以中国国民经济行业分类为依据，覆盖金融业、旅游、医疗卫生、交通运输、能源矿产等 100 多个行业，跟踪分析国民经济相关行业市场运行状况和政策导向，汇集行业发展前沿资讯，为投资、从业及各种经济决策提供理论基础和实践指导。

中国区域发展数据库（下设 6 个子库）

对中国特定区域内的经济、社会、文化等领域现状与发展情况进行深度分析和预测，研究层级至县及县以下行政区，涉及地区、区域经济体、城市、农村等不同维度。为地方经济社会宏观态势研究、发展经验研究、案例分析提供数据服务。

中国文化传媒数据库（下设 18 个子库）

汇聚文化传媒领域专家观点、热点资讯，梳理国内外中国文化发展相关学术研究成果、一手统计数据，涵盖文化产业、新闻传播、电影娱乐、文学艺术、群众文化等 18 个重点研究领域。为文化传媒研究提供相关数据、研究报告和综合分析服务。

世界经济与国际关系数据库（下设 6 个子库）

立足“皮书系列”世界经济、国际关系相关学术资源，整合世界经济、国际政治、世界文化与科技、全球性问题、国际组织与国际法、区域研究 6 大领域研究成果，为世界经济与国际关系研究提供全方位数据分析，为决策和形势研判提供参考。

法律声明